d

# *Die besten klassischen und modernen Katzengeschichten*

von Alfred Andersch, Johann Wolfgang Goethe,
Ernest Hemingway, Patricia Highsmith, James Joyce, Gottfried Keller,
Rudyard Kipling, Edgar A. Poe, Herbert Rosendorfer, Saki, Kurt Tucholsky,
Robert Walser, P.G. Wodehouse, Emile Zola und vielen anderen
Mit Illustrationen von Aubrey Beardsley, Gustave Doré,
fis, Paul Flora, Edward Gorey, Grandville, Ernst Ludwig Kirchner, Paul Klee,
Edouard Manet, Pablo Picasso, Maurice Sendak, Tomi Ungerer,
Felix Valloton und vielen anderen

Diogenes

Umschlagzeichnung von Tomi Ungerer
Titelvignette von Auguste Renoir


Nachweis der einzelnen Erzählungen
und Zeichnungen am Schluß des Bandes
60/80/24/3
ISBN 3 257 00990 9

*Wie heißen die Katzen? gehört zu den kniffligsten Fragen*
*Und nicht in die Rätselecke für jumperstrickende Damen.*
*Ich darf Ihnen, ganz im Vertrauen, sagen:*
*Eine jede Katze hat* drei verschiedene Namen.
*Zunächst den Namen für Hausgebrauch und Familie,*
*Wie Paul oder Moritz (in ungefähr diesem Rahmen),*
*Oder Max oder Peter oder auch Petersilie –*
*Kurz, lauter vernünft'ge, alltägliche Namen.*
*Oder, hübscher noch, Murr oder Fangemaus*
*Oder auch, nach den Mustern aus klassischen Dramen:*
*Iphigenie, Orest oder Menelaus –*
*Also immer noch ziemlich vernünft'ge, alltägliche Namen.*
*Doch nun zu dem nächsten Namen, dem zweiten:*
*Den muß man besonders und anders entwickeln.*
*Sonst könnten die Katzen nicht königlich schreiten,*
*Noch gar mit erhobenem Schwanz perpendikeln.*
*Zu solchen Namen zählt beispielsweise*
*Schnurroaster, Tatzitus, Katzastrophal,*
*Kralline, Nick Kater und Kratzeleise –*
*Und jeden der Namen gibt's nur einmal.*
*Doch schließlich hat jede noch einen dritten!*
Ihn kennt nur die Katze *und gibt ihn nicht preis.*
*Da nützt kein Scharfsinn, da hilft kein Bitten.*
*Sie bleibt die einzige, die ihn weiß.*
*Sooft sie versunken, versonnen und*
*Verträumt vor sich hinstarrt, ihr Herren und Damen,*
*Hat's immer und immer den gleichen Grund:*
*Dann denkt sie und denkt sie an diesen Namen –*
*Den unaussprechlichen, unausgesprochenen,*
*Den ausgesprochenen unaussprechlichen,*
*Geheimnisvoll dritten Namen.*

T.S. Eliot

deutsch von Erich Kästner

*Katzen regieren die Welt,*
*ohne dies je zu verraten.*

Rainer Brambach

# *Inhalt*

## *Geschichten*

## *Illustrationen*

# Guy de Maupassant
## *Über Katzen*

*I*

Neulich saß ich im vollen Sonnenschein auf einer Bank vor meiner Tür; vor mir stand ein Körbchen mit blühenden Anemonen. Ich las ein unlängst erschienenes Buch, und zwar ein gediegenes Buch, was etwas Seltenes ist, und zugleich ein liebenswertes: ›Le Tonnelier‹, ›Der Böttcher‹, von Georges Duval. Eine große weiße, dem Gärtner gehörende Katze sprang mir auf die Knie; durch den Ruck klappte das Buch zu, und ich legte es neben mich und streichelte das Tier.

Es war warm; ein Duft gerade erst erblühter Blumen, ein noch scheuer, dann und wann aussetzender leichter Duft durchzog die Luft; sie wurde hin und wieder auch von kühlen Strömungen von den hohen weißen Gipfeln her durchglitten, die ich in der Ferne gewahrte.

Doch die Sonnenstrahlen brannten und stachen; sie durchwühlten die Erde und brachten sie zum Leben; sie brachten die Samenkörner zum Zerspringen, damit die schlafenden Keime erwachten, und die Knospen zum Bersten, damit die jungen Blätter hervorsprossen. Die Katze wälzte sich auf meinen Knien; sie lag auf dem Rücken, die Pfoten in der Luft; sie streckte die Krallen hervor und zog sie wieder ein; sie zeigte zwischen den Lippen die spitzen Fangzähne und im fast geschlossenen Spalt der Lider die grünen Augen. Ich streichelte und kraulte das weiche, nervige Tier; es war glatt und geschmeidig wie Seide, sanft, warm, köstlich und gefährlich. Es schnurrte wohlig und war zum Beißen bereit; denn Katzen kratzen genauso gern, wie sie sich schöntun lassen. Sie reckte den Hals; sie schmiegte sich in wellender Bewegung, und wenn ich mit dem Streicheln aufhörte, machte sie einen Buckel und schob den Kopf unter meine erhobene Hand.

Ich machte sie nervös, und sie machte mich ebenfalls nervös; denn ich habe eine Schwäche für diese bezaubernden, treulosen Tiere und kann sie gleichzeitig nicht leiden. Es verursacht mir ein Lustgefühl, wenn ich sie streichle, wenn ich die Hand über ihr seidiges, knisterndes Fell gleiten lasse, wenn ich ihre Wärme durch das Fell hindurch spüre, durch das feine, erlesene Pelzwerk. Es gibt nichts Weicheres, es gibt nichts, was der Haut eine köstlichere, raffiniertere, seltenere Empfindung vermittelte als das lauwarme, vibrierende Gewand einer Katze. Doch dieses lebendige Gewand überträgt auf die Finger ein befremdliches, wildes Verlangen, das gestreichelte Tier zu erdrosseln. Ich wittere in ihm die Lust, mich zu beißen und mich zu zerfleischen, ich wittere sie und nehme sie in mich auf, diese Lust, wie ein Fluidum, das sich mir mitteilt; ich nehme sie aus dem warmen Fell durch die Fingerspitzen in mich auf, und sie steigt in mir empor, sie gleitet an meinen Nerven, meinen Gliedern entlang, bis in mein Herz, bis in meinen Kopf; sie erfüllt mich, überrieselt meine Haut; sie läßt mich die Zähne zusammenbeißen. Und unablässig, unablässig verspüre ich an den Spitzen meiner zehn Finger den eindringlichen, leichten Kitzel, und er durchdringt und überwältigt mich.

Und wenn das Tier dann anfängt, wenn es mich beißt, wenn es mich krallt, dann packe ich es am Halse, wirbele es herum und werfe es in die Ecke wie einen geschleuderten Stein – so jäh und so brutal, daß ihm nie Zeit zur Rache bleibt.

Ich weiß noch, daß ich schon als Kind Katzen mit dem wild aufzuckenden Begehren liebte, sie mit meinen kleinen Händen zu erdrosseln, und daß ich eines Tages hinten im Garten, dort, wo er in das Gehölz überging, plötzlich etwas Graues gewahrte, das sich im hohen Gras wälzte. Ich lief hin: es war eine in eine Schlinge geratene, gewürgte, röchelnde, sterbende Katze. Sie wand sich, schlug die Krallen in die Erde, sprang hoch, fiel schlaff nieder, fing wieder von vorn damit an, und ihr scharrender, schneller Atem machte ein Geräusch wie eine Pumpe, ein abscheuliches Geräusch; ich habe es noch heute in den Ohren.

Ich hätte einen Spaten nehmen und die Schlinge durchstechen, ich hätte den Diener holen oder es meinem Vater sagen können. – Nein, ich wich nicht vom Fleck; klopfenden Herzens und mit einer grausamen, zitternden Freude sah ich ihrem Sterben zu: es war ja eine Katze! Wäre es ein Hund gewesen, so hätte ich den Messingdraht lieber mit den Zähnen durchgebissen, als ihn auch nur noch eine Sekunde länger leiden zu lassen.

Und als sie tot war, ganz tot, aber noch warm, ging ich hin, betastete sie und zog sie am Schwanz.

## *II*

Dabei sind sie entzückend, ganz entzückend, weil man, wenn man sie streichelt, wenn sie sich an uns schmiegen, schnurren, sich auf unsern Knien wälzen und kugeln und uns dabei mit ihren gelben Augen anschauen, die uns nie zu sehen scheinen – weil man dann nur zu sehr das Unzuverlässige ihrer Zärtlichkeit und die treulose Selbstsucht ihrer Lust spürt.

Auch Frauen lösen diese Empfindung in uns aus, bezaubernde, sanfte Frauen mit klaren, falschen Augen, Frauen, die uns auserkoren haben, damit sie sich an der Liebe reiben können. Liegt man bei ihnen, wenn sie die Arme ausbreiten und die Lippen darbieten, wenn man sie mit wild klopfendem Herzen umschlingt, wenn man die sinnliche, schwelgerische Wonne ihrer weich schmeichelnden Liebkosungen auskostet, dann hat man die Empfindung, als halte man eine Katze umfangen, eine Katze mit Krallen und Fangzähnen, eine treulose, tückische, verliebte Feindin, die beißen wird, sobald sie der Küsse überdrüssig ist.

Alle Dichter haben Katzen geliebt. Baudelaire hat sie auf göttliche Weise besungen. Jeder kennt sein wundervolles Sonett:

Die strengen Weisen und die Liebesvollen,
Sie mögen beide in der Reife Zeit
Die üppigen Katzen, Stolz der Häuslichkeit,
Die wie sie seßhaft sein und Wärme wollen.

Nach Wissen gierig und nach tiefen Lüsten
Sind ihnen lieb das Schweigen und die Nacht;
Zu Rennern hätte Hades sie gemacht,
Wenn sie der Knechtschaft sich zu beugen wüßten.

Beim Sinnen haben sie den edlen Stand
Der Sphinxe, die am Saum der großen Stillen
Sich reihn in Schlaf voll Träumen ohne Ende;

Von Zauberfunken sprüht die trächtge Lende,
Und goldner Splitter Spreu, wie feiner Sand,
Besternt das Weltgeheimnis der Pupillen.

## *III*

Ich hatte eines Tages die seltsame Empfindung, ich hätte einmal im verzauberten Palast ›Zur weißen Katze‹ gewohnt; es war ein Märchenschloß, das eins dieser schmiegsamen, geheimnisvollen, betörenden Tiere beherrschte; sie sind vielleicht die einzigen unter allen Geschöpfen, die man nie gehen hört.

Das geschah mir im letzten Sommer, hier an der Mittelmeerküste.

In Nizza war es entsetzlich heiß, und ich erkundigte mich, ob die Landesbewohner nicht etwas höher in den Bergen über ein kühles Tal verfügten, wo sie aufatmen könnten.

Es wurde mir das Tal von Thorenc genannt. Ich wollte es mir mal anschauen.

Zunächst mußte ich nach Grasse fahren, der Stadt der Duftstoffe; von ihr werde ich eines Tages erzählen und berichten, wie die Blumenessenzen und Quintessenzen hergestellt werden, die bis zu zweitausend Francs das Liter kosten. Ich habe dort den Abend und die Nacht in einem alten Hotel mitten in der Stadt zugebracht, einer mäßigen Unterkunft, wo die Qualität der Speisen genauso anfechtbar ist wie die Sauberkeit der Zimmer. Am andern Morgen bin ich weitergereist.

Pablo Picasso
*Frau und Katze*

Die Straße schob sich immer weiter ins Gebirge hinein, an tiefen Schluchten entlang; steile, spitzige, unzugängliche Schroffen überragten sie. Ich überlegte, was für ein absonderlicher Sommeraufenthalt mir da gewiesen worden sei; ich schwankte sogar, ob es nicht empfehlenswerter sei, noch am gleichen Abend nach Nizza zurückzukehren, als ich plötzlich auf einem Berge, der ein ganzes Tal zu versperren schien, eine riesige, wunderbar schöne Ruine gewahrte; sie hob sich mit Türmen, geborstenen Mauern, der gesamten bizarren Architektur einer erstorbenen Burg vom Himmel ab. Es war eine alte Komturei der Tempelherrn, der ehemaligen Beherrscher des Gebietes von Thorenc.

Ich wanderte um den Berg herum und gewahrte danach ein langgestrecktes, grünes, kühles, ruhevolles Tal. Tief unten Wiesen, ein Bachrinnsal, Weidenbäume; und auf den Hängen bis an den Himmel hinan Fichten.

Gegenüber der Komturei, an der andern Talseite, indessen tiefer, erhebt sich ein bewohntes Schloß, das Schloß ›Les Quatre-Tours‹; es wurde um 1530 erbaut. Allein es läßt sich daran noch keine Spur des Renaissancestils wahrnehmen.

Es ist ein gedrungenes, schwerfälliges viereckiges Gebäude von machtvoller Wirkung, das, wie bereits sein Name besagt, von vier Wehrtürmen flankiert wird.

Ich hatte ein Empfehlungsschreiben an den Eigentümer dieses Herrensitzes; er ließ es nicht zu, daß ich in einem Hotel übernachtete.

Das wirklich ganz reizende Tal ist einer der bezauberndsten Sommeraufenthalte, die sich erträumen lassen. Ich durchwanderte es bis zum Abend; dann stieg ich nach dem Essen hinauf in die mir zugedachten Zimmer.

Zunächst durchschritt ich eine Art Wohnzimmer, dessen Wände alte kordovanische Ledertapeten bedeckten, dann einen andern Raum, an dessen Wänden ich sogleich im Schein meiner Kerze alte Damenbildnisse gewahrte, Bilder wie jene, von denen Théophile Gautier gesagt hat:

Ich seh euch in euern Rahmen, den ovalen,
Gebräunte Bilder schöner Fraun vergangner Zeiten
Mit Rosen in der Hand, ein wenig blassen, fahlen,
Wie's Blumen ziemt, die ein Jahrhundert sahn entgleiten.

Dann gelangte ich in das Zimmer, in dem mein Bett stand.

Als ich allein war, sah ich es mir genauer an. Es war mit altertümlichen, bemalten Leinentapeten ausgestattet; sie stellten rosa Burgtürme in blauen Landschaften dar und ferner große, phantastische Vögel unter Laubwerk aus Edelsteinen.

Mein Ankleidekabinett lag in einem der Wehrtürme. Die nach innen breiten, nach außen, nach dem Tageslicht zu, schmalen Fenster ließen die Dicke der Mauern erkennen; sie waren letztlich nur Schießscharten, also Öffnungen, durch die hindurch Menschen getötet wurden. Ich schloß meine Tür ab, ging zu Bett und schlief ein.

Und ich träumte; man träumt stets ein wenig von den Geschehnissen des Tages. Ich war auf einer Reise; ich kam in ein Gasthaus; vor dem Kamin saßen ein Diener in großer Livree und ein Maurer bei Tische – eine leidlich absonderliche Gemeinschaft, über die ich mich indessen nicht wunderte. Die beiden Leute redeten über den gerade gestorbenen Victor Hugo, und ich beteiligte mich an ihrem Gespräch. Endlich legte ich mich in einem Zimmer schlafen, dessen Tür nicht zuging, und plötzlich nahm ich wahr, daß der Diener und der Maurer, beide mit Ziegelsteinen bewaffnet, leise an mein Bett herantraten.

Ich fuhr jäh auf, und es dauerte eine kurze Weile, bis ich mir darüber klar war, wo ich mich befand. Dann fielen mir die Geschehnisse des vergangenen Tages ein, meine Ankunft in Thorenc, der liebenswürdige Empfang durch den Schloßherrn ... Gerade wollte ich die Augen wieder zumachen, als ich im Nachtdunkel mitten im Zimmer ungefähr in Manneshöhe deutlich, überdeutlich zwei mich anstarrende feurige Augen sah.

Ich langte nach einem Streichholz, und während ich es anriß, hörte ich ein Geräusch, ein leichtes, weiches Geräusch, als falle feuchte zusammengerollte Wäsche zu Boden, und als das Streichholz aufflammte, sah ich lediglich mitten im Zimmer einen großen Tisch stehen.

Ich stand auf, durchsuchte die beiden Räume, schaute unter mein Bett, in die Schränke – nichts.

Also meinte ich, mein Traum habe nach dem Aufwachen noch ein bißchen fortgedauert, und schlief wieder ein, was mich einige Mühe kostete.

Abermals träumte ich. Auch diesmal reiste ich wieder, aber im Orient, in einem Lande, das ich sehr gern habe, und ich kam zu einem mitten in der Wüste wohnenden Türken. Es war ein großartiger Türke; kein Araber, sondern ein dicker, liebenswürdiger, reizender, als Türke gekleideter Türke mit Turban und einem ganzen Seidenladen auf dem Buckel, ein richtiger Türke vom Théâtre-Français; er saß auf einem köstlichen Diwan, machte mir Komplimente und bot mir süßes Naschwerk an.

Dann führte mich ein kleiner Neger in mein Schlafzimmer – alle meine Träume pflegten so zu enden –, ein himmelblaues, durchduftetes Schlafzimmer mit Tierfellen auf dem Fußboden, und vor dem Kamin – die Vorstellung des Kamins verfolgte mich also bis in die Wüste – wartete meiner auf einem niedrigen Stuhl eine kaum bekleidete Frau.

Sie war vom reinsten orientalischen Typus, trug Sterne auf Wangen, Stirn und Kinn, hatte übergroße Augen und einen wundervollen leicht gebräunten Körper; es war ein warmes, berauschendes Braun. – Sie schaute mich an, und ich dachte: ›Das nenne ich wahre Gastfreundschaft! In unsern stumpfsinnigen Ländern mit ihrer albernen Ziererei, ihrer widerwärtigen Prüderie, ihrer schwachsinnigen Moral würde man einen Fremden schwerlich auf diese Weise empfangen.‹

Ich trat zu ihr hin und redete sie an; aber sie antwortete mir nur durch Zeichen; sie verstand kein einziges Wort meiner Sprache, die mein Türke, ihr Herr, so trefflich konnte.

Ich war es überaus zufrieden, daß sie nicht plappern würde; ich nahm sie bei der Hand, führte sie zu meiner Lagerstatt und streckte mich an ihrer Seite aus ... Daß man doch immer in dergleichen Augenblicken aufwachen muß! Ich wachte nämlich auf und war nicht einmal allzu überrascht, als ich unter meiner Hand etwas Warmes, Weiches fühlte, das ich verliebt streichelte.

Als mir dann klarer im Kopf wurde, merkte ich, daß es eine Katze war, eine große, an meine Wange geschmiegte und dort vertrauensvoll schlafende Katze. Ich ließ sie liegen; ich tat wie sie, abermals.

Als es dämmerte, war sie verschwunden, und ich glaubte, ich hätte geträumt; denn ich begriff nicht, wie sie hatte in mein Zimmer kommen und wieder hinausgelangen können, da die Tür verschlossen gewesen war.

Als ich meinem liebenswürdigen Gastgeber mein Abenteuer (nicht das ganze) erzählte, fing er an zu lachen und sagte: »Sie ist durch den Katzenschlupf gekommen.« Er hob einen Vorhang an und zeigte mir ein kleines, dunkles rundes Loch in der Wand.

Und ich erfuhr, daß nahezu alle alten Behausungen dieser Gegend mit solchen langen, engen Gängen durch die Mauern hindurch versehen sind; sie führen vom Keller bis zum Speicher hinauf, von der Kammer der Zofe zum Schlafzimmer des Herrn und machen die Katze zur Königin und Beherrscherin des Hauses.

Sie streicht nach Belieben umher, sie durchstreift ihren Bereich nach Gutdünken, sie kann in allen Betten schlafen, alles sehen und alles hören; sie kennt alle Geheimnisse, alle Gewohnheiten oder alle Schandflecke der Hausbewohner. Sie ist überall daheim, da sie überall hinein kann: das Tier, das keinerlei Geräusch vollführt, der schweigsame Herumstreicher, der nächtliche Wanderer durch Mauerhohlgänge.

Und es fielen mir andere Verse Baudelaires ein:

Sie ist des Hauses guter Geist;
Sie richtet, herrscht und schaltet weise
Und zieht um jedes Ding die Kreise;
Ob man sie Fee, ob Göttin heißt?

*Deutsch von Ernst Sander*

# Rudyard Kipling

## *Die Katze geht ihre eigenen Wege*

Hör zu und paß auf und gib acht, denn dies ereignete und begab sich und trug sich zu, als die Haustiere noch wild waren. Der Hund war wild, und das Pferd war wild, die Kuh war wild, und das Schaf war ebenso wild, und das Schwein war so wild, wie es nur sein konnte, und alle liefen auf wilden Wegen im nassen wilden Wald herum. Aber das wildeste aller wilden Tiere war die Katze. Sie ging ihre eigenen Wege, und es war ihr gleichgültig, wohin diese Wege sie führten.

Natürlich war der Mensch auch wild. Er war sogar furchtbar wild. Und er dachte nicht daran, zahmer zu werden, bis eines Tages der Mann die Frau traf und die Frau dem Mann sagte, daß es ihr nicht gefiele, auf so wilde Weise zu leben. Sie suchte eine hübsche trockene Höhle als Schlafstätte aus, weil ihr das Lager des Mannes, ein Haufen nasser Blätter, nicht angenehm genug war, und sie streute sauberen Sand auf den Boden und machte ein feines Holzfeuer hinten in der Höhle und hängte – mit dem Schwanz nach unten – die getrocknete Haut eines wilden Pferdes vor den Eingang der Höhle und sagte: »Streich dir die Füße ab, wenn du nach Hause kommst, mein Herz, und nun wollen wir ein glückliches Familienleben anfangen.«

An diesem Abend aßen sie wildes Hammelkotelett, das sie auf heißen Steinen geröstet und mit wildem Knoblauch und wildem Pfeffer gewürzt hatten. Als zweiten Gang aßen sie Wildente, die mit wildem Reis, wilden Kastanien und wilden Äpfeln gefüllt war, und schließlich Brötchen, die mit dem Mark wilder Ochsen belegt waren, dazu wilde Kirschen und wilden Kuhkäse. Darauf legte sich der Mann dicht vor dem Feuer zum Schlafen nieder und schlief selig ein, aber die Frau blieb noch auf und kämmte ihr Haar.

Dann nahm sie den Schulterknochen eines Hammels – jenen großen flachen Knochen – und sah sich an, wie merkwürdig er gezeichnet war. Sie warf mehr Holz in das Feuer, und dann machte sie einen Zauber. Dies war der erste Zauber, der je in der Welt gemacht worden ist.

Draußen in den nassen wilden Wäldern standen alle die wilden Tiere beieinander und sahen nach dem Schein des Feuers hinüber, das weithin sichtbar war, und sie zerbrachen sich die Köpfe, was es bedeuten könne.

Da stampfte das wilde Pferd mit seinem wilden Huf auf und sagte: »O Freunde und Feinde, warum haben der Mann und die Frau ein so großes Licht in der großen Höhle gemacht, und wieviel Böses haben wir davon zu erwarten?«

Der wilde Hund streckte seine wilde Nase empor und erschnüffelte das wilde Hammelkotelett und sagte: »Ich will hingehen und nachsehen und euch Bescheid sagen – das kann uns ganz nützlich sein. Katze, du sollst mich begleiten.«

»Nein, nein«, sagte die Katze, »ich bin die Katze, die ihre eigenen Wege geht. Ich pflege nicht in Begleitung zu gehen. Ich komme nicht mit.«

»So werden wir nie wieder Freunde sein«, sagte der wilde Hund und machte sich auf den Weg nach der Höhle. Als er ein kleines Stückchen fort war, sagte die Katze zu sich selbst: ›Mir ist's gleichgültig, wohin meine Wege führen. Warum soll ich nicht auch dorthin gehen und mir alles ansehen und wieder fortgehen, wie es mir paßt!‹ So schlich sie dem wilden Hund leise, ganz leise nach und versteckte sich an einer Stelle, wo sie alles mitanhören konnte.

Als der wilde Hund an den Eingang der Höhle kam, schob er die getrocknete Pferdehaut mit seiner Nase empor und sog den Duft des wilden Hammelkoteletts mit vollen Zügen ein. Als die Frau, die noch immer den Schulterknochen betrachtete, ihn bemerkte, lachte sie und sagte: »Da kommt der erste. Wildes Tier aus wildem Wald, was willst du?«

Der Hund antwortete: »O Feindin und Frau meines Feindes, was riecht so herrlich im wilden Wald?«

Da nahm die Frau einen schönen Knochen, der von einem wilden Hammelkotelett übriggeblieben war, warf ihn dem Hund hinüber und sagte: »Wildes Tier aus wildem Wald, koste und friß.« Der Hund nagte den Knochen ab und fraß ihn auf, und er schmeckte herrlicher als alles, was er jemals gegessen hatte, und er sagte: »O Feindin und Frau meines Feindes, gib mir noch einen.«

Die Frau antwortete: »Wildes Tier aus wildem Wald, hilf am Tage meinem Mann jagen und bewache die Höhle in der Nacht, und ich gebe dir so viele Knochen, wie du willst.«

»Aha«, sagte die Katze in ihrem Versteck, »das ist eine kluge Frau, aber sie ist nicht so klug wie ich.«

Der wilde Hund kroch in die Höhle und legte seinen Kopf der Frau in den Schoß und sagte: »O Freundin und Frau meines Freundes, am Tage will ich deinem Mann jagen helfen, und nachts will ich deine Höhle bewachen.«

»Aha!« sagte die Katze in ihrem Versteck, »das ist ein zu blöder Hund.« Und sie wandelte zurück durch die nassen wilden Wälder, schwenkte ihren Schwanz und ging ihre eigenen wilden Wege. Aber sie erzählte niemandem ein Wort.

Als der Mann aufwachte, sagte er: »Was tut der wilde Hund hier?«

Und die Frau antwortete: »Er ist kein wilder Hund mehr, sondern unser bester Freund, denn er will für ewig und alle Zeit bei uns bleiben. Nimm ihn mit, wenn du auf die Jagd gehst.«

Am nächsten Abend schnitt die Frau auf den Wasserwiesen große grüne Büschel frisches und schönstes Gras ab, viele Armvoll, und trocknete es vor dem Feuer, daß es wie frisch gemähtes Heu duftete. Sie setzte sich an den Eingang der Höhle und flocht einen Halfter aus Pferdehaut und betrachtete wieder den Hammelknochen, den großen flachen Schulterknochen, und versuchte von neuem ihren Zauber. Dies war der zweite Zauber, der in der Welt geschah.

Draußen in den wilden Wäldern waren all die wilden Tiere besorgt, was wohl dem wilden Hund zugestoßen sein konnte, und schließlich stampfte das wilde Pferd mit seinem Huf auf und sagte:

»Ich will gehen und nachsehen und euch Bescheid sagen, warum der wilde Hund nicht wiedergekommen ist. Katze, begleite mich.« »Nein, nein«, sagte die Katze, »ich pflege stets meine eigenen Wege zu gehen. Ich begleite dich nicht.« Aber trotzdem folgte sie dem wilden Pferd leise, ganz leise, und verbarg sich an derselben Stelle, wo sie alles genau hören konnte.

Als die Frau das wilde Pferd stampfen und über seine lange Mähne stolpern hörte, lachte sie und sagte: »Da kommt der zweite. Wildes Tier aus wildem Wald, was willst du?«

Das wilde Pferd antwortete: »O Feindin und Frau meines Feindes, wo ist der wilde Hund?«

Die Frau lachte, nahm den Schulterknochen auf und sah ihn an und sprach: »Wildes Tier aus wildem Wald, du bist gar nicht wegen des wilden Hundes gekommen, sondern weil du dies herrliche Heu gewittert hast.«

Und das Pferd sagte stampfend und schnaubend: »Du hast recht – gib mir etwas davon.«

Die Frau sagte: »Wildes Tier aus wildem Wald, beuge dein stolzes Haupt und trage, was ich dir aufpacke, dann sollst du dreimal am Tage herrliches Heu von mir bekommen.«

»Aha!« sagte die Katze in ihrem Versteck, »das ist wirklich eine sehr kluge Frau, aber sie ist nicht so klug wie ich.«

Da beugte das Pferd sein stolzes Haupt, und die Frau streifte ihm schnell den Halfter aus Pferdehaut über, und das Pferd sagte, mit dem Kopf vor den Füßen der Frau: »O Herrin und Frau meines Herrn, ich will gerne dein Diener sein, wenn ich dies herrliche Heu immer bekomme.«

»Aha!« sagte die Katze in ihrem Versteck, »das ist ein zu albernes Roß!« Und sie wandelte nach Hause durch den nassen wilden Wald, schwenkte ihren Schwanz und ging auf ihren eigenen wilden Wegen. Wieder erzählte sie niemandem ein Wort.

Als der Mann und der Hund von der Jagd nach Hause kamen, sagte der Mann: »Was macht denn das wilde Pferd hier?« Und die Frau antwortete: »Es ist kein wildes Pferd mehr, sondern unser bester Diener, denn es wird uns für ewig und alle Zeit von Ort

Maurice Sendak

*Hintergründige Katze*

zu Ort tragen. Reite auf seinem Rücken, wenn du zur Jagd willst.«

Am nächsten Tag ging die wilde Kuh nach der Höhle. Sie hielt ihren wilden Kopf so hoch sie nur konnte, damit ihre wilden H rner nicht im wilden Gebüsch hängenblieben, und die Katze folgte ihr und versteckte sich wie zuvor.

Und alles geschah ganz genau wie zuvor, und die Katze sagte genau dasselbe wie zuvor, und als die wilde Kuh versprochen hatte, der Frau jeden Tag ihre Milch zu geben, und die Frau versprochen hatte, daß die Kuh jeden Tag von dem herrlichen Klee bekommen sollte, der im Garten der Frau wuchs, da ging die Katze durch den wilden nassen Wald nach Hause und schwenkte ihren Schwanz auf einsamwilden Wegen, genau wie zuvor. Und sie erzählte wieder niemandem ein Wort.

Als der Mann mit dem Pferd und dem Hund von der Jagd nach Hause kam und dieselben Fragen gestellt hatte wie zuvor, sagte die Frau: »Das ist jetzt kein wildes Tier mehr, sondern sie schenkt uns herrliches Essen. Für ewig und alle Zeit wird sie uns ihre warme weiße Milch geben, und ich werde für sie sorgen, während du mit deinem treuesten Freund und deinem besten Diener auf die Jagd gehst.«

Am nächsten Tage paßte die Katze auf, ob wieder ein wildes Tier nach der Höhle gehen würde, aber nichts rührte sich im nassen wilden Wald. So ging die Katze ihre eigenen Wege, und sie sah die Frau die Kuh melken und sah den Feuerschein in der Höhle und roch die herrliche weiße Milch.

Die Katze sagte: »O Feindin und Frau meines Feindes, wo mag nur die wilde Kuh sein?«

Die Frau lachte laut und sagte: »Wildes Tier aus dem wilden Wald, geh nur wieder nach Hause, denn ich habe den Schulterknochen mit seinen Zauberkräften fortgelegt, weil wir keine Freunde oder Diener in unserer Höhle mehr brauchen können.«

Die Katze sagte: »Ich bin kein Freund, ich bin kein Diener, ich bin die Katze und gehe meine eigenen Wege, und ich wünsche in die Höhle gelassen zu werden.«

Die Frau sagte: »Warum bist du denn nicht mit unserem besten Freund in der ersten Nacht gekommen?«

Die Katze wurde sehr ungehalten und sagte: »Hat der wilde Hund mich etwa bei dir verklatscht?«

Da lachte die Frau und sagte: »Ich denke, du gehst deine eigenen Wege? Ich denke, du bist weder Freund noch Diener? Also bitte, begib dich auf deine eigenen Wege, wohin sie dich auch führen.«

Da tat die Katze so, als ob sie sehr traurig wäre, und sagte: »Darf ich wirklich nicht in die Höhle hinein? Darf ich niemals am warmen Feuer sitzen? Darf ich niemals warme weiße Milch trinken? Du bist so klug und schön. Du solltest zu einer Katze nicht so grausam sein.«

Die Frau sagte: »Ich weiß, daß ich klug bin, aber ich wußte nicht, daß ich schön bin. Ich danke dir für das Kompliment, und darum will ich ein Abkommen mit dir treffen. Wenn ich auch nur einmal von dir etwas Gutes sage, dann darfst du in die Höhle kommen.«

»Und wenn du es zweimal sagst?« fragte die Katze.

»Darauf kannst du lange warten«, sagte die Frau. »Aber schön: wenn ich zweimal von dir etwas Gutes sage, darfst du in der Höhle am Feuer sitzen.«

»Und wenn du es dreimal sagst?« fragte die Katze.

»Unmöglich«, sagte die Frau. »Aber wenn ich wirklich drei gute Worte für dich übrig habe, bekommst du von mir auf ewig und alle Zeit dreimal am Tage die schöne weiße warme Milch zu trinken.«

Da machte die Katze einen Buckel und sagte: »Mögen denn der Vorhang am Eingang der Höhle und das Feuer am Ende der Höhle und die Milchtöpfe, die neben dem Feuer stehen, nie vergessen, was meine Feindin und Frau meines Feindes gesagt hat.« Und sie wandelte fort durch den nassen wilden Wald, schwenkte ihren wilden Schwanz und suchte sich ihre einsam-wilden Wege.

Als am Abend der Mann mit dem Pferd und dem Hund von der Jagd nach Hause kam, erzählte die Frau nichts von dem Abkommen, das sie mit der Katze getroffen hatte, weil sie Angst hatte, daß er sich darüber ärgern könnte.

Die Katze ging weit, weit fort und versteckte sich in den nassen wilden Wäldern auf den allereinsamsten Wegen für eine lange Zeit, bis die Frau sie und das Abkommen längst vergessen hatte. Nur die Fledermaus – die kleine Kopf-nach-unten-Fledermaus –, die sich im Inneren der Höhle aufzuhängen pflegte, wußte, wo sich die Katze versteckt hatte, und jeden Abend flog sie zur Katze und erzählte ihr, was sich Neues zugetragen hatte.

Eines Abends sagte die Fledermaus: »Sie haben ein Baby in der Höhle. Es ist rund und rosig und neu und winzig, und die Frau hat es sehr lieb.«

»Aha!« sagte die Katze, »und wen hat das Baby lieb?«

»Das Baby hat alles lieb, was weich ist und kitzelt«, sagte die Fledermaus. »Es hält gern etwas Warmes im Arm, wenn es einschlafen will. Es hat sehr gern, wenn man mit ihm spielt.«

»Aha!« sagte die Katze, »dann ist meine Zeit gekommen.«

In der nächsten Nacht wanderte die Katze durch den nassen wilden Wald und versteckte sich nahe der Höhle, bis der Morgen kam und der Mann mit dem Pferd und dem Hund zur Jagd ging. Die Frau hatte an diesem Morgen gerade viel mit dem Kochen zu tun, und das kleine Kind schrie und störte sie unaufhörlich. Sie trug es vor die Höhle und gab ihm eine Handvoll schöne bunte Steine zum Spielen. Aber das kleine Kind schrie immer weiter.

Da streckte die Katze ihre weiche Pfote aus und streichelte dem Kind über die Backe, und das Kind quiekte vor Vergnügen. Dann rieb sich die Katze an seinen dicken Knien und kitzelte es mit dem Schwanz an seinem dicken Kinn. Und das Kind lachte. Als das die Frau hörte, lächelte sie.

Da sagte die Fledermaus, die sich im Inneren der Höhle aufgehängt hatte: »O gnädige Gastgeberin und Frau meines gnädigen Gastgebers und Mutter des gnädigen Sohnes meines Gastgebers, ein wildes Tier aus dem wilden Wald spielt ganz herrlich mit deinem Kind.«

»Tausend Dank dem lieben wilden Tier«, sagte die Frau und richtete sich von ihrer Arbeit auf, »denn ich hatte heute früh sehr viel zu tun, und es hat mir einen großen Dienst erwiesen!«

In derselben Minute und Sekunde fiel die getrocknete Pferdehaut, die mit dem Schwanz nach unten vor den Eingang der Höhle gespannt war, herunter – rrrups! –, denn sie erinnerte sich an das Abkommen, das die Frau mit der Katze getroffen hatte, und als die Frau die Haut wieder aufhängen wollte – sieh und staune! –, saß die Katze ganz gemütlich im Eingang der Höhle.

»O Feindin und Frau meines Feindes und Mutter meines Feindes«, sagte die Katze, »ich bin es nur, mit Verlaub. Du hast etwas Gutes über mich gesagt, und nun darf ich für ewig und alle Zeit in der Höhle sitzen. Aber ich bleibe trotzdem die Katze, die ihre eigenen Wege geht.«

Die Frau ärgerte sich, biß die Lippen zusammen, nahm ihr Spinnrad und begann zu spinnen.

Aber das Baby schrie, weil die Katze nicht mehr bei ihm war, und die Mutter konnte es nicht beruhigen. Es strampelte und schlug um sich und wurde ganz blau im Gesicht.

»O Feindin und Frau meines Feindes und Mutter meines Feindes«, sagte die Katze, »nimm einen Faden von dem Garn, das du gerade spinnst, und binde einen Stein daran und ziehe ihn über den Boden. Ich will dir einen Zauber zeigen, der dein Baby so laut lachen läßt, wie es jetzt weint.«

»Das will ich tun«, sagte die Frau, »denn ich weiß mir nicht mehr anders zu helfen, aber diesmal werde ich mich nicht bei dir bedanken.«

So band sie denn einen kleinen Stein an den Faden und zog ihn über den Boden, und die Katze sprang dem Stein nach, nahm ihn zwischen ihre Pfoten, ließ ihn los, kugelte kopfüber hinter ihm her, warf ihn sich über die Schulter, stieß ihn zwischen ihre Hinterbeine, tat so, als hätte sie ihn verloren, und dann sprang sie plötzlich mit einem Satz auf ihn drauf, bis das Baby so laut lachte, wie es vorher geweint hatte. Es reckte die Ärmchen nach der Katze und jubelte, daß die Höhle widerhallte, bis es müde wurde und sich zum Schlafen hinlegte – die Katze im Arm.

»Jetzt«, sagte die Katze, »werde ich dem Kind ein Lied singen, daß es eine Stunde lang schlafen soll.« Und sie begann zu schnurren, laut und leise, leise und laut, bis das Baby fest eingeschlafen war. Die Frau lächelte, als sie auf die beiden hinabsah, und sagte:

»Das hast du fein gemacht! Du bist wirklich sehr gescheit, liebe Katze.«

In dieser selben Minute und Sekunde kam der Rauch des Feuers in dichten Wolken vom Ende der Höhle herangequalmt – pfff! –, denn er erinnerte sich an das Abkommen, das die Frau mit der Katze getroffen hatte, und als sich der Rauch verzogen hatte – jetzt sieh und staune! –, saß die Katze gemütlich dicht beim Feuer.

»O Feindin und Frau meines Feindes und Mutter meines Feindes«, sagte die Katze, »du hast jetzt zum zweitenmal etwas Gutes über mich gesagt, und jetzt darf ich neben dem warmen Feuer am Ende der Höhle für ewig und alle Zeiten sitzen. Aber ich möchte ausdrücklich bemerken, daß ich trotzdem noch meine eigenen Wege zu gehen gedenke.«

Da hat sich die Frau sehr, sehr geärgert, und sie warf mehr Holz auf das Feuer und suchte den großen flachen Schulterknochen des Hammels hervor und fing an, einen Zauber zu machen, der sie davor bewahren sollte, ein drittes Mal etwas Gutes über die Katze zu sagen.

Es war ein ganz stiller Zauber, und nach und nach wurde es so still in der Höhle, daß ein kleines Mäuschen aus einem Loch in der Ecke herauskam und über den Boden lief.

»O Feindin und Frau meines Feindes und Mutter meines Feindes«, sagte die Katze, »gehört diese kleine Maus auch zu deinem Zauber?«

»Huh, nein, ksch«, rief die Frau und legte den Schulterknochen nieder, so schnell sie konnte, und sprang auf den Schemel am Feuer, weil sie Angst hatte, daß die Maus ihr die Röcke hinauflaufen würde.

»Aha!« sagte die Katze, »dann wirst du wohl nicht böse sein, wenn ich die Maus fresse?«

»Nein«, sagte die Frau und hielt ihre Röcke hoch, »friß sie schnell, und ich will dir auch immer dankbar sein.«

Die Katze tat einen Sprung und fing die kleine Maus, und die Frau sagte: »Tausend Dank! Selbst unser treuester Freund, der Hund, ist nicht geschickt genug, um eine Maus so schnell zu fangen wie du. Du mußt wirklich sehr schlau sein.«

In dieser Minute und Sekunde krachte der Milchtopf, der neben dem Feuer stand, in zwei Teile – kllkr! –, denn er erinnerte sich an das Abkommen, das die Frau mit der Katze getroffen hatte, und als die Frau von dem Schemel herabgesprungen war – sieh und staune! – schleckte die Katze die warme weiße Milch, die in dem zerbrochenen Topf gewesen war.

»O Feindin und Frau meines Feindes und Mutter meines Feindes«, sagte die Katze, »jetzt hast du zum drittenmal etwas Gutes von mir gesagt, und jetzt darf ich für ewig und alle Zeit die weiße warme Milch dreimal am Tage trinken. Aber trotzdem – merk dir das! – bleibe ich die Katze, die stets ihre eigenen Wege geht.«

Da lachte die Frau und stellte der Katze einen Napf mit schöner warmer Milch hin und sagte: »O Katze, du bist so klug wie ein Mensch, aber jetzt denke daran, daß du mit dem Mann und mit dem Hund kein Abkommen getroffen hast! Ich weiß nicht, was sie tun werden, wenn sie nach Hause kommen.«

»Was geht das mich an?« sagte die Katze. »Wenn ich meinen Platz in der Höhle beim Feuer habe und meine Milch täglich dreimal bekomme, kümmere ich mich nicht darum, was der Mann und der Hund tun.«

Als an diesem Abend der Mann und der Hund in die Höhle kamen, erzählte ihnen die Frau die ganze Geschichte, während die Katze am Feuer saß und lachte. Da sagte der Mann: »Schön und gut, aber mit mir und allen richtigen Männern, die nach mir kommen, hat die Katze kein Abkommen getroffen.« Dann zog er seine schweren Stiefel aus und nahm eine kleine Steinaxt (das waren schon drei Gegenstände), und schließlich holte er sich ein Scheit Holz und ein Beil (das wären alles in allem fünf Gegenstände!) und legte sie alle in eine Reihe und sagte:

»Jetzt wollen auch wir unser Abkommen treffen. Wenn du nicht für ewig und alle Zeit Mäuse fängst, werde ich mit diesen fünf Ge-

genständen nach dir werfen, sooft ich dich sehe, und so werden es alle richtigen Männer machen, die nach mir kommen.«

›Aha‹, dachte die Frau, ›die Katze ist wohl sehr klug, aber der Mann ist noch klüger.‹

Die Katze betrachtete sich die fünf Gegenstände (sie sahen recht kantig aus) und sagte: »Ich will für ewig und alle Zeit Mäuse fangen. Aber das sage ich gleich: Ich bleibe trotzdem die Katze, die stets ihre eigenen Wege geht.«

»Nicht, wenn ich da bin«, sagte der Mann. »Wenn du das jetzt nicht gesagt hättest, würde ich diese fünf Sachen für ewig und alle Zeit fortgelegt haben. Aber von nun an werde ich meine Stiefel und meine Axt nach dir werfen, sooft ich dich sehe.«

Darauf sagte der Hund: »Einen Augenblick, bitte. Die Katze hat mit mir noch keinen Vertrag gemacht, mit mir und allen richtigen Hunden, die nach mir kommen.« Er zeigte seine Zähne und fuhr fort: »Wenn du nicht nett zu dem kleinen Kind bist, für ewig und alle Zeit, werde ich dich jagen, bis ich dich packen kann, und wenn ich dich gepackt habe, werde ich kräftig zubeißen. Und das werden alle Hunde machen, die nach mir kommen.«

›Aha‹, dachte die Frau, ›die Katze ist schon recht klug, aber der Hund ist viel klüger.‹

Die Katze zählte die Zähne des Hundes (sie sahen recht spitz aus) und sagte: »Ich will nett zu dem Kind sein, solange es mich nicht zu arg am Fell rupft, für ewig und alle Zeit. Aber ich bleibe und bleibe trotz allem die Katze, die ihre eigenen Wege gehen wird!«

»Nicht, wenn ich in der Nähe bin«, sagte der Hund. »Wenn du das jetzt nicht gesagt hättest, würde ich dir für ewig und alle Zeit meine Zähne niemals wieder gezeigt haben; aber von nun an werde ich dich auf einen Baum hinaufjagen, sooft ich dich treffe.«

Dann warf der Mann seine zwei Stiefel und seine kleine Axt nach der Katze, und die Katze rannte aus der Höhle hinaus, und der Hund jagte sie auf einen Baum hinauf, und von jenem Tag an werfen drei richtige Männer von fünfen alles mögliche Zeug nach einer Katze, sooft sie eine treffen, und jeder richtige Hund jagt sie auf einen Baum.

Aber die Katze hält ihr Abkommen auch. Sie fängt Mäuse und ist nett zu kleinen Kindern, sooft sie im Hause ist und solange sie ihr nicht das Fell zu sehr rupfen.

Aber danach, und auch zwischendrin, und wenn der Mond aufgeht und wenn die Nacht kommt, dann geht die Katze auf ihren eigenen Wegen. Dann wandelt sie hinaus in den nassen wilden Wald oder klettert auf nasse wilde Bäume oder auf nasse wilde Dächer und schwenkt ihren wilden Schwanz auf einsam-wilden Pfaden.

*Deutsch von Hans Rothe*

# Saki

## *Tobermory*

Es war der kühle, regenverwaschene Nachmittag eines der letzten Augusttage – in jener nichtssagenden Jahreszeit also, in der die Rebhühner sich noch in Sicherheit oder in den Kühlhäusern befinden und es nichts zu jagen gibt. Ohne Ausnahme hatten sich die Gäste von Lady Blemleys Hausparty um den Tisch versammelt. Trotz der Öde der Jahreszeit und der Alltäglichkeit dieses Ereignisses deutete nichts auf jene schwelende Unruhe hin, die gleichbedeutend ist mit der Furcht vor einem Klavierkonzert oder einer beherrschten Sehnsucht nach einer Partie Bridge. Die unverhüllte, durch nichts verborgene Aufmerksamkeit der Anwesenden konzentrierte sich vielmehr auf die anspruchslose, unscheinbare Persönlichkeit des Mr. Cornelius Appin. Von allen Gästen Lady Blemleys war er der einzige, der in keinem festumrissenen Ruf stand. Irgend jemand hatte einmal erwähnt, daß Appin ›klug‹ sei, und so schickte man ihm eine Einladung in der unausgesprochenen Erwartung – zumindest von seiten der Gastgeberin –, daß er wenigstens einen Teil seiner Klugheit zu der allgemeinen Unterhaltung beisteuern würde. Bisher hatte Lady Blemley jedoch nicht feststellen können, in welcher Richtung sich seine Klugheit – wenn überhaupt – bewegte. Weder war er witzig, noch spielte er auffallend gut Krocket; weder verfügte er über hypnotische Fähigkeiten noch hatte er jemals eine Amateuraufführung inszeniert. Auch sein Äußeres deutete nicht auf einen jener Männer hin, denen die Frauen ein erhebliches Maß an mangelndem Geist nachsehen. Er war zu einem bloßen ›Mr. Appin‹ hinabgesunken, und ›Cornelius‹ schien nichts als eine durchsichtige Täuschung zu sein, die man bei seiner Taufe begangen hatte.

Jetzt aber behauptete er plötzlich, der Welt eine Entdeckung geschenkt zu haben, neben der die Erfindung des Schießpulvers, der

Druckerpresse oder der Dampfmaschine belanglose Lappalien seien. Die Wissenschaft habe zwar im Verlauf der letzten Jahrzehnte atemberaubende Fortschritte auf allen Gebieten gemacht – seine Entdeckung schien jedoch eher auf dem Gebiet der Wunder als auf dem der Wissenschaft zu liegen.

»Und wir sollen Ihnen also glauben«, sagte Sir Wilfrid gerade, »daß Sie eine Möglichkeit gefunden haben, den Tieren die Kunst der menschlichen Sprache beizubringen, und daß sich der liebe alte Tobermory als Ihr erster erfolgreicher Schüler entpuppt hat?«

»Während der letzten siebzehn Jahre habe ich an diesem Problem gearbeitet«, sagte Mr. Appin. »Aber erst während der letzten acht oder neun Monate bin ich mit den Andeutungen eines Erfolges belohnt worden. Bis dahin hatte ich natürlich schon mit Tausenden von Tieren experimentiert – zuletzt jedoch ausschließlich mit Katzen, diesen wundervollen Geschöpfen, die sich in phantastischer Weise unserer Zivilisation angepaßt haben, ohne dabei ihren hochentwickelten Raubtierinstinkt aufzugeben. Hin und wieder stößt man bei Katzen auf einen überragenden Intellekt – genauso wie bei der Masse der menschlichen Geschöpfe; und als ich vor einer Woche die Bekanntschaft Tobermorys machte, merkte ich sofort, daß ich einer ›Über-Katze‹ von ungewöhnlicher Intelligenz gegenüberstand. Bei meinen letzten Versuchen war ich dem Erfolg ein großes Stück näher gekommen; bei Tobermory – wie Sie ihn nennen – habe ich jedoch mein Ziel erreicht.«

Mr. Appin beschloß seine bemerkenswerten Ausführungen in dem spürbaren Bemühen, seinen Triumph nicht laut werden zu lassen. Keiner der Anwesenden murmelte »Unsinn«, obgleich Clovis' Lippen ein zweisilbiges Wort formten, das diesem nagenden Unglauben vermutlich entsprach.

»Damit wollen Sie also sagen, daß Tobermory jetzt in der Lage ist, zu sprechen und einfache Sätze aus einsilbigen Wörtern zu verstehen?« meinte Miss Resker nach einer kurzen Stille.

»Meine liebe Miss Resker«, erwiderte der Wundermann geduldig, »in der von Ihnen erwähnten Form unterrichtet man kleine Kinder,

Wilde und geistig zurückgebliebene Erwachsene. Wenn man jedoch erst einmal das Problem gelöst hat, bei einem Tier mit sehr hoch entwickelter Intelligenz den Anfang zu finden, braucht man diese ermüdende Methode nicht mehr. Tobermory ist in der Lage, unsere Sprache völlig korrekt zu sprechen.«

In diesem Augenblick sagte Clovis deutlich vernehmbar: »Wahnsinn!« Sir Wilfrid war zwar höflicher, jedoch nicht weniger skeptisch.

»Vielleicht ist es am besten, wir lassen Tobermory hereinholen und bilden uns dann selbst ein Urteil?« schlug Lady Blemley vor.

Sir Wilfrid begab sich auf die Suche nach dem Tier, und die übrigen lehnten sich bequem und in der anspruchslosen Erwartung zurück, Zeugen eines mehr oder weniger geschickten Bauchrednertricks zu werden.

Nur Sekunden später stand Sir Wilfrid wieder in der Tür: trotz der Bräune war sein Gesicht blaß, und in den Augen spiegelte sich seine Aufregung wider. »Bei Gott – es ist wahr!«

Seine Erschütterung war echt, und seine Zuhörer waren auf einmal hellwach und blickten ihn gespannt an.

Sir Wilfrid ließ sich in einen Sessel fallen; das Erlebnis hatte ihm fast den Atem verschlagen. »Er war im Rauchzimmer und schlief. Ich rief ihm zu, er solle zum Tee kommen. Wie üblich blinzelte er mich an, und ich sagte: ›Los, Toby – wir haben keine Lust zu warten!‹ Und bei Gott – mit einer entsetzlich natürlichen Stimme erwiderte er daraufhin, daß er käme, wenn es ihm paßte! Mich hat es fast umgeworfen!«

Appin hatte vor völlig ungläubigen Zuhörern gepredigt; Sir Wilfrids Feststellung überzeugte jedoch sofort. Ein Durcheinander verwirrter, aufgeregter Stimmen erhob sich, in dem der Wissenschaftler schweigend in seinem Sessel saß und die ersten Früchte seiner erstaunlichen Entdeckung genoß.

Dann betrat Tobermory den Raum; auf seinen Sammetpfoten schritt er mit betonter Gleichgültigkeit zu der Gruppe, die um den Teetisch saß.

Alle Anwesenden waren plötzlich verlegen und befangen; niemand wagte es, eine Hauskatze anzusprechen, deren geistige Fähigkeiten denen der Anwesenden ebenbürtig waren.

»Möchtest du etwas Milch haben?« fragte Lady Blemley schließlich mit ziemlich aufgeregter Stimme.

»Meinetwegen«, lautete die Antwort, die in einem völlig gleichgültigen Ton gesprochen wurde. Ein Schauer unterdrückter Aufregung überlief die Zuhörer, und Lady Blemley goß die Milch mit bebender Hand in die kleine Schüssel. Aber das war verständlich.

»Ich glaube, ich habe etwas danebengegossen«, sagte sie entschuldigend.

»Schließlich gehört der Teppich nicht mir«, erwiderte Tobermory nur.

Wieder senkte sich ein Schweigen über die Anwesenden. Schließlich fragte Miss Resker mit ihrem hochmütigsten Gesicht, ob die menschliche Sprache schwer zu erlernen sei. Tobermory sah sie einen Augenblick aufmerksam an und senkte dann vorwurfsvoll den Blick, damit zeigte er deutlich, daß er nicht geneigt war, auf derartig einfältige Fragen einzugehen.

»Was hältst du von der menschlichen Intelligenz?« fragte Mavis Pellington schüchtern.

»Wessen Intelligenz meinen Sie im besonderen?« fragte Tobermory kühl.

»Zum Beispiel – zum Beispiel meine«, sagte Mavis und lachte dabei verlegen.

»Damit bringen Sie mich in eine peinliche Situation«, sagte Tobermory, dessen Ton und Benehmen jedoch keinerlei Peinlichkeit verrieten. »Als Ihr Name im Zusammenhang mit den Einladungen zu dieser Party genannt wurde, erhob Sir Wilfrid Einspruch, weil Sie die dümmste Frau seines ganzen Bekanntenkreises seien und weil zwischen Gastfreundschaft und der Wohltätigkeit für geistig Minderbemittelte ein erheblicher Unterschied bestehe. Lady Blemley erwiderte darauf, daß Ihr mangelnder Verstand doch gerade der Grund zu der Einladung sei, da Sie – Lady Blemleys Ansicht nach – der

Olaf Gulbransson
*Katze und Vogel*

einzige in Frage kommende Mensch wären, der ihren alten Wagen kaufen würde. Sie kennen den Wagen doch, nicht wahr? Man nennt ihn hier den ›Neid des Sisyphos‹, weil er jede Steigung sehr flott nimmt, wenn man ihn schiebt.«

Lady Blemleys Protest wäre erheblich wirkungsvoller gewesen, wenn sie nicht am gleichen Morgen – ganz nebenbei – zu Mavis gesagt hätte, daß der fragliche Wagen genau das richtige für sie sei, da sie schließlich in dem hügeligen Gebiet von Devonshire wohne.

Um von diesem Thema abzulenken, stürzte Major Barfield sich in das Gespräch.

»Was ist eigentlich mit der gefleckten Stallkatze, mit der du dich dauernd herumtreibst? Antwort!«

Jeder der Anwesenden merkte im gleichen Augenblick, daß diese Frage ein großer Fehler war.

»Normalerweise redet man vor anderen nicht über derartige Dinge«, erwiderte Tobermory kalt. »Nach allem, was Sie sich seit Ihrer Ankunft in diesem Hause geleistet haben, würde es Ihnen aller Wahrscheinlichkeit nach auch nicht passen, wenn ich die Unterhaltung auf Ihre eigenen Affären brächte.«

Die Unruhe, die diese Worte auslösten, beschränkte sich nicht nur auf den Major.

»Könntest du vielleicht in der Küche nachfragen, ob dein Essen schon fertig ist?« schlug Lady Blemley sofort vor und versuchte damit die Tatsache zu übersehen, daß es bis zu Tobermorys Abendbrot mindestens noch zwei Stunden dauern würde.

»Nein, danke«, sagte Tobermory, »das hat noch Zeit. Ich möchte nicht an einer Magenverstimmung sterben.«

»Du weißt doch, daß Katzen neun Leben haben«, meinte Sir Wilfrid nachdrücklich.

»Möglich ist es«, erwiderte Tobermory. »Aber sie haben nur eine Leber.«

»Adelaide!« warf Mrs. Cornett ein, »willst du diese Katze etwa noch dazu ermuntern, draußen mit dem Personal über uns zu lästern?«

Das Entsetzen hatte inzwischen alle Anwesenden ergriffen. Vor den meisten Schlafzimmerfenstern lief nämlich eine schmale, mit Ornamenten verzierte Balustrade entlang, und man erinnerte sich auf einmal, daß sie zu jeder Zeit Tobermorys Lieblingsaufenthalt war, von dem aus er die Tauben beobachtete – und der Himmel allein wußte, wen noch! Mrs. Cornett, die einen erheblichen Teil ihrer Zeit vor dem Toilettenspiegel verbrachte und der man ein nomadenhaftes, wenn auch pünktliches Wesen nachsagte, machte einen genauso unruhigen Eindruck wie der Major. Sollte Tobermory in seiner offenen Art sich einiger Dinge erinnern, würde die Wirkung mehr als nur verwirrend sein. Miss Scrawen, die ausgesprochen sinnliche Gedichte verfaßte und ein makelloses Leben führte, zeigte nur Entsetzen; wenn man in persönlichen Dingen systematisch und tugendsam vorgeht, hat man nicht unbedingt das Verlangen, daß alle Welt es erfährt. Bertie van Than, der schon mit siebzehn Jahren so verdorben war, daß er bereits vor einiger Zeit den Wunsch, noch schlimmer zu werden, fallengelassen hatte, verfärbte sich und wurde kalkweiß; immerhin beging er nicht den Fehler, den Raum überstürzt zu verlassen – wie Odo Finsberry, ein junger Mann, der Theologie studierte und den der Gedanke, in die Skandale anderer Menschen eingeweiht zu werden, völlig verwirrte. Clovis besaß die Geistesgegenwart, äußerlich völlig unbeteiligt zu wirken. Er überschlug in Gedanken, wie lange es dauern würde, sich irgendwoher eine Kiste mit besonders zarten Mäusen schicken zu lassen – als eine Art Schweigegeld.

Selbst in dieser heiklen Situation konnte Agnes Resker es nicht ertragen, längere Zeit im Hintergrund stehen zu müssen.

»Warum bin ich nur hierhergekommen?« rief sie dramatisch aus.

Tobermory ergriff sofort die Gelegenheit.

»Nach allem, was Sie gestern Mrs. Cornett gegenüber während des Krocketspiels äußerten, sind Sie wegen des ausgezeichneten Essens gekommen. Von den Blemleys sagten Sie, sie seien die langweiligsten Menschen, die Sie kennten; dann meinten Sie jedoch, daß die Blemleys immerhin so klug gewesen seien, sich einen ausgezeichneten Koch zu halten – sonst wäre es Ihrer Ansicht nach auch kaum vorstellbar, daß irgendein Gast zum zweitenmal hierherkäme.«

»Nicht ein einziges Wort davon ist wahr! Mrs. Cornett ist mein Zeuge ...«

» Mrs. Cornett wiederholte Ihre Worte gegenüber Bertie van Than«, fuhr Tobermory fort, »und sagte noch: ›Dieses Weib ist ein regelrechter Freßsack. Wenn sie weiß, daß sie ihre vier ausgiebigen Mahlzeiten pro Tag bekommt, geht sie überall hin!‹ Und Bertie van Than sagte ...«

Glücklicherweise wurde der Bericht an dieser Stelle unterbrochen. Tobermory hatte Tom, den großen gelben Kater aus dem Pfarrhaus, entdeckt, der durch die Ziersträucher zum Stall schlich. Mit einem gewaltigen Satz war er durch die offenstehende Terrassentür verschwunden.

Nach der Flucht seines allzu gelehrigen Schülers fand sich Cornelius Appin plötzlich inmitten eines Orkans erbitterter Vorwürfe, ängstlicher Fragen und flehender Bitten. Allein bei ihm liege die Verantwortung für die entsetzliche Situation, und an ihm sei es jetzt, dafür zu sorgen, daß alles nicht noch schlimmer würde. Ob Tobermory seine gefährliche Begabung auch anderen Katzen mitteilen könne, war das erste, was man ihn fragte. Möglich sei es, erwiderte er, daß er seine intime Freundin, die Stallkatze, in seine neuen Fähigkeiten einweihe; es sei jedoch unwahrscheinlich, daß er damit Erfolg hätte.

»Meinetwegen mag Tobermory eine wertvolle Katze und ein besonders liebes Tier sein«, meinte Mrs. Cornett. »Du wirst jedoch zugeben müssen, Adelaide, daß man ihn möglichst schnell beseitigen muß – und die Stallkatze auch!«

»Glaubst du etwa, daß ich die letzte Viertelstunde besonders genossen habe?« sagte Lady Blemley verbittert. »Mein Mann und ich mögen Tobermory wirklich gern – wenigstens mochten wir ihn, solange er diese schrecklichen Fähigkeiten noch nicht besaß. Aber jetzt gibt es natürlich keine andere Lösung, als ihn so schnell wie möglich zu beseitigen.«

»Vielleicht könnten wir etwas Strychnin in sein Fressen tun«, meinte Sir Wilfrid. »Die Stallkatze werde ich persönlich ersäufen. Der

Kutscher wird seinem Liebling zwar nachtrauern, aber ich werde einfach sagen, daß bei beiden Katzen eine ansteckende Räude ausgebrochen sei und daß wir fürchteten, sie könnten auch die Hunde infizieren.«

»Und meine einzigartige Entdeckung!« unterbrach Mr. Appin ihn. »Nach so vielen Jahren des Forschens und Experimentierens ...«

»Meinetwegen experimentieren Sie mit Rindviechern weiter, die man eingesperrt halten kann«, sagte Mrs. Cornett. »Oder auch mit den Elefanten in den Zoologischen Gärten. Elefanten sollen doch so intelligent sein, und außerdem sagt man von ihnen, daß sie sich weder in Schlafzimmern herumtreiben noch unter Sesseln verstecken!«

Ein Erzengel, der verzückt das Tausendjährige Reich verkündet hat und dann feststellen muß, daß es aus irgendeinem Grund auf unbestimmte Zeit hinausgeschoben wird, könnte kaum enttäuschter sein als Cornelius Appin über das Echo, das sein wunderbarer Erfolg ausgelöst hatte. Die öffentliche Meinung stand jedoch gegen ihn, und hätte man auf die Stimme der Allgemeinheit gehört, wäre eine bedeutende Minderheit vermutlich dafür gewesen, ihm ebenfalls eine strychningewürzte Speise vorzusetzen.

Schlechte Zugverbindungen und der nervöse Wunsch, das hoffentlich gute Ende noch mitzuerleben, verhinderten die sofortige Abreise der Beteiligten; aber trotzdem war das Abendessen kein gesellschaftlicher Erfolg. Besonders Sir Wilfrid hatte aufregende Stunden hinter sich – zuerst wegen der Katze, dann wegen des Kutschers. Agnes Resker begnügte sich – für alle sichtbar – mit einem trockenen Toast, in den sie jedoch hineinbiß, als sei er ihr persönlicher Feind. Mavis Pellington befleißigte sich eines störrischen Schweigens; Lady Blemley dagegen redete ununterbrochen und hoffte, daß man es als Unterhaltung ansehen würde, während ihre Augen immer wieder zur Tür wanderten. Auf dem Büfett stand eine Schüssel mit sorgfältig präpariertem Fisch – aber nachdem Nachspeise, Käse und Mokka abserviert waren, hatte man Tobermory weder im Speisezimmer noch in der Küche gesehen.

Der Leichenschmaus fand seine würdige Fortsetzung in der Nachtwache, die im Rauchzimmer abgehalten wurde. Essen und Trinken hatten zumindest zur Folge, daß die herrschende Verlegenheit bemäntelt und man von ihr abgelenkt wurde. Eine Partie Bridge stand jedoch bei der vorhandenen Nervenanspannung und auf Grund der allgemeinen Stimmung gar nicht zur Debatte. Um elf Uhr ging das Personal zu Bett, nachdem noch Bescheid gesagt worden war, daß das kleine Fenster in der Anrichte – Tobermorys Privateingang – wie üblich offenstehe. Die Gäste hingegen lasen sich standhaft durch die vorhandenen Magazine hindurch und griffen sogar auf literarische Zeitschriften sowie auf die verschiedenen Sammelbände des *Punch* zurück. In regelmäßigen Abständen suchte Lady Blemley die Anrichte auf, kehrte jedoch immer mit einem Ausdruck dumpfer Niedergeschlagenheit zurück, der jede Frage überflüssig machte.

Um zwei Uhr brach Clovis das lastende Schweigen.

»Heute nacht kommt er doch nicht mehr. Vermutlich sitzt er in der Redaktion der hiesigen Zeitung und diktiert das erste Kapitel seiner Memoiren. Sie werden alles übrige aus dem Felde schlagen und die Sensation des Tages werden.«

Nachdem Clovis seinen Beitrag zur allgemeinen Unterhaltung beigesteuert hatte, begab er sich zu Bett. In längeren Abständen folgten die anderen Gäste seinem Beispiel.

Die Diener, die am folgenden Morgen den Frühstückstee auf den Zimmern servierten, gaben auf die stets gleiche Frage eine ständig wiederkehrende Antwort: Tobermory sei noch nicht nach Hause gekommen.

Das gemeinsame Frühstück verlief – wenn überhaupt möglich – noch unerfreulicher als das gestrige Abendessen; bevor man sich jedoch wieder erhob, wurde die Situation geklärt: Tobermorys Leichnam wurde ins Haus gebracht. Einer der Gärtner hatte ihn zwischen den Ziersträuchern gefunden. Aus der Bißwunde an seiner Kehle und den gelben Haarbüscheln an seinen Krallen wurde deutlich, daß er in dem ungleichen Kampf mit dem Tom aus dem Pfarrhaus unterlegen war.

Gegen Mittag hatten die meisten Gäste das Haus verlassen, und nach dem Essen hatte sich Lady Blemley wieder so weit erholt, daß sie an das Pfarrhaus einen äußerst unangenehmen Brief wegen des Verlustes ihres Lieblings schreiben konnte.

Tobermory war Mr. Appins erster erfolgreicher Schüler gewesen, und das Schicksal wollte es, daß er keinen Nachfolger bekam. Wenige Wochen später riß sich im Dresdener Zoo – ohne vorher die geringste Erregung zu zeigen – ein Elefant los und tötete einen Engländer, der ihn offenbar geärgert hatte. Der Name des Unglücklichen wurde von den Zeitungen verschieden angegeben: einmal als Oppin, dann wieder als Eppelin. Als Vorname wurde jedoch überall gleichlautend ›Cornelius‹ genannt.

»Wenn er versucht haben sollte, dem armen Tier die deutschen unregelmäßigen Verben beizubringen, hat er es auch nicht anders verdient«, sagte Clovis.

*Deutsch von Günter Eichel*

## Robert Walser

# *Das Kätzchen*

Was gab es für einen schönen Regenbogen, die Welt so zart, alles so glänzend, aber ich will von was anderem reden. Ich dachte heute an nichts als an ein Kätzchen. Ist das nicht total belanglos? Ich gebe es zu, aber Nebensächlichkeiten sind oft wie Sonnenschein. Ich sah das Kätzchen schon gestern, jetzt zeichne ich es. Von Farbe ist es gestreift wie ein Tigerchen. Gähnen kann es prächtig, ganz wie jemand, der sich langweilt. Wie sprang es herum, bald war's in der Küche, bald im Eßzimmer, bald im Salon. Klubsessel und Plüschsofa gefallen ihm sehr. Alle schenkten ihm eine Aufmerksamkeit, die der Sorgfalt ähnelte. Eines fragte, ob es wohl sein früheres Heim schon vergessen habe oder noch vermisse. Welche Anteilnahme! Unter anderem hing es sich an einen Zottel, ließ sich hin- und herschwenken wie ein Akrobat, der für Geld turnt. Äugelchen hat es große, schwarze; Tatzen harmlose. Kratzen kann es noch nicht recht, wird es aber mit der Zeit schon lernen. Im Bratloch sollte es übernachten, zog hierfür jedoch einen Stuhl vor. Jede Kiste, jede Schachtel untersucht es, machte zahlreiche Entdeckungen. Im Herunterreißen von Tüchern und Umwerfen von Vasen erwies es sich, so jung und unerfahren es ist, als Meister. Es hat dies Talent wohl mit zur Welt gebracht. Bereits leckt es Milch auf; ferner versteht es sich zusammenzukugeln und wie ein Kreisel sich herumzudrehen. Ein Kater wurde ihm vorgestellt. Die Zumutung war etwas stark. Es hob sich empor, sträubte die Haare, machte einen Buckel und blieb minutenlang noch ganz nachdenklich und zaghaft. Jemand spielte Klavier. Husch, verschwand es unter die Kommode, kam erst wieder zum Vorschein, als das Konzert verklungen war. Anscheinend macht es sich aus Musik nicht viel. Es spielt lieber selber, zwar nicht nach Noten, eher mit einem Rölleli oder Hobelspan. Das Närrchen zu machen, geht ihm über alles, ist ihm das Höchste. Ein Mädchen wollte den Pfarrer spielen und es taufen, selbstverständlich nur im Spaß. Wer spräche so etwas im Ernste? Diese Skizze ist ein wenig schnurrig, gleichwohl hoff' ich sie als Beitrag brauchbar.

# Alfred Andersch

## *Grausiges Erlebnis eines venezianischen Ofensetzers*

Giuseppe Rossi, der Ofensetzer und Kaminspezialist, war hereingekommen, gestern abend, in Ugos Bar und hatte einen Grappa bestellt. Alle, die zu Ugos Bar gehörten, mochten Giuseppe gern, obwohl er etwas unheimlich aussah, mit seinem bleichen, mageren Gesicht und den schwarzen Rissen darin. Giuseppe hatte keine Falten im Gesicht, sondern Risse. Er sah aus wie einer, der viel mit Eisen arbeitet, vor allem aber sah er aus wie das Innere eines Kamins, wie eine dieser Höhlen, die bleich und verwischt sind und in deren Spalten und Mauerfugen sich der Ruß absetzt. Giuseppe kannte viele von diesen geheimen Gängen in Venedigs Häusern.

»Seit wann trinkst du denn eigentlich Schnaps?« hatte Ugo ihn erstaunt gefragt. »Kenn ich ja gar nicht an dir!«

Alle sahen, wie Giuseppe sich schüttelte, nachdem er einen Schluck von dem Grappa getrunken hatte.

»Mein ganzes Abendessen hab ich heute wieder ausgekotzt«, sagte er.

»Geh zum Doktor!« hatte Fabio gemeint, »wenn du was am Magen hast.« Man kann es Giuseppe Rossi nicht ansehen, ob er krank ist, hatte er überlegt; er sieht so bleich aus wie immer.

»Ich war für heute nachmittag zu den Salesianern in San Alvise bestellt«, sagte Giuseppe, anstatt Fabios Aufforderung zu beantworten.

»Hat das was mit deinem Unwohlsein zu tun?« fragte Ugo.

»An der Pforte erwartete mich einer, der war so groß wie du«, sagte Giuseppe, zu Ugo gewendet. »Aber er sah ganz anders aus. Er sah aus wie der liebe Gott persönlich.«

»Einen lieben Gott gibt's nicht«, sagte Ugo gekränkt und beinahe wütend. Seine weiße Goliathschürze bewegte sich heftig, aber seine Pranken spülten die Gläser so zart wie immer. »Den hat's noch nie gegeben. Und wenn's ihn gibt, dann möchte ich nicht so aussehen wie der.«

»Nachher hab ich gemerkt, daß er der Prior ist«, erzählte Giuseppe. »Er führte mich ins Refektorium und sagte mir, der Kamin zöge seit ein paar Wochen nicht mehr richtig, der Rauch drücke in den Saal. Als wir im Refektorium standen, kam der Kater herein«, fügte er hinzu.

»Ein Kater?« fragte Fabio verwundert, weil Giuseppe Rossi eine so alltägliche Sache so betont vorbrachte.

»Ein gelbes Riesenvieh«, antwortete Giuseppe. »Ich kann diese gelbe Sorte Katzen nicht leiden.«

»Weil sie keine Weiber haben, die Schwarzen, haben sie Katzen«, sagte Ugo.

»Er strich erst um den Prior herum. Die Salesianer tragen diese glatten schwarzen Kutten. Es sind eigentlich keine Kutten, es sind Soutanen.« Nachdenklich sagte er: »Die Salesianer sind sehr gelehrte Patres. Der Prior sah aus wie ein sehr gelehrter Herr.«

»Ich denke, er sah aus wie der liebe Gott, den es gar nicht gibt?« warf Ugo spöttisch dazwischen.

»Ja, wie der liebe Gott und wie ein sehr gelehrter Herr. Er sah nicht aus wie ...«, Fabio bemerkte, daß Giuseppe einen Moment zögerte, »... wie Petrus.«

»Aha«, sagte Ugo, »und davon ist dir also schlecht geworden?«

»Aber nein«, sagte Giuseppe. »Kannst du nicht warten?« Er war mit seinen Gedanken so sehr bei seiner Geschichte, daß er die Verachtung in Ugos Stimme überhaupt nicht bemerkte. »Der Kater«, berichtete er, »strich einmal mit seinem ekelhaften Gelb um die Soutane des Priors herum, und dann stellte er sich vor den Kamin und schrie mit seiner widerwärtigen Stimme den Kamin an. Natürlich habe ich zu diesem Zeitpunkt gar nicht darauf geachtet, es fiel mir erst nachher auf. Ich sah mir den Kamin an, es war kein richtiger, ganz offener Kamin mehr, sondern sie hatten einen dieser eisernen

Ventilationskästen eingebaut und ihn nach oben dicht gemacht, bis auf eine Klappe über dem Feuerrost, der Kamin mußte also ziehen. Ich fragte den Prior, wie lange sie den Kasten schon drin hätten, und er sagte ›Drei Jahre‹, und da sagte ich, dann wären wahrscheinlich nur die Rohre und die Öffnung, die durch die Mauer nach außen führe, hinter dem Kasten, verschmutzt. Er sagte, das habe er sich auch gedacht. Ich fragte ihn, was hinter der Mauer sei, und er antwortete ›Der Rione‹, und die Öffnung sei mindestens drei Meter über dem Wasser in der Wand, man käme von außen nicht dran. Ich sagte, wenn das so sei, dann müsse ich den ganzen Kasten herausnehmen. Ich solle nur das machen, was ich für richtig halte, sagte er, aber ich solle mich beeilen, sie könnten kaum noch essen im Refektorium vor Qualm. Und während der ganzen Zeit, in der wir uns unterhielten, schrie das gelbe Vieh von Zeit zu Zeit vor dem Kamin herum. Wenn nicht dieser vornehme Pater Prior dabeigewesen wäre, hätte ich ihm einen Tritt gegeben.«

Alle, die gerade in Ugos Bar waren, hörten jetzt Giuseppe zu. Der Ofensetzer trank den Grappa aus und schüttelte sich wieder. Ohne ein Wort zu sagen, schob Ugo ihm ein Glas Rotwein hin.

»Ich untersuchte den Kasten. Bei solchen Kästen sollte nur die Basis mit dem Feuerrost einzementiert sein, und der Kasten soll darauf gesetzt und gut eingepaßt werden, so daß man ihn jederzeit abnehmen kann. Aber die meisten machen es falsch und schmieren auch um die untere Fuge des Kastens Zement. Stümper!« Er schwieg einen Augenblick erbittert, ehe er fortfuhr: »Ich fing also an, den Zementkranz unten wegzuschlagen. Der Prior war hinausgegangen, aber ein paar Mönche waren hereingekommen und sahen mir bei der Arbeit zu, weshalb ich den Kater nicht hinausjagen konnte, der sich ein paarmal wie ein Verrückter benahm und den glatten Eisenkasten hinaufwollte. Er war so groß wie ein Hund ...«

»... und so fett wie ein Schwein«, unterbrach ihn Ugo. »Er war sicher so fett wie alle diese fetten, kastrierten Klosterkater.«

»Nein«, sagte Giuseppe, »er war überhaupt nicht fett. Er war auch bestimmt nicht kastriert. Alles an ihm war Muskeln, und er war so groß wie ein mittlerer Hund, und auf einmal bekam ich Angst vor ihm. Ich mußte ihn auf einmal ansehen, und als ich sein Gesicht sah und seine Muskeln, da sah ich, daß ich ihn nicht hätte verjagen können. In diesem Augenblick bemerkte ich, daß wieder der Pater Prior neben mir stand, obwohl ich nur seine Füße sehen konnte, denn ich kniete unter dem Kaminbalken, und ich hörte, wie er sagte: ›Was hat das Tier nur?‹ ›Vielleicht wittert es Mäuse‹, hörte ich einen von den Mönchen sagen. Ich mußte grinsen, da unten, in meinem Kamin, und ich wollte schon etwas sagen, aber der Prior nahm es mir ab. ›Unsinn‹, sagte er, ›wenn eine Katze Mäuse wittert, verhält sie sich ganz still.‹ Ich dachte, das ist nicht nur ein gelehrter Herr, sondern ein Mann, der wirklich etwas weiß. Man kann sehr gelehrt sein und doch nicht wissen, wie eine Katze sich benimmt, wenn sie ein Mäuseloch findet.«

»Mach weiter!« sagte Ugo. »Wir wissen schon, daß er der liebe Gott persönlich war.«

»Ich hatte den Zementkranz bald losgeschlagen und richtete mich auf, um den Kasten herauszuheben, aber das war gar nicht so einfach, er war schwer, und das Eisen war eingerostet, und ich brauchte eine ganze Weile, bis ich ihn richtig gelockert hatte. Während der ganzen Zeit stand dieses gelbe Vieh neben mir, ich sage, es stand, es saß nicht, wie eine normale Katze, die auf etwas wartet, sondern es stand auf gestreckten Beinen, und ich sah, daß es die Krallen herausgestreckt hatte. Ich bat einen der Mönche, mir zu helfen, den Kasten wegzurücken, und während wir ihn anfaßten und begannen, ihn zur Seite zu schieben, mußte ich nun doch dem Kater einen Tritt geben, weil er nicht von meinen Füßen wegging. Er flog ein paar Meter in den Saal hinein, richtete sich fauchend wieder auf und sah mich an, als wolle er sich auf mich stürzen.« Giuseppe Rossi unterbrach sich. »Ich glaube, ich sollte doch nicht weitererzählen«, sagte er. »Es ist zu unappetitlich.«

»Wir sind hier alle sehr zart besaitet«, sagte Ugo und blickte auf die Männer, die vor dem Bartisch standen. »Und vor allem haben wir es sehr gern, wenn einer mitten in einer Geschichte aufhört.«

»Nun bring schon die Leiche hinter deinem Kamin heraus!« sagte Fabio. »Wir sind darauf gefaßt.«

»Keine Leiche«, sagte Giuseppe. »Wir hatten also gerade den Kasten weggerückt, der Mönch und ich, da sah ich schon, daß die Luftöffnung nach draußen ganz verstopft war. Der Kamin konnte nicht mehr ziehen, so verstopft war sie. Mit Stroh und allerhand Dreck. Und ich merkte, daß sich etwas darin bewegte. Zuerst konnte ich nichts erkennen, weil der Luftschacht ganz dunkel war von all dem Zeug, das sich darin befand, aber dann sah ich etwas Spitzes, Helles, das sich bewegte. Eine Rattenschnauze.«

Er griff nach dem Weinglas, aber er trank nicht daraus, sondern setzte es nach einer Weile wieder auf die Zinkplatte des Tisches.

»Ich zog mich ein wenig zurück«, fuhr er fort, »und war gerade dabei, dem Prior zu sagen, was ich bemerkt hatte, als der Kater auch schon heran war. Er schoß wie eine Kugel auf die jetzt freigelegte hintere Wand des Kamins zu, und ich dachte, er wäre mit einem Satz im Luftschacht drin, aber statt dessen bremste er ganz plötzlich ab und duckte sich unter dem Loch auf dem Boden, er lag mit dem Bauch auf dem Boden, hatte seine Vorderpfoten ausgestreckt und den Kopf nach oben gerichtet, während sein Schwanz ganz gerade von ihm abstand. Er war völlig unbeweglich, und ich glaube, die Mönche und der Prior und ich, wir alle waren genauso erstarrt, denn im Eingang des Schachts war eine Ratte erschienen... eine Ratte, sage ich ...«

Der Ofensetzer starrte auf die Wand hinter Ugo, und Fabio hätte sich nicht gewundert, wenn in seinen Pupillen das Doppelbildnis der Ratte, die er gesehen hatte, erschienen wäre.

»In meinem Beruf hat man häufig mit Ratten zu tun«, sagte Giuseppe. »In meinem Beruf und in einer Stadt wie der unseren. Aber ihr dürft mir glauben, wenn ich sage, daß ich so ein Trumm von einer Ratte noch nie gesehen habe. Sie stand da oben, im Eingang ihres Lochs, und sie füllte das Loch völlig aus. Wie sie jemals hinter dem Ofen herausgekommen ist – denn sie muß ja nachts herausgekommen sein –, ist mir völlig schleierhaft. Na, jedenfalls sie stand da oben, ihr

Fell war nicht grau, sondern weiß, ein schmutziges, scheußliches Weiß, und der gelbe Kater stand unter ihr und stieß ein Knurren aus. Aber während ich nicht den Kopf wegdrehen konnte, sagte der Pater Prior zu einem der Mönche: ›Pater Bruno, holen Sie eine Schaufel!‹ Und er fügte hinzu: ›Schließen Sie die Türe, wenn Sie hinausgehen und wenn Sie wieder hereinkommen!‹ Ich muß schon sagen, der Mann hatte die Ruhe weg.

Dann ging alles sehr schnell, und ich kann euch sagen, die schwarzen Soutanen der Mönche tanzten nur so an den weißen Wänden des Refektoriums entlang, als die Ratte herunterkam. Ich bin auch gesprungen, und nur der Pater Prior ist ganz ruhig stehen geblieben und sah sich die Sache an. Die Ratte machte zuerst einen Fluchtversuch, aber der Kater hatte natürlich ganz schnell seine Krallen in ihrem Rücken, und da entschloß sie sich und griff ihn an. Sie hatte einfach keine andere Wahl. Jetzt, wo sie im Saal war, konnte man sehen, wie groß sie war. Sie war natürlich nicht so groß wie der Kater, aber für eine Ratte war sie enorm groß. Sie war ein Ungeheuer, sie war ein schmutziges weißes Ungeheuer, fett und rasend, und der Kater war ein Ungetüm, ein gelbes, widerwärtiges, muskulöses Ungetüm. Habt ihr schon mal gesehen, wie eine Ratte eine Katze angreift?» Niemand gab eine Antwort. Ugo hatte mit seinem ewigen Gläserspülen aufgehört, und alle sahen angeekelt auf das bleiche Gesicht des Ofensetzers.

»Sie kommen von unten«, sagte er. »Diese da drehte sich um und wühlte sich mit ein paar Bewegungen unter den Kater und verbiß sich in seinem Hals. Der Kater raste wie ein Irrsinniger ein paarmal durch den Saal, aber er bekam die Ratte nicht von seinem Hals weg, und zuerst schoß das Blut aus seinem Hals wie eine kleine Fontäne hoch, aber dann sickerte es nur noch, und er konnte nichts anderes tun, als die Kopfhaut und die Rückenhaut der Ratte mit seinen Krallen und seinen Zähnen aufreißen. Das Katzenblut und das Rattenblut versauten den ganzen Saal. Ein paar von den Mönchen schrien geradezu vor Entsetzen.«

»Mach's kurz!« sagte einer von Ugos Gästen, und ein anderer: »So genau wollten wir's nicht wissen.«

Grandville

*Einem guten Kater eine gute Ratte*

»Ich hab euch ja gewarnt«, erwiderte Giuseppe. »Ich bin auch schon fertig. Nur von dem Prior muß ich noch etwas erzählen. Als wir es beinahe nicht mehr ausgehalten hätten, hörten wir Schritte auf dem Gang, und der Pater Bruno kam mit der Schaufel herein. Er blieb erschrocken stehen, als er sah, was vorging, aber der Pater Prior war mit ein paar Schritten bei ihm und nahm ihm die Schaufel aus der Hand. Ich hatte gedacht, er wolle die Schaufel, um die Ratte damit totzuschlagen, aber er tat etwas ganz anderes. Er schob die Schaufel unter die beiden Tiere, die jetzt in der Mitte des Saales miteinander kämpften, sie kämpften nun schon langsamer, ineinander vergraben, die Schaufel war zu klein, um die beiden verrückten Riesenviecher zu fassen, aber sie ließen nicht voneinander ab, und so hingen sie rechts und links von der Schaufel herunter, das eine ekelhaft gelb und das andere dreckig weiß und beide von Blut überströmt, und der Prior schrie uns plötzlich an: ›Steht doch nicht herum! Öffnet ein Fenster!‹, und ich riß eines der großen Fenster im Refektorium auf, und der Prior trug die Schaufel zum Fenster und kippte die Tiere hinaus. Wir hörten das Klatschen, mit dem sie unten auf das Wasser des Kanals aufschlugen. Keiner schaute hinaus, nur der Prior, und dann drehte er sich wieder zu uns um, gab dem Pater Bruno die Schaufel zurück und sagte: ›Waschen Sie das Blut ab!‹, und zu den anderen sagte er: ›Holt Eimer und Besen, damit wir das Refektorium schnell wieder sauber kriegen‹!, und zu mir sagte er: ›Glauben Sie, daß Sie den Kamin heute abend in Ordnung haben?‹, und ich sagte ›ja‹ und fing gleich mit der Arbeit an, aber eine Weile später mußte ich hinaus auf die Toilette, weil es mir hochkam.«

»Salute«, sagte Ugo, »ich gebe eine Runde Grappa aus. Wer will keinen?« Niemand sagte nein, und Ugo stellte die Gläser auf den Tisch.

»Das ist ein Mann, der Prior«, sagte Giuseppe, »er ist nicht nur gelehrt, er weiß auch wirklich etwas, und nicht nur das: er tut auch etwas. Er war der einzige von uns, der sich die Sache ansah und im voraus wußte, was zu tun war, und etwas tat.«

»Kurz und gut – ein Mann wie der liebe Gott. Du brauchst es nicht noch einmal zu betonen«, sagte Ugo.

»Ihr werdet es komisch finden«, sagte Giuseppe Rossi, der Ofensetzer, »als er so ruhig im Saal stand, mit gekreuzten Armen, während die Viecher herumtobten und wir von einer Ecke in die andere sprangen, da dachte ich einen Moment lang: das ist kein Mensch.«

Spät in der Nacht ging Fabio mit Giuseppe nach Hause. Rossi wohnte in der Nähe von San Samuele, so daß sie ein Stück weit den gleichen Weg hatten. Als sie sich verabschiedeten, vor der Türe, hinter der sich seine Werkstatt befand, sagte der Ofensetzer unvermittelt: »Er ist aber doch ein Mensch.«

»Du meinst den Prior?« fragte Fabio. Ohne eine Antwort abzuwarten, fügte er hinzu: »Sicherlich ist er ein Mensch.«

»Er äußerte etwas Seltsames«, sagte Giuseppe. »Als ich ging, gab er mir die Hand und fragte: ›Geht's Ihnen wieder besser?‹, und als ich nickte, sagte er bedauernd: ›Diese unvernünftigen Tiere!‹ Und dann fragte er mich: ›Finden Sie nicht, daß Gott den Tieren etwas mehr Vernunft hätte verleihen können?‹ «

Fabio stieß einen Laut der Verwunderung aus.

»Nicht wahr, das ist doch eine merkwürdige Frage?« sagte Giuseppe.

»Für einen Mönch ist sie ungewöhnlich«, stimmte Fabio zu. »Und dabei sieht er aus wie ein wirklich frommer Mann«, sagte Giuseppe. »Ich wußte nicht, was ich ihm antworten sollte, und er hat auch, glaube ich, keine Antwort erwartet. Aber ich frage mich jetzt, Fabio, ob man fromm sein kann, richtig fromm, und doch nicht alles für richtig zu halten braucht, was Gott tut.«

Die Nacht war, wie die Nächte in Venedig sind: still. Still, aber nicht tot. Fabio hörte das Wasser des Canalazzo an den Landesteg von San Samuele klatschen.

»Ich weiß es nicht«, antwortete er.

# Hilaire Belloc

## *Konversation mit einer Katze*

Neulich ging ich in eine Bahnhofgaststätte und ließ mich mit einem Glas Bier allein an einem kleinen Tisch nieder, um über die notwendige, aber tragische Isolierung der menschlichen Seele zu meditieren. Ich begann meine Meditation, indem ich mich mit der Wahrheit tröstete, daß etwas Gemeinsames die ganze Natur durchziehe, aber ich fuhr mit der Überlegung fort, daß hiermit keine Schranken zu durchbrechen seien und daß das Herz etwas mehr braucht. Vielleicht hätte ich bei intensiver Forschung einen dritten Begriff entdeckt, etwas weniger abgedroschen als diese beiden, da sandte mir das Schicksal – oder irgendein guter Geist oder Zufall oder der Ozean und mein guter Stern – eine lohfarbene, seidige, langhaarige Katze.

Wenn es stimmt, daß jedes Volk die Katzen hat, die es verdient, dann müssen die Engländer sich recht verdient machen, denn derart glückliche und freundliche Katzen gibt es nirgends sonst auf der Welt. Doch sogar für eine englische Katze war diese Katze außergewöhnlich freundlich und vortrefflich – besonders freundlich. Sie sprang mit einem graziösen Satz auf meinen Schoß, schmiegte sich dort an, streckte eine hübsche rechte Vorderpfote aus, um zur Begrüßung mit reizender Schüchternheit meinen Arm zu berühren, hob den Blick mit strahlender, doch unschuldiger Zuneigung und lächelte dann ein geheimes, zustimmendes Lächeln.

Sogar der Schüchternste wird auf eine solche Annäherung irgendeine Form der Erwiderung finden. So auch ich. Ja, ich nahm mir die Freiheit, Amathea zu streicheln (mit diesem Namen bedachte ich die Erscheinung), und wenn ich diese Geste auch auf respektvolle Art begann – korrekte Höflichkeit im Umgang mit Fremden –, so legte ich doch bald einige Wärme hinein, denn ich war gerührt, einen Freund gefunden zu haben, und das hier, in S.W.99 an der Endstation der Untergrundbahn. Von der Liebkosung ging ich (wie es sich ziemt) zur Rede über und sprach: »Amathea, schönste der Katzen, wie kommt es, sag, daß du geruhst, mich zu solchem Gunstbeweise zu erküren? Hast du in mir einen Freund alles Atmenden erkannt, oder littest du selber unter Einsamkeit (obwohl ich annehme, daß du ganz in der Nähe ein trautes Heim hast), oder gibt es Mitleid in den Herzen der Tiere wie in den Herzen einiger Menschen? Was sonst war dein Beweggrund? Oder ist's töricht von mir, zu fragen – wär es vielleicht besser, offenen Armes zu empfangen, was die Götter und wie sie mir Gutes gewähren?«

Auf all diese Fragen antwortete Amathea mit einem vernehmlichen Schnurren, durch das sie, mit lustvoll geschlossenen Augen, ihrem Entzücken über unsere Begegnung Ausdruck verlieh.

»Ich bin mehr als geschmeichelt, Amathea«, gab ich zur Antwort. »Ich habe Trost gefunden. Ich wußte ja nicht, daß es auf der Welt ein Atmendes, sich Bewegendes gibt, und gar ein so Lohfarben-Vollkommenes, das ohne Berechnung Gesellschaft leistet und unter allen Lebewesen sich fühlend den einen Gefährten erwählt. Wenn du nicht in Worten zu mir sprichst, so weiß ich den Grund, und ich lobe ihn mir; denn in den Worten liegt der Same zur Zwietracht, und die Liebe, wo sie am tiefsten, ist stumm. So jedenfalls las ich's in einem Buch, Amathea; ja, erst vor kurzem. Doch muß ich bekennen, daß mir das Buch nichts von jenen Gebärden erzählte, die allen Worten weit überlegen; oder von der Liebkosung, die ich mit der ganzen Dankbarkeit meines armen Herzens dir schenke.«

Hier äußerte Amathea, ohne Geringschätzung, huldvoll ihr Gefallen, indem sie ihren Kopf ein wenig wiegte und ihn dann tief zufrieden niederlegte.

»Oh, schönhaarige Amathea, viele haben dich gepriesen, eh du mich fandest, daß ich dich preise, und viele werden dich preisen, manche in deiner eigenen Sprache, wenn ich nicht mehr Gefangener deiner Gegenwart bin. Keiner jedoch wird dich aufrichtiger preisen, denn unter den Lebenden kennt keiner besser als ich den vierfachen Zauber der

Katze: ihre geschlossenen Augen, ihr langes, liebliches Haar, ihr Schweigen, ja, und auch ihre geheuchelte Liebe.«

Doch bei dem Wort ›geheuchelt‹ hob Amathea den Kopf, blickte zärtlich zu mir auf, rührte erneut mit der Pfote an meinen Arm und ließ sich dann wieder zu schnurrender Seligkeit nieder.

»Du bist im Sichern«, sprach ich mit Trauer; »dir ist das Sterben nicht gegeben, mit ihm zu leben. In deiner Selbstzufriedenheit ist kein Vorherwissen des Todes, nicht einmal das einer Trennung. Und dies ist der Grund, weshalb ich dich, Katze, um so willkommener heiße. Denn wenn's deiner Art ist gegeben, dieses Ruhen im alltäglichen Leben, nun, dann können auch wir's vielleicht finden, wir Menschen, indem wir euerm Beispiel folgen und nicht zu sehr bedenken, was sein wird, und nicht zu sehr erinnern, was war und nimmer wiederkehrt. Auch dafür sag ich dir Dank, Amathea, mein süßer Euplokamos« (denn ich wurde etwas ungezwungen, da die Bekanntschaft schon volle fünf Minuten währte und keinerlei Widerspenstigkeit barg), »daß du mich an meine Jugend erinnert hast und sie, schattenhaft und schnell entschwunden, mir wiedergabst. Denn auch die elende Rasse der Menschen kennt eine Zeit, die gesegnete Zeit der Jugend (o meine Katze), da alle Dinge eins sind und übereinstimmend mit dem Leben des Körpers, da der Schlaf lang ist und regelmäßig und tief, da Feindschaften entweder unbekannt sind oder ein Grund zur Versöhnung und da die Gesamtheit des Seins wohlverwahrt in Hoffnung ruht, so, wie du bei mir auf dem Schoß, Amathea. Ja, auch wir kennen Frieden, wir von der fluchbeladenen Rasse. Doch während ihr ihn von blinden Kätzchentagen an besitzt bis hin zu jenem letzten dunklen Tage, der euch so gnädig kurz ist, erhaschen wir ihn nur für eine grausam knappe Weile. Jedoch, ich will dich nicht mit der Klage des wissend Todgeweihten betrüben. Das wäre nun wirklich Verrat und gemeine Vergeltung für deine Güte. Was! Mich hast du aus sieben Londoner Millionen erkoren, um mir allein den zarten Trost des Herzens zu erweisen, dich hast du so plötzlich zu meinem teuren Gefährten erklärt – soll ich dich da mit den Leiden jener belasten, von denen du nichts weißt, es sei denn dieses: daß sie dir Dach und Nahrung geben und an dir vorübergehn? Du hältst uns wenigstens nicht für Götter, wie es die Hunde tun, und um so tiefer bin ich dir verbunden für diesen kleinen Dienst der Anerkennung – und etwas mehr.«

Amathea hob sich gemächlich auf ihre vier Füße, krümmte den Rücken, gähnte, blickte mit einem Lächeln niegesehener Süße zu mir auf und drehte sich im Kreise, um sich auf meinem Mantel ein neues Lager zu bereiten, worauf sie sich dann niederließ und in eingefriedeter Verzückung von neuem schnurrte.

Schon war ich sicher, daß mir aus der Leere und dem Nichts der Welt eine tief gründende, fest verankerte Zuneigung gekommen sei, die meine Seele fortan nähren werde; schon war die Düsternis der langen Jahre fort und hatte einer Bekehrung zum Leben Platz gemacht, einer Aufgeschlossenheit, einer Freundschaft mit dem Licht der Schöpfung – und all dieses durch ein neues Band liebevoller Güte –, als jener, wer's auch sein mag, der den Kelch der Lust dem Sterblichen vom Munde schlägt (Tupper), aufstand und zu hartem Schlag ausholte. Es war der alte Feind, der den verhängnisvollen Satz ins Herz mir eingab, denn wir alle sind Spielzeug der größeren Mächte, und von ihnen sind gewißlich einige böse.

»Niemals wirst du mich verlassen, Amathea«, sagte ich; »ich werde deinen Schlaf behüten, und in Zeit und Ewigkeit werden wir hier sitzen; ich halte dich in meinen Armen, und du träumst von paradiesischen Gefilden. Und nichts wird uns trennen, Amathea; du bist meine Katze, und ich bin dein Mensch. Von hier an vorwärts in die Fülle des Friedens.«

Da erhob Amathea sich wieder, und mit einer sanften, besonnenen, schwerelosen Bewegung vollkommener Glieder sprang sie, wie eine Woge so glatt, leichtfüßig zu Boden. Ohne mir nur einen Blick zu gönnen, ging sie langsam fort; sie hatte etwas andres im Sinn; und als sie sich anmutsvoll und majestätisch der Tür näherte, der sie zustrebte, sagte ein kleiner, unangenehmer Mann an der Theke »Puß, Puß, Puß!« und bückte sich, um sie sacht hinterm Ohr zu kraulen. Mit welchem Übermaß an Zuneigung, so rein und tief, sie zu ihm aufblickte! Und dann rieb sie sich an seinem Bein – Zeichen und äußerer Ausdruck einer geheiligten Freundschaft, die nie und nimmer enden würde.

*Deutsch von Rudolf Rocholl*

# Kurt Tucholsky

## *Die Katz*

Neulich saß ich vor dem kleinen Theaterchen Ambassadeurs in den Champs-Elysées, unter grünen Bäumen. Um meine Bank strich mehrere Male eine große, gut genährte Katze, grau mit schwarzen Flecken. Wir kamen so ins Gespräch – sie fragte mich, wieviel Uhr es sei –, und da stellte sich heraus, daß sie aus Insterburg stammte. Nun kenne ich Insterburg sehr genau – ich habe da seinerzeit gedient –, und wir waren gleich im richtigen Fahrwasser. Sie kannte erstaunlich viele Leute, und wir hatten auch gemeinsame Bekannte: eine Verwandte von ihr war bei meinem Feldwebel Lemke Katze gewesen, sie wußte gut Bescheid. Meine Stammkneipe kannte sie und das Theater und die Kaserne und alle möglichen Orte. Ja, es ist sogar möglich, daß wir uns einmal gesehen hatten, im Schützenhaus zu Palmnicken, aber da hatte ich natürlich nicht so darauf geachtet. Wie es ihr denn so in Paris gefiele, fragte ich sie.

»Näi, hier jefällts mir nich!« sagte sie. »Ich wäiß nich, die Leite sinn ja soweit janz natt – aber, wissen Se, mit die Verfläijung, das is doch nichts. Ja, ’s jibbt ja Fläisch un so – aber Fischkeppe – wissen Se – son richtichen Kopp von nem Zanderchen oder Hachtchen – das hätt ich doch jar zu jern mal jajassen. Aber: Pustekuchen!« Das fand ich auch sehr bedauerlich.

»Gott, man erlebt ja allerhand hiä«, sagte die Katze. »Da haben se mich näilich einem alten Madamche ins Bett jestochen, wissen Se, die konnt keine Katzen läiden. Erbarmung! hat se jebrillt. Ei, seht doch! seht doch! hat se immer jerufen – das heißt, ich denk mä das so – denn sie hat ja franzeesch jebrillt. Dabei hab ich se nuscht jetan! Und se hat all immer jemacht: ›Pusch! Pusch! Willste da raus!‹ – Aber ich bin ruhig liegen jeblieben, wissen Se – und da hat se mit all ihre Koddern aufn Pianino jeschlafen – ja. Und am friehen Morjen hat se mer denn ein Tellerche Schmant hinjehalten, das hab ich auch jenomm, und denn bin ich los. Es war ne janz nette Frau soweit. Se war all janz bedammelt von den Unjlik.« Aha. Und diese große Schramme da über dem Auge? was wäre denn dies?

»I«, sagte die Katze, »da hat mir neulich son Kater anjesprochen – aber ich wollt nich – wissen Se, ich wer mer doch mit die franzeeschen Kater nich abjehm! De Frau in Insterburch hat auch immer jesacht, mehr als dräimal im Jahr soll ne ordentliche Katz nich – na, und meine Portion war all voll. Ja – ich wollt eben nich. Da hat mir doch das Biest anjesprungen! Was sagen Se –! Ich hab 'n aber ordentlich äine jelangt – sobald jeht der an käine ostpräische Katz mer ran, der Lorbas!«

»Kinder haben Sie also auch?« fragte ich. »Ja«, sagte sie. »Es sinn alles orntliche Katzen jeworn – bis auf äine. Die streicht da aufn Monmartä rum bei die Franzosen –, und wenn mal 'n Tanzvergniejen is, denn macht se sich an die Fremden ran. Näilich dacht ich: I, dacht ich, wirst mal hinjehn, sehn, was se da macht. Wissen Se – ich hab mir rein die Augen ausn Kopp jeschämt – lauter halbnackte Marjellen – und meine Tochter immer dabäi! Sone Krät –! Ich sach: ›Was machst du denn hier?‹ sach ich. Se sagt: ›Ah – Mama!‹ und denn redt se doch franzeesch mit mir! mit die äijene Mutter –! Ich sach: ›Schabber nich so dammlich!‹ sach ich und jeb ihr eins mit de Pfot. Da haben se uns rausjeschmissen ausm Lokal, alle bäide – und draußen auf de Straß wollt ich mer nich mit se hinstellen. Und – rietz! war se denn auch jläich wech. Ach, wissen Se, heutzutach, mit die Kindä...!« ja, da konnte ich nur zustimmen. Na – und sonst? Paris und so?

»Manchmal«, sagte die Katz, »krie ich doch mächtig Heimweh. Kenn Se Keenichsbarch? Das is ne Stadt – wissen Se – da kann Paris jahnich mit! Da war ich mal auf Besuch – man is ja in de Welt rumjekomm, Gott sei Dank – und da war ich bei de Frau Schulz. Kenn Se die? Die Mutter von Lottchen Schulz, die immer so brillt? De Tochter hat jetzt jehäirat.« Halt! Lottchen Schulz kannte ich. Diese etwas bejahrte, schielende und hinkende Dame hatte geheiratet? Ich äußerte Bedenken. »Och«, sagte die Katze, »sehn Se mal: Nu hat se doch das lahme Bein, und ordentlich gucken kann se auch nicht mehr – was soll se –!« Dagegen war nichts einzuwenden – Heirat schien in solchem Fall das beste. »Ja, da war ich auf Besuch«, fuhr die Katze fort, »ach, wenn ich daran noch denk! Inne Ofeneck saßen die bäiden Jungens Schulz und schlabberten ein Tulpchen Biä nachn andern, de Frau trank Kaffee, und ich kriecht ab un zu 'n Stickche Spack – aber, wissen Se, son richtchen, ostpräißschen Kernspack – nich wie hier! Ja. Nur äin Malhör is mich in Keenichsbarch passiert: ich bin da in den Hiehnerstall jejangen und hab da jefriehstickt, und nachher hab ich es all jemerkt: alle die kläinen Kaichel, die hatten dem Pips! Dräi Tach war mir janz iebel!«

Eine feine Dame ging vorüber und sagte zu ihrer Begleiterin: »Vous savez, il n'y a que des étrangers à Paris!« Die Katze sagte: »Wissen Se, hier mit die Katzen, da versteh ich mir janich! Se sind auch so janz anders als bäi uns – manche sind direkt kindisch – wissen Se...! Na, denn wer ich man bißchen jehn, auf Mäise...!«

Und lief seitwärts, in die Büsche. Ich wollte noch etwas sagen, sie nach ihrer Adresse fragen –, aber sie war schon weg. Und ich stand noch lange vor dem Busch und, ohne daran zu denken, daß es ja eine Katze war, rief ich: »Landsmann! Landsmann!« – Aber es antwortete keiner. Wir haben uns nicht mehr wiedergesehen.

# Edgar Allan Poe
## *Die schwarze Katze*

Daß man den so unheimlichen und doch so natürlichen Geschehnissen, die ich jetzt berichten will, Glauben schenkt, erwarte ich nicht, verlange es auch nicht. Ich müßte wirklich wahnsinnig sein, wenn ich da Glauben verlangen wollte, wo ich selbst das Zeugnis meiner eigenen Sinne verwerfen möchte. Doch wahnsinnig bin ich nicht – und sicherlich träume ich auch nicht. Morgen aber muß ich sterben, und darum will ich heute meine Seele entlasten. Aller Welt will ich kurz und sachlich eine Reihe von rein häuslichen Begebenheiten enthüllen, deren Wirkungen mich entsetzt – gemartert – vernichtet haben. Ich will jedoch nicht versuchen, sie zu deuten. Mir brachten sie die fürchterlichste Qual – anderen werden sie vielleicht nicht mehr scheinen als groteske Zufälligkeiten. Es ist wohl möglich, daß später einmal irgendein besonderer Geist sich findet, der meine anscheinend phantastischen Berichte als nüchterne Selbstverständlichkeiten zu erklären vermag – ein klarer und scharfer Geist, weniger exaltiert als ich, der in den Umständen, die ich mit bebender Scheu enthülle, nichts weiter sieht als die einfache Folge ganz natürlicher Ursachen und Wirkungen.

Seit meiner Kindheit galt ich als ein weichherziger und anschmiegsamer Mensch. Ja, meine hingebende Herzlichkeit trat so offen hervor, daß sie oft den Spott meiner Kameraden herausforderte. Da ich eine ganz besondere Zuneigung für die Tiere empfand, beglückten mich meine Eltern gern mit allerlei Lieblingen. Mit diesen verbrachte ich all meine freie Zeit, und nie war ich glücklicher, als wenn ich sie fütterte und liebkoste. Diese Liebhaberei wuchs mit mir heran, und noch im Mannesalter war sie mir eine Hauptquelle meiner Freuden. Wer jemals für einen treuen und klugen Hund wahre Zärtlichkeit hegte, den brauche ich nicht auf die innige Dankbarkeit, die das Tier uns dafür entgegenbringt, hinzuweisen. In der selbstlosen und opferfreudigen Liebe eines Tieres ist etwas, das jedem tief zu Herzen gehen muß, der je Gelegenheit hatte, die armselige ›Freundschaft‹ und geschwätzige Treue des ›erhabenen‹ Menschen zu erproben.

Ich heiratete früh und war herzlich froh, in meinem Weibe ein mir verwandtes Gemüt zu finden. Als sie meine Liebhaberei für allerlei zahmes Getier erkannt hatte, versäumte sie keine Gelegenheit, solche Hausgenossen der angenehmsten Art anzuschaffen. Wir besaßen Vögel, Goldfische, einen schönen Hund, Kaninchen, einen kleinen Affen und – eine Katze.

Diese letztere war ein auffallend großes und schönes Tier, ganz schwarz und erstaunlich klug. Wenn wir auf ihre Intelligenz zu sprechen kamen, gedachte meine Frau, die übrigens nicht im geringsten abergläubisch war, manchmal des alten Volksglaubens, daß Hexen oft die Gestalt schwarzer Katzen anzunehmen pflegen. Nicht, daß sie damit jemals eine ernstliche Anspielung hätte machen wollen – ich erwähne es nur, weil ich gerade jetzt daran denken mußte.

Die Katze war mein bevorzugter Freund und Spielkamerad. Ich selbst fütterte sie, und wo ich im Hause stand und ging, war sie bei mir. Nur schwer konnte ich sie davon zurückhalten, mir auch auf die Straße zu folgen.

So bestand und bewährte sich unsere Freundschaft mehrere Jahre lang. In dieser Zeit aber hatte mein Charakter infolge meiner teuflischen Trunksucht – ich erröte bei diesem Bekenntnis – eine völlige Wandlung zum Bösen durchgemacht. Ich wurde von Tag zu Tag mürrischer, reizbarer, rücksichtsloser gegen die Gefühle anderer. Ich erlaubte mir selbst meiner Frau gegenüber rohe Worte. Schließlich schlug ich sie sogar. Meine Tiere mußten unter meiner Verkommenheit selbstverständlich ganz besonders leiden. Ich vernachlässigte sie nicht nur, sondern mißhandelte sie auch. Auf die Katze indessen nahm ich immer so viel Rücksicht, daß ich sie nicht ebenso schlecht behandelte wie die Kaninchen, den Affen und auch den Hund, die ich bei jeder Gelegenheit mißhandelte, wenn sie mir zufällig oder aus alter Anhänglichkeit in den Weg liefen. Doch mein Leiden wuchs –

denn welches Leiden ist lebenszäher als der Hang zum Alkohol! – und endlich mußte selbst die Katze, die jetzt alt und daher etwas grämlich wurde, die Ausbrüche meiner Übellaunigkeit fühlen.

Eines Nachts, als ich schwer betrunken aus einer meiner Schnapsspelunken nach Hause kam, schien es mir so, als ob die Katze mir ausweiche. Ich packte sie – und da, wahrscheinlich erschreckt durch meine Heftigkeit, riß sie mir mit den Zähnen eine leichte Schramme über die Hand. Im Augenblick geriet ich in wahnsinnige Wut. Ich war nicht mehr ich selbst. Mein wahres Wesen war plötzlich entflohen, und an seiner Stelle spannte eine viehische, trunkene Bosheit jeden Nerv in mir. Ich nahm aus der Westentasche ein Federmesser, öffnete es, riß das arme Tier am Halse empor und bohrte bedachtsam eins seiner Augen aus der Augenhöhle heraus! – Die brennende Glut der Scham und kalte Schauer des Entsetzens überfallen mich jetzt, da ich jener höllischen Verruchtheit gedenke.

Am andern Morgen, nachdem ich meinen Rausch verschlafen hatte und mir die Vernunft zurückgekehrt war, empfand ich halb Grauen, halb Reue über das Verbrechen, dessen ich mich schuldig gemacht hatte; aber es war das nur ein schwaches, oberflächliches Gefühl, und meine Seele blieb unbewegt. Ich stürzte mich aufs neue in wüste Ausschweifungen, und bald war im Wein jede Erinnerung an meine Untat ersäuft.

Inzwischen erholte sich die Katze langsam. Die leere Augenhöhle bot allerdings einen schrecklichen Anblick, aber Schmerzen schien das Tier nicht mehr zu haben. Wie früher ging es im Hause umher, floh aber, wie nicht anders zu erwarten, in wahnsinniger Angst davon, sobald ich in seine Nähe kam. Es war mir noch immer so viel von meinem Gefühl geblieben, daß ich diese offenbare Abneigung eines Geschöpfes, das mich vordem so geliebt hatte, anfangs schmerzlich empfand. Doch dieses Empfinden wich bald einem anderen – der Erbitterung. Und dann kam, wie zu meiner endgültigen und unaufhaltsamen Vernichtung, noch der Geist des *Eigensinns* hinzu. Diesen Geist beachtet die Philosophie nicht, und dennoch bin ich wie von dem Leben meiner Seele davon überzeugt, daß Eigensinn eine der ursprünglichsten Regungen des menschlichen Wesens ist – eine der elementaren, primären Eigenschaften oder Empfindungen, die dem Charakter des Menschen seine Richtung geben. Wer hat nicht schon hundertmal eine gemeine oder dumme Handlung begangen, einzig und allein weil er wußte, daß er eigentlich *nicht* so handeln sollte! Haben wir nicht eine beständige Neigung, das *Gesetz* zu übertreten, nur weil wir eben wissen, daß es ›Gesetz‹ ist? Ich sage, dieser Geist des Eigensinns war es, der mich endgültig umwarf. Es war jene unergründliche Gier der Seele, sich selbst zu quälen und im Trotz gegen ihre erhabene Reinheit allein um des Bösen willen das Böse zu tun, die mich antrieb, meine Schuld an der wehrlosen Katze noch zu erweitern, so weit nur eben möglich. So legte ich ihr eines Morgens eine Schlinge um den Hals und knüpfte sie an einem Baumast auf; ich erhängte sie unter strömenden Tränen und bittersten Gewissensqualen; erhängte sie, eben *weil* ich wußte, daß sie mich geliebt hatte, und *weil* ich fühlte, daß sie mir keinen Grund zu dieser Greueltat gegeben hatte; erhängte sie, *weil* ich wußte, daß ich damit eine Sünde beging – eine Todsünde, die meine unsterbliche Seele so befleckte, daß, wenn irgendeine Sünde *nicht* vergeben werden könnte, die unendliche Gnade des allbarmherzigen Gottes sich *meiner* Seele nicht erbarmen könnte.

In der auf diese grausame Tat folgenden Nacht wurde ich durch Feuerlärm aus dem Schlafe aufgeschreckt. Meine Bettvorhänge brannten. Das ganze Haus stand in Flammen. Mit knapper Not entrannen wir, meine Frau, unsere Magd und ich, dem Feuertode. Alles wurde vernichtet. Meine ganze irdische Habe war dahin, und ich überließ mich von nun an haltloser Verzweiflung.

Ich habe nicht die Schwäche, zwischen meiner Schandtat und diesem Unglück einen Zusammenhang, wie etwa Ursache und Wirkung, suchen zu wollen. Da ich aber eine Kette von Tatsachen anführe, so glaube ich, auch das allerkleinste Glied nicht unerwähnt lassen zu dürfen. An dem Tage nach dem Brande besichtigte ich die Trümmerstätte. Die Mauern waren bis auf eine eingestürzt. Dies war eine nicht sehr starke Scheidewand, ungefähr aus der Mitte des Hauses, gegen die das Kopfende meines Bettes gelehnt hatte. Sie hatte der Einwirkung des Feuers hartnäckig widerstanden, eine Tatsache, die ich dem Umstand zuschrieb, daß dort der Bewurf erst kürzlich erneuert worden war. Vor dieser Mauer stand eine dichte Menschenmenge, und einzelne Personen schienen eine bestimmte Stelle eingehend und aufmerksam zu untersuchen. Die Worte ›sonderbar!‹ ›seltsam!‹ und andere ähnliche Ausrufe erregten meine Neugier. Ich trat heran – und sah auf die helle Fläche eingedrückt das Reliefbild einer großen Katze. Der Abdruck war erstaunlich naturgetreu. Um den Hals des Tieres lag ein Strick.

Als ich zuerst diesen Höllenspuk erblickte – denn für etwas anderes konnte ich es nicht halten –, geriet ich außer mir vor Staunen und Entsetzen. Schließlich aber kam mir die Überlegung zu Hilfe. Der Garten, in dem ich die Katze erhängt hatte, lag dicht bei dem Hause. Auf den Feuerlärm hin war sofort eine Menschenmenge in den Garten eingedrungen, und irgendeiner mußte dort das Tier abgeschnitten und durch das offenstehende Fenster in mein Zimmer geworfen haben, wahrscheinlich in der guten Absicht, mich dadurch aus dem Schlaf zu wecken. Durch stürzendes Mauerwerk war das Opfer meiner Grausamkeit in die Masse des frisch aufgetragenen Bewurfs eingedrückt worden, und der Kalk dieses letzteren in Verbindung mit der Brandglut und dem Ammoniak des Kadavers hatten dann das Reliefbild so wunderbar geprägt, wie es nun zu sehen war.

Obgleich ich dieser eigenen vernünftigen Erklärung bereitwillig Glauben schenkte, konnte mein Gewissen sich nicht so leicht beruhigen, und das Ereignis lastete schwer auf meiner Seele. Monatelang beschäftigte sich meine Phantasie mit der Katze, und es erwachte in mir ein Gefühl, das beinahe Reue sein konnte. Es kam so weit, daß ich den Verlust des Tieres bedauerte und mich in den Spelunken, in denen ich mich jetzt meistens herumtrieb, nach einer anderen Katze umsah, die der ermordeten möglichst ähnlich sein und deren Platz bei mir ausfüllen sollte.

Als ich einmal in der Nacht halb stumpfsinnig vor Trunkenheit in einer ganz gemeinen Schnapskneipe saß, wurde ich plötzlich auf einen schwarzen Gegenstand aufmerksam, der oben auf einem riesenhaften Oxhoft Branntwein oder Rum, dem Hauptmöbel der dunstigen Höhle, thronte. Da ich schon einige Minuten lang stier auf die Höhe des Fasses geblickt hatte, war ich jetzt erstaunt darüber, daß ich den Gegenstand dort oben nicht schon früher bemerkt hatte. Es war eine schwarze Katze – eine sehr große – gerade so groß wie die ermordete und dieser auch in allem ähnlich – bis auf eins: die meine hatte nicht ein einziges weißes Haar an ihrem ganzen Körper, diese Katze aber hatte einen großen, allerdings nicht scharf abgegrenzten weißen Fleck, der fast die ganze Brust bedeckte.

Als ich sie berührte, erhob sie sich sofort, schnurrte laut, rieb sich an meiner Hand und schien von der Beachtung, die ich ihr schenkte, entzückt zu sein. Das war also ganz ein Geschöpf, wie ich es suchte. Ich bot dem Wirt sofort an, ihm das Tier abzukaufen; der aber erhob keinen Anspruch auf die Katze: er kenne sie gar nicht – habe sie nie vorher gesehen.

Ich liebkoste das Tier, und als ich mich zum Heimgehen anschickte, zeigte es Lust, mich zu begleiten. Das erlaubte ich ihm. Unterwegs beugte ich mich manchmal zu ihm nieder und streichelte es. In meinem Hause fühlte sich die Katze sofort heimisch, und auch mit meiner Frau war sie vom ersten Tage an sehr befreundet.

In mir aber regte sich bald eine Abneigung gegen die Katze; das war gerade das Gegenteil dessen, was ich erwartet hatte, aber – ich weiß nicht, wie und weshalb es so kam – ihre aufdringliche Liebe zu mir war mir unangenehm, ja sogar zuwider. Nach und nach steigerte sich dieses Gefühl der Abneigung und des Ekels bis zu bitterstem Haß. Ich ging dem Vieh aus dem Wege; was mich davon zurückhielt, es zu mißhandeln, war allein ein gewisses Schamgefühl und die Erinnerung an meine frühere Greueltat. Einige Wochen lang konnte ich mich noch so weit beherrschen, die Katze weder zu schlagen noch sonstwie absichtlich schlecht zu behandeln, aber allmählich – mit jedem Tage mehr – sah ich sie nur noch mit unaussprechlichem Abscheu und floh bei ihrem unerträglichen Anblick entsetzt davon, wie vor dem Gifthauch der Pestilenz.

Was meinen Haß gegen das Katzenvieh zweifellos genährt hatte, war eine Entdeckung gewesen, die ich sofort, nachdem ich es zu mir genommen, gemacht hatte – die Entdeckung, daß es, wie die erste Katze, um eines seiner Augen beraubt war. Für meine Frau hingegen, die, wie ich schon sagte, jene unendliche Herzensgüte besaß, die auch mich einst auszeichnete und mir viele reine und harmlose Freuden gebracht hatte, war dies nur ein Grund mehr, das Tier zu lieben.

Mit meiner Abneigung gegen die Katze schien deren Vorliebe für mich nur zu wachsen. Sie folgte meinen Schritten mit einer unbeschreiblichen Beharrlichkeit, von der man sich kaum einen Begriff machen kann. Wenn ich mich setzte, kroch sie unter meinen Stuhl oder sprang auf meine Knie und belästigte mich mit ihren widerwärtigen Liebkosungen. Wenn ich aufstand, um fortzugehen, lief sie mir zwischen die Beine, so daß ich in Gefahr geriet, hinzufallen, oder sie hängte sich mit ihren langen und scharfen Krallen in meine Kleider und kletterte mir bis zur Brust hinauf. Obwohl ich mich dann stets versucht fühlte, sie mit einem Faustschlag umzubringen, schreckte ich doch davor zurück, teils im Gedanken an mein früheres Verbrechen, hauptsächlich aber – ich will es nur gleich bekennen – aus sinnloser Angst vor der Bestie.

Diese Angst war nicht gerade Furcht davor, daß mir das Tier irgendeine Verletzung zufügen könnte, aber ich wüßte auch nicht, wie ich sie anders erklären sollte. Ich kann nur mit Beschämung gestehen – ja, selbst in dieser Verbrecherzelle schäme ich mich dessen –, daß die Gefühle des Schreckens und Entsetzens, die das Tier in mir hervorrief, durch ein Hirngespinst, wie man sich kaum eins närrischer denken kann, maßlos gesteigert wurden. Meine Frau hatte mich mehr als einmal auf die Form des weißen Brustfleckes aufmerksam gemacht, von dem ich bereits gesprochen habe, und der das einzig sichtbare Unterscheidungsmerkmal zwischen dieser fremden und der von mir umgebrachten Katze bildete. Man wird sich meiner obigen Beschreibung entsinnen, wonach dieser Fleck, obschon er ziemlich groß war, ursprünglich nur undeutlich hervortrat; doch nach und nach, in kaum merklich fortschreitendem Wachstum – einem Vorgang, den meine Vernunft lange Zeit als reine Augentäuschung zu verwerfen strebte – wurde dieses Zeichen in scharfen Umrissen deutlich sichtbar. Es hatte nun die Form eines Gegenstandes, den ich nur mit Grausen nennen kann und dessen Abbild mich mehr als alles andere schreckte und entsetzte, so daß ich das Scheusal am liebsten umgebracht hätte, wenn ich nur den Mut dazu hätte finden können. Es war das Bild – so sei es denn herausgesagt – eines *Galgens!* – O schrecklich drohendes Werkzeug des greuelhaften Mordens – des martervollen Todes!

Und jetzt war ich wirklich elend – elend weit über alles Menschenelend hinaus. Und ein vernunftloses Vieh – von dessen Geschlecht ich eines verächtlich umgebracht hatte – ein vernunftloses Vieh konnte *mich* – mich, den Menschen, das Ebenbild Gottes – so unsäglich elend machen! Ach, ich kannte nicht mehr den Segen der Ruhe, weder bei Tag noch bei Nacht! Bei Tage ließ das Tier mich nicht einen Augenblick allein, und in der Nacht fuhr ich fast jede Stunde aus qualvollen Angstträumen empor, um den heißen Atem des Viehes über mein Gesicht wehen zu fühlen und den Druck seines schweren Gewichts – wie die Verkörperung eines Alpgespenstes, das ich nicht abzuschütteln vermochte – auf meiner Brust zu tragen.

Unter der Wucht solcher Qualen erlag in mir der schwache Rest des Guten. Böse Gedanken wurden die Vertrauten meiner Seele – schwarze, ekle Höllengedanken! Meine bisherige Stimmung schwoll an zu bösem Haß gegen alles in der Welt und gegen die ganze Menschheit; und meistens war es nun, ach! mein schweigend duldendes Weib, die das unglückliche Opfer meiner häufigen, plötzlichen und zügellosen Wutausbrüche wurde.

Eines Tages begleitete sie mich irgendeines häuslichen Geschäftes wegen in den Keller des alten Gebäudes, das wir in unserer Armut zu bewohnen genötigt waren. Die Katze folgte mir die Stufen der steilen Treppe hinab und war mir dabei so hinderlich, daß ich beinahe kopfüber hinuntergestürzt wäre. Das machte mich rasend. In sinnlosem Zorn vergaß ich die kindische Furcht, die meine Hand bisher zurückgehalten hatte, ergriff eine Axt und führte einen Hieb nach dem Tier, der augenblicklich tödlich gewesen wäre, wenn er sein Ziel getroffen hätte. Aber meine Frau fiel mir in den Arm. Diese Einmischung brachte mich in wahrhaft teuflische Wut. Ich entwand mich ihrem Griff und schlug die Axt tief in ihren Schädel ein. Sie brach lautlos zusammen.

Nachdem dieser gräßliche Mord geschehen war, machte ich mich sogleich und mit voller Überlegung daran, den Leichnam zu verbergen. Ich wußte, daß ich ihn weder am Tage noch in der Nacht aus dem Hause schaffen konnte, ohne dabei Gefahr zu laufen, von den Nachbarn beobachtet zu werden. Mancherlei Pläne schossen mir durch den Sinn. Zuerst dachte ich daran, den Körper in kleine Stücke zu zerhacken und diese durch Feuer zu vernichten. Dann beschloß ich, ihm im Boden des Kellers ein Grab zu graben. Ich überlegte mir aber auch, ob ich ihn nicht lieber im Hof in den Brunnen werfen sollte – oder ob ich ihn wie eine Ware in eine mit unauffälligen Aufschriften versehene Kiste packen und diese durch einen Träger fortschaffen lassen sollte. Endlich kam ich auf einen Gedanken, der mir der richtige Ausweg zu sein schien: ich entschloß mich, die Leiche in den Keller einzumauern – ganz so, wie es alten Erzählungen zufolge die Mönche des Mittelalters mit ihren Opfern gemacht haben mochten.

Zur Ausführung gerade dieses Planes war der Keller sehr geeignet. Die Mauern waren leicht gebaut und erst kürzlich mit einem groben Mörtel beworfen worden, der infolge der Feuchtigkeit der Kellerluft noch nicht hart geworden war. Überdies war an einer der Mauern ein Vorsprung, hinter dem sich ein unbenutzter Rauchschlot oder eine Feuerstelle befand und der neuerdings wieder ausgefüllt und den übrigen Wänden des Kellers gleichgemacht worden war. Ich zweifelte nicht daran, daß es mir leicht möglich sein würde, an dieser Stelle die Ziegelsteine herauszunehmen, den Leichnam in die Höhlung hineinzubringen und die Wand wieder zuzumauern, so daß kein Mensch etwas Verdächtiges entdecken könnte.

Und diese Berechnung täuschte mich nicht. Mit Hilfe eines Brecheisens gelang es mir mühelos, die Steine zu lockern; nachdem ich den

Leichnam mit aller Vorsicht aufrecht gegen die innere Wand gelehnt hatte, stützte ich ihn in dieser Stellung fest und füllte das Mauerloch ohne Schwierigkeit wieder aus, genau so, wie es zuvor gewesen war. Ich hatte mir in aller Stille Mörtel, Sand und Haar zu verschaffen gewußt und stellte daraus einen Bewurf her, der von dem der anderen Wände nicht zu unterscheiden war; mit diesem bestrich ich sehr sorgfältig die neue Vermauerung. Als ich damit fertig war, fand ich zu meiner Befriedigung, daß nun alles in Ordnung sei. Man sah der Mauer nicht im geringsten an, daß sie aufgebrochen worden war. Den Schutt am Boden hatte ich mit peinlichster Sorgfalt entfernt. Triumphierend sah ich auf mein Werk und sagte zu mir selbst: ›Hier wenigstens ist deine Arbeit nicht umsonst gewesen.‹

Das nächste, was ich nun tat, war, mich nach der Bestie umzusehen, die so viel Elend veranlaßt hatte, denn ich hatte ihr inzwischen längst das Urteil gesprochen: sie mußte sterben! Hätte sie sich jetzt vor mir blicken lassen, so wäre es zweifellos sofort um sie geschehen gewesen; aber es schien, als ob das verschlagene Tier, noch beunruhigt durch meinen heftigen Wutausfall, es mit Absicht vermied, mir in meiner gegenwärtigen Stimmung vor die Augen zu kommen. Es ist unmöglich zu beschreiben oder auch nur sich vorzustellen, wie tief beruhigend das Gefühl der Erlösung war, das ich über die Abwesenheit der verhaßten Katze empfand. Auch in der Nacht ließ sie sich nicht blicken – und so schlief ich, seitdem ich sie in mein Haus gebracht hatte, wenigstens eine Nacht hindurch tief und ruhig; ja, ich *schlief*, selbst mit der Last des Mordes auf der Seele.

Der zweite und der dritte Tag verging, ohne daß mein Quälgeist zurückkehrte. Ich atmete wieder auf wie ein Befreiter. Der Schrecken hatte das Ungeheuer für immer vertrieben. Ich sollte es nie mehr erblicken! Meine Seligkeit war grenzenlos! Das Bewußtsein meiner schwarzen Tat störte mich nur wenig. Ein paar Nachfragen, die erhoben worden waren, hatte ich schlagfertig beantwortet. Selbst eine Haussuchung hatte stattgefunden – aber natürlich war nichts zu entdecken gewesen. Ich brauchte also für die Zukunft nichts mehr zu befürchten.

Am vierten Tage nach dem spurlosen Verschwinden meiner Frau kam ganz unerwartet eine Polizeikommission und begann von neuem, alle Räumlichkeiten gründlich zu durchsuchen. Ich war jedoch nicht im geringsten darüber beunruhigt, da ich sicher war, daß die Leiche in ihrem geheimen Versteck nicht entdeckt werden konnte. Die Beamten forderten mich auf, sie bei der Durchsuchung zu begleiten. Sie übersahen keinen Winkel, kein Versteck. Schließlich stiegen sie zum dritten- oder viertenmal in den Keller hinab. Ich blieb ruhig wie Stein. Mein Herz schlug so friedlich wie das eines Menschen, der in Unschuld schläft. Ich folgte den Herren von einem Ende des Kellers bis zum andern. Die Arme über der Brust verschränkt, ging ich festen Schrittes einher. Die Beamten waren vollkommen beruhigt und schickten sich an, fortzugehen. Die Freude meines Herzens war zu groß – ich mußte sie irgendwie äußern! Ich brannte darauf, wenigstens ein Wort des Triumphes auszurufen, das zugleich aber auch die Herren in ihrer Überzeugung von meiner Unschuld bestärken sollte.

»Meine Herren«, sagte ich, als sie bereits wieder die Kellerstufen emporstiegen, »ich bin entzückt, Ihren Verdacht zerstreut zu haben. Ich wünsche Ihnen viel Glück und ein wenig mehr Höflichkeit. Nebenbei bemerkt, meine Herren, dies – dies ist ein sehr gut gebautes Haus« (in dem verrückten Wunsch, irgend etwas Herausforderndes zu sagen, wußte ich kaum, was ich überhaupt redete), »ich möchte sagen, ein hervorragend gut gebautes Haus. Diese Mauern – gehen Sie schon, meine Herren? – diese Mauern sind solide aufgeführt.« Und hier – rein aus tollem Übermut – schlug ich mit einem Stock, den ich gerade bei der Hand hatte, kräftig auf die Stelle des Mauerwerks, hinter der sich die Leiche meines einst so geliebten Weibes befand.

Aber – möge Gott mir gnädig sein und mich retten aus den Krallen meines Erzfeindes! – kaum war der Schall meiner Schläge verhallt, als eine Stimme aus dem Grabe mir Antwort gab. Es war ein Schreien, zuerst erstickt und abgebrochen wie das Weinen eines Kindes, dann aber schwoll es an zu einem ununterbrochenen, durchdringenden und unheimlichen Gekreisch, das keiner menschlichen Stimme mehr zu vergleichen war – zu einem bald jammervoll klagenden, bald höhnisch johlenden Geheul, wie es nur aus der Hölle kommen kann, wenn das Wehklagen der zu ewiger Todespein Verdammten sich mit dem Frohlocken der Höllengeister zu einem Schall vereint.

Es ist wohl überflüssig, noch davon zu sprechen, was ich in diesem Augenblick empfand. Ohnmächtig taumelte ich an die gegenüberliegende Mauer. Die Leute auf der Treppe standen regungslos, von Schreck und Entsetzen gelähmt. Im nächsten Moment aber arbeitete ein Dutzend kräftiger Hände daran, die Mauer einzureißen. Sie fiel. Der schon stark in Verwesung übergegangene und mit geronnenem Blut bedeckte Leichnam stand aufrecht vor den Augen der Männer. Auf seinem Kopfe saß, mit weit aufgesperrtem rotem Rachen und dem einen glühenden Auge, die fürchterliche Katze, deren teuflische Gewalt mich zum Mörder gemacht und deren Stimme mich nun den Henkern überlieferte. Ich hatte das Scheusal in das Grab mit eingemauert.

*Deutsch von Gisela Etzel*

Aubrey Beardsley
*Die schwarze Katze*

# Charles Baudelaire
## *Die Uhr*

Die Chinesen lesen die Zeit aus den Augen der Katzen.

Eines Tages bemerkte ein Missionar, der in der Umgebung Nankings spazierenging, daß er seine Uhr vergessen hatte, und fragte einen kleinen Jungen, wie spät es sei.

Der Gassenjunge aus dem Himmlischen Reich zögerte erst, dann besann er sich und antwortete: »Ich werde es Ihnen gleich sagen.« Wenige Augenblicke später erschien er wieder, eine große, dicke Katze im Arm, und indem er ihr, wie man sagt, ins Weiße der Augen schaute, versicherte er ohne zu zögern: »Es ist noch nicht ganz Mittag.« Was richtig war.

Und ich, wenn ich mich über die schöne Feline neige, die so treffend benannte, die gleichermaßen die Ehre ihres Geschlechts, der Stolz meines Herzens und der Duft meines Geistes ist – dann sehe ich, ob bei Nacht, ob bei Tag, im hellen Licht oder im dichten Schatten, in der Tiefe ihrer anbetungswürdigen Augen immer deutlich die Stunde, immer die gleiche; eine weite, feierliche Stunde, groß wie der Raum, ohne Teilung in Minuten und Sekunden – eine unbewegte Stunde, die die Uhr nicht anzeigt und die doch leicht ist wie ein Seufzer und flüchtig wie ein Blick der Augen.

Und käme irgendein aufdringlicher Mensch, mich zu stören, während mein Blick auf diesem reizenden Zifferblatt ruht; sagte irgendein böser und unduldsamer Geist, irgendein unzeitiger Dämon zu mir: »Was betrachtest du da so aufmerksam? Was suchst du in den Augen dieses Wesens? Liest du in ihnen die Stunde, verschwenderischer und müßiger Sterblicher?« würde ich ohne zu zögern antworten: »Ja, ich lese die Stunde; es ist die Ewigkeit!«

Ist das nicht ein wahrhaft verdienstliches Gedichtchen, Madame, und ebenso überschwenglich wie Sie selber? Wirklich, es hat mir so viel Freude gemacht, diese zierliche Schmeichelei zu häkeln, daß ich von Ihnen keine Gegengabe erwarte.

*Deutsch von Rémy Charbon*

# Herbert Rosendorfer

## *Bilanz*

So einen Entschluß faßt man nicht spontan. Das heißt: es mag sein, daß hie und da ein Entschluß so spontan gefaßt und auch ausgeführt wird. Bei einem Mann wie Raimund Späth reift so ein Entschluß langsam heran, schleicht sich zunächst ungenannt in das Bewußtsein ein und wächst dann unheilbar wie der Krebs. Eines Tages ist dann der Entschluß da, ohne daß er eigentlich gefaßt ist. Es ist fast falsch, *Entschluß* zu sagen. Es war keine Aktivität der Gedanken mehr dabei, es war ein Zustand. Es war eben einfach so. Was man allenfalls hätte Entschluß nennen können, also einen datierbaren Einschnitt in Herrn Späths Bewußtsein, war die endgültige Bereitschaft, die bisherige Entwicklung anzuerkennen und den Lauf der Dinge nicht mehr aufzuhalten. Das war an einem Dienstag gewesen. An einem Dienstag – vormittags gegen zehn Uhr – nannte Späth die Dinge, oder vielmehr: das Ding, für sich beim Namen, nannte in Gedanken das Wort.

An sich hatte der Dienstag keine Bedeutung für Raimund Späth. Er saß an Dienstagen genauso an seinem alten Schreibtisch wie an allen anderen Wochentagen und oft auch an Sonntagen. Aber an den Dienstagen, genauer gesagt an Dienstag-Vormittagen schrien immer die Schweine. Späth vermied deshalb nach Möglichkeit, am Dienstag vormittag zu Hause zu sein, aber manchmal war es unumgänglich, wenn er dringende Arbeiten erledigen mußte. Raimund Späth war Buchhalter. Er lebte seit dem Krieg in dieser merkwürdigen kleinen Stadt in den Bergen, in die er, damals noch ein junger Mann, in den Nachkriegswirren verschlagen worden war. Es war eine dunkle, graue und braune Stadt mit hohen Türmen und finsteren Toren. Alles in jener Gegend hatte etwas Gewaltsames: der Wechsel der Jahreszeiten war jedesmal ein Ringen und Toben der Elemente, eine blutige Revolution der Natur. Auch die Jahreszeiten selber, die niederschmetternde Hitze des kurzen Sommers und die unmäßige Kälte des langen Winters, die wie Keulenschläge aufeinanderfolgten, waren wie von einer düsteren, blinden Wut. Einen Frühling gab es fast nicht, der Herbst war kurz, dafür aber allerdings in manchen Jahren in den finsteren Wäldern um den Ort überirdisch schön, auch wieder fast gewaltsam schön, wenn einsame Bussarde über die flammenfarbenen Hochmoore kreisten.

Der Ort war zu den üblichen Ferienzeiten im Winter und im Sommer einige Wochen lang von Fremden überschwemmt, die ein unpassendes, aufgesetztes, hektisches Leben in die Stadt brachten. Außerhalb der Saison war der Ort tot. Die feindseligen Alteingesessenen zogen sich dann in ihre großen steinernen Häuser mit den alten eisernen Schwellen zurück wie Wespen in ihren Bau.

In diesen Ort war Raimund Späth gekommen, als er Ende der Zwanzig war. Heute war er einundfünfzig. Es war nicht zu leugnen, daß er es zu nichts gebracht hatte. Man brachte es hier in den seltensten Fällen zu etwas, wenn man nicht ein Alteingesessener war oder wenigstens eingeheiratet hatte. Späth hatte sich als Buchhalter etabliert, und zwar als quasi Wander-Buchhalter. Er machte für ein paar mittlere und kleinere Läden und Handwerker, bei denen es sich nicht rentierte, einen festen Buchhalter einzustellen, die Bilanzen und für manche auch die Korrespondenzen, was eben so anfiel. Bei manchen seiner Kunden arbeitete er dort, meistens nahm er aber die Sachen mit nach Hause, wo er dann vor seinem alten dunkelbraunen Schreibtisch saß, den er einmal beim Konkurs eines seiner Kunden für seinen ausstehenden Lohn bekommen hatte.

Bald nachdem er in den Ort gekommen war, hatte Späth geheiratet. Auch seine Frau war keine Alteingesessene. Sie war ein paar Jahre älter als er, heute war sie eine Greisin. ›Sie ist eine Greisin‹, sagte Späth oft zu sich selber, ›eine Greisin.‹ Kinder hatten sie nicht. Seit langer Zeit – genau gesagt: seit vier Jahren nach ihrer Hochzeit – wohnten sie in dieser Wohnung in einem kleinen Haus, das dicht am Fuß des Hügels stand, der die eigentliche Altstadt trug. Sie hatten zwei Zimmer. Die Fenster beider Zimmer gingen auf die alte, fahlgelbe Quadermauer hinaus, die einen alten, fast burgartigen Bau stützte, der sich gewaltig über dem kleinen Haus erhob. Zwischen dem Haus und der Quadermauer zog sich ein schmaler Weg nach rechts entlang der Mauer hinauf, der bald zur Stiege wurde und in eines der finsteren Tore mündete. Der Weg und die Quadermauer waren die einzigen Ausblicke der Wohnung. Wenn man sich aus dem Fenster beugte und steil nach oben sah, konnte man den Turm der Burg, die Erker und auch den Himmel sehen.

Aber die Wohnung war eben billig. An den engen Ausblick hatte sich Späth gewöhnt, nicht daran gewöhnt hatte er sich, daß am Dienstag immer die Schweine schrien. In der alten Burg nämlich war ein Metzger, der nicht im Schlachthof, sondern im eigenen Haus schlachtete. Die Schlachträume gingen hinten hinaus und hatten ihre Fenster ziemlich genau über dem kleinen Haus mit Späths Wohnung. Dieser Metzger schlachtete jeden Dienstag. Späth hatte es nie gesehen, aber die Geräusche waren so deutlich, so plastisch, daß er sich alles genau vorstellen konnte. Die Schweine, die wohl ihr Schicksal ahnten, wurden in den heißen, dampfenden, gekachelten Raum getrieben. Die Metzgergesellen sangen und schrien dabei, trieben vermutlich rohe Späße mit den Tieren, die, sobald das erste abgeschlachtet wurde, gräßlich zu schreien anfingen. Kälber und Rinder blökten offenbar nur ganz kurz, und dann war es vorbei. Schweine aber schrien. Es war ein hohes, quiekendes, irgendwie würdeloses Schreien, das leider manchmal sehr menschlich klang. Dann kamen die dumpfen, satten, schmatzenden Schläge. Manchmal entkam, schien's, den Metzgern ein Schwein. Es raste dann wohl verzweifelt im Schlachtraum herum. Es war jedesmal eine große Gaudi für die Metzger, die johlend das Schwein wieder fingen. Immer weniger Schweine schrien, zum Schluß nur noch eins, dann noch ein satter, saftiger Schlag, und es war vorbei bis zum nächsten Dienstag.

Anfangs war dieser Dienstagvormittag Raimund Späth auf die Nerven gegangen. Er konnte dann nicht arbeiten, ging außer Haus. Mit der Zeit aber überwand er es, daran gewöhnen konnte er sich nie, und den Schinken kaufte er immer bei einem anderen Metzger, obwohl der Schinken des Metzgers in der Burg als der beste galt.

Raimund Späth hatte es zu nichts gebracht. Nicht, daß er nicht fleißig gewesen wäre, es waren eben die Möglichkeiten beschränkt. Es gab außer ihm noch zwei oder drei freie Buchhalter in dem Ort. Die Kunden wurden aber nicht mehr. Es war nicht zu übersehen, daß Späth vor einigen Jahren das volle Maß seiner Möglichkeiten ausgeschöpft hatte. Mehr würde er nicht erreichen. Es zeichnete sich eher ein Abwärts-Trend ab, denn die mittleren Unternehmen wuchsen, stellten feste Buchhalter an, und Späth war ja auch nicht mehr der Jüngste. Er versuchte, seinen Tätigkeitsbereich geographisch zu erweitern. Er mußte sich deswegen ein Motorrad, später wegen seines Nierenleidens statt dessen ein kleines Auto anschaffen, und das schluckte fast mehr, als die Arbeit in den Nachbargemeinden brachte.

Als es einmal ganz schlecht aussah – das war vor zwei Jahren gewesen, als Späth binnen eines Monats vier Kunden verloren hatte –, ließ er sich von einem kleinen Winkeladvokaten, einem seiner ältesten Kunden, der nebenbei auch ein wenig Grundstücke makelte und – meist halbseriöse – Geschäfte vermittelte, dazu verleiten, ›Steuermanipulationen‹ mitzumachen. Der Winkeladvokat war auf ein gewisses System gekommen, wie man Steuerrückvergütungen erschwindeln konnte, das konnte er aber nicht ohne seinen Buchhalter verwirklichen. Er bot also dem Buchhalter die Beteiligung an dem angeblich harmlosen und völlig ungefährlichen Schwindel an. Raimund Späth stand vor der Wahl, entweder das illegale Geschäft mitzumachen oder in dem Monat den fünften Kunden zu verlieren. Er hätte dann wohl auch das Auto hergeben müssen, hätte die Arbeit bei den Kunden außen nicht mehr machen können, das Fernsehgerät und eine etwas voreilig angeschaffte Sitzgarnitur in gestreiftem Kunstleder waren noch abzuzahlen... Späth konnte nicht anders, als die Beteiligung an des Winkeladvokaten Manipulationen zu akzeptieren. Er konnte nicht anders, aber kriminell war es, streng genommen, doch.

Vielleicht war das damals der heimliche Anfang des Entschlusses, denn Späth gewöhnte sich an den Gedanken, daß er Mitwisser und sogar Gehilfe eines gar nicht so arg kleinen Betruges war, fast noch weniger als an das Geschrei der Schweine am Dienstagvormittag, zumal die Ausbeute aus dem Schwindel für Späth eher kärglich war. Der Winkeladvokat hielt ihn kurz, denn leider konnte Späth nicht verbergen, daß er mehr Angst hatte als sein schäbiger Kunde.

Zwei Jahre ging der Schwindel gut. Er ging auch noch dieses Jahr gut, aber Späth, der ja in mehrere Betriebe Einblick hatte und dadurch auch einen besseren Überblick über das Gebaren des Finanzamtes, bemerkte so um März herum – vorsichtige Anfragen bestätigten seine Beobachtung –, daß die Revisoren nur Firmen, die mit ›G‹ anfingen, überprüften. Sie machten also heuer nicht Stichproben wie sonst, sondern hatten sich eine zwar zufällige, aber fest umrissene Gruppe herausgegriffen. Späths Winkeladvokat hieß Grillhuber (*Dr.* Grillhuber ließ er sich nicht ungern nennen, obwohl er keinen Dr. hatte). Es wäre vielleicht noch Zeit gewesen, wenn schon nicht den ganzen Schwindel, so doch seinen Umfang durch neuerliche Manipulationen zu vertuschen. Aber Raimund Späth wollte nicht mehr.

Irmgard war Verkäuferin in einem kleinen Papier- und Zeitungsladen (nebst ›Leihbücherei‹), den Späth ›buchhalterisch‹ – merkwürdigerweise wird das Wort unter Buchhaltern in jenem Landstrich auf der dritten Silbe betont – betreute. Späth kannte – als Bearbeiter ihrer Lohnunterlagen – selbstverständlich ihre Daten. Sie war genau in dem Monat geboren, in dem er in die Stadt kam. Ein Vierteljahr, nachdem Späth sie zum ersten Mal gesehen hatte, sagte er ihr das. Irmgard schien nicht beeindruckt. Späth bereute es sofort, so etwas offensichtlich Plumpes gesagt zu haben.

»Ich meine nur«, sagte er, und machte wohl alles nur schlimmer, weil er bis über die Glatze rot dabei wurde, »ich meine nur: was für ein Zufall.«

Späth glaubte sich nicht zu täuschen, als er das nächste Mal, da er in den Laden kam, Irmgard und die andere Verkäuferin hinter seinem Rücken kichern hörte.

Ein Mann von einundfünfzig Jahren, auch wenn er nur Buchhalter, klein, glatzköpfig und kurzsichtig ist, kann verliebt sein wie ein Zwanzigjähriger. Aber wehe, wenn er es zeigt. Die Zwanzigjährigen balzen auf der Straße herum, und alles lächelt: »San halt a so, die jungen Leut.« Bei einem Einundfünfzigjährigen heißt es nur: »Der verliebte alte Trottel.« Jahrhunderte der Commedia dell'arte haben davon gelebt, sich über einen alten Mann lustig zu machen, dessen einziges Verbrechen darin bestand, auch verliebt zu sein. Warum? Es scheint, als sei Jungsein ein Verdienst. ›Die Menschheit ist ein primitives Volk‹, dachte sich Raimund Späth. Es war einer seiner Lieblingssprüche: »Die Menschheit ist ein primitives Volk. Vielleicht werde ich mir das auf den Grabstein meißeln lassen.«

So kam alles zu allem, und eines Dienstagvormittags, als aus dem düster-fahlgelben Turm die Schweine schrien, faßte Raimund Späth den Entschluß. Das heißt: er stellte fest, daß er den Entschluß gefaßt hatte. Es war ein finsterer Märztag, der Schnee war schon aufgeweicht, aber der Himmel war mit jenen schwefelfarbenen Wolken verhangen, die einen Schneesturm ankündigen, der dann auch bald kam und die Welt in die kalte Enge des tiefen Winters zurücktrieb. Es gibt Momente, in denen auch ein Wander-Buchhalter von einundfünfzig Jahren ›außer sich‹ ist. Raimund Späth sah zwei Gestalten draußen im beginnenden Schneegestöber: ein junges, schlankes Mädchen in hohen, engen Stiefeln, wie sie jetzt Mode waren, und einen alten Mann in einem abgetragenen Fischgrätenmuster-Mantel, mit einer abgewetzten Aktentasche und auf dem Kopf einen viel zu breitrandigen braunen Hut. Es half nichts, daß der alte Mann den unkleidsamen Hut abnahm, denn die Glatze darunter war noch weniger kleidsam. Irmgard und der Buchhalter Späth. Es war außer jeder Frage, daß er – Späth – keine *Attraktion* für Irmgard war und auch nie werden konnte. Vielleicht war der Moment dieser Erkenntnis der Moment, in dem es sich in Raimund Späth entschied, ›freiwillig aus dem Leben zu scheiden‹, wie es verschämt in bürgerlichem Sprachgebrauch heißt. Da war aber noch eine dritte Gestalt im Schnee: ein kleiner schwarzer Schatten. Der sollte später Bedeutung erlangen.

Raimund Späth entschied sich fürs Erhängen. Als Ort wählte er

Felix Valloton
*Mädchen mit einer Katze spielend*

den Dachboden. Dort war ein geeigneter freier Balken in genügender Höhe. Späth kaufte eine Wäscheleine und nahm einen Hocker mit auf den Dachboden. Er würde auf den Hocker steigen und, nachdem er die zuvor am Balken befestigte Schnur um den Hals geschlungen, den Hocker mit dem Fuß wegstoßen. Die Wäscheleine war, in saubere Schlingen gelegt, in eine Klarsichtfolie verpackt. Späth beließ sie vorerst in der Folie, die Leine sollte nicht staubig werden. Späth wollte sich nicht mit einer staubigen Leine aufhängen, und es war noch einiges zu tun. Er verwahrte die Leine und den Hocker in einer Ecke des Dachbodens und stieg wieder hinunter. –

Ein Testament brauchte Späth nicht zu machen, denn erstens hatte er nichts, und zweitens war ja nur seine Frau da, und die war Erbin von Gesetzes wegen. Die Lebensversicherung war in Ordnung. Margarethe Späth würde nicht viel bekommen, aber sie würde nicht verhungern. Sie konnte außerdem nach seinem Tod das eine Zimmer untervermieten. Die Lebensversicherung wurde auch fällig – Späth las nochmals genau den Versicherungsvertrag durch (auch das Kleingedruckte) –, ›wenn der Tod des Versicherungsnehmers durch dessen eigene Hand eintritt‹. Mit den monatlichen Versicherungsbeiträgen war Späth immer, auch in schlechteren Zeiten, auf dem laufenden geblieben. Das Finanzielle war soweit klar, nur: der neue Herd und das Farbfernsehgerät waren noch nicht abbezahlt. Der Herd war dringend notwendig gewesen, das Farbfernsehgerät hatte Margarethe – kaum daß jenes Gerät, von dem oben die Rede war, bezahlt war – ertrotzt. Margarethe liebte Quiz-Sendungen, und es war ihr unerträglich, daß sie einen bestimmten Quiz-Meister, jetzt, wo das möglich war, nicht in Farbe sehen konnte. Die Begründung Margarethes, das Gerät amortisiere sich dadurch, daß sie bei sämtlichen Fernsehlotterien und ähnlichem mitmache, bestach Raimund nicht, denn Margarethe hatte bislang nicht mehr als einmal einen Kugelschreiber und zweimal eine Großpackung Waschpulver gewonnen. Nichts konnte Raimund Späth aber gegen das Argument Margarethes einwenden: sie habe ja sonst nichts vom Leben. Also wurde das Fernsehgerät gekauft. Für den Herd waren nicht mehr viel Raten zu bezahlen, wohl aber für den Farbfernseher. Auch das, beschloß Raimund, wird er vorher noch bereinigen. Er rechnete nach, zählte die Raten zusammen und kalkulierte den Nachlaß für vorzeitige Ratenzahlung ein: wenn er sein Auto günstig verkaufen konnte, würde er die noch ausstehenden Raten bezahlen können.

Er befestigte einen Anschlag mit Kaufpreis usw. innen am Fenster seines Wagens, rückte auch eine kleine Annonce in das Bezirksblatt ein. Das Wichtigste aber: er wickelte seine Geschäftsbeziehungen zu den Kunden außerhalb der Stadt – die er ohne Auto nicht mehr bedienen konnte – ab. Es war ihm schmerzlich, aber irgendwie befriedigte ihn dieser ordentliche, saubere Abschied, von dem niemand ahnte. Bei allen auswärtigen Kunden ging die Abwicklung schnell vor sich, nur bei einem war die Jahresbilanz zu erstellen, bei der gewisse Schwierigkeiten auftauchten. Ein anderer Buchhalter hätte unverhältnismäßig lang gebraucht, sich einzuarbeiten. Späth hätte es als unkorrekt betrachtet, diese Bilanz nicht mehr zu erledigen. Am 30. April mußte die Bilanz erstellt sein. Späth setzte also den Termin seines Selbstmordes auf den 1. Mai fest. Dummerweise war gerade dieser Kunde (es war ein allumfassender Lebensmittel- und Landwirtschaftsbedarf-Laden) in einem kleinen Nest, das durch öffentliche Verkehrsmittel außerordentlich ungünstig zu erreichen war. Späth mußte also sein Auto bis Ende April behalten, wodurch sich wiederum die vorzeitige Ratenzahlung für Herd und Farbfernseher verzögerte.

Ausgerechnet beim letzten Mal, als Späth zu dem Laden in das Nest fuhr (so um den 27. April herum), beobachtete ein unvorsichtiger Bauer, der mit seinem Traktor von einem Feldweg in die Straße einbog, den Verkehr nicht sorgsam genug und fuhr Späth an den Wagen. Es war nicht viel passiert, aber immerhin war der rechte vordere Kotflügel von Späths Wagen beschädigt. Der Bauer gab nach einigem Hin und Her (mit leidvollen Ausführungen über die darbende Landwirtschaft) zu, daß er schuld sei, außerdem hatte ein Straßenarbeiter den Unfallhergang gesehen und stellte sich zur Verfügung, Späths Unschuld an dem Unfall zu bezeugen. Da der Schaden nicht sehr hoch war, zahlte die Versicherung des Bauern zwar anstandslos, aber Späth mußte den Wagen, bevor er ihn verkaufte, herrichten lassen. Ein wenn auch unverschuldet eingebeulter Kotflügel drückt den Preis.

Die Reparatur nahm vier Tage in Anspruch, die Versicherung zahlte nach weiteren acht Tagen. Der erste Mai war längst verstrichen.

Raimund Späth ging – am ersten Dienstagvormittag im Mai – auf den Dachboden und kontrollierte den Hocker und die immer noch in saubere Folie verpackte Leine.

– 1. Juni, sagte sich Späth. Die Sache mit dem Auto war nämlich gar nicht das eigentlich Aufhaltsame. Späth, der seine auswärtigen Kunden ›abgestoßen‹ hatte, mußte sich für die ›Übergangszeit‹, wie er es nannte – ein tiefer Gedanke, diese Spanne Übergangszeit zu nennen – einen finanziellen Ausgleich herbeiführen. Er nahm deshalb eine befristete Arbeit in einer größeren Firma an, die gerade verkauft werden sollte und bei der irgendwelche unvorhergesehenen buchhalterischen (auf der dritten Silbe betont) Bereinigungen vorgenommen werden mußten, für die das fest angestellte Personal nicht ausreichte.

Als der erste Juni herannahte, das Auto verkauft und die noch ausstehenden Raten für Herd und Farbfernseher getilgt waren, stellte sich erstens heraus, daß die befristete ›Übergangs‹-Arbeit schwieriger und langwieriger war, als man und insbesondere als Späth ursprünglich gemeint hatte. Da Späth sich nicht auf eine gewisse Zeit, sondern bis zur Fertigstellung dieser Arbeit der betreffenden Firma verpflichtet hatte, wurde es schon deswegen auch mit dem 1. Juni nichts. Zweitens verschwand Mitte Juni Herr Winkeladvokat ›Dr.‹ Grillhuber spurlos aus der Stadt. Er hatte wohl von anderer Seite von der drohenden Revision durch das Finanzamt Wind bekommen. Selbstverständlich geriet Späth sofort in den Sog des Ermittlungsverfahrens. Nun war es Raimund Späth nicht um die Reinheit seines Namens und Andenkens zu tun. Es war ihm völlig klar, daß, wenn es ihm gelungen wäre, vor der Grillhuberschen Revision ›freiwillig aus dem Leben zu scheiden‹, Grillhuber sich auf Kosten des toten Späth herausgeredet hätte. Jetzt aber, da ein Ermittlungsverfahren gegen den flüchtigen Grillhuber und auch gegen ihn, Späth, lief, wäre es Späth unerträglich gewesen, vor Bereinigung der Sache sich umzubringen. Das wäre für das Gefühl Späths etwa so gewesen, als hätte er sich mit einem staubigen Strick aufgehängt.

Die Sache ging übrigens ziemlich glimpflich ab. Die Finanz-Revisoren, bei denen der bescheidene und harmlose Späth eher beliebt war, gingen von vornherein davon aus, daß – das war ja im Grunde auch richtig – Grillhuber der eigentliche Gauner war. Späth brauchte sich fast nicht auf Kosten des verschwundenen Winkeladvokaten herauszureden, dann wurde die Sache, soweit sie Späth betraf, niedergeschlagen. Das war gegen Ende Juli. Mitte Juli aber war – drittens – der ganz große Triumph in Margarethe Späths Leben eingetreten: sie gewann einen Preis.

Margarethe Späth verfolgte nicht nur mit Passion die Quiz-Sendungen im Fernsehen, sie beteiligte sich ebenso gewissenhaft wie leidenschaftlich an allen Wettbewerben, mochten sie geartet sein, wie sie wollten.

»Warte!« hatte Späth gesagt, früher, als er noch mehr mit ihr redete, »warte! du gewinnst womöglich ein Akkordeon. Und was dann?«

Margarethe Späth ließ sich nicht abhalten. Auch auf die Gefahr, ein Akkordeon zu gewinnen, füllte sie die vorgedruckten, beim Gemischtwarenhändler verteilten oder Zeitschriften beigelegten oder sonstwie ins Haus gekommenen Reklame-Wettbewerbs-Karten aus und brachte sie unermüdlich zur Post. Abgesehen von dem schon erwähnten Kugelschreiber und den beiden Großpackungen Waschpulver – die auf Fernsehlotterien zurückzuführen waren – verfügte Margarethe Späth über eine bereits recht reichhaltige Sammlung von Trostpreisen in Form von Schlüsselanhängern, nichtrostenden Aschenbechern, Plastik-Einkaufstaschen und Patent-Dosenöffnern, als der Triumph, das ganz große Glück, eintraf. Das heißt: das ganz große Glück, also der erste Preis, wäre eine Reise nach Hongkong (inklusive Rundfahrt mit Dschunke im Hafen) gewesen. Margarethe gewann den zweiten Preis: einen Flug für zwei Personen nach Holland zur Tulpenblüte.

Ein Vertreter der Firma, die das Preisausschreiben veranstaltet hatte, kam ins Haus, brachte Blumen und Glückwünsche, auch eine Fahrkarte in die Hauptstadt, wo Margarethe den eigentlichen Preis im Rahmen einer Feierstunde entgegennehmen durfte. Raimund Späth wollte gleich – er argumentierte: im August blühen auch in Holland keine Tulpen – den Preis in Geld umwandeln lassen, aber erstens ging das nach den Wettbewerbsvorschriften nicht, und dann hätte sich Margarethe nie dazu bereit gefunden. »Wenn du nicht mitfahren willst, fahre ich eben alleine, und die anderen Gutscheine verfallen eben.« Die Gutscheine und das Flugbillett verfallen zu lassen, wäre Raimunds Natur hart gegen den Strich gegangen. Sie fuhren also, zunächst mit dem Zug in die nächste Stadt mit Flughafen, von dort mit dem Flugzeug nach Amsterdam. Die Tulpen blühten tatsächlich nicht mehr, aber es war dennoch eine große Aufregung. Für die Reise ließ sich Margarethe einen Hut aus weißem Netz, das mit Veilchen und Maiglöckchen bestickt war, machen. Während sie unten den Hut vor der Abreise auf den Kopf drapierte, betrachtete Raimund auf dem Dachboden den Hocker und die Leine.

»1. September«, sagte er leise und blies den Staub von der Klarsichtpackung. –

Der September war anfangs heiß, ein später, aber vollgültiger Ausläufer des Sommers. Der wolkenlose Himmel war, wie nicht selten im Herbst, tiefblau, von einem düsteren, drückenden Blau: ein transparentes blaues Tuch, das die schwarze Tiefe des Abgrunds durchschimmern ließ. ›Oben‹, und ›Abgrund‹ sind ja keine Widersprüche, wenn man in Kategorien des Alls rechnet. Erst um die Septembermitte schlug das Wetter um. Es wurde regnerisch und bald kalt. Es war diesmal ein Mittwochvormittag, und die Schweine schrien, denn der Metzger hatte am Dienstag ein Firmenjubiläum gefeiert und schlachtete ausnahmsweise am Mittwoch. Raimund Späth saß an seinem Schreibtisch und schaute in den Regen hinaus. Der

Wind schlug den Regen gegen die Quadern der Burg-Mauer, deren Verputz bald eine nicht zu beschreibende Nicht-Farbe aus Fahlgelb und Grautönen annahm. Raimund Späth schaute – zwangsläufig, denn er konnte durch sein Fenster kaum woanders hinschauen – auf die Stelle, wo damals die drei Gestalten erschienen waren. Irmgards und Späths Schemen waren längst verschwunden. Nur der kleine schwarze Schatten war wieder da. Es war eine kleine Katze, die, so gut es ging, in einer Mauerecke saß, in die der Regen nicht so heftig fiel.

Späth stand auf und ging unmittelbar ans Fenster. Nun bemerkte die Katze ihn, legte den Kopf schief und schaute zum Fenster herauf. Wahrscheinlich war die Katze gar nicht so klein, sie war nur abgemagert, völlig durchnäßt und wirkte nur klein. Raimund Späth nahm seinen Regenschirm, ging hinunter, ums Haus herum und dorthin, wo die Katze saß. Sie kam ihm bereits entgegen und folgte ihm ins Haus. Am Fuß der Treppe hob Späth die Katze auf und trug sie hinauf.

»Sie heißt Sophia«, sagte er zu seiner Frau.

»Du wirst wohl nicht dieses Vieh in der Wohnung halten wollen?« sagte die Frau.

»Doch«, sagte Späth.

»Das Vieh kommt mir nicht in die Wohnung. Oder ich ziehe aus.«

Späth sagte gar nichts und nahm die Katze mit ins andere Zimmer. Sie legte sich unter den Schreibtisch und begann sich trocken zu lecken. Es wäre zuviel gesagt, daß ›Sophia‹ gehorcht hätte, aber immerhin hörte sie auf den Namen. Wie sie früher geheißen und ob sie überhaupt einen Namen gehabt hatte, erfuhr Späth natürlich nie. Übrigens zog Frau Späth nicht aus, wenngleich sie nie aufhörte, wegen der Katze zu giften.

»Vielleicht gewinne ich einen Hund«, sagte sie, »der deine Katze vertreibt«, und füllte verbissen die bunten Reklame-Wettbewerbskarten aus. Sie gewann Tauchsieder, Aluminium-Bestecke und Nähnadelfutterale, einmal sogar ein tiefgefrorenes Huhn; einen Hund gewann sie nicht. –

Ende November kaufte Raimund Späth wieder ein Auto, denn eine neue ›Übergangsarbeit‹ fand sich auswärts. Mit einer gewissen Beklemmung bemerkte Späth, daß es mit seiner Buchhalterei bergauf ging, denn einer der anderen freien Buchhalter des Bezirks hatte eine feste Tätigkeit angenommen, und die meisten von dessen Kunden kamen zu Raimund Späth. Späth hatte auch diese Übergangsbeschäftigungen angenommen, denn es mußte ja jemand für Sophia sorgen.

Sophia saß – wenn sie nicht einen ihrer Spaziergänge machte – an der rechten hinteren Ecke des alten Schreibtisches. Ihr Schwanz hing über die Tischplatte hinab und verriet durch gelegentliches Zucken die Anteilnahme Sophias an Späths Arbeit. Späth hatte keinen Zweifel daran, daß Sophia die Buchhaltungskunst nach wenigen Wochen bereits erlernt hatte. Sie verfolgte aufmerksam mit den Augen jede Bewegung von Späths Stift. Setzte Späth einen Schlußstrich unter eine besonders saftige Zahlenkolonne, so schnellte der Schwanz, wie von einem unsichtbaren Faden angerissen, in einem Kringel in die Höhe. Mit besonderem Interesse registrierte Sophia Späths Tätigkeit an seiner Rechenmaschine. Die alte Rechenmaschine (sie war zwar ein elektrisches Modell, aber sicher eines der ersten) stand an der linken hinteren Ecke des Schreibtisches. Zuweilen, wenn die Maschine surrte und rasselte, stand Sophia auf und schritt über den Tisch hinüber, drehte ihren Kopf fast um hundertachtzig Grad und beobachtete die glänzenden Tasten.

Zu Kunden in die nähere Umgebung begleitete Sophia Späth. Ging Späth weiter fort, so wartete die Katze bei schönem Wetter auf einem bestimmten Zaunpfosten, bei schlechtem unter einer Bank. Nicht lange nachdem Späth seinen neuen Wagen gekauft hatte, begann er die Katze mitzunehmen, wenn er fortfuhr. Sie schlief dann – das Fenster blieb einen Spalt offen – auf dem Fahrersitz oder spielte mit einer Glocke, die eigens zu diesem Zweck am Rückspiegel hing. Wenn Späth außer Haus war, blieb die Katze erst in der Wohnung, als Margarethe Späth (etwa ein Jahr nach der Tulpenfahrt) ins Krankenhaus eingeliefert wurde. Die Nachricht, daß sie Krebs hatte, erschütterte Späth wenig. Noch einmal kam Frau Späth für einige Monate aus dem Krankenhaus heraus, dann mußte sie wieder hinein, gewann ihr letztes Spezialküchentuch und verschied.

Manchmal überlegte Raimund Späth, ob er die Katze nicht ›mitnehmen‹ solle. Aber er entschied immer: nein. Er habe, sagte er zu sich, kein Recht, das Leben des Tieres abzukürzen. In Wirklichkeit war es natürlich so, daß aus dem Leben zu scheiden, nachdem er Sophia etwas angetan hatte, Späth der schiere Gipfel an Welt-Unordnung erschienen wäre. Die Katze im ungewissen zurückzulassen, war für ihn ohne jede Frage ausgeschlossen.

So stieg Späth hie und da, allerdings zunehmend seltener, in den Dachboden hinauf und blies den Staub von der Klarsichtpackung. Die neugierige Sophia, die diese Prozedur immer aus nächster Nähe musterte, mußte meist ziemlich heftig dabei niesen.

# James Joyce
## *Die Katze und der Teufel*

Mein lieber Stevie!

Vor ein paar Tagen habe ich Dir eine Katze voll Leckereien geschickt, aber vielleicht kennst Du ja die Geschichte von der Katze von Beaugency noch gar nicht. Beaugency ist ein winziges altes Städtchen am Ufer der Loire, das ist der längste Strom in ganz Frankreich. Er ist auch ein sehr breiter Strom, wenigstens für Frankreich. Bei Beaugency ist er so breit, daß man mindestens tausend Schritte brauchen würde, um vom einen Ufer zum anderen zu kommen.

Vor langer Zeit mußten die Leute von Beaugency, wenn sie zum andern Ufer hinüber wollten, in einem Schiff über den Strom fahren, denn es gab noch keine Brücke. Und selber eine bauen konnten sie auch nicht oder jemanden anderen dafür anstellen und bezahlen. Was sollten sie da nun machen?

Der Teufel, der ja immer die Zeitungen liest, hörte von ihrer Not; und so zog er sich fein an und kam, um dem Bürgermeister von Beaugency einen Besuch zu machen, dessen Name Monsieur Alfred Byrne war. Dieser Bürgermeister zog ebenfalls gern schöne Kleider an. Er trug eine scharlachrote Robe und hatte stets eine grosse goldene Kette um den Hals hängen, sogar wenn er fest in seinem Bett schlief und die Knie in den Mund steckte.

Der Teufel erzählte nun dem Bürgermeister, was er in der Zeitung gelesen hatte, und sagte, er könnte den Leuten von Beaugency eine Brücke bauen, auf der sie den Strom überqueren könnten, sooft sie nur wollten. Die Brücke, die er machen könnte, wäre eine der allerbesten, versprach er, und er würde sie in einer einzigen Nacht fertigstellen. Der Bürgermeister fragte ihn, wieviel Geld er dafür verlangen würde, so eine Brücke zu bauen. Überhaupt kein Geld, meinte der

Teufel, ich verlange nur, daß die erste Person, die über die Brücke gehen wird, mir gehören soll. Abgemacht, sagte der Bürgermeister.

Es wurde Nacht, alle Leute in Beaugency legten sich zu Bett und schliefen. Dann kam der Morgen. Und als sie die Köpfe aus den Fenstern streckten, riefen alle: O Loire, was für eine herrliche Brücke. Denn sie sahen eine herrliche, starke, steinerne Brücke über die Loire geschlagen.

Alle Leute liefen hinunter zum Kopf der Brücke und guckten hinüber. Dort, auf der anderen Seite, stand der Teufel und wartete auf die erste Person, die herüberkommen würde. Aber niemand getraute sich hinüberzugehen, aus Angst vor dem Teufel.

Da hörte man einen Trompetenstoß – das war ein Zeichen, daß die Leute still sein sollten –, und der Bürgermeister M. Alfred Byrne erschien in seiner scharlachroten Robe und mit der schweren goldenen Kette um den Hals. Er hatte einen Kübel Wasser in der einen Hand, und unter dem Arm – seinem andern Arm – da trug er die Katze. Der Teufel hörte gleich auf zu tanzen, als er ihn auf der anderen Seite der Brücke kommen sah, und setzte sein langes Fernrohr an.

Alle Leute flüsterten einander zu, und die Katze schaute hinauf zum Bürgermeister, denn im Städtchen Beaugency war es wohl erlaubt, daß eine Katze einen Bürgermeister ansah. Als sie es überdrüssig wurde, den Bürgermeister anzuschauen (denn auch eine Katze bekommt einmal genug davon, einen Bürgermeister anzusehen), begann sie mit der schweren goldenen Kette des Bürgermeisters zu spielen.

Als nun der Bürgermeister bei der Brücke ankam, hielt jeder Mann den Atem an und hielt jede Frau ihren Mund.

Der Bürgermeister setzte die Katze auf die Brücke nieder, und bevor sich jemand versah – platsch! –, da goß er den ganzen Kübel Wasser über sie aus.

Die Katze, die nun zwischen dem Teufel und dem Kübel Wasser war, entschloß sich rasch und eilte mit zurückgelegten Ohren über die Brücke und dem Teufel geradewegs in die Arme.

Der Teufel war fuchsteufelswild. »Messieurs les Balgentiens«, schrie er über die Brücke hinüber, »vous n'êtes pas de belles gens du tout! Vous n'êtes que des chats!« Und zu der Katze sprach er: »Viens ici, mon petit chat! Tu as peur, mon petit chou-chat? Tu as froid, mon pau petit chou-chat? Viens ici, le diable t'emporte! On va se chauffer tous les deux.«

Und weg ging er mit der Katze. Und seit jener Zeit nennt man die Leute dieses Städtchens ›les chats de Beaugency‹. Aber die Brücke steht noch immer dort, und die Buben gehen und fahren und spielen auf ihr.

Hoffentlich gefällt Dir diese Geschichte.

*NONNO*

PS. Der Teufel redet meistens eine ganz eigene Sprache, die Bellsygebabbel heißt und die er selber so zusammenreimt, wie's gerade kommt, doch wenn er sehr zornig ist, kann er ganz ordentlich schlechtes Französisch sprechen, obgleich einige, die ihn gehört haben, sagen, die Aussprache klinge sehr stark nach Dublin.

*Deutsch von Fritz Senn*

# P. G. Wodehouse

## *Der Katzenhasser*

Es war Harold, der uns miteinander bekannt machte, als ich eines Abends im Café Britannique, in Soho, zu Abend aß. Das Café Britannique besitzt die Eigenart, daß man dort immer und selbst im Winter Fliegen antrifft. An jenem Abend fiel Schnee, als ich durch die Tür trat; als ich mich jedoch umblickte, bemerkte ich verschiedene bekannte Gesichter. Mein alter Bekannter Percy, der Brummer, sah trotz seiner Jahre ungeheuer rüstig aus und beschäftigte sich gerade schweratmend mit einem Hammelkotelett, so daß er nur ganz kurz innehielt, um mir zuzunicken; sein Vetter Harold dagegen, der immer Tätige, sichtete mich ebenfalls und setzte sich sofort in Bewegung, um mich zu begrüßen.

Er hatte gerade sein Spiel mit meinem rechten Ohr beendet und kreiste langsam in der Luft, wobei er überlegte, auf welche Weise er mich noch unterhalten könnte, als es plötzlich in der Luft rauschte, eine Serviette an meinem Kopf vorbeizischte und Harold nicht mehr war.

Ich wandte mich zur Seite, um meinem Retter zu danken, der am Nebentisch saß. Es war ein Franzose, ein melancholisch aussehender Mann. Alles in allem ähnelte er einem Menschen, der mit einer brennenden Kerze das Loch in der Gasleitung des Lebens gesucht hat und den die geballte Faust des Schicksals unterhalb des dritten Knopfes seiner Gemütsweste getroffen hat.

Mit einer Handbewegung wischte er meinen Dank beiseite. »Eine Bagatelle!« sagte er. Wir freundeten uns an. Er setzte sich an meinen Tisch, und beim Kaffee schlossen wir Bruderschaft.

Plötzlich wurde er unruhig. Mit dem Fuß stieß er unter dem Tisch nach einem unsichtbaren Gegenstand. Seine Augen funkelten ärgerlich. »Psst!« zischte er. »*Va-t'en!*«

Ich blickte seitlich unter den Tisch und gewahrte die Restaurantkatze, die sich würdevoll auf dem Rückzug befand.

»Mögen Sie Katzen nicht?« sagte ich.

»Ich 'asse alle Tiere, Monsieur. Katzen besonders.« Er furchte die Stirne. Er schien zu zögern.

»Ich werde Ihnen meine Geschichte erzählen«, sagte er. »Sie werden Sympathie empfinden. Sie 'aben ein sympathisches Gesicht. Es ist die Geschichte von der Tragik eines Mannes. Es ist die Geschichte eines zerstörten Lebens. Es ist die Geschichte einer Frau, die nicht verzei'en wollte. Es ist die Geschichte...«

»Ich bin um elf verabredet«, sagte ich.

Er nickte geistesabwesend, zog an seiner Zigarette und begann zu erzählen.

Daß ich Tiere 'asse, Monsieur, 'abe ich vor vielen Jahren in Paris gemerkt. Tiere sind für mich ein Symbol für vergessene Jugendträume, für vereitelte Absichten, für grausam unterdrückte künstlerische Impulse. Sie sind erstaunt. Sie fragen, warum ich so etwas sage, und ich werde es Ihnen erzählen.

Ich bin in Paris, jung, brennend, künstlerisch begabt. Ich wünsche Bilder zu malen. Ich 'abe das Genie, die Begeisterung. Ich wünsche, Schüler des großen Bouguereau zu sein. Aber nein. Ich bin von der Unterstützung durch meinen Onkel ab'ängig. Er ist reich. Er ist Besitzer des großen 'otels Jules Priaulx. Ich 'eiße ebenfalls Priaulx. Er 'at kein Mitgefühl. Ich sage: »Onkel, ich 'abe das Genie, die Begeisterung. Erlaube mir zu malen.« Er schüttelt den Kopf. Er sagt: »Ich gebe dir eine Stellung in meinem 'otel, und du verdienst dir deinen Lebensunter'alt.« Was tun? Ich weine, aber er mordet meine Träume, und ich werde Kassierer im 'otel meines Onkels mit einem Ge'alt von fünfunddreißig Francs die Woche. Ich, der Künstler, werde eine Maschine für Geldwechseln bei verdammt schlechtem Ge'alt. Was 'ätten Sie gemacht? Was tun? Ich bin ab'ängig. Ich ge'e in das 'otel, und dort lerne ich, alle Tiere zu 'assen. Katzen besonders.

Ich will Ihnen den Grund sagen. Das 'otel meines Onkels ist ein bekanntes ’otel. Reiche Amerikaner, reiche Ma’aradschas, reiche Leute aus jeder Nation kommen in das ’otel meines Onkels. Sie kommen, und bei sich ’aben sie ihre Schoßtiere. Monsieur, es war ein richtiger Alptraum. Wo’in ich blickte, sind Tiere. ’ören Sie zu. Da ist ein indischer Fürst. Er ’at zwei Dromedare bei sich. Da ist ein anderer indischer Fürst. Er ’at eine Giraffe bei sich. Die Giraffe trinkt täglich ein Dutzend Flaschen besten Champagner, damit der Pelz schön bleibt. Ich, der Künstler, ’abe mein Glas Bier, und mein Pelz ist nicht schön. Da ist ein Gast mit einem jungen Löwen. Da ist ein Gast mit einem Alligator. Aber da ist vor allem eine Katze – ein Kater. Er ist fett. Sein Name ist Alexander. Er ge’ört einer Amerikanerin. Sie ist auch fett. Sie zeigt ihn mir. Er ist in eine Création aus Seide und Pelz gehüllt, wie eine Operndiva. Jeden Tag zeigt sie ihn. Immer ’eißt es ›Alexander ’ier‹ und ›Alexander dort‹, bis ich Alexander sehr ’asse. Ich ’asse alle Tiere, aber besonders Alexander.

Und so, Monsieur, geht es weiter, Tag für Tag, in diesem ’otel, das ein Zoologischer Garten ist. Und jeden Tag ’asse ich die Tiere mehr. Aber besonders Alexander.

Wir Künstler, Monsieur, sind Märtyrer unserer Nerven. Es wurde unerträglich, diese Geschichte. Jeden Tag wurde es unerträglicher. Nachts träume ich von allen Tieren, eins nach dem anderen – die Giraffe, die beiden Dromedare, der junge Löwe, der Alligator und Alexander. Besonders Alexander. Sie ’aben von Leuten ge’ört, die die Gesellschaft einer Katze nicht ertragen können – wie sie aufschreien und in die Luft springen, wenn eine Katze unter den Anwesenden ist. *Hein?* Ihr Lord Roberts? Richtig, Monsieur. Ich ’abe sehr viel gelesen. Also ’ören Sie zu. Ich bin langsam wie er geworden, fast. Ich schreie nicht auf und springe nicht in die Luft, wenn ich den Kater Alexander se’e, aber ich knirsche mit den Zähnen, und ich ’asse ihn.

Ja, ich bin ein untätiger Vulkan, und eines Morgens erleide ich einen Ausbruch. Es war folgendermaßen. Ich werde es Ihnen erzählen.

Zu dieser Zeit bin ich nicht nur Märtyrer meiner Nerven, sondern auch von Zahnschmerzen. An jenem Morgen 'abe ich die Zahnschmerzen sehr schlimm. Ganz fürchterlich sind die Schmerzen. Ich stöhne, während ich die Zahlen in meinem Buch zusammenzähle.

Während ich stöhne, 'öre ich eine Stimme.

»Sag M. Priaulx guten Morgen, Alexander.« Bedenken Sie meine Empfindungen, Monsieur, als dieser fette, bestialische Kater auf meinen Tisch gesetzt wird, direkt vor mich 'in!

Das brachte das Wasser zum Überlaufen – nein, die Redensart 'eißt anders: das Faß. Das brachte das Faß zum Überlaufen. Mein ganzer unterdrückter 'aß auf die Tiere bricht aus. Ich kann meinen 'aß nicht mehr verbergen.

Ich ste'e auf. Ich war fürchterlich. Ich packe ihn am Schwanz. Ich schleudere ihn fort – wo'in, das weiß ich nicht. Es interessiert mich nicht. Damals nicht. Später, ja, aber damals nicht.

Ihr Longfellow 'at ein Gedicht geschrieben. Ungefähr so: »Ich schoß einen Pfeil in den 'immel. Er kam auf die Erde zurück – wo, weiß ich nicht.« Und dann 'at er ihn gefunden, den Pfeil, im 'erzen seines Freundes. Richtig? Genauso tragisch war es mit mir. Ich schleuderte den Kater Alexander weg. Mein Onkel, von dem ich ab'ängig bin, geht in diesem Moment vorbei. Er 'at den Kater mitten in sein Gesicht bekommen. –

Mit dem Instinkt des Künstlers für einen ›Vorhang‹ schwieg mein Tischnachbar. Er sah sich in dem hellerleuchteten Restaurant um: überall das Klirren von Messer und Gabel und dazu das klare, scharfe Geräusch jener, die ihre Suppe schlürften. In einer fernen Ecke rief ein kleiner Kellner mit einer kräftigen Stimme dem Koch irgendwelche Namen zu. Es war ein fröhliches Bild; meinen Tischnachbarn machte es jedoch keineswegs fröhlich. Er seufzte tief und erzählte weiter.

– Ich überge'e schnell die peinliche Szene. Es entsteht Lärm. Mein Onkel ist ein 'eißblütiger Mann. Der Kater ist ein schwerer Kater. Ich 'abe ihn kräftig weggeschleudert, denn meine Nerven und meine

Zahnschmerzen und mein 'aß 'aben mir die Kraft eines Giganten verlie'en. Allein das ist genug, um meinen 'eißblütigen Onkel in Wut zu bringen. Ich arbeite in seinem 'otel, Sie verste'en, als Kassierer, nicht als Katzenwerfer. Und davon einmal ganz abgese'en, 'abe ich den geschätzten Gast beleidigt. Sie 'at das 'otel noch am selben Tag verlassen.

In meinen Gedanken ist kein Zweifel, was nun kommt. Mit dieser Überzeugung erwarte ich mein *congé*. Und nach peinlicher Szene ist es soweit. Ich muß ge'en. Sofort. Er 'at der zornigen amerikanischen Dame versprochen, daß ich sofort ge'e.

Er 'at mich in sein Privatbüro gerufen. »Jean«, 'at er schließlich und endlich gesagt, »du bist ein Dummkopf, ein Tölpel, ein nichtsnutziger Idiot. Ich gebe dir gute Stelle in meinem 'otel, und du 'ast nichts Besseres zu tun, als Katzen 'erumzuwerfen. Ich will dich nicht mehr se'en. Aber selbst jetzt kann ich nicht vergessen, daß du das Kind meines lieben Bruders bist. Ich werde dir jetzt eintausend Franc geben und dich nie mehr wiederse'en.«

Ich 'abe ihm dafür gedankt, denn für mich bedeutet das Reichtum. Noch nie 'atte ich eintausend Francs für mich allein besessen.

Ich verlasse das 'otel. Ich ge'e in ein Café und bestelle ein Glas Bier. Ich rauche eine Zigarette. Es ist notwendig, daß ich Pläne ausdenke. Soll ich mit den tausend Francs ein Atelier im Quartier mieten und mein Leben als Künstler beginnen? Nein. Ich 'abe immer noch das Genie, die Begeisterung, aber ich 'abe keine Ausbildung. Um mich selbst im Malen von Bildern auszubilden, muß ich lange studieren, und sogar tausend Francs 'alten nicht für ewig vor. Was also soll ich tun? Ich weiß nicht. Ich bestelle ein zweites Glas Bier und rauche noch ein paar Zigaretten, aber ich weiß immer noch nicht.

Und dann sage ich mir: »Ich werde zu meinem Onkel zurückkehren und mich mit ihm unter'alten. Ich werde günstige Gelegen'eit abwarten. Ich werde mich ihm nach dem Abendessen nä'ern, wenn er guter Laune ist. Dazu muß ich jedoch in der Nä'e sein. Ich muß – wie sagen Sie – auf Deck sein.«

Ich 'abe mich entschlossen. Ich 'abe einen guten Plan.

Ich bin zum 'otel meines Onkels zurückgekehrt, und ich 'abe ein nicht zu teures 'otelzimmer genommen. Mein Onkel weiß nichts. Er ist immer noch in seinem Privatbüro. Ich schließe mein Zimmer ab.

Ich esse an diesem Abend billig, aber ich ge'e in das Theater, und nach dem Theater soupiere ich, denn 'abe ich nicht meine tausend Francs? Es ist spät, als ich mein 'otelzimmer betrete.

Ich ge'e zu Bett. Ich schlafe ein.

Aber ich schlafe nicht lange. Eine Stimme 'at mich geweckt.

Es ist eine Stimme, die sagt: »Eine Bewegung, und ich schieße! Eine Bewegung, und ich schieße!« Ich liege regungslos. Ich rühre mich nicht. Ich bin tapfer, aber ich bin unbewaffnet.

Und die Stimme wieder'olt: »Eine Bewegung, und ich schieße!« Vielleicht Räuber? Oder ein Marodeur, der in mein Zimmer gedrungen ist, um mich auszuplündern?

Ich weiß nicht. Ich denke: vielleicht ja.

»Wer sind Sie?« 'abe ich gefragt.

Keine Antwort.

Ich nehme allen Mut zusammen. Ich springe vom Bett. Ich stürze zur Tür. Kein Pistolenknall. Ich ste'e auf dem Korridor und schreie um 'ilfe.

'otelangestellte laufen 'erbei. Türen öffnen sich. »Was ist los?« rufen Stimmen.

»In meinem Zimmer ist ein bewaffneter Räuber«, versichere ich beru'igend.

Und dann 'abe ich es gemerkt – nein, ich 'abe mich geirrt. Meine Tür ist, wie Sie sich vorstellen können, weit offen. – Und wie ich diese Worte ausgesprochen 'abe, da kommt ein großer grüner Papagei 'erausge'üpft. Mein Mörder ist bloß ein grüner Papagei.

»Eine Bewegung, und ich schieße!« 'at er zu denen gesagt, die auf dem Korridor zusammengekommen waren. Dann 'at er mich in die 'and gebissen und ist weitergeflattert.

Ich bin verärgert, Monsieur. Aber nur für einen Moment. Dann 'atte ich meinen Ärger vergessen. Denn eine Stimme sagt aus einer

Tür, die sich geöffnet 'at, voller Freude: »Es ist mein Polly, den ich 'eute abend verloren 'abe!«

Ich dre'e mich um. Mir verschlägt es die Luft vor Bewunderung. Ich vergesse alles – nur nicht, daß sie anbetungswürdig ist. Ich vergesse die Leute, die um mich 'erumste'en. Ich vergesse, daß der Papagei mich in die 'and gebissen 'at. Ich vergesse sogar, daß ich dort im Pyjama ste'e, mit nichts an den Füßen. Ich kann sie nur anstarren und anbeten.

Ich finde wieder Worte.

»Mademoiselle«, 'abe ich gesagt, »ich bin 'ocherfreut, daß ich der Anlaß war, Ihnen diesen Vogel wieder zu verschaffen.«

Sie 'at mir mit den Augen gedankt, und dann auch mit Worten. Ich bin verzaubert. Sie ist göttlich. Ich merke gar nicht, daß meine Füße kalt werden. Ich wünsche, die ganze Nacht dort ste'en und mit ihr sprechen zu können.

Sie 'at einen Schrei der Bestürzung ausgestoßen.

»Ihre 'and! Sie sind verwundet!«

Ich blicke meine 'and an. Ja, sie blutet, wo der Vogel mich gebissen 'at.

»Ah bah, Mademoiselle«, 'abe ich gesagt. »Eine Bagatelle.«

Aber nein. Sie ist unglücklich. Sie ist, was Ihr Dichter Scott gesagt 'at, ein gottgesandter Engel! Sie 'at ihr Taschentuch zerrissen und verbindet meine Wunde. Ich bin entzückt. Diese Schön'eit! Diese Freundlichkeit! Ich kann kaum widerste'en, vor ihr auf die Knie zu fallen und ihr meine Leidenschaft zu erklären.

Wir sind Zwillingsseelen. Sie 'at mir wieder gedankt. Sie 'at den Papagei beschimpft. Sie 'at mich angelächelt, als sie sich in ihr Zimmer zurückzieht. Es genügt. Nichts ist gesagt – aber ich bin ein Mann mit Sensibilität und Urteilsvermögen, und ich verste'e, daß sie nicht beleidigt sein wird, wenn ich versuche, unsere Freundschaft bei einer passenderen Occasion zu erneuern.

Die Türen schließen sich. Die Gäste sind in ihre Betten zurückgekehrt, die 'otelangestellten an ihre Arbeit. Und ich ge'e in mein Zimmer zurück. Aber ich schlafe nicht. Es ist

Paul Klee
*Monolog des Kätzchens*

sehr spät, aber ich schlafe nicht. Ich liege wach und denke an sie.

Sie werden sich vorstellen können, Monsieur, mit welchen gemischten Gefühlen ich mich am nächsten Morgen er'ob. Auf der einen Seite muß ich scharf auf meinen Onkel achten, denn ich muß ihn meiden, bis er – wie sagt man in Ihrer Sprache? Richtig, jetzt 'abe ich es – bis sein Zorn verraucht und er sich wieder gefaßt 'at. Auf der anderen Seite muß ich auf meine Dame mit Papagei achten. Ich zähle die Minuten bis zu unserem Wiederse'en.

Ich ge'e meinem Onkel erfolgreich aus dem Weg, und als die Zeit des *déjeuner* kommt, se'e ich sie. Sie spricht mit einem alten Gentleman. Ich 'abe mich verneigt. Sie 'at gelächelt und mich mit einer 'andbewegung aufgefordert, näher zu kommen.

»Vater«, 'at sie gesagt, »das ist der Gentleman, der Polly eingefangen 'at.«

Wir 'aben uns die 'and gegeben. Er ist ein nachsichtiger Papa. Er 'at gelächelt und sich ebenfalls bedankt. Wir 'aben uns gegenseitig unsere Namen genannt. Er ist Engländer. Er besitzt viel Land in England. Er ist länger in Paris gewesen. Er ist reich. Er 'eißt 'enderson. Er spricht mit seiner Tochter und nennt sie Marion. In meinem 'erzen nenne ich sie ebenfalls Marion. Sie werden merken, daß ich – wie sagt man bei Ihnen – ziemlich weit gegangen bin.

Die Zeit zum *déjeuner* ist gekommen. Ich bitte sie, meine Gäste zu sein. Ich kann es mir leisten, verste'en Sie, denn in meiner Tasche sind noch sehr viele Francs von meinem Onkel. Sie nehmen meine Einladung an. Ich bin – wie sagt man bei Ihnen – im siebenten 'immel.

Alles ist gut. Unsere Freundschaft 'at sich mit wunderbarer Schnelligkeit entwickelt. Der alte Gentleman und ich sind bald gute alte Freunde. Ich 'abe ihm meine Träume von künstlerischem Ruhm anvertraut, und er 'at mir erzählt, wie sehr er Ihren Lloyd George verachtet. Er 'at erwähnt, daß er und Miss Marion noch am selben Tag nach London abfahren. Ich bin verzweifelt. Mein Gesicht verfällt. Er 'at meinen Gram gemerkt. Er 'at mich eingeladen, sie in London zu besuchen.

Stellen Sie sich meinen Schmerz vor. Sie in London zu besuchen, ist mein einziger, mein größter 'erzenswunsch. Aber wie? Ich nehme die Einladung dankbar an, aber ich frage mich, wie ich es tun kann. Ich bin ein armer Lump, der nichts als neun'undert Francs besitzt. Er 'at es als selbstverständlich genommen, daß ich wohl'abend bin.

Was soll ich tun? Ich verbringe den Nachmittag mit dem Versuch, einen Plan auszudenken. Und dann 'abe ich einen Entschluß gefaßt. Ich will zu meinem Onkel ge'en und sagen: »Onkel, ich 'abe die großartige Chance, die Tochter eines wohl'abenden englischen Großgrundbesitzers zu 'eiraten. Schon jetzt ist sie mir dankbar. Bald – denn ich bin jung, 'übsch und 'öflich – wird sie mich lieben. Sei vernünftig, alter Knabe, und lege das Geld für diese Affäre auf den Tisch.«

Ich bin fest entschloßen, diese Worte meinem Onkel zu sagen.

Ich kehre zum 'otel zurück. Ich betrete sein Privatbüro. Ich verrate kein Ge'eimnis, wenn ich sage, daß er nicht 'erzlich zu mir ist.

»Zehntausend Teufel!« 'at er geschrien. »Was tust du 'ier?«

Ich beeile mich, ihm alles zu erzählen, und bitte ihn sehr, kein Spielverderber zu sein. Er glaubt nichts.

»Wer ist es?« fragt er. »Dieser englische Gutsbesitzer? Wie 'ast du ihn kennengelernt? Und wo?«

Ich sage es. Er ist verblüfft.

»Du 'ast die teuflische Unverschämt'eit, dir in meinem 'otel ein Zimmer zu nehmen?« 'at er geschrien.

Ich bin listig. Ich bin Diplomat.

«Wo denn sonst, lieber Onkel?« sage ich. »In ganz Paris gibt es kein ebenso gutes 'otel. Die Küche – exquisit! Die Betten – wie Rosenblätter! Die Bedienung – süperb! Auch wenn nur für eine Nacht, 'abe ich mir gesagt, dann nur dieses 'otel.«

Ich 'abe – wie sagt man bei Ihnen – ins Schwarze getroffen.

»In dem, was du sagst«, meint mein Onkel, »liegt etwas Wahres. Es ist wirklich ein gutes 'otel, mein 'otel!«

Das einzige 'otel, 'abe ich ihm versichert. Das Meurice? Pah! Ich schnipse mit den Fingern. Das Ritz? Pah! Wieder schnipse ich mit den Fingern. »In ganz Paris gibt es kein 'otel wie dieses.«

Sein Zorn ist verraucht. Er 'at sich wieder gefaßt. »Erkläre mir noch einmal deine Pläne, Jean.«

Als ich ihn verlasse, 'aben wir uns geeinigt. Wir 'aben abgemacht, daß ich noch eine letzte Chance bekommen soll. Wegen eines 'alben Eimers Teer will er dieses vielversprechende Schiff nicht unterge'en lassen. Er wird mir Geld für meine Zwecke geben. Aber er 'at gesagt, als wir uns trennten, wenn ich versage, will er mit mir nichts mehr zu schaffen 'aben. Er kann noch nicht vergessen, daß ich das Kind seines lieben Bruders bin. Aber wenn es mir nicht gelingt, die göttliche Miss Marion zu gewinnen, glaubt er, daß es ihm doch möglich sein wird.

Es ist gut. Eine Woche später folge ich den 'endersons nach London.

In den nun folgenden Tagen, Monsieur, bin ich im Paradies. Mein Gastgeber 'at ein sehr 'übsches 'aus am Eaton Square. Er ist reich, ist bekannt. Es gibt viel Geselligkeit. Und ich – ich 'abe *succès fou*. Ich bin jung, 'übsch und 'öflich. Ich kann nicht sehr gut Ihre Sprache sprechen – nicht so gut wie jetzt –, aber es geht. Ich komme zurecht. Ich bin intelligent, liebenswürdig. Alle lieben mich.

Nein, nicht alle. Captain Bassett, der liebt mich nicht. Und warum? Weil er die bezaubernde Miss Marion liebt und merkt, daß ich ihr auffalle wie ein in Flammen ste'endes 'aus. Er ist *ami de famille*. Er ist Captain bei Ihrer *Garde Ecossais*, und mein Gastgeber 'at mir erzählt, daß er sich als Soldat sehr ausgezeichnet 'at. Das mag sein. Als Soldat, vielleicht. Aber in der Konversation ist er weniger gut. Er ist ein ziemlich netter Bursche, verste'en Sie? 'übsch – ja. Tapfer – ja. Aber er brilliert nicht. Er 'at nicht meine *verve*, meinen *élan*. Ich – wie sagt man bei Ihnen –, ich stecke ihn glatt in die Tasche.

Aber was denn! Damals 'ätte ich die ganze britische Armee in die Tasche gesteckt! Jawohl, und dazu noch das ganze *Corps Diplomatique*. Denn ich bin inspiriert. Liebe 'at mich inspiriert. Ich bin Eroberer.

Aber ich will Sie nicht mit den Details meines Werbens langweilen, Monsieur. Sie sind mitfühlend, aber ich darf Sie nicht langweilen. Sagen wir also nur, daß ich in vier oder fünf Tagen den bemerkenswertesten Fortschritt erzielte und mich dem tragischen Ende nä'erte.

Fast könnte ich es Ihnen in vier Worten erzählen. In ihnen ist nahezu fast alles enthalten. Damals gab es in London ein Lied, das sehr beliebt war, ein komisches, vulgäres Lied aus den Ballsälen: »Die Katze kam zurück.« Kennen Sie es? Ja? Ich 'abe es auch ge'ört, damals, ohne mir etwas dabei zu denken. Es war für mich keine un'eilvolle Warnung. Ich empfand es nicht als Omen. Und dennoch liegt in diesen vier Worten meine Tragödie, Monsieur.

Wieso? Ich werde es Ihnen erzählen. Jedes einzelne Wort ist ein Schwert, das in meinem 'erzen 'erumgedreht wird, aber ich werde es Ihnen erzählen.

Eines Nachmittags saßen wir beim Tee. Alles ist gut. Ich bin leb'aft, lustig, Miss Marion ist charmant, graziös. Anwesend ist auch eine Tante, Mr. 'endersons Schwester. Aber um sie kümmere ich mich nicht sehr. Es ist Marion, zu der ich spreche – sowohl mit meinen Lippen als auch mit meinen Augen.

Wie wir so sitzen, wird Captain Bassett annonciert.

Er ist eingetreten. Wir 'aben uns 'öflich, aber kühl begrüßt, denn wir sind Rivalen. Er 'at etwas an sich, das mir nicht gefällt – eine Art ver'altenen Triumph, ge'obene Stimmung.

Mir ist nicht wohl – aber nichts Bestimmtes, verste'en Sie? Ich 'abe nicht die geringste Vorahnung, daß er nun gleich mein Todesurteil sprechen wird.

Er wendet sich an Miss Marion. Es ist Jubel in seiner Stimme. »Miss 'enderson«, 'at er gesagt, »ich 'abe eine verdammt gute Nachricht für Sie. Sie erinnern sich doch bestimmt an die Katze in dem Pariser 'otel, die der Amerikanerin ge'örte und von der Sie mir soviel erzählt 'aben? Gestern abend 'abe ich beim Essen neben ihr gesessen. Zuerst war ich mir nicht sicher, ob sie es war. Dann sagte ich mir, daß es nicht zwei Mrs. Balderstone Rockmettler in Europa geben kann, und so erwähnte ich ihre Katze. Kurz und gut: Ich 'abe mir erlaubt, Ihnen den Kater Alexander als Geschenk mitzubringen.«

Ich 'abe einen Schrei des Entsetzens ausgestoßen, der aber wegen Miss Marions Schrei des Entzückens nicht vernommen wurde.

»Oh, Captain Bassett«, 'at sie gesagt, »wie großzügig von Ihnen! Seit ich Alexander zum ersten Mal sah, 'abe ich ihn geliebt. Ich kann Ihnen gar nicht sagen, wie dankbar ich bin. Es erstaunt mich jedoch, daß Sie sie veranlassen konnten, sich von ihm zu trennen. In Paris 'at sie alle meine Angebote abgelehnt.«

Er 'at geschwiegen, verwirrt.

»Die Tatsache ist«, 'at er dann gesagt, »daß zwischen ihr und Alexander eine gewisse Kühle existiert. Er 'at sie getäuscht, und sie liebt ihn nicht mehr. Unmittelbar nach Eintreffen in London 'atte er das Mißgeschick, sechs kleine Kätzchen zu bekommen. Aber aus Unglück entsteht Glück, und so war ich in der Lage, ihn für Sie zu besorgen. Er ist unten in einem Korb.«

Miss Marion 'at geläutet und befohlen, daß er sofort nach oben gebracht wird.

Ich will die Begegnung nicht beschreiben, Monsieur. Sie sind mitfühlend. Sie werden meine Gefühle verste'en. Eilen wir ganz schnell weiter.

Stellen Sie sich vor, Monsieur, in welchem Ausmaß ich verwirrt war. Ich bin Künstler. Ich bin ein Mensch mit Nerven. In Gegenwart einer Katze kann ich nicht lustig, nicht brillant, nicht 'öflich sein. Trotzdem ist die Katze immer da. Es ist fürchterlich.

Ich merke, daß ich in dem Rennen zurückfalle. Ihre Dankbarkeit ist schuld, daß sie diesem Captain Bassett gegenüber immer reizender wird. Sie lächelt ihn an. Und wie ein Gockel bei Sonnenaufgang schlägt er mit den Flügeln und kräht. Er ist nicht mehr der schweigsame Zu'örer. Ich bin es, der zum schweigsamen Zu'örer geworden ist.

Ich 'abe mir selbst gesagt, daß irgend etwas passieren muß.

Zufall 'at mir den Weg gezeigt. Eines Nachmittags bin ich zufälligerweise allein in der 'alle. In seinem Käfig 'üpft der Papagei Polly.

Ich spreche mit ihm durch das Gitter.

»Eine Bewegung, und ich schieße!« 'at er geschrien.

Tränen sind mir in die Augen gestiegen. Wie deutlich steht die Szene mir wieder vor Augen!

Während ich weine, gewahre ich, daß der Kater Alexander sich nähert.

Ich 'abe einen Plan ausgedacht. Ich 'abe die Käfigtür geöffnet und den Papagei 'erausgelassen. Der Kater, so denke ich, wird den Papagei, dem Miss 'enderson so zugetan ist, angreifen. Sie wird ihn nicht mehr lieben. Er wird verbannt werden. –

Er verstummte. Wahrscheinlich hatte mein Gesicht den Ausdruck angeblichen Mitgefühls zu einem Teil verloren, als er von diesem teuflischen Komplott berichtete. Selbst Percy, der Brummer, wirkte erschreckt. Er hatte sich zuvor auf der Zuckerschale niedergelassen, aber bei diesen Worten erhob er sich sichtlich verstört und verließ den Tisch.

»Sie billigen es nicht?« sagte er.

Ich zuckte die Schultern.

»Es geht mich nichts an«, sagte ich. »Aber finden Sie nicht selbst, daß Sie sich damit unter Ihr Niveau begeben hatten? Kam Ihnen nicht – wenn auch nur dunkel – der Gedanke, daß Ihr Verhalten dem Vogel gegenüber etwas grob war?«

»Das schon, Monsieur. Aber was 'ätten Sie getan? Es ist notwendig, das Ei aufzuschlagen, um eine Omelette zu machen. Im Krieg und in der Liebe ist, wie es 'eißt, alles erlaubt, und 'ier war beides. Außerdem müssen Sie verste'en, daß ich dem Papagei doch nicht befahl, was er tun sollte. Er ist in seinen Entschlüssen frei. Ich 'abe nur die Käfigtür geöffnet. Sollte er 'eraus'üpfen und auf dem Fußboden spazieren, wo die Katze ist, so ist das seine Affäre. Ich werde fortfahren, ja?«

– *Alors!* Ich öffne die Käfigtür und entferne mich diskret. Es ist nicht 'öflich, Zeuge dessen zu sein, was sich abspielen wird. Es ist nötig, daß ich ein Alibi 'abe. Ich ge'e in das Wohnzimmer, wo ich verbleibe.

Beim Abendessen 'at Mr. 'enderson gelacht.

»Zufällig 'abe ich 'eute nachmittag in der 'alle eine verdammt komische Sache erlebt«, sagt er. »Dein Papagei, Marion, ist wieder einmal aus seinem Käfig entwischt und stritt sich mit dem Kater, den Captain Bassett dir geschenkt 'at.«

»Oh! 'offentlich 'at Alexander dem armen Polly nichts getan, wo ich ihn doch so gern 'abe«, sagt sie.

»Dazu ist es gar nicht erst gekommen«, sagt Mr. 'enderson. »Du kannst überzeugt sein, daß der Vogel sich schon allein zu 'elfen weiß. Als ich dazukam, 'atte die Katze sich in eine Ecke verkrochen und machte mit gesträubten 'aaren einen Buckel, während Polly vor ihr stand und sagte, daß er sie bei der ersten Bewegung erschießen werde. Und die Katze rührte sich auch nicht, bis ich den Papagei ergriffen und wieder in den Käfig gesperrt 'atte; dann aber sauste sie wie ein Blitz die Treppe 'inauf. Nur durch bloße Charakterstärke 'at der Vogel einen unblutigen Sieg errungen. Ich trinke auf sein Wohl!«

Sie können sich meine Gefühle vorstellen, Monsieur. Ich bin wie die Mäuse und Menschen des Dichters, deren ausgeklügelte Pläne vereitelt worden sind. Ich bin sprachlos. Ich bin entmutigt. Ich weiß nicht, was ich tun soll. Ich muß einen neuen Plan machen; ich weiß aber nichts mehr.

Wie soll ich den Kater beseitigen? Soll ich ihn umbringen? Nein, denn man könnte mich verdächtigen.

Soll ich jemanden beauftragen, ihn zu stehlen? Nein, denn mein Komplice könnte mich verraten.

Soll ich ihn selbst stehlen? Ah – das ist schon besser. Das ist ein sehr guter Plan.

Bald 'abe ich ihn fertig, den Plan. Monsieur, 'ören Sie gut zu; es ist folgendermaßen. Es ist ganz einfach, aber es ist gut. Ich warte eine günstige Gelegen'eit ab. Ich schaffe die Katze 'eimlich aus dem 'aus. Ich bringe sie zu einer Speditionsfirma. Ich ordne an, daß sie sofort in das Katzenasyl gebracht wird und daß *M. le Directeur* veranlaßt wird, sie sofort zu töten. Es ist ein ganz einfacher Plan, aber es ist ein guter Plan.

Ich führe ihn aus, ohne jede Störung. Es ist nicht schwierig, die Katze zu fangen. Sie schläft im Wohnzimmer. Niemand ist in der Nä'e. Ich 'abe in meinem Schlafzimmer eine 'utschachtel, die ich aus Paris mitgebracht 'abe. Ich 'abe die Katze 'ineingetan. Ich 'abe das 'aus unbemerkt verlassen. Die Katze 'at einen Schrei ausgestoßen, aber keiner 'at etwas ge'ört. Ich 'abe die Spedition erreicht. Ich 'abe die Schachtel mit der Katze abgegeben. Der Manager ist 'öflich, mitfühlend. Ein Bote ist mit einem Wagen zum Katzenasyl losgefahren. Ich 'abe einen Seufzer der Erleichterung ausgestoßen. Ich bin gerettet.

Das ist es wenigstens, was ich mir bei meiner Rückkehr sage. Meine Sorgen sind weg, und ich bin wieder vergnügt, 'öflich, leb'aft zu Miss Marion, denn nie mehr wird der Kater Alexander anwesend sein und mich irritieren.

Als ich zurück bin, gibt es im 'ause einen Aufruhr. Ich komme auf der Treppe an Domestiken vorbei, die dauernd »Puß, Puß!« rufen. Der Butler zwitschert laut und stochert mit einem Schirm unter den Möbeln. Alles ist Konfusion und Aufregung.

Im Wohnzimmer ist Miss Marion. Sie ist in großer Not.

»Nirgends«, sagt sie, »ist der Kater Alexander zu finden, dem ich so zugetan bin. Nirgends im 'ause ist er. Wo kann er nur sein? Er ist verlorengegangen.«

Ich bin freundlich, mitfühlend. Ich wage es, sie zu trösten; ich deute an, ob ich nicht vielleicht ein vollwertiger Ersatz für den scheußlichen Kater bin. Sie ist jedoch untröstlich. Ich muß Geduld 'aben. Ich muß den richtigen Moment abwarten.

Captain Bassett wird gemeldet. Er ist darüber informiert, was passiert ist. Er ist in Sorge. Er 'at etwas an sich, als wollte er ebenfalls wagen, 'öflich zu sein und zu trösten. Aber ich bin auf Deck. Ich bleibe, bis er gegangen ist.

Am nächsten Tag wieder: »Puß, Puß!« Wieder 'at der Butler mit dem Schirm unter den Möbeln gestochert. Wieder ist Miss Marion in großer Not. Wieder 'abe ich gewagt, sie zu trösten.

Dieses Mal glaube ich, nicht ganz ohne Erfolg zu sein. Sie verstehen: Ich bin jung, 'übsch, mitfühlend. Noch zwei Momente, und ich ergreife ihre 'and und erkläre ihr meine Leidenschaft.

Aber bevor ich dazu komme, wird Captain Bassett gemeldet.

Er 'at angefangen zu sprechen.

»Miss 'enderson«, 'at er gesagt, »ich 'abe mal wieder verdammt gute Nachrichten. Ich glaube fast, ich 'abe die Spur des vermißten Alexander gefunden – verste'en Sie?«

Miss Marion 'at vor Freude einen Schrei ausgestoßen. Aber ich bin ru'ig, denn ist Alexander gestern nicht getötet worden?

»Es ist folgendermaßen«, 'at er weiter gesagt. »Ich 'abe mich gefragt, wo kann eine verlorengegangene Katze 'öchstwahrscheinlich sein? Und ich 'abe mir geantwortet: im Katzenasyl. Ich ge'e also heute vormittag zum Katzenasyl, und dort se'e ich eine Katze, die entweder der verlorengegangene Alexander selbst oder sein lebendiges Ebenbild ist. In seinem ganzen Ausse'en gleicht er genau dem verlorengegangenen Alexander. Aber wie ich ihn kaufen will, gibt es eine komische Schwierigkeit, die mir keiner erklären will. Sie brauchen etwas Zeit, sagen sie, um alles zu überlegen. Sie können darüber nicht sofort entscheiden.«

»Aber das ist doch Unsinn!« 'at Miss Marion geschrien. »Wenn die Katze meine Katze ist, dann müssen sie sie mir zurückgeben! Kommen Sie«, 'at sie gesagt, »wir drei fahren gleich zusammen mit einem Wagen zum Katzenasyl. Wenn wir den verlorengegangenen Alexander wiedererkennen, dann müssen sie ihn mir sofort zurückgeben.«

Monsieur, mir ist unbe'aglich. Ich 'abe Ahnungen. Aber wir fahren. Was tun? Wir fahren in einem Mietwagen zum Katzenasyl.

Der *directeur* ist 'öflich und mitfühlend. Er 'at uns mit der Katze bekannt gemacht, und mein 'erz bleibt ste'en, denn es ist Alexander. Warum ist er nicht getötet worden?

Der *directeur* spricht. Ich 'öre ihn wie in einem Traum.

»Wenn Sie ihn als Ihre Katze wiedererkennen, Miss«, 'at er gesagt,

»ist die Angelegenheit damit erledigt. Mein Zögern, als Sie, Sir, sich mir heute morgen in dieser Angelegenheit nä'erten, entspringt der Tatsache, daß der Bote die Anweisung mitbrachte, ihn sofort zu töten.«

»Ziemlich übel, was, diese Geschichte mit dem Boten, jawohl!« 'at der Captain Bassett gesagt. Er ist lustig, verste'en Sie, denn er ist Eroberer.

Ich ver'alte mich still. Ich bin nicht lustig. Denn ich fühle schon – wie sagt man –, ich komme in Teufels Küche.

»Nicht der Bote, Sir«, 'at der *directeur* gesagt. »Sie 'aben mich mißverstanden. Es war der Kater, der getötet werden sollte, entsprechend der Anordnung des anonymen Absenders.«

»Wer konnte nur so gemein gewesen sein?« 'at Miss Marion unwillig gefragt.

Der *directeur* 'at sich gebeugt, und unter einem Tisch 'at er eine Schachtel 'ervorge'olt.

»In dieser Schachtel«, 'at er dann gesagt, »wurde das erwähnte Tier abgeliefert. Ein Begleitbrief lag nicht dabei. Der Absender war anonym.«

»Vielleicht«, 'at Captain Bassett gesagt – und immer noch 'öre ich ihn wie in einem Traum –, »vielleicht steht auf der Schachtel irgendwo ein verdammter Name, was?«

Ich 'alte mich am Tisch fest. Das Zimmer dreht sich immer schneller um mich. Ich 'abe keinen Magen mehr – nur Leere.

»Donnerwetter, ja«, 'at der *directeur* gesagt, »Sie 'aben recht, Sir. 'ier 'abe ich es schon. Komisch, daß es mir nicht vor'er eingefallen ist. 'ier steht ein Name, und auch eine Adresse. Der Name 'eißt Jean Priaulx, und die Adresse lautet: 'otel Jules Priaulx, Paris.« –

Mein Tischnachbar schwieg unvermittelt. Mit einem Taschentuch fuhr er sich über die Stirne. Dann griff er mit einer schnellen Bewegung nach seinem Glas und stürzte den Likör auf einmal hinunter.

»Monsieur«, sagte er, »Sie werden nicht wünschen, daß ich die

Szene schildere? Es ist nicht nötig, daß ich – *hein?* – einem Zola nacheifere. Sie können es sich vorstellen?«

»Sie schmiß Sie raus?« In gefühlsbetonten Augenblicken ist es die schlichteste Sprache, die einem über die Lippen kommt.

Er nickte.

»Und heiratete Captain Bassett?«

Er nickte wieder.

»Und Ihr Onkel?« sagte ich. »Wie nahm er es auf?«

Er seufzte.

»Wieder einmal«, sagte er, »entstand Lärm.«

»Und er wollte von nun an nichts mehr von Ihnen wissen?«

»Nicht ganz, Monsieur. Er war ärgerlich, aber er gab mir noch eine Chance. Ich bin immer noch das Kind seines lieben Bruders, Monsieur, und das kann er nicht vergessen. Ein Bekannter von ihm, ein Mann des Wortes, ein M. Paul Sartines, benötigte dringend einen Sekretär. Der Posten war nicht gut bezahlt, aber es war eine Dauerstellung. Mein Onkel bestand darauf, daß ich ihn übernahm. Was tun? Ich nahm ihn. Es ist die Stelle, die ich 'eute noch 'abe.«

Er bestellte einen neuen Likör und stürzte ihn hinunter.

»Der Name ist Ihnen bekannt, Monsieur? Sie 'aben von M. Sartines schon ge'ört?«

»Das glaube ich kaum. Was ist er?«

»Er ist ein Gelehrter, ein *savant*. Fünf Jahre lang 'at er sich schon mit einem großen Werk beschäftigt. Und das ist es, wo ich ihm be'ilflich bin, indem ich Fakten dafür sammle, damit er sie verwenden kann. Heute nachmittag 'abe ich im Britischen Museum Fakten gesammelt. Morgen ge'e ich wieder 'in. Übermorgen auch, und den dann folgenden Tag ebenfalls. Das Buch wird noch zehn Jahre beanspruchen, bis es vollendet ist. Es ist sein Lebenswerk.«

»Den Eindruck habe ich auch«, sagte ich. »Wovon handelt es?«

Er gab dem Kellner ein Zeichen.

»*Garçon*, noch einen Likör. Das Buch, Monsieur, ist eine Geschichte der Katze im alten Ägypten.«

*Deutsch von Günter Eichel*

# Alfred Polgar
## *Idyll*

Im Hause sind zwei Kätzchen, drei Wochen alt. Ein schwarzes, ein licht- und dunkelgrau gestreiftes. Mitsammen haben sie in der hohlen Hand Platz. Das schwarze ist pechschwarz, teufelsschwarz, das graue hat weiß passepoilierte Ohren. Wenn man die Kätzchen hochhebt – und wer, der ihrer habhaft werden kann, täte das, mit vielerlei Tönchen des Entzückens, nicht? –, greinen sie in dünnerer Fistelstimme, als sie sonst irgendein Lebewesen hervorzubringen vermöchte. Mancher Besucherin muß man die Katzenkinder rasch wieder wegnehmen, weil sie sonst in Zärtlichkeit zerdrückt würden; es gibt auch kaum eine, die nicht den Wunsch sie zu zerdrücken äußern würde. Seit kurzem fangen die herzigen Bestien (selbst das Böse en miniature ist herzig) schon an, sich mit der Umwelt selbständig zu befassen und erste schüchterne Spielbeziehungen aufzunehmen. Sie berühren einander mit zaghaften Pfoten, und in dieser Geste läßt sich schon, keimhaft vorgebildet, die Figuration des Prankenhiebs erkennen. Das graue Kätzchen zappelt heftig, wenn man es faßt. Das schwarze duldet den zärtlichen Griff nach sehr kurzem, mehr formellem Widerstand. Es ist ein Weibchen. Die Mutter Katze gibt ihren Jungen in zwangloser Folge zu trinken und leckt sie sauber. Zuweilen verschleppt sie eines von den Kindern unter den Diwan oder in die Küche zwischen Herd und Wand. Vermutlich eine Art Erziehungsmaßregel oder Strafe (›in der Ecke stehen‹). Darin erschöpft sich das Familienleben.

Im übrigen geht die Mutterkatze ihre eigenen Wege, die zumeist Jagdwege sind. Sie wird im Haus ›die Alte‹ genannt, obschon sie selber erst vor acht Monaten geboren wurde. Noch nicht ein einziges Mal hat sie das volle Rund der Jahreszeiten durchgelebt, die Institution des Herbstes ist ihr noch fremd – und doch schon ›die Alte‹. Das

Jagdglück ist ihr hold, kaum ein Tag, an dem sie nicht, stundenlang geduldig auf den günstigen Augenblick wartend, einen Vogel erwischt und abwürgt. Die kleinen Kätzchen sehen dem interessiert zu, lernen Raubtier. Peter, der Schäferhund, zählt vierzehn Jahre; er muß also, obschon noch recht gesund, bald sterben, die Natur wird ihm kaum noch groß prolongieren, sein Kapital an Erdenzeit ist so ziemlich aufgebraucht. Peter scheint das zu wissen und ist bestrebt, solange noch das Lämpchen glüht, ein Maximum an Fraß in sich hineinzukriegen. Die Katzen beschnüffelt er dann und wann, aber nur im Vorübergehen und mehr automatisch als zweckbewußt.

Dritte Tierspezies im idyllischen Verein ist ein Menschenkind, doppelt so alt – sechzehn Monate – wie die Katze, die schon Kinder hat und schon mit Lust das Geschäft des Tötens betreibt. Das Menschenkind befindet sich tagsüber in einer Gehschule, einer Art Käfig ohne Decke, in dem es, betrunken von Neuheit des Daseins, herumtorkelt. Es hat Angst vor den Kätzchen und der Katze, hingegen keine vor Peter.

Inmitten der Menagerie – deren Warmblüterbestand man sich noch durch gelegentlich heranirrende Hühner und eine salatstechende Köchin Marie komplettiert denken muß – steht ein Streckfauteuil, und auf ihm ruht, einen Teller mit Butterbrot zur Seite, die Hausfrau, liest die Zeitung und unterbricht nur zuweilen ihre Lektüre, um mit einer Klapper aus Galalith dem Bedürfnis des Kindchens nach Zerstreuung und Beachtetwerden zu entsprechen. Das Kind, hört es die Klapper, greift ins Leere. Eine Aktion, die es im Verlauf seines hoffentlich langen Lebens noch oft wiederholen wird und mit gleichem selbstverständlichem Mißerfolg. Es wird schon sehen.

Das war im Sommer. Im frühen Herbst nahm das Idyll eine tragische Wendung. Vorzeichen kündeten sie an. Die Köchin Marie verließ den Dienst, um in ihrem heimatlichen Tal bei der Erntearbeit zu helfen. Aber in Wahrheit ging sie, weil sie Lieb im Leibe hatte und für den Anspruch, der solchen inneren Zustand begleitet, soweit sie auch im Nahen suchte, keine Erfüllung fand. Sie nahm trockenen Abschied von Frau und Kindchen, aber tränenfeuchten von Hund und Katzen. Viele Wundspuren trug sie im Gesicht und an den Händen, Narben ihres Bedürfnisses nach Zärtlichkeit, das von den geliebkosten Tieren zuweilen ungeduldig abgelehnt worden war. Die Katzen, weicheren Regungen selten unterliegend und durch nichts zu bestechen, ihnen so gar nicht artgemäße Gefühle wie Freundschaft oder Anhänglichkeit auch nur zu markieren, nahmen den Weggang der Köchin in Gleichmut hin. Der Hund heulte bitterlich. Wenige Tage später starb er. Ob aus Kummer über die Trennung von Marie oder weil ihn das Leben ohne die Überfütterung, die sie ihm hatte zuteil werden lassen, nicht mehr freute, das steht dahin.

Kurz darauf ereignete sich das Unglück mit dem schwarzen Kätzchen. Es war ein besonderes Exemplar seiner Gattung, heiteren Gemüts, ein Raubtier nur aus ererbtem Muß, nicht aus Lust am Morden, und wenn es auch schon eifrig fing und tötete – es dachte sich (das merkte man) nicht viel dabei. Es lief und sprang einfach nach dem, das sich bewegte, nach Mäusen wie nach Wollknäueln, immer war alles nur Spiel, und daß die zartere Konstitution einer Maus solches Spiel um vieles schlechter verträgt als ein Wollknäuel, also dafür konnte die Katze nichts. Zum Verhängnis aber wurde Betsy, so hieß sie, ihre wunderliche Leidenschaft für Glänzendes, Schimmerndes, Glitzerndes. Betsy jagte nach Sonnenflecken, die zwischen den Bäumen zitterten, und stundenlang ging sie, sinnlich erregt, um die gläserne Kugel im Blumenbeet herum, wie sonst Katzen nur um den heißen Brei. Ja, sie strebte zum Licht. Ist dies schon bei vernunftbegabten Lebewesen ein gefährliches Streben, das sich an ihnen rächt, beziehungsweise an ihnen gerächt wird..., um wieviel mehr bei solchem jeder geistigen Kontrolle entratendem Geschöpf, wie ein drei Monate altes Katzenkind es vorstellt. Eines strahlend schönen Herbsttages wurde die Gartenwiese gemäht, die Sense blitzte silbrig, und mit einem Sprung, der, Zeugen behaupten dies, etwas Ekstatisches gehabt haben soll, stürzte die Katze in das Funkelnde hinein. Da wurde einmal das Bild vom Tod mit der Sense Wirklichkeit.

Allen, die das schwarze Kätzchen kannten, wird die Nachricht von seinem jähen Hingang ein Wort des Bedauerns entlocken. Sein Leben war kurz, aber reich an Spaß und Freude, die es hatte und anderen machte. Segen der Anmut ruhte auf seiner Ruhe und seiner Bewegung. Wie es war, war es vollkommen, gab vieles, verlangte nichts. Und in den Gesichtern der Menschen, ihm zugewandt, verdämmerte die Bosheit.

# Roy Vickers
## *Miss Paisleys Katze*

Einige Menschen hegen eine besondere Liebe zu Katzen, andere dagegen empfinden körperliche oder sogar sittliche Abscheu gegen sie. Zäh hält sich der Glaube, daß Katzen einen Menschen beeinflussen können – vor allem alte Jungfern und hauptsächlich zum Bösen. Es ist wahr, daß Miss Paisleys Katze die unmittelbare Ursache dafür war, daß diese seelisch verkümmerte alte Jungfer einen gewissen Grad irregeleiteter Größe – oder moralischer Verderbtheit erreichte, je nachdem, von welchem Standpunkt aus man es sieht. Aber dies läßt sich erklären, ohne Zuflucht zum Mystizismus nehmen zu müssen. Das Verhalten der Katze war jedenfalls durchaus katzenmäßig.

Die Katze sprang in Miss Paisleys Leben, als sie vierundfünfzig und die Katze vielleicht zwei Jahre alt war. Miss Paisley war körperlich gesund und rührig – eine harmlose, adrett gekleidete, in sich gekehrte alte Schraube. Als Tochter eines wohlhabenden Geschäftsmannes – die Mutter war gestorben, als das Kind laufen lernte – hatte sie ihre Jugendjahre in dem goldenen Zeitalter des Mittelstandes verbracht, als jede alleinstehende Vorstadtvilla die Attribute eines freiherrlichen Landsitzes aufwies: wenn auch keine Gutsbesitzer zu Besuch kamen, so gingen doch stets ein paar gewohnheitsmäßig servile Händler aus und ein – ganz zu schweigen von einer ständigen zahlreichen Dienerschaft.

Als sie mit achtzehn Jahren ein Mädchenpensionat in Paris besuchte, das ihrer Erziehung den letzten Schliff geben sollte, zog ihr Vater sich mitten in der Neugestaltung seines Geschäftsunternehmens eine Lungenentzündung zu und starb. Miss Paisley erbte die Möbel des Hauses, ein paar Hunderter in bar und eine jährliche Rente von hundertzwanzig Pfund.

Ihre Verwandten in den verschiedenen Teilen des Landes zeigten sich der veränderten Sachlage gewachsen. Ohne sachverständigen Rat erklärten sie eine weitere Erziehung oder Berufsausbildung des Mädchens für unnötig und kamen unter sich überein, daß sie es verheiraten müßten – was nicht zu schwierig sein sollte. Miss Paisley hatte es nie zur Schönheitskönigin eines Balles gebracht, aber sie war ein gutgewachsenes Mädchen, wohlerzogen und mit dem üblichen Liebreiz der Jugend.

In der ersten Runde des Herumgereichtwerdens nahm sie die warmen Willkommensbezeugungen unbesehen entgegen – obwohl sie kein übermäßig eingebildetes Mädchen war. Ihr Vater hatte in ihr den Glauben bestärkt, daß allein ihre Gesellschaft schon eine Gunst bedeutete. Und auch die Erziehungstechnik des Pensionats war auf der gleichen Grundlage aufgebaut gewesen.

Während der zweiten Besuchsrunde – jede dauerte ungefähr ein halbes Jahr – machte sie jedoch die Entdeckung, daß ihre Gesellschaft eher geduldet als erwünscht war – eine harte Wahrheit, der Miss Paisley auf der Stelle zu entfliehen suchte.

Es folgte eine Zeit als Gouvernante bei Kindern reicher Eltern und als Gesellschafterin alter Damen. Die Kinder machten ihr harte Arbeit, und die alten Damen waren sehr enttäuschend. Wenn man für seine Gesellschaft bezahlt wird, muß man nämlich selbst den Erzählungen vergangener Herrlichkeit lauschen.

An Geiz grenzende Sparsamkeit und alte Damen machten sie zu einem demütigen Geschöpf, dankbar für die Brosamen des Lebens. Sie war Anfang Zwanzig, als sie eine ständige Beschäftigung als ›Büroangestellte‹ in einem Regierungsamt erhielt. Damals machte sie Rumbold Chambers in Marpleton zu ihrem Heim, ungefähr fünfzehn Meilen von London und etwa eine Meile von dem Haus entfernt, das einst ihrem Vater gehört hatte. ›The Chambers‹ – ein elegantes Wort aus dem Zeitalter König Edwards VII., das in diesem Falle nichts anderes als Kleinwohnungen bezeichnete – hatten schon bessere Tage gesehen und sollten noch viel schlimmere erleben.

Die Miete würde zwar die Hälfte ihrer jährlichen Rente verzehren, aber ihrer Meinung nach hatten ›The Chambers‹ Atmosphäre. Von dem freigewordenen Appartement aus konnte man über den alten Friedhof zu der Flußbrücke aus dem siebzehnten Jahrhundert blicken. Sie unterzeichnete einen Mietvertrag auf Lebenszeit. Also wohnte sie in jenem Appartement, als zweiunddreißig Jahre später die Katze kam.

Von ihren geerbten Möbeln hatte sie so viele aus dem Speicher geholt, wie sie nur in der kleinen Wohnung unterbringen konnte. Die Wände hatte sie mit sechs vergrößerten, etwas pompös gerahmten Photographien von dem Haus und Garten ihres Vaters geschmückt.

Das Radio wurde zum allgemeinen Gebrauchsgegenstand, der Tonfilm kam auf, und die zivile Luftfahrt gewann immer mehr an Bedeutung – Ereignisse, die ihr Leben völlig unberührt ließen. Die Leichtindustrie hatte in Marpleton und dem umliegenden Bezirk ihren Einzug gehalten. Ungefähr alle drei Monate pflegte sie an ihrem früheren Heim vorüberzugehen, bis es abgerissen wurde, um einer Fabrik Platz zu machen.

Wenn sie sich keine Feinde schuf, so doch auch gewiß keine Freunde. Die Erziehung im Pensionat hatte mit Erfolg ihren von Natur aus vorhandenen Geselligkeitstrieb verkrüppelt. Am Ende eines jeden Arbeitstages pflegte sie sich um rund dreißig Jahre in ihre Vergangenheit zurückzuversetzen.

Als die Katze erschien, sprach Miss Paisley gerade angeregt mit sich selbst, wie es die Gewohnheit der Einsamen ist.

»Manchmal glaube ich, Vater hat einen Fehler gemacht, den Rasen als Croquetplatz zu belassen. Croquet ist so altmodisch... Oh! Wie, um alles in der Welt, bist du hier heraufgekommen!«

Eine Katze stand auf dem Fensterbrett – ein ganzes Stockwerk und einen guten Meter über dem Erdboden. »Tiere sind in den Chambers nicht erlaubt, also mußt du wieder gehen... Geh, bitte. *Husch!*«

Die Katze blinzelte und sprang mit einem etwas unbeholfenen Satz in das Zimmer.

»Was für eine häßliche Katze! Ich werde nie Tante Lisas Perser-

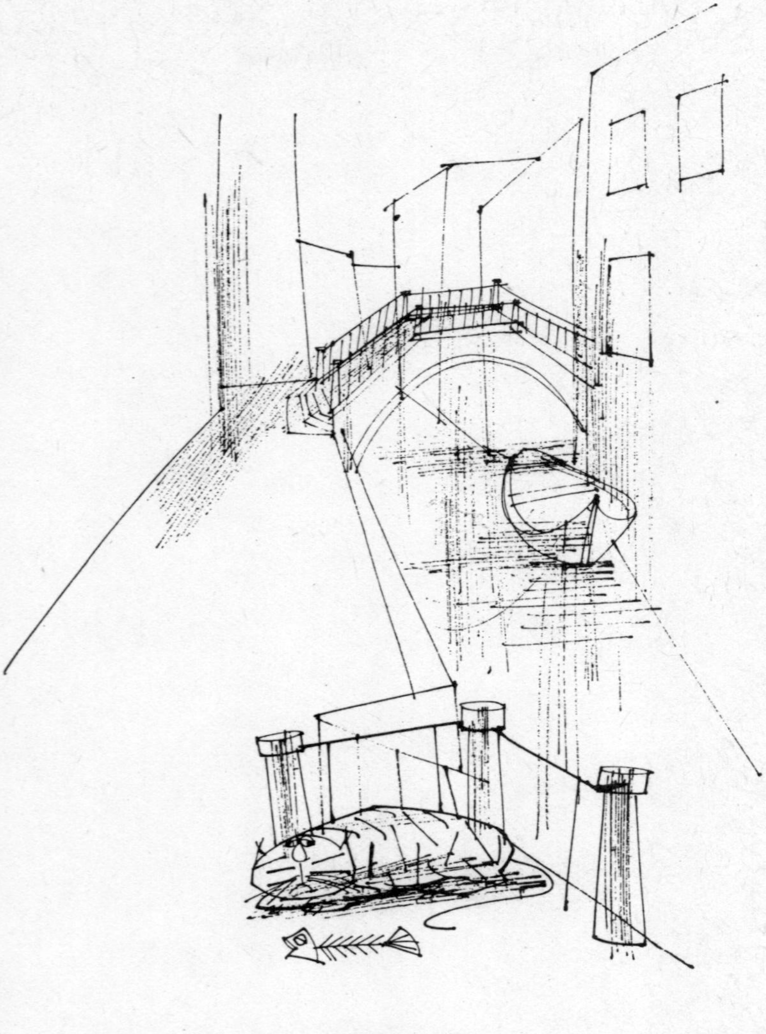

Paul Flora
*Nachmittag einer Katze*

katze vergessen. Sie sah wunderschön aus, und alle waren ganz vernarrt in sie. Ich glaube kaum, daß jemand *dich* streicheln möchte. Die Leute dulden dich und wünschen wahrscheinlich, du wärest lieber nicht geboren, armes Ding!« Die Katze hatte sich auf ihre Hinterbeine gesetzt und starrte Miss Paisley an. »Na schön, meinetwegen kannst du zum Tee dableiben. Ich habe keinen Fisch, aber da ist noch etwas Bücklingspaste, die ich vergessen habe wegzuwerfen – und auch noch etwas Milch von gestern.«

Miss Paisley machte sich daran, ihren Tee zu bereiten. Es war Sonnabendnachmittag. Sie hatte zwei Schokoladenbiskuits und zwei Sahneéclairs für heute sowie zwei Schokoladenbiskuits und zwei Baisers für Sonntag besorgt. Als das Wasser im Kessel gekocht und sie den Tee aufgegossen hatte, kratzte sie aus einer fast leeren Dose einen Rest Bücklingspaste, den sie auf eine dünne Scheibe Brot strich. Auf den Teppich – er war aus dem Teppich geschnitten worden, der vor vierunddreißig Jahren im großen Wohnzimmer gelegen hatte – breitete sie eine Zeitung. Die Katze, die diese Vorbereitungen beobachtete, schnurrte beifällig.

»Armes Ding! Wie dankbar es ist«, sagte Miss Paisley, während sie das Brot mit der Bücklingspaste und eine Untertasse mit der Milch vom Vortage auf die Zeitung setzte.

Die Katze beugte ihren Kopf herunter und roch an der Bücklingspaste, berührte sie aber nicht. Sie probierte die Milch, schleckte einmal daran, setzte sich wieder auf die Hinterbeine und starrte Miss Paisley an.

Das Starren von Miss Paisleys Katze war für Menschen nicht gerade angenehm. Natürlich war es ein ganz normales Starren, wie Katzen es eben tun, und aus ebenfalls ganz normalen Augen, wenn sie auch fast nicht so aussahen; denn ein weißer Streifen lief von einem Augenlid zum gegenüberliegenden Ohr und von dort aus in feinen Spritzern über den Rücken. Eine Narbe von einem Luftbüchsengeschoß hatte die eine Wange etwas verkürzt und entblößte die Zähne an dieser Seite, wodurch ihr Ausdruck an ein höhnisches menschliches Grinsen erinnerte. Wenn man sich dazu noch ihr steifes

Vorderbein denkt, das ihren Gang unbeholfen machte, kann man sich leicht eine äußerst garstige Katze vorstellen – eine ständige Herausforderung für jugendliche Zielübungen.

»Eine dumme Katze bist du auch noch«, sagte Miss Paisley. »Eine gute Gelegenheit weißt du anscheinend nicht zu schätzen.«

Miss Paisley setzte sich zum Tee. Die Katze sprang auf den Tisch, packte eines der Eclairs, stieg vorsichtig herunter und fraß es auf dem Teppich, etliche Zentimeter von der Zeitung entfernt.

Jetzt starrte Miss Paisley die Katze an.

»Das ist ja ein unerhörtes Benehmen!« rief sie aus. »Du drängst dich mir auf, obwohl ich dich gar nicht haben will. Ich erweise dir jede Freundlichkeit, und du ...«

Die Katze hatte das Eclair verspeist. Miss Paisley starrte sie weiter an. Dann wanderte ihr Blick zu ihrer Hand, die sich anscheinend unabhängig von ihrem Willen bewegte. Sie beobachtete sich selbst, wie sie das zweite Eclair ergriff und sich damit zu der Katze herabbeugte, die es behutsam aus ihren Fingern nahm.

Sie zog die Untertasse unter ihrer noch immer leeren Teetasse hervor, goß frische Milch hinein und stellte sie auf den Fußboden. Fasziniert hörte sie zu, wie die Katze sie ausschleckte. Ihr Herz klopfte in der Aufregung einer inhaltsschweren Entdeckung.

Und dann, zum ersten Mal seit rund dreißig Jahren, brach Miss Paisley in Tränen aus.

»Geh weg!« schluchzte sie. »Ich will dich nicht. Es ist zu spät – ich bin vierundfünfzig!«

Als ihre Atemzüge wieder ruhiger wurden, hatte die Katze sich auf Miss Paisleys Schlafsofa zusammengerollt.

Es dauerte einen Monat oder länger, bis Miss Paisley mit Sicherheit wußte, daß sie hoffte, die Katze würde für immer bei ihr bleiben. Ihre Einstellung war frei von jener Art Sentimentalität, die man von einer alten Jungfer mit einer Katze erwartet. Sie respektierte die Eigenart der Katze, ohne ihr menschliche Qualitäten beimessen zu wollen. Ihre Beziehungen zu diesem Tier waren zu subtil, um einen derartigen Vorwand zu benötigen. Zugegeben, sie sprach viel zu ihr. Aber sie sprach wie zu einer Zimmergenossin, von der man nicht erwartet, daß sie gerade zuhört. In dieser Beziehung konnte man die Rolle der Katze mit der einer bezahlten Gesellschafterin vergleichen.

»Entschuldigen Sie bitte, Madame!« Jenkins, der Wachhund und Mieteneinzieher zugleich darstellte und den Portier glücklicherer Tage ersetzte, hatte sie in der kleinen Halle angehalten. »Ist diese Katze mit der schwarzweißen Schnauze zufällig die Ihre?«

Noch vor einem Monat würde Miss Paisley zitternd Entschuldigungen wegen der Übertretung der Regeln gestammelt und sofortige Befolgung gelobt haben.

»Es ist meine Katze, Jenkins. Und ich würde Ihnen sehr gern eine halbe Krone pro Woche für die Umstände zahlen, die sie Ihnen vielleicht bereiten könnte.«

»Das ist sehr freundlich von Ihnen, Madame, vielen Dank. Ich wollte Ihnen nur sagen, daß ich sie aus Mr. Rinditchs Fenster springen sah, mit einem Stück Fisch im Maul, das Mr. Rinditch vom Frühstück übriggelassen hatte.« Er blickte den Korridor hinunter, um sich zu vergewissern, daß Mr. Rinditchs Tür geschlossen war. »Sie wissen, wer Mr. Rinditch ist!«

Miss Paisley wußte, daß er ein Winkelbuchmacher war und eine Anzahl Hilfsleute beschäftigte, die umherliefen und Wetten für ihn annahmen, und daß Jenkins vor ihm als dem einzigen Mieter mit finanzieller Substanz in Ehrfurcht erstarrte. Mr. Rinditch war ein untersetzter, beleibter Mann mit einem breiten, mürrischen Gesicht und einem sehr breiten Nacken. Miss Paisley fand, daß er vulgär aussah, und zwar aus charakterlichen Gründen, während die übrigen Mieter eben nur gewöhnlich aussahen, wofür sie nichts konnten.

»Ich werde ihr in Zukunft ein anständiges Stück Fleisch geben, dann wird sie nicht mehr stehlen.«

»Ich danke Ihnen, Madame.«

Das ›Madame‹ kostete Miss Paisley ungefähr vier Pfund im Jahr. Keine der anderen Frauen war ›Madame‹, und keiner der Männer war ›Sir‹ – nicht einmal Mr. Rinditch. Zwei Pfund zu Weihnachten und hier und da eine halbe Krone für kleine, meist überflüssige Dienste. Für Miss Paisley war dieses Geld gut angelegt. In ihrem Traumleben sah sie sich als eine Emigrantin, die auf den Heimruf in einen Lebensstil wartete, der in Wirklichkeit – was sie jedoch nicht erkannte – in England aufgehört hatte zu existieren. Sie tat, als bedeuteten diese rund dreißig Jahre ungelernter Büroarbeit nur eine zeitliche Überbrückung. Durch ihre Katze eignete sie sich eine neue Philosophie an, aber der Traum blieb davon unberührt.

»Ich muß dein Fleisch schneiden«, erklärte sie an jenem Abend, »und eigentlich habe ich Angst davor. Du mußt wissen, daß ich noch nie zuvor rohes Fleisch angefaßt habe. In meiner Erziehung wurde das nicht als eine notwendige Kenntnis angesehen. Ich erinnere mich allerdings – wir machten ein Picknick am Fluß – zwei Diener wurden mit dem Essenkorb herausgefahren ...«

Sie mußte Jenkins um Rat fragen. Er lieh ihr ein Messer – ein fürchterliches Ding mit einem schwarzen Griff und einer spitz zulaufenden Klinge. Ein Tranchiermesser, erzählte er ihr, und sie könnte ein solches in jeder Eisenwarenhandlung kaufen – was sie dann auch am folgenden Tage tat. Das schauerliche Geschäft des Fleischschneidens aber blieb ihr. Sie opferte ein Erinnerungsstück – ein Paar lederne Handschuhe, die sie während der Schulferien zum Reiten getragen hatte.

Am dritten Tag des vierten Monats erschien die Katze nicht zu ihrer Abendmahlzeit. Miss Paisley war beunruhigt. Sie ging eine Stunde später als gewöhnlich zu Bett und lag bis zur Morgendämmerung wach, gegen die jetzt unausweichliche Tatsache ankämpfend, daß die Katze ihr unentbehrlich geworden war – wenn sie sich auch nicht erklären konnte, weshalb das sich so verhielt. Sie versuchte sich zu beweisen, daß es nicht wahr sei. Miss Paisley wußte, wie vernarrt einige alte Jungfern in ihre Katzen waren, sie dauernd hätschelten und kindisches Zeug auf sie einredeten. Sie empfand für ihre Katze keine derartigen Regungen. Sie wußte, daß ihre Katze ziemlich schmutzig war, und berührte sie überhaupt nicht gern. Im Grunde mochte sie Katzen gar nicht. Aber an dieser Katze war etwas Besonderes …

Kurz nach der Morgendämmerung kletterte die Katze durch das offene Fenster. Miss Paisley stieg aus dem Bett und deckte das Fleisch auf. Die Katze gähnte, streckte sich und beachtete es nicht; dann sprang sie auf das Fußende des Bettes, ging einmal im Kreis herum, ließ sich nieder und war bereits eingeschlafen, bevor Miss Paisleys Kopf noch das Kissen wieder berührt hatte. Miss Paisley hatte sich inzwischen genügend Katzenverstand angeeignet, um zu wissen, daß sie irgendwo anders gefressen haben mußte; und daraus zog sie den beunruhigenden Schluß, daß eine Katze, die einmal herumgestreunt war, wieder herumstreunen würde.

Am nächsten Tag kaufte sie ein Halsband, in dessen Metallschild sie ihren Namen und ihre Adresse eingravieren ließ sowie, in Klammern, *Ein Pfund Belohnung für Rückgabe*. Sie konnte unbesorgt Ausgaben dieser Art entgegensehen, denn in diesen rund dreißig Jahren hatte sie über fünfhundert Pfund gespart.

Am gleichen Abend legte sie dem Tier das Halsband an. Die Katze streifte es ab. Miss Paisley machte den Sicherheitsverschluß auf und versuchte es wieder – versuchte es fünfmal, bevor sie weitere Anstrengungen auf später verschob.

»Du hast mir ja selbst gezeigt, wie man eine solche Situation meistert«, sagte sie am nächsten Abend. »Du hast die Bücklingspaste und die nicht mehr ganz frische Milch abgelehnt. Du hattest recht! Nun wäre es zwar jammerschade, wenn wir uns wegen dieser Angelegenheit entzweien würden und auseinandergingen, aber – kein Halsband – kein Fleisch!«

Nach kleinen anfänglichen Mißverständnissen duldete die Katze das Halsband für die Dauer der Mahlzeit. Am dritten Abend vergaß sie, es nach dem Fressen abzustreifen. Nach einer Woche unverdrossener Bemühungen von Miss Paisley stellte sich heraus, daß die Katze das Halsband nicht mehr als Fremdkörper empfand. Selbst wenn sie beim Kratzen einmal hinter den Riemen hakte, machte sie keine Anstalten, es herunterzureißen. Sie trug das Halsband für den Rest ihres Lebens.

Nach dem Zwischenspiel mit dem Halsband fußten ihre Beziehungen auf einer festeren Grundlage. Miss Paisley kaufte sich neue Kleider – darunter einen Hut, der eigentlich viel zu jugendlich für sie war, und eine Jacke aus grünem Wildleder, so grün wie die Augen einer Katze.

Es folgte ein friedlicher Monat, nur durch eine Warnung von Jenkins überschattet, daß die Katze ihre gewohnheitsmäßigen Besuche von Mr. Rinditchs Zimmer nicht eingestellt hätte. Sie bemerkte etwas Hämisches in der Art, wie Jenkins es ihr erzählte, als ob er es sichtlich genoß. Zum ersten Mal kam ihr der Verdacht, daß sein ›Madame‹ ironisch gemeint und eine Quelle heimlichen Vergnügens für Jenkins sein könnte.

Am folgenden Sonnabend erhielt sie den Beweis, daß Jenkins wenigstens in dieser Sache die Wahrheit gesprochen hatte. Für gewöhnlich erreichte sie ihr Heim an Wochenenden kurz nach ein Uhr. Während sie nun durch die Halle zur Treppe ging, öffnete sich die Tür zu Mr. Rinditchs Zimmer. Miss Paisleys Katze wurde sichtbar, gefolgt von Mr. Rinditchs Fuß. Der Tritt schleuderte die Katze etwa eineinhalb Meter über den Korridor. Als sie gegen die Holzverkleidung der Treppe schlug, fühlte Miss Paisley einen heftigen Schmerz in ihren Rippen. Sie sprang hinzu und versuchte, das Tier aufzunehmen. Die Katze fauchte sie an und hinkte fort. Einen Moment lang starrte sie verletzt wegen dieses Benehmens hinter ihr her. Dann aber klärte sich plötzlich ihr Gesicht.

»Du willst kein Mitleid!« murmelte sie. Sie warf den Kopf in den Nacken, und ihre Augen funkelten in einem Glücksgefühl, das ihr völlig neu war. Sie klopfte an Mr. Rinditchs Tür. Als das breite, mürrische Gesicht erschien, begegnete sie ihm mit einem katzenartigen Starren.

»Sie haben meine Katze getreten!«

»Ihre Katze ist das also! Dann wäre ich Ihnen dankbar, wenn Sie das Tier von meinem Zimmer fernhalten würden.«

»Ich bedaure den Übertritt –«

»Ich ebenfalls. Wenn ich sie noch einmal hier erwische, muß sie baumeln, das lassen Sie sich von mir gesagt sein.« Mr. Rinditch warf die Tür zu.

Miss Paisley, in deren Traumwelt volkstümliche Redeweisen keinen Eingang gefunden hatten, fragte sich nach dem Sinn seiner Worte. Und da sie etwas anzudeuten schienen, was sie einfach nicht wahrhaben konnte, beruhigte sie sich damit, daß sie wohl nichts auf sich hätten. Sie begann sich über ihre Kühnheit zu wundern, mit der sie einem rohen, gemeinen Mann wie Mr. Rinditch getrotzt hatte, der gut einen Streit hätte anfangen können.

In der Zwischenzeit war die Katze die Treppe hinaufgekrochen und wartete vor ihrer Wohnungstür auf sie. Sie wollte sich immer noch nicht berühren lassen. Aber als Miss Paisley vor der Bereitung ihres Mittagessens noch ein wenig im Lehnstuhl ausruhte, sprang die Katze, zum ersten Mal seit ihrem Einzug, zu ihr auf den Schoß. Sie knurrte, räkelte sich und stemmte sich mit ihren Krallen ab, die Miss Paisleys Kleid durchdrangen und sie kratzten. Dann ließ sie sich nieder, schnurrte ein wenig und schlief ein. Die Uhr, die früher im Speisezimmer ihres Vaters gestanden hatte, schlug zwei: Miss Paisley entdeckte, daß sie keinen Hunger verspürte.

Am Sonntag nahm die Katze ihren üblichen Lebenswandel wieder auf; der Fußtritt schien ihr nichts geschadet zu haben. Sie verzehrte ihre Fleischration mit Heißhunger und beschloß ihr Mahl mit Miss Paisleys zweitem Baiser. Aber das entschuldigte nicht die übertriebene Roheit von Mr. Rinditch.

Am Montagmorgen hielt sie Jenkins auf dem Treppenabsatz im ersten Stock an und fragte ihn nach Mr. Rinditchs vollem Namen, indem sie erklärte, sie wollte ihn wegen Tierquälerei anzeigen.

»Wenn ich dazu etwas sagen darf, Madame, *den* werden Sie nicht mit einer Strafe von zehn Schilling beeindrucken können. Der zahlt ja schon seinen Laufburschen an die fünfzig Pfund Provision im Monat und macht sich nicht mehr daraus als Sie aus Ihrem Zugfahrgeld!«

Miss Paisley war etwas niedergeschlagen. Jenkins ließ sich weiter über Mr. Rinditch aus.

»Sie würden staunen, Madame, wenn Sie wüßten, wieviel Geld so bei ihm zusammenläuft. Am Abend vor einem großen Rennen kommt er um sechs Uhr mit mehreren hundert Pfund in seiner Aktentasche nach Hause, und um Viertel vor acht geht er noch einmal los, um die Kneipen abzuklappern; gegen zehn Uhr dreißig kommt er dann mit genausoviel Zaster wieder.«

Die Höhe der Geldstrafe, sagte sich Miss Paisley, war unwesentlich. Es ging ihr einfach um das Prinzip. Dem Rechtsanwalt, den sie während ihrer Mittagspause konsultierte, leuchtete das Prinzip nicht ein. Er sagte ihr, daß er ihre Behauptungen nicht beweisen könnte: da die Katze zugegebenerweise keine sichtbaren Zeichen des Angriffs trüge, würde der Fall wegen Geringfügigkeit ›aus dem Gerichtssaal gelacht werden‹.

Sie hatte diesen Fachausdruck noch nie gehört und nahm ihn übel; ihr Verdruß darüber war jedoch von einer unbestimmten ängstlichen Vorahnung begleitet.

Als sie ihr Heim erreichte, fand sie die Katze an der Seite des Schreibsekretärs kauern. Das Tier nahm keine Notiz von ihr, aber sie konnte nicht länger warten, ihr Herz auszuschütten.

»Wir sollen aus dem Gerichtssaal gelacht werden«, sagte sie. »Mit anderen Worten, Mr. Rinditch kann uns einen Fußtritt versetzen, und das Gericht lacht auch noch über uns. Wahrscheinlich müssen wir sehr lächerlich aussehen, wenn wir in Not sind!«

Miss Paisley konnte keinen unglücklicheren Augenblick für diese Bemerkung wählen. Wenn sie nicht so sehr mit sich selbst beschäftigt gewesen wäre, hätte sie das Verhalten der Katze deuten können, hätte sie erkennen müssen, daß sie auf der Lauer lag. Sie sprach noch über ihre Unterredung mit dem Rechtsanwalt, als die Katze zusprang und sich dann ihr zuwendete, eine lebendige, zappelnde Maus zwischen den Zähnen.

»Du meine Güte!« Sie akzeptierte die Situation mit einem Seufzer. Sie kannte die eingewurzelte Furcht der meisten Frauen vor Mäusen nicht – sie hielt sie für niedliche kleine Dinger und würde sie noch in ihrem Treiben bestärkt haben, wenn sie nicht so unhygienische Angewohnheiten besäßen.

Miss Paisley wußte nun wohl – wenn schon nicht aus Erfahrung, so doch vom Hörensagen –, wie eine Katze mit einer Maus umzugehen pflegt. Jedoch traf dies Ereignis sie unvorbereitet und stürzte sie in einen unüberwindbaren seelischen Konflikt.

»Nicht – oh, *bitte nicht!* Halt ein! Verstehst du denn nicht? ... Wir sind nicht besser als Mr. Rinditch! O Gott, bitte, laß sie aufhören! Ich kann das nicht zulassen. Ich *darf* das nicht zulassen! Hilft denn kein Beten? Lachst du auch?«

Miss Paisley hatte ihren Körper in diesem Augenblick nicht in der Gewalt; sie konnte sich nicht bewegen. Die Kälte in ihrem Rückgrat wechselte zu Hitze und breitete sich prickelnd über ihren ganzen Körper aus. In ihren Ohren brauste es, als ob trockenes Unkraut prasselnd verbrannte.

Ihre Atemzüge wurden gelöster. Das seit undenklichen Zeiten geübte Ritual zog erst ihre Aufmerksamkeit, dann ihr Interesse auf sich.

Nach einigen Minuten lächelte Miss Paisley. Dann kicherte sie. Die Katze, der von den Menschen so viele menschliche Züge angedichtet werden, schien mit ihrer Maus vor einem Theaterpublikum zu spielen und hart um ein Lachen zu kämpfen. Miss Paisley lachte.

Es kam eine ruhige Zeit, ereignislose Monate, in denen ein Tag dem anderen zu gleichen schien, und Miss Paisley sah sich als eine ganz normale ältere Dame, die zufällig eine Katze hielt.

Sie schloß aus ihren Beobachtungen, daß die Katze ziemlich weit herumstreifte und manchmal Nahrung von unbekannten Personen erbettelte oder stahl. Sie hatte sich fast eingeredet, daß die Katze ihre gefährliche Gewohnheit, Mr. Rinditchs Zimmer zu besuchen, aufgegeben hatte. Eines Abends im Frühsommer, ungefähr vierzehn Tage vor dem Ende, wurde diese Hoffnung zunichte.

Um halb neun, kurz nach ihrer Abendmahlzeit, war die Katze nach draußen gegangen. Miss Paisley sah aus dem Fenster und wartete träge auf ihre Rückkehr. Nach kurzer Zeit sah sie das Tier auf der Mauer, die den Hof von dem alten Friedhof trennte. Sie winkte ihm zu; es starrte zu ihr herüber und fuhr dann fort, sich zu putzen. Zehn Minuten lang. Dann glitt es über einen Werkzeugschuppen hinunter; aber anstatt geradewegs auf das Regenrohr zuzulaufen, das an Miss Paisleys Fensterbrett vorbeiführte, wechselte es die Richtung. Indem Miss Paisley sich aus dem Fenster beugte, konnte sie schräg auf das Fenster von Mr. Rinditchs Zimmer hinabsehen.

Sie eilte die Treppe hinunter und den Korridor entlang, vorbei an Mr. Rinditchs Wohnung zu der Hoftür, bog um eine Gruppe von sechs Aschkübeln und gelangte unter Mr. Rinditchs Schiebefenster, das vom Sims aus gerechnet etwa vierzig Zentimeter offenstand. Sie konnte die Katze auf Mr. Rinditchs Bett liegen sehen. Sie wußte, daß das Tier so kurz nach seiner Mahlzeit nicht mit Nahrung zu verführen war. Zuerst rief sie zärtlich lockend, dann verzweifelt.

»Wir befinden uns in großer Gefahr«, flüsterte sie. »Fürchtest du dich denn gar nicht?«

Die Katze starrte sie an und schloß dann die Augen. Miss Paisley musterte das Zimmer. Es war spärlich, aber nicht billig möbliert. Die Wandtäfelung war mit Kalendern und metallenen Kleiderhaken verunziert.

Das Fensterbrett lag etwas über ein Meter zwanzig über der Erde. Sie drängte ihre Schultern durch die Öffnung und wand sich mit dem ganzen Körper hinein. Dann packte sie die Katze im Genick, mit einem Finger unter dem Halsband, und hielt sie fest, während sie in die Sicherheit des Hofes zurückkletterte. Dabei vergaß sie, das Fenster wieder in seine übliche Stellung herabzuziehen. Beide erreichten ihre Wohnung, ohne jemandem zu begegnen.

Während dieser letzten vierzehn Tage, die ihnen noch verblieben, erhielt Miss Paisley – wie sie sich ausgedrückt haben würde – eine letzte Lehre von der Katze. Es war an einem warmen Abend, und sie kam gerade von der Arbeit nach Hause. Fünfzig Schritte von den Chambers entfernt sah sie die Katze, die sich auf dem Bürgersteig sonnte. Aus der entgegengesetzten Richtung kam ein Mann mit einem Dobermann an der Leine. Plötzlich machte der Hund einen Satz und riß dem Mann die Leine aus der Hand.

»*Gefahr!* Lauf weg!« schrie Miss Paisley.

Die Katze sah ihren Feind eine Sekunde zu spät. Ihr steifes Bein machte außerdem eine Flucht unmöglich. Während Miss Paisley vorwärtsrannte, den heißen Atem des Hundes im Nacken spürend, hörte sie im Geist schon ihre Knochen knacken. Doch da geschah, wie es ihr schien, das Unglaubliche: der Hund prallte von der Katze zurück, rannte im Kreis umher und jaulte vor Schmerz, während die Katze auf den nächsten Zaunpfahl baumte.

Der Mann hatte die Leine aufgegriffen und besänftigte den Hund. Miss Paisley sprach in Gedanken ein schnelles Dankgebet. Doch dann gewann langjährige Gewohnheit die Oberhand über die Lehre, die sie von der Katze erhalten zu haben glaubte.

»Ich fürchte, Sir, meine Katze hat Ihren Hund verletzt. Es tut mir sehr leid. Wenn ich irgendwie helfen kann –«

»Schon gut, Miss«, antwortete eine freundliche Stimme in der Cockney-Mundart des waschechten Londoners. »Was er haben wollte, hat er bekommen.« Der Hund blutete am Hals, und zwei lange Striemen liefen über seine Brust. »Das ist die Art, wie Katzen zu kämpfen pflegen – ran an den Feind und nach oben geschlagen!«

»Ich habe etwas Jod in meiner Wohnung –«

»Ach was, das braucht er nicht! Vielleicht hat Ihre Katze ihn davor bewahrt, bei der nächsten ein Auge zu verlieren. Denken Sie nicht mehr daran, Miss!«

Miss Paisley gab nach, traurig verwirrt in ihrer sozialen Rangeinstufung, nach der sich auch ihre moralische Bewertung der Umwelt richtete. Der Cockney-Akzent des Mannes und seine vorzüglichen Manieren waren bis vor kurzem unvereinbar für sie gewesen. Miss Paisleys Welt änderte sich zu rasch für sie.

Sie genoß noch sechs Tage und Nächte die Gesellschaft der Katze. Die viereinhalb Tage im Büro kann man dabei getrost mitrechnen, denn die Aufmerksamkeit, die sie ihrer Arbeit widmete, war automatisch geworden und störte nicht ihre spürbare innere Verbundenheit mit dem Tier. Sie hatte nie versucht, sich dieses Verhältnis zu erklären, und hatte es auch nicht einmal merkwürdig empfunden, daß sie der Katze keinen Namen gegeben hatte …

Es war ein Dienstagabend. Die Katze war nicht zu Hause, als sie aus der Stadt kam.

»Du fängst schon wieder an, zu spät zum Essen zu kommen«, brummte sie. »Aber zufällig kann ich dir heute abend noch zehn Minuten genehmigen.« Ihr Abonnement für ein wöchentlich erscheinendes illustriertes Gesellschaftsblatt war abgelaufen. Sie füllte das Erneuerungsformular aus und ging los, um eine Zahlkarte zu kaufen.

In der Halle vernahm sie Mr. Rinditchs Stimme durch die geschlossene Tür seines Appartements – er schien vor sich hin zu fluchen. Ein gedämpfter, zischender Laut folgte, als würde eine Schnur stramm über Metall gezogen. Dann hörte sie ein seltsames knurrendes Keuchen und Kratzen – ein Geräusch, wie es wohl die Krallen einer Katze an einer Holztäfelung machen konnten, wenn ihr Körper frei in der Luft über dem Boden schwebte.

Sie blieb stehen und hielt den Atem an, gelähmt von dem Gefühl, etwas unternehmen zu müssen, das ihre Sinne zu erklären sich weigerten. Sie schien in sich selbst gefangen zu sein, unfähig, ein Entrinnen zu wünschen. Das Geräusch des Kratzens wurde schwächer und schwächer, bis sie schließlich daran zweifelte, überhaupt etwas gehört zu haben.

›Du siehst schon am hellen Tage Gespenster!‹ sagte sie sich.

Sie lächelte und setzte ihren Weg zum Postamt fort. Das Lächeln blieb wie eingefroren auf ihrem Gesicht stehen. Man muß in seinen Handlungen sehr vorsichtig sein, sagte sie sich. Wenn sie jedesmal mit ihren Nachbarn zu streiten anfinge, wenn sie sich einbildete – nun, dies oder das –, würden die Leute sie bald für eine überspannte alte Jungfer halten. Sie wünschte, sie könnte aufhören zu lächeln.

Sie kaufte die Zahlkarte, füllte sie aus, zahlte das Geld ein und kehrte zu ihrem Appartement zurück; dabei versicherte sie sich, daß überhaupt nichts passiert sei.

Nach dieser Einsicht konnte alles seinen gewohnten Gang nehmen.

»Noch nicht zu Hause! Auch gut, ich werde nicht auf dich warten. Ich werde jetzt dein Fleisch aufschneiden, und wenn es trocken wird, hast du es dir selbst zuzuschreiben.« Sie zog die Handschuhe an, mit denen sie vor siebenunddreißig Jahren die Zügel gehalten hatte. »Etwas über ein Jahr ist es jetzt her! Über dreihundertmal muß ich sie nun benutzt haben, um das Fleisch für dich aufzuschneiden, und sie eignen sich immer noch zum Tragen. Heutzutage kann man solche Handschuhe nicht mehr kaufen. Ich mag keinen Lachs aus der Konservendose. Ich glaube, ich werde mir eine Omelette machen. Unsere Köchin hatte immer Schwierigkeiten mit ihren Omeletten.«

Sie bereitete ihre Omelette sorgfältig, aß sie aber hastig. Nachdem sie Kaffee getrunken hatte, trat sie an ihr Bücherregal über dem Schreibsekretär. Seit über zehn Jahren hatte sie die Glastüren nicht mehr geöffnet. Sie nahm *Ivanhoe* heraus, das ihr Vater ihrer Mutter vor der Hochzeit geschenkt hatte.

Um Viertel vor zehn schloß sie das Buch.

»Du weißt, ich bin niemals aufgeblieben, bis du kommst! Und ich werde auch jetzt nicht damit anfangen.«

Gewöhnlich ließ sie die Vorhänge ein wenig geöffnet – ungefähr so weit, daß eine Katze durchschlüpfen konnte. Heute abend schloß sie die Gardinen. Als sie im Bett lag, konnte sie das Mondlicht durch die Öffnungen neben den Ringen sehen ... und schließlich das Tageslicht.

Am Morgen gab sie sich Mühe, nicht mit Jenkins zusammenzutreffen. Aber als ob er auf sie gewartet hätte, schoß er aus der Pförtnerloge heraus.

»Guten Morgen, Madame. Ich habe Ihre Pussykatze heute früh noch nicht gesehen.«

Pussykatze! Was für eine ekelhafte Art, von ihrer Katze zu sprechen!

»Ich mache mir keine Sorgen, Jenkins! Sie verschwindet oft für ein paar Tage. Ich habe mich heute morgen etwas verspätet.«

Sie hatte sich nicht verspätet – sie erreichte ihren Zug nach London mit dem üblichen Spielraum bis zur Abfahrt. Ihre Kollegen im Büro schienen lebhafter als sonst zu sein. Bruchstücke ihrer Unterhaltung drangen bis zu ihr. »Wenn *Einsamer* morgen nicht gewinnt, werde ich meinen Sommerurlaub in London verbringen.« Natürlich ein Rennpferd. Eines der sogenannten klassischen Rennen morgen, aber sie wußte nicht, welches. Es erinnerte sie an Mr. Rinditch. Ein sehr gemeiner, brutaler Mann! Ihre Gedanken wechselten zu dem so netten Mann mit dem Hund über. Ein Gentleman von Natur aus! ›Ran an den Feind und nach oben geschlagen!‹

In der Mittagspause verließ sie nicht das Büro, kaufte also auch kein Fleisch für ihre Katze.

An jenem Abend, ein paar Minuten vor acht Uhr, hörte sie Jenkins' Schritte auf dem Treppenabsatz. Er klopfte an ihre Tür.

»Guten Abend, Madame. Hoffentlich störe ich Sie nicht. Wenn Sie ein paar Minuten Zeit hätten, würde ich Ihnen gerne etwas zeigen.«

Während sie mit ihm die Treppe hinunterstieg, ging Miss Paisley die Wahrheit über sich selbst und Jenkins auf. Madame! Sie erkannte jetzt den Hohn in seiner Stimme, konnte fast das wiehernde Gelächter seiner Bekannten über seine Anekdoten von der Büroangestellten hören, die sich den Anschein einer Lady in vorübergehend bedrängten Umständen gab. Aber ihre unnahbare Würde war mit der Zeit zu einem Teil ihrer selbst geworden.

Er führte sie den Korridor entlang, durch die Tür zum Hof und zu den sechs Aschkübeln. Er hob einen Deckel hoch. Oben auf dem Müll sah sie den Kadaver ihrer Katze. Um den Hals lag noch die Schlinge von einem Ende grüner Vorhangschnur.

»Nun, Jenkins?« Ihr starres Lächeln machte ihn unsicher.

»Sie war wieder in Mr. Rinditchs Zimmer, bald nachdem Sie gestern abend nach Hause kamen. Sie können sich eigentlich nicht beklagen. Sie wußten ja, was er gesagt hat. Und wenn man es richtig macht, wie er es getan hat, ist es keine Quälerei, ein Tier zu erhängen. Ich glaube nicht, daß Ihre arme kleine Pussykatze Schmerzen gehabt hat. Er hat einfach die Schnur über den Kleiderhaken gezogen, und alles war vorüber.«

»Das ist unwesentlich!« Sie wußte, daß ihre kalte Unbeteiligtheit diesem Schakal nicht die sadistische Befriedigung verschaffte, die er sich versprochen hatte. »Woher sollen wir wissen, daß Mr. Rinditch verantwortlich ist? Jeder hier im Haus kann es getan haben, Jenkins.«

»Ich versichere Ihnen, er war es! Gestern abend, als meine Frau wie immer mit seinem Abendbrot zu ihm hineinging, sah sie ein Stück von dieser Vorhangschnur unter seinem Bett hervorlugen. Und ein paar grüne Fusseln klebten an dem Kleiderhaken, wo die Schnur gescheuert hatte. Meine Frau spionierte noch etwas weiter herum, als sie das Geschirr abräumen ging, und da sah sie das Halsband der Katze im Papierkorb. Wegen des Metallteils daran kann man eine Katze mit so einem Halsband nicht richtig hängen. Sie sagte, der Lederriemen daran wäre glatt durchgeschnitten – wie mit einem Rasiermesser.«

Miss Paisley blickte ein zweites Mal in den Ascheimer. Das Halsband war tatsächlich entfernt worden. Jenkins, der sie beobachtete, dachte, sie wollte ihm immer noch nicht glauben. Und wie alle gewohnheitsmäßigen Lügner versuchte er stets übertrieben ängstlich seine Worte zu beweisen, wenn er zufällig einmal die Wahrheit sprach.

»Da fällt mir ein, das Halsband wird sicher noch in seinem Papierkorb liegen«, sagte er, wie zu sich selbst. »Hören Sie! Er hat ihn dicht neben dem Fenster nach der Vorderseite stehen; kommen Sie mit ums Haus herum, dann können Sie es selbst sehen.«

Der Papierkorb war aus geflochtenem Rohr. Durch die Zwischenräume konnte Miss Paisley genug von dem Halsband sehen, um alle Zweifel zu bannen.

Sie konnte sich hören, wie sie zu Jenkins sprach, genau wie sie sich auch neben dem Ascheimer hatte stehen sehen, schon im voraus wissend, was unter dem Deckel lag, bevor Jenkins ihn lüftete. Wie einfach war das doch, ruhig zu bleiben, wenn man sich entschieden hatte!

Als sie in ihr Zimmer zurückkehrte, war es erst fünf Minuten nach acht. Das machte nichts. Ihre Ruhe würde so lange andauern, wie sie sie benötigte. In zwei Stunden und fünfundzwanzig Minuten würde Mr. Rinditch nach Hause kommen. Sie fröstelte. Sie zog sich die grüne Wildlederjacke an und setzte sich aufrecht in ihren Lehnsessel; die ausgestreckten Hände steckte sie in die Falten zwischen Sitz- und Lehnpolster.

»Bevor Mr. Rinditch zurückkehrt, möchte ich dir noch sagen, daß ich dich an seiner Wand habe kratzen hören. Da warst du noch am Leben. Wir haben bereits eingesehen, daß du noch jetzt leben würdest, wenn ich an die Tür gehämmert und – Lärm geschlagen hätte. Darüber wollen wir uns nicht streiten. Wir könnten beide eine Menge gegeneinander vorbringen – wollen wir also gar nicht erst anfangen, uns Vorwürfe zu machen.«

Miss Paisley saß schweigend bis fünfundzwanzig Minuten nach zehn. Dann stand sie auf und zog die Reithandschuhe an, als wollte sie Fleisch für ihre Katze schneiden. Das Messer lag an seinem üblichen Platz auf dem Regal. Ihre Hand schnappte nach dem Griff, als wollte jemand es ihr wegnehmen.

»*Ran an den Feind und nach oben geschlagen!*« flüsterte sie – und dann war Miss Paisley plötzlich zum wiederholten Mal nicht Herrin über ihren Körper. Sie umklammerte den Griff des Messers, aber sie konnte es nicht vom Regal wegziehen. Sie bildete sich ein, ihre Muskeln anzuspannen und mit aller Kraft an einem überaus schweren Gewicht zu ziehen. Verschwommen hörte sie, wie Mr. Rinditch nach Hause kam und die Tür zuschlug.

»Ich habe mich zu sehr aufregen lassen! Ich muß mich erst beruhigen.«

Noch immer in Handschuhen und Wildlederjacke ging sie zu ihrem Sessel zurück.

»In meinem Alter kann ich die Gewohnheiten eines Lebens nicht mehr ändern – und wenn ich es versuche, zieht es mich in zwei Richtungen zugleich. Ich habe dir schon zu Beginn unserer Bekanntschaft gesagt, daß du zu spät gekommen bist. Du hättest nicht in Mr. Rinditchs Zimmer gehen dürfen. Er hat dich heimtückisch getötet, und ich habe dich verraten – o ja, das habe ich! – und jetzt kann ich nicht einmal beten.«

Miss Paisleys Gedanken wälzten Rätsel und verursachten Alpträume, die nicht mit ihrer feinen Erziehung im Einklang standen. Als sie ihre Umgebung wieder mit vollem Bewußtsein wahrnahm, war es ein Viertel vor drei in der Frühe. Das elektrische Licht brannte, und sie trug weder die Handschuhe noch die grüne Wildlederjacke.

»Ich kann mich nicht erinnern, daß ich das Licht angedreht habe – ich bin auch zu müde, mich an irgend etwas zu erinnern.« Sie nahm sich vor, am Morgen auszuschlafen und einen Tag nicht ins Büro zu gehen. Sie zog sich aus und ging ins Bett. Zum ersten Mal seit über einem Jahr schlief sie ein, ohne an die Katze zu denken.

Kurz nach sieben wurde sie durch eine Anzahl ungewöhnlicher Geräusche geweckt – Klappern in der Halle und laute Stimmen, Kommen und Gehen auf den Treppen. Sie setzte sich auf und lauschte. Im Erdgeschoß schrie und weinte Mrs. Jenkins zu gleicher Zeit – eine Angewohnheit des Arbeitervolkes, die Miss Paisley erbärmlich fand. Jemand, den sie an seiner Stimme als den Heizer erkannte, der im obersten Stockwerk wohnte, rief laut die Treppe hinauf zu seiner Frau.

»O Emma! Sie haben ihn mitgenommen. Mit Handschellen und so!«

Miss Paisley zog ihren langen Wintermantel an, schlug den Kragen bis übers Kinn hoch und öffnete die Tür.

»Was hat dieser ganze Lärm zu bedeuten?« fragte sie den Heizer.

»Dieser Buchmacher im Erdgeschoß, Miss. Jemand hat ihm heute nacht die Kehle durchgeschnitten. Die Polizei hat Jenkins einkassiert.« Er fügte hinzu: »Handschellen und so!«

»Oh!« sagte Miss Paisley. »Ich verstehe!«

Miss Paisley schloß die Tür. Sie zog sich an und machte sich mit mehr Sorgfalt als gewöhnlich zurecht. Sie erinnerte sich daran, wie sie versucht hatte, das Messer aufzunehmen – erinnerte sich, wie sie sich voller Selbstverachtung hingesetzt hatte und wie dann eine Bewußtseinstrübung sie umnebelte, in der Zeit und Raum versanken. Aber in diesem Nebel waren Lichtpunkte. »*Ran an den Feind und nach oben geschlagen!*« war ein Lichtpunkt – der Wahlspruch, begleitet von einem Gefühl unbändigen Stolzes. Gab es noch mehr Lichtpunkte? Eine verschwommene Erinnerung, daß sie wie eine Katze durch nächtliche Schatten geschlichen war – zum Fluß? ... Händewaschen in kaltem Wasser ... Rückkehr zu ihrem Sessel. Rückkehr ... Rückgabe. *Ein Pfund Belohnung für Rückgabe*. In ihrem Kopf drehte es sich. Gleichviel, ›jemand hat ihm heute nacht die Kehle durchgeschnitten‹.

Weit davon entfernt, sich niedergeschmettert zu fühlen, fand Miss Paisley, daß sie die Kraft zum Beten wiedererlangt hatte.

»Ich habe gemordet und sehe daher ein, daß es absurd wäre, um etwas zu bitten. Aber für die nächsten Stunden muß ich unbedingt Ruhe bewahren. Wenn du mir dazu verhelfen willst, bitte, kann ich mit dem Rest allein fertigwerden.«

Auf der örtlichen Polizeiwache gab Miss Paisley eine geschickte Zusammenfassung der Ereignisse, die zu der Vernichtung ihrer Katze geführt hatten, sowie ihrer eigenen nachfolgenden Handlungen, ›während denen sie sich in einem hypnoseartigen Zustand befunden hätte‹.

Der wachhabende Sergeant unterdrückte ein Gähnen. Er holte ein Formular hervor und stellte ihr eine Anzahl Fragen über ihre Person und ihre Beschäftigung, fragte aber überhaupt nicht nach dem Mord. Nachdem er die Antworten niedergeschrieben hatte, las er sie ihr vor.

»Und Sie behaupten, Miss Paisley«, sagte er dann, »daß Sie William Rinditch getötet haben, in – in einem hypnoseartigen Zustand, sagten Sie, nicht wahr?«

Miss Paisley bestätigte dies und unterzeichnete ihre Aussage.

»Im Augenblick ist der Inspektor gerade sehr beschäftigt«, erklärte der Sergeant. »Ich muß Sie daher bitten, im Warteraum Platz zu nehmen.«

Miss Paisley, die erwartet hatte, daß die Unterredung mit Handschellen enden würde, bewahrte eisern ihre Ruhe und saß über eine Stunde im Warteraum – unbewacht, was sie beinahe als eine Beleidigung empfand. Dann lud man sie mürrisch ein, in einen Polizeiwagen zu steigen, der sie zum Polizeihauptamt des Bezirks brachte.

Chefinspektor Green, der seine Lehrzeit bei Scotland Yard verbracht hatte, waren schon zwanzig oder mehr Fälle hysterischer Selbstankläger begegnet. Er wußte, daß ungefähr einer von vieren zu behaupten pflegte, er hätte den Mord in einem hypnoseartigen Zustand begangen; er wußte aber auch, daß diese Sorte am unangenehmsten werden konnte, wenn sie glaubten, nicht ernst genommen zu werden.

»Dann glauben Sie also, Miss Paisley, Rinditch hat Ihre Katze getötet, weil Jenkins es Ihnen erzählt hat?«

»Aber keinesfalls!« Sie beschrieb das Halsband der Katze und die Methode des Tötens, welche die Entfernung des Halsbandes notwendig machte. Sie erzählte auch, wie sie mit Jenkins das Halsband im Papierkorb gesehen hatte.

»Dann ist das Halsband also immer noch in jenem Papierkorb, wenn Jenkins die Wahrheit gesagt hat?«

Aber eine sofortige Untersuchung ergab, daß sich weder im Papierkorb noch sonstwo im Appartement von Mr. Rinditch ein Katzenhalsband befand. Miss Paisley war erstaunt – sie wußte genau, daß sie es in jenem Papierkorb gesehen hatte.

Die Unterredung wurde in ihrer kleinen Wohnung fortgesetzt, wo sie dem Inspektor versicherte, daß sie Mr. Rinditch schon bei seiner Rückkehr um zehn Uhr dreißig zu töten beabsichtigt hätte, zu jener Zeit aber ungenügend vorbereitet gewesen wäre. Sie wüßte nicht, um welche Zeit sie ihn getötet hätte, sie wüßte aber, daß es nicht später als ein Viertel vor drei in der Frühe gewesen sein könnte. Als Waffe hätte sie das Messer benutzt, das sie ausschließlich zum Schneiden des Katzenfleisches angeschafft und verwendet hätte.

»An die Tat selbst kann ich mich überhaupt nicht erinnern, Inspektor. Ich weiß lediglich, daß ich nur von dem einen Gedanken besessen war: ran an den Feind und nach oben geschlagen!«

Der Inspektor blinzelte, zögerte und versuchte es in einer anderen Richtung.

»Sie sagten, daß es nach zehn Uhr dreißig gewesen wäre – also nachdem er sich für die Nacht eingeschlossen hatte. Wie sind Sie hineingekommen?«

»Das kann ich wieder nicht sagen. Ich kann nicht gut gegen seine Tür gehämmert haben, denn dann hätte mich jemand gehört. Vielleicht bin ich – ja, so wird es gewesen sein – ich bin sicher durch sein Fenster geklettert. Leider muß ich gestehen, daß ich schon früher einmal auf diese Weise in seine Wohnung gedrungen bin, um meine Katze herauszuholen, die auf mein Rufen nicht kommen wollte.«

»Wie sind Sie auf den Hof gelangt? Die Tür ist des Nachts abgeschlossen.«

»Wahrscheinlich hat Jenkins den Schlüssel darin stecken lassen – er ist sehr nachlässig.«

»Demnach haben Sie also überhaupt keine Erinnerung an das Verbrechen selbst? Sie reimen sich da etwas zusammen, weil Sie glauben, Sie müßten es getan haben?«

Miss Paisley erinnerte sich daran, daß sie um Ruhe gebetet hatte.

»Ich erkenne das Gewicht Ihrer Bemerkung an, Inspektor. Aber ich möchte Ihnen zu bedenken geben, daß es für eine Frau meines Vorlebens und meiner Gepflogenheiten zumindest ungewöhnlich wäre, sich einer traurigen Berühmtheit wegen fälschlich anzuklagen. Ich bitte Sie, mir zu glauben, daß ich um zehn Uhr dreißig in diesem Stuhl hier saß und daß meine nächste klare Erinnerung daran ist, wie ich um ein Viertel vor drei wieder in diesem Stuhl saß. Außerdem gibt es noch andere Anzeichen –«

»Richtig! Wir wollen also annehmen, daß Sie diesen Sessel verlassen haben – wenn Sie sich auch nicht daran erinnern können. Sie mögen auch irgendwelche andere Sachen getan haben, aber ich will Ihnen beweisen, daß *Sie nicht* Mr. Rinditch getötet haben. Als erstes zeigen Sie mir einmal das Mordmesser.«

Miss Paisley ging zu dem Regal.

»Es ist nicht da!« rief sie aus. »Aber ja, natürlich! Ich muß es – ich meine, haben *Sie* nicht das Messer gefunden?«

Inspektor Green war enttäuscht. Er hätte die Angelegenheit sofort erledigt haben können, wenn sie das Messer vorgezeigt hätte – das in der Tat im Körper des Ermordeten gefunden worden war. Ein Messer, wie man es im ganzen Land bei jedem Eisenwarenhändler kaufen und das man nicht von einem gleichen unterscheiden konnte.

»Wenn Sie Rinditchs Zimmer betreten hätten, würden Sie Fingerabdrücke hinterlassen haben –«

»Aber ich habe doch Reithandschuhe getragen –«

»Zeigen Sie die einmal, Miss Paisley.«

Miss Paisley ging wieder ans Regal. Die Handschuhe mußten auf dem obersten Bord liegen. Sie waren nicht da.

»Ich kann mich nicht erinnern, wo ich sie hingetan habe«, stammelte sie.

»Das spielt auch keine Rolle!« seufzte Green. »Lassen Sie sich dies von mir sagen, Miss Paisley: der Mann – oder wenn Sie wollen, die Frau – wer also Rinditch getötet hat, kann nicht ohne ein paar recht ansehnliche Blutflecken auf seinen – oder ihren – Kleidern davongekommen sein.«

»Es würde nicht durch meine Lederjacke gesickert sein«, murmelte Miss Paisley.

»Durch welche Lederjacke?«

»Oh! Ich vergaß sie zu erwähnen – beziehungsweise ich hatte noch keine Gelegenheit dazu. Als ich mich um zehn Uhr dreißig in diesen Sessel setzte, trug ich eine grüne Wildlederjacke. Als ich in den frühen Morgenstunden wieder zu mir kam, trug ich sie nicht mehr.«

»Dann müßten wir also irgendwo in diesem Appartement eine Damen-Lederjacke finden, die stark mit Blut befleckt ist. Ich werde unter alle Gegenstände sehen, und Sie sehen bitte in allen nach.«

Als die Suche ergebnislos verlaufen war, fuhr Miss Paisley, die sich in die Enge getrieben fühlte, verzweifelt auf den Inspektor los.

»Sie glauben mir nicht!«

»Ich glaube, daß Sie das alles glauben, Miss Paisley. Sie fühlten, daß Sie den Mann töten mußten, der Ihre Katze umgebracht hatte. Ihr Unterbewußtsein sagte Ihnen aber, daß Sie zu einem Mord nicht fähig sein würden, besonders nicht mit einem Messer. Und so bekamen Sie einen Nervenzusammenbruch, oder wie man es nennen mag, in dem Sie sich einbildeten, daß Sie den Mord begangen hätten.«

»Dann habe ich also mein Fleischmesser, meine alten Reithandschuhe und meine Lederjacke versteckt, um Sie zu täuschen?« rief Miss Paisley schrill.

»Nicht um mich zu täuschen, Miss Paisley – um sich selbst zu täuschen! Wenn Sie meine Meinung hören wollen, haben Sie das Messer und die Jacke und die Handschuhe versteckt, weil sie *nicht* blutbefleckt waren. Nervenzusammenbruch, wie ich schon sagte. Vielleicht werden Sie sich später daran erinnern können, wo Sie die Sachen versteckt haben.«

Miss Paisley wurde es ein wenig schwindlig. Green führte sie zu ihrem Lehnsessel.

»Es braucht Ihnen nicht übel zu werden, weil Sie ihn *nicht* getötet haben«, sagte er, in sich hineinlächelnd. »Ich will Ihnen etwas verraten – in ein oder zwei Tagen werden Sie es in den Zeitungen lesen können: heute früh um sieben Uhr sah ein Polizist, wie Jenkins eine Aktentasche im Fluß versenken wollte. Die Tasche gehörte Rinditch, der sie nachts unter sein Bett zu legen pflegte. Und Jenkins hatte an die zweihundertdreißig Pfund in bar bei sich, für die er keine Erklärung geben konnte.«

Miss Paisley antwortete nicht. Sie hatte ihre Ruhe bewahrt, aber sie hatte nichts erreicht. Die recht offensichtlich noble Absicht, die sie zu dem Geständnis des Verbrechens getrieben hatte, schrumpfte zu der Anstrengung zusammen, das Gesicht zu wahren.

»Vielleicht haben Sie immer noch so ein Gefühl, als ob Sie Rinditch getötet hätten?« Miss Paisley nickte zustimmend. »Dann denken Sie immer daran: wenn Ihnen der Verstand einmal einen Streich gespielt hat, kann er Ihnen auch leicht wieder einen spielen.«

Inspektor Green hatte sich sehr freundlich und verständnisvoll gezeigt, sagte sich Miss Paisley hinterher. Es war ihre Pflicht, seine Entscheidung zu respektieren – besonders, da sie keinen anderen Ausweg sah – und seine Deutung ihrer Handlungsweise zu akzeptieren. Der nichtswürdige Jenkins – ein abscheulicher Mensch, der sie jahrelang zur Zielscheibe seines Gespötts gemacht hatte – würde wahrscheinlich gehängt werden. Letzten Endes, so dachte Miss Paisley, kamen doch alle Dinge ganz von selbst wieder ins richtige Geleise …

Jenkins wurde dem Amtsrichter vorgeführt und des Mordes angeklagt. Sein Fall sollte im Herbst im Old Bailey zur Verhandlung kommen. Miss Paisley wandte ihr Interesse anderen Dingen zu.

Eines Abends im Frühherbst saß Miss Paisley in ihrem Lehnstuhl und legte sich in Gedanken wieder einmal die Frage vor, ob ihr Vater mit dem Croquet-Rasen einen Fehler gemacht hatte. Sie entdeckte neue Argumente zu seinen Gunsten, die es zu widerlegen galt. In ihrem Eifer stieß sie ihre Hände tief zwischen die Polsterfalten. Ihre Finger berührten einen harten Gegenstand. Sie fuhr mit dem Fingernagel, dann mit dem Finger darunter – und zog das Halsband ihrer toten Katze hervor.

Mit beiden Händen hielt sie es fest, während sie sich lebhaft daran erinnerte, wie sie an der Seite von Jenkins durch Mr. Rinditchs Fenster gespäht und das Halsband im Papierkorb liegen gesehen hatte … Der Verschluß war noch ungeöffnet. Das Lederband war wie von einem Rasiermesser durchtrennt. Sie las die Inschrift: ihren Namen und ihre Adresse und *Ein Pfund Belohnung für Rückgabe*.

»Ich habe es aus dem Papierkorb genommen – *hinterher!*« Sie erlebte noch einmal den ekstatischen Augenblick, in dem sie Rinditch getötet hatte. Der Nebel in ihrem Hirn war wie fortgeblasen, nachdem er seinen Dienst getan hatte. Jede Einzelheit sah sie jetzt klar umrissen. Nach *oben* geschlagen! – wie die Katze es getan hatte – und in die Sicherheit entsprungen. Sie hatte einen Handschuh abgestreift, das Halsband aus dem Papierkorb geschnappt und unter den Kragen ihres Pullovers gesteckt; dann hatte sie den Handschuh wieder angezogen, bevor sie aus dem Zimmer geklettert und zum Fluß geschlichen war. Wieder in ihrem Sessel, hatte sie das Halsband hervorgeholt.

Da war es nun, zwischen ihrem Daumen und Zeigefinger … Miss Paisley war in Rechtsangelegenheiten nicht bewandert, aber sie wußte ganz sicher, daß sie ein Beweisstück in Händen hielt – ein

Beweisstück, das sie den Rechtsanwälten melden mußte, die Jenkins verteidigten.

Verschwunden war die Begeisterung, die sie bei ihrem ersten Gang zur Polizei gestützt hatte. Sie erhob sich und blieb aufrecht stehen, wie damals, als sie in der Halle auf das Kratzen an der Wandtäfelung gelauscht und sich geweigert hatte, eine unerträgliche Wahrheit zu glauben. Und wieder hatte sie die Illusion, eingeschlossen zu sein – in der Erkenntnis, daß es kein Entrinnen vor sich selbst gab. All die Ereignisse im Bannkreis des Mordes, die noch vor einem Augenblick mit erschreckender Deutlichkeit umrissen waren, begannen jetzt zu verblassen.

Es blieb das Halsband – unwiderlegbarer Beweis, aber man konnte ihm entrinnen.

»Wenn ich dies zur Erinnerung aufhebe, werde ich bald wieder durcheinander geraten und mich des Mordes anklagen! Was hat doch dieser nette Inspektor gesagt? – ›Wenn einem der Verstand einmal einen Streich gespielt hat, kann er einem auch leicht wieder einen spielen.‹«

Sie lächelte, als sie das Halsband in ihre Handtasche gleiten ließ, einen Mantel überzog und – diesmal auf dem geradesten Wege – zu der Brücke aus dem siebzehnten Jahrhundert ging. Sie warf das Halsband in den Fluß und wußte, daß es unter dem Gewicht seines Metallbeschlages versinken würde – anders als die blutbefleckte Wildlederjacke und die Reithandschuhe, die sie – wie Miss Paisley sich plötzlich erinnerte – mit aus der Erde des alten Friedhofs gekratzten Steinen beschwert hatte …

*Deutsch von Peter Naujack*

# Emile Zola

## *Das Paradies der Katzen*

Eine Tante hat mir einen Angorakater vermacht, der wirklich das bornierteste Tier ist, das ich kenne. Was hier folgt, hat mir mein Kater an einem Winterabend am Kamin erzählt.

*I*

Ich war damals zwei Jahre alt und war bestimmt der fetteste und einfältigste Kater, den man sich denken kann. In jenem zarten Alter war ich noch so überheblich, daß ich das Behagen eines warmen Zuhauses verachtete. Dennoch mußte ich der Vorsehung danken, daß sie mich bei Ihrer Tante untergebracht hatte. Die brave Frau liebte mich über alles. Ich hatte unten in einem Schrank ein richtiges Schlafzimmer mit Federkissen und drei Decken. Das Essen war ebenso gut wie das Lager; niemals Brot, niemals Suppe, nur Fleisch, gutes saftiges Fleisch.

Trotzdem hatte ich inmitten dieses Wohllebens nur den einen Wunsch, nur den einen Traum, mich durch das halb geöffnete Fenster davonzustehlen und auf die Dächer zu flüchten. Die Liebkosungen fand ich fade. Mein weiches Bett widerte mich an. Ich war so fett, daß ich mich vor mir selbst ekelte. Und den ganzen Tag glücklich zu sein, langweilte mich maßlos.

Ich muß erwähnen, ich habe, als ich den Hals reckte, durch das Fenster das Dach gegenüber gesehen. An jenem Tage balgten sich dort vier Katzen mit gesträubtem Fell und hochstehendem Schwanz, wälzten sich in der Sonne auf den blauen Schiefern und stießen dabei Freudenschreie aus. Noch nie hatte ich ein so ungewöhnliches Schauspiel gesehen. Von da an stand eins für mich fest: das wahre

Glück war auf jenem Dach hinter dem Fenster, das man so sorgfältig schloß. Daß es so sein mußte, bewies, daß man auch die Türen der Schränke verschloß, hinter denen das Fleisch versteckt war.

Ich gab meinen Fluchtplan nicht auf. Es mußte im Leben noch etwas anderes geben als saftiges Fleisch. Dort war das Unbekannte, das Ideal. Eines Tages vergaß man, das Küchenfenster zu schließen. Ich sprang auf ein kleines Dach, das sich darunter befand.

## *II*

Wie schön die Dächer waren! Breite Traufen säumten sie, aus denen köstliche Gerüche kamen. Mit einem Gefühl der Wollust lief ich durch diese Traufen. Meine Pfoten versanken in einem weichen Schmutz, der sehr feucht war und unendlich wohltat. Es war mir, als ginge ich auf Samt, und in der Sonne war es wunderbar warm. Eine Wärme, die mein Fett schmelzen ließ.

Ich will Ihnen nicht verhehlen, daß ich am ganzen Leibe zitterte. In meine Freude mischte sich Entsetzen. Ich erinnere mich vor allem an ein furchtbares Gefühl, das mich fast auf das Pflaster hinunterstürzen ließ. Drei Kater, die sich auf dem Giebel eines Hauses wälzten, kamen mit gräßlichem Miauen auf mich zu. Und als ich fast ohnmächtig wurde, sagten sie, ich sei dumm, sie miauten nur zum Spaß. Woraufhin ich mit ihnen zu miauen begann. Es war entzückend. Die Spaßvögel waren nicht fett wie ich. Sie machten sich über mich lustig, als ich wie eine Kugel über die in der Sonne schmorenden Zinkplatten rollte. Ihr Anführer, ein alter Kater, befreundete sich besonders mit mir. Er erbot sich, mich zu unterweisen, was ich dankbar annahm.

Ach, wie weit weg war die behagliche Atmosphäre bei Ihrer Tante! Ich trank aus den Dachrinnen, und nie hat mir gezuckerte Milch so süß geschmeckt! Alles erschien mir gut und schön. Eine Katze kam vorüber. Eine bezaubernde Katze, deren Anblick ein ganz neues Gefühl in mir weckte. Nur in meinen einsamen Träumen hatte ich bis

Tomi Ungerer
*Wohlstandskatze*

dahin jene herrlichen Geschöpfe gesehen, deren Rücken so wunderbar geschmeidig ist. Wir, meine drei Gefährten und ich, eilten auf sie zu. Ich war schneller als die anderen und war gerade dabei, der reizenden Katze Schmeichelhaftes zu sagen, als einer meiner Kameraden mich grausam in den Hals biß. Ich stieß einen Schmerzensschrei aus.

»Bah«, sagte der alte Kater, mich mit sich ziehend, »Sie werden noch viele ihresgleichen sehen.«

## *III*

Nach einem einstündigen Spaziergang verspürte ich einen Riesenappetit.

»Was ißt man auf den Dächern?« fragte ich meinen Freund, den Kater.

»Was man findet«, erwiderte er weise.

Diese Antwort verwirrte mich, denn soviel ich auch suchte, ich fand nichts. Schließlich bemerkte ich in einer Mansarde eine junge Arbeiterin, die ihr Mittagessen bereitete. Auf dem Tisch unter dem Fenster lag ein schönes, appetitliches rotes Kotelett.

Das wäre was für mich, dachte ich äußerst naiv.

Und ich sprang auf den Tisch und ergriff das Kotelett. Aber die Arbeiterin, die mich gesehen hatte, versetzte mir einen scheußlichen Schlag mit dem Besenstiel auf den Rücken. Ich ließ das Fleisch fallen und flüchtete laut fluchend.

»Sie sind wohl von gestern«, sagte der Kater zu mir. »Das Fleisch, das auf Tischen liegt, darf man nur von fern begehren. In den Regenrinnen muß man suchen.«

Nie habe ich begreifen können, daß das Fleisch in den Küchen nicht den Katzen gehört. Mein Bauch begann ernstlich wütend zu werden. Der Kater machte mich noch völlig verzweifelt mit der Bemerkung, man müsse abwarten, bis es Nacht sei. Wir würden dann auf die Straße hinuntergehen und in den Müllhaufen wühlen. Abwarten, bis es Nacht sei! Er sagte das mit der Ruhe eines abgebrühten

Philosophen. Mir wurde schon allein bei dem Gedanken an dieses noch lange währende Fasten schwach.

## *IV*

Die Nacht kam langsam, eine neblige Nacht, in der ich Stein und Bein fror. Bald begann es zu regnen, ein feiner, durchdringender, von Windstößen gepeitschter Regen. Wir gingen die Treppe hinunter und durch eine Glastür hinaus. Wie häßlich mir die Straße vorkam! Nichts mehr von der wohligen Wärme, der strahlenden Sonne, den im Lichte gleißenden Dächern, auf denen man sich so köstlich sielen konnte. Meine Pfoten rutschten auf dem glitschigen Pflaster. Voller Bitterkeit dachte ich an meine drei Decken und mein Federkissen zurück.

Kaum waren wir auf der Straße, da begann mein Freund, der Kater, zu zittern. Er machte sich klein, ganz klein, schlich an den Häusern entlang und sagte mir, ich solle ihm schnellstens folgen. Als er an eine Toreinfahrt kam, verschwand er hastig darin, wobei er befriedigt schnurrte. Auf meine Frage, warum er sich dort hineingeflüchtet habe, antwortete er:

»Haben Sie denn nicht den Mann mit der Kiepe und dem Eisenhaken gesehen?«

»Doch.«

»Nun, wenn er uns bemerkt hätte, hätte er uns erschlagen, am Spieß gebraten und verzehrt!«

»Am Spieß gebraten und verzehrt!« rief ich. »Aber gehört denn die Straße nicht uns? Man findet nichts zu fressen und wird gefressen!«

## *V*

Inzwischen hatte man die Mülleimer vor den Türen entleert. Ich suchte verzweifelt in den Haufen, fand zwei oder drei magere Knochen, die in der Asche gelegen hatten. Da wurde mir klar, wie wundervoll eine frische Lunge schmeckt. Mein Freund, der Kater, durchsuchte behende die Müllhaufen. Bis zum Morgen mußte ich mit ihm herumlaufen; er ließ keine Straße aus und beeilte sich nicht im geringsten. Fast zehn Stunden lang wurde ich vom Regen klatschnaß, und mich fror zum Erbarmen. Verfluchte Straße, verfluchte Freiheit! Ach, wie sehnte ich mich nach meinem Gefängnis zurück!

Als es Tag geworden war, fragte der Kater, der mich schwanken sah, mit seltsamer Miene:

»Haben Sie jetzt genug?«

»Ja! Ja!« antwortete ich.

»Wollen Sie nach Hause zurück?«

»Natürlich. Aber wie soll ich das Haus wiederfinden?«

»Kommen Sie. Als ich Sie heute morgen herauskommen sah, wußte ich sofort, daß ein fetter Kater wie Sie für die bitteren Freuden der Freiheit nicht geschaffen ist. Ich weiß, wo Sie wohnen, und werde Sie dorthin bringen.«

Er sagte das ganz selbstverständlich, mein würdevoller Lehrer. Als wir am Ziel waren, verabschiedete er sich von mir kühl und sachlich.

»Nein«, rief ich. »So werden wir uns nicht trennen. Sie kommen mit mir mit. Wir werden Bett und Fleisch teilen. Meine Herrin ist eine brave Frau ...«

Er ließ mich nicht ausreden.

»Schweigen Sie«, sagte er grob. »Sie sind ein Narr. Ich würde in Ihrer verweichlichten Welt umkommen. Ihr üppiges Leben ist gut für Katzen wie Sie. Die freien Katzen würden nie für Ihr Wohlleben und Ihr Federkissen in Gefangenschaft gehen ... Leben Sie wohl.«

Und er kehrte auf seine Dächer zurück. Ich sah in der aufgehenden Sonne seine schlanke Gestalt vor Behagen zittern.

Als ich nach Hause kam, ergriff Ihre Tante die Klopfpeitsche und verabfolgte mir eine Tracht Prügel, die ich mit großer Freude empfing. Nur allzu sehr genoß ich das wollüstige Gefühl, es warm zu haben und verprügelt zu werden. Während sie mich schlug, dachte ich voller Wonne an das Fleisch, das sie mir danach geben würde.

## *VI*

»Wissen Sie«, schloß mein Kater – sich vor der Glut in meinem Kamin streckend –, »das wirkliche Glück, das Paradies, mein lieber Herr, ist es, in einem Zimmer, in dem Fleisch liegt, eingesperrt und verprügelt zu werden.

Das gilt für alle Katzen.«

*Deutsch von Hansjürgen Wille und Barbara Klau*

## Maxim Gorki

## *Sasubrina*

Das runde Fenster meiner Zelle ging auf den Gefängnishof. Es lag sehr hoch, doch wenn ich den Tisch an die Wand rückte und hinaufkletterte, konnte ich alles sehen, was draußen vor sich ging. Über dem Fenster, unter dem Dach, hatten Tauben ihr Nest gebaut, und wenn ich aus dem Fenster auf den Hof sah, gurrten sie über meinem Kopf.

Ich hatte ausreichend Zeit, von meinem erhöhten Ausguck aus die Insassen des Gefängnisses kennenzulernen, und ich wußte: Der Lustigste unter all den finsteren, grauen Gestalten hier hieß Sasubrina...

Er war ein dicker, untersetzter Bursch mit rotem Gesicht und hoher Stirn, unter der die großen hellen Augen stets munter blitzten.

Seine Mütze trug er im Nacken, die Ohren standen höchst lächerlich von seinem geschorenen Kopf ab, das Band seines Hemdkragens war nie zugebunden, die Jacke nie zugeknöpft, und jede Bewegung ließ erkennen: dies war ein Mensch, unfähig, traurig oder zornig zu sein.

Immer lachend, immer beweglich, immer laut, war Sasubrina der Liebling des Gefängnisses; stets war er von einer Schar seiner grauen Genossen umringt, und er belustigte und zerstreute sie durch allerlei drollige Streiche. Seine ehrliche Heiterkeit verschönte dieses triste, öde Leben hier.

Einmal kam er aus seiner Zelle mit drei geschickt an eine Leine gespannten Ratten. Sasubrina rannte auf dem Hof hinter ihnen her und rief dabei, jetzt fahre er Troika. Die von seinem Geschrei geradezu rasend gemachten Ratten sausten kreuz und quer, und die Gefangenen, die zusahen, freuten sich wie die Kinder über den dicken Sasubrina und seine Troika.

Er schien überzeugt, einzig und allein zur Belustigung seiner Mitmenschen dazusein, und scheute deshalb auch vor nichts zurück, dies zu erreichen. Manchmal freilich nahm sein Einfallsreichtum grausame Formen an. So klebte er zum Beispiel einmal das Haar eines schlafend auf der Erde mit dem Rücken zur Wand sitzenden Jungen mit irgend etwas an die Wand an und weckte ihn dann jäh auf. Der Junge sprang schnell hoch und fiel sofort wieder zu Boden, wobei er sich aufweinend mit seinen dünnen, mageren Ärmchen nach dem Kopf griff. Die Gefangenen lachten, und Sasubrina war zufrieden. Später – ich sah es von meinem Fenster aus – liebkoste er den Jungen, von dessen Haar ein reichliches Büschel an der Wand kleben geblieben war.

Außer Sasubrina gab es im Gefängnis noch einen allgemeinen Liebling – ein dickes rotes Kätzchen, ein kleines, von allen verwöhntes, munteres Tier. Jedesmal, wenn die Gefangenen zum Spaziergang in den Hof kamen, wußten sie es irgendwo zu finden und spielten dann lange mit ihm; sie gaben es von Hand zu Hand, jagten ihm über den Hof nach und ließen sich von ihm die Hände und die vom Spiel mit dem Liebling belebten Gesichter zerkratzen. Wenn die Katze auf dem Schauplatz erschien, wandte sich aller Aufmerksamkeit ihr zu und von Sasubrina ab. Mit solcher Bevorzugung aber konnte Sasubrina sich keinesfalls zufriedengeben. Denn er war seinem ganzen Wesen nach Künstler und als Künstler ein Mensch mit allzu großem Geltungsbedürfnis und übersteigerter Eigenliebe. Sobald sich sein Publikum mit dem Kätzchen amüsierte, blieb er allein, hockte irgendwo auf dem Hof in einem Winkel und beobachtete von dort aus seine Genossen, die ihn nun vergessen hatten. Und ich beobachtete ihn von meinem Fenster aus und spürte all das, was seine Seele in solchen Augenblicken bewegte. Es war mir klar: Sasubrina mußte die Katze bei der ersten sich bietenden Gelegenheit totschlagen, und es tat mir in der Seele weh um den lustigen Mitgefangenen, der stets so darauf aus war, der Mittelpunkt der allgemeinen Aufmerksamkeit zu sein. Von allem, was in einem Menschen vorgeht, wird die Seele durch nichts so schnell abgetötet wie durch die Begier, anderen Menschen zu gefallen.

Wenn man im Gefängnis sitzt, erscheint einem selbst das Wachstum der Pilze an der Wand interessant; so wird die Aufmerksamkeit verständlich, mit der ich von meinem Fenster aus das kleine Drama dort unten und diese Eifersucht eines Menschen auf eine Katze beobachtete, und verständlich ist auch die Ungeduld, mit der ich die Katastrophe erwartete. Und sie trat tatsächlich ein. Das kam so.

An einem hellen, sonnigen Tag, als die Gefangenen aus ihren Zellen auf den Hof strömten, entdeckte Sasubrina in einer Ecke des Hofes einen Eimer mit grüner Farbe, den die Maler stehenlassen hatten, als sie die Dächer des Gefängnisses strichen. Er trat heran, dachte nach, steckte einen Finger in die Farbe und machte sich seinen Schnurrbart grün. Dieser grüne Bart unter dem roten Gesicht erregte natürlich allgemeines Gelächter. Ein Halbwüchsiger, der es Sasubrina nachtun wollte, kam nicht dazu, denn Sasubrina tauchte die Hand in den Eimer und schmierte ihm flink das ganze Gesicht voll Farbe. Der Bursche prustete und schüttelte seinen Kopf, Sasubrina tanzte um ihn herum, und das Publikum schüttelte sich aus vor Lachen und feuerte seinen Spaßmacher mit Beifall an.

Genau in diesem Augenblick erschien das rote Kätzchen auf dem Hof. Langsam ging es über den Hof, hob zierlich die Pfötchen, ließ den hocherhobenen Schwanz spielen und hatte offensichtlich gar keine Angst, unter die Füße der Menge zu geraten, die um Sasubrina und den von ihm beschmierten Burschen herumtanzte, der mit aller Gewalt die klebrige Ölfarbe mit den Händen abzuwischen suchte.

»Brüder!« rief einer. »Miezchen ist da!«

»Ach, Miezchen, der kleine Schelm!«

»Die Rote...! Das Kätzchen!«

Das Tierchen wurde hochgenommen und ging von Hand zu Hand, von allen gestreichelt und gehätschelt.

»Sieh, wie sich's sattgefressen hat! Wie dick sein Bäuchlein ist!«

»Wie schnell es wächst!«

»Er kratzt, der kleine Teufel!«

»Laß es! Soll's doch rumspringen!«

»Ho – ich halt den Rücken hin... Spring, Miezchen!«

Um Sasubrina wurde es leer. Er stand allein, wischte sich mit den

Fingern die Farbe vom Bart und blickte auf das Kätzchen, das über Rücken und Schultern der Gefangenen sprang. Wollte es bei einem auf der Schulter sitzen bleiben, so schüttelte der das Kätzchen ab, das dann schnell auf die nächste Schulter sprang. Das machte allen so viel Spaß, daß das Lachen nicht aufhören wollte.

»Brüder! Wir wollen die Katze färben!« ertönte da Sasubrinas Stimme. Es klang so, als sei sein Vorschlag zu dieser neuen Belustigung zugleich eine Bitte um Einverständnis.

Sofort ging ein Lärmen los.

»Davon wird sie krepieren!« rief einer.

»Von der Farbe? Red doch keinen Unsinn!«

»Los, Sasubrina! Mach fix!«

Ein Breitschultriger mit feuerrotem Bart schrie: »Da hat sich der Satan wieder einen schönen Streich ausgedacht!«

Schon hielt Sasubrina die Katze in den Händen und ging mit ihr zu dem Farbeneimer.

> Seht, Brüder, sehet hier...

sang Sasubrina,

> die rote Katze färben wir
> in der grünen Farbe ganz –
> und dann gibt es einen Tanz.

Eine Lachsalve erdröhnte, die Gefangenen hielten sich die Seiten, sie traten auseinander, und ich konnte sehen, wie Sasubrina das Kätzchen am Schwanz hielt, es in den Eimer tauchte und herumtanzend sang:

> Halt, nicht miaut,
> den Taufpaten nicht gekraut!

Das Gelächter schwoll an. Einer kicherte mit dünner Stimme: »Oh – oh – oh! Oh, du dickwanstiger Spaßvogel!«

»Ach, Batjuschki...!« stöhnte ein anderer.

Das Lachen wollte ihnen fast den Atem nehmen, ihre Körper

Karl Schmidt-Rottluff
*Zwei Katzen*

krümmten sich, es schallte und dröhnte über den Hof – gewaltig, sorglos, und steigerte sich fast bis zur Hysterie. Lachende Gesichter, von weißen Tüchern umrahmt, sahen aus den Fenstern der Frauenabteilung auf den Hof. Der an der Mauer lehnende Aufseher hielt sich den dicken Bauch mit den Händen und stieß ein lautes, tiefes, erstickendes Gelächter aus.

Lachend zerstreute sich alles. Sasubrina aber tanzte, wirbelte die Beine, sprang tief in die Hocke, schnellte sich hoch und sang dazu:

Ei, lustig ist das Leben, schau!
War einst 'ne graue Katzenfrau,
und ihr roter Katersohn
geht jetzt grüngefärbt davon!

»Genug, genug, hol dich der Teufel!« schrie stöhnend der Rotbart.

Aber jetzt war Sasubrina erst in Stimmung. Um ihn dröhnte das tolle Gelächter all der grauen Menschen, und er wußte, daß er allein es war, der dieses Lachen herbeigezaubert hatte. Jede Geste, jede Grimasse seines beweglichen Hanswurstgesichts ließ dieses Bewußtsein deutlich werden, und sein ganzer Leib zuckte und bebte im Genuß dieses Triumphes. Hoch hielt er die grüne Katze über dem Kopf, schüttelte das Zuviel an Farbe aus ihrem Fell, tanzte unermüdlich in der Ekstase des Künstlers, der sich seines Sieges über die Masse bewußt ist, und improvisierte dazu:

Meine lieben Brüder, seht,
was in dem Kalender steht;
die Katze muß 'nen Namen ha'n,
daß man sie danach nennen kann.

Alles ringsum lachte – es lachte die von stürmischer Heiterkeit erfaßte Menge der Gefangenen, es lachte die Sonne auf den eisenvergitterten Fensterscheiben, es lachte der blaue Himmel über dem Gefängnishof, und es war, als lachten selbst die alten, schmutzigen Mauern, mit dem Lächeln eines Wesens, das seine Heiterkeit unterdrücken muß, damit sie nicht allzu laut werde. Auch die weiblichen Strafgefangenen lachten hinter ihren Gitterfenstern, und weiße Zähne blinkten in der Sonne.

Alles ringsum war wie verwandelt, das öde Grau war abgeworfen, jenes Grau, das so trostlos stimmte, so mutlos machte. Alles lebte auf, durchdrungen und mitgerissen von diesem reinigenden Lachen, das, wie die Sonne, sogar den Schmutz zwingt, sauberer zu erscheinen. Sasubrina hatte das grüngefärbte Kätzchen auf das Gras gelegt, das hier und da zwischen den Steinen wuchs und dem Gefängnishof etwas Farbe gab, und immer noch führte er schwitzend, atemlos, erregt seinen wilden Tanz auf.

Aber jetzt erlosch das Gelächter. Es hatte alles Maß überschritten und die Lachenden ermüdet. Der eine und der andere winselten noch hysterisch, einige lachten noch, aber schon mit Pausen... Und schließlich kam der Augenblick, da alle verstummten; Sasubrina sang und tanzte immer noch, und das Kätzchen, das mühselig über den Rasen kroch, miaute leise und kläglich. Es war in der Farbe vom Gras kaum zu unterscheiden und kroch – wahrscheinlich durch die Farbe geblendet und in seinen Bewegungen gehindert – dahin, dickköpfig und klebrigglatt, auf zitternden Beinchen, blieb liegen, wie an den Rasen geklebt, und miaute in einem fort...

Kommt, ihr Leut, und seht,
der grüne Kater geht,
seht, die früher rote Katz
findet heute keinen Platz.

So sang Sasubrina zu den Bewegungen des Kätzchens.

»Sieh an, wie geschickt!« sagte der Rothaarige. Das Publikum betrachtete seinen Künstler mit übersättigten Augen.

»Wie's miaut«, sagte der Halbwüchsige mit einer Kopfbewegung nach dem Kätzchen hin und sah seine Kameraden an. Sie schwiegen und beobachteten das Tierchen.

»Bleibt's denn nun sein Leben lang grün?« fragte der Junge.

»Wie lange wird's denn noch leben?« fragte ein großer Grauhaariger und hockte sich neben dem Kätzchen nieder. »Die Farbe trocknet in der Sonne, die Haare kleben ihm zusammen, es wird krepieren...« Das Kätzchen miaute herzzerreißend – und jetzt bewirkten diese Klagelaute bei den Gefangenen einen Stimmungsumschwung.

»Es krepiert...!« rief der Junge. »Und wenn man es abwäscht?«

Keiner antwortete. Das winzige grüne Klümpchen quälte sich zu Füßen dieser rauhen Menschen, bemitleidenswert in seiner Hilflosigkeit.

»Hui! Ich bin wie gebraten!« rief Sasubrina und warf sich erschöpft auf die Erde. Keiner achtete auf ihn.

Der Junge näherte sich dem Tierchen, nahm es in die Hand, legte es aber sofort wieder auf den Rasen und sagte:

»Es ist ganz heiß...«

Dann sah er die Kameraden an und sprach in traurigem Ton:

»So geht's dem Miezchen! Und wir werden kein Miezchen mehr haben! Warum habt ihr das arme Tier umgebracht...?«

»Ach, es wird sich schon wieder erholen«, meinte der Rothaarige.

Das grüne mißhandelte Geschöpfchen kroch noch immer über den Rasen, zwanzig Augenpaare folgten ihm, aber auf keinem Gesicht lag auch nur noch der Schatten eines Lächelns. Alle waren finster, alle stumm, alle wurden so traurig wie das Kätzchen, so, als hätte sich ihnen sein Leiden mitgeteilt, und alle fühlten seine Qualen mit.

In schmerzlichem Hohn lachte der Junge auf: »Es wird sich wieder erholen...« Er erhob seine Stimme: »Was nicht noch... Wir hatten das Miezchen..., alle hatten wir es lieb... Warum quält ihr es so? Schlagt's doch lieber tot...«

»Und wer hat's getan?« rief der Rothaarige böse. »Der da ist der Anstifter, der Satan!«

»Na«, sagte Sasubrina ausweichend, »wir alle zusammen wollten es doch...« Und er krümmte sich wie vor Kälte.

»Alle zusammen!« äffte ihm der Junge nach... »Auch noch. Du allein bist schuld... du... ja!«

»Ach, du Schaf, blök nicht«, entgegnete Sasubrina geringschätzig.

Der grauhaarige Alte nahm das Kätzchen in die Hände, untersuchte es eingehend und meinte:

»Wenn man's in Petroleum baden könnte, ginge die Farbe ab!«

»Na, und meine Meinung ist, man sollte es am Schwanz nehmen und über die Mauer werfen«, lachte Sasubrina. »Das ist das allereinfachste!« – »So–o?« brüllte der Rothaarige los. »Und wenn ich das mit dir täte? Willst du?«

»Du Teufel!« schrie der Junge Sasubrina an, riß die Katze aus den Händen des Alten und stürzte davon, gefolgt von dem Alten und einigen anderen.

Sasubrina stand allein, in einem Kreis von Menschen, die ihn nun mit bösen, finsteren Augen ansahen. Es war, als erwarteten sie etwas von ihm.

»Ich war's doch nicht allein, Brüder!« sagte Sasubrina kläglich.

»Halt's Maul!« rief der Rothaarige, sich im Hof umsehend. »Nicht allein! Wer vielleicht denn noch?«

»Ja, aber alle doch...«, entfuhr es dem Spaßmacher.

»Uh – du Hund!«

Der Rothaarige stieß ihm seine Faust ins Gesicht. Der Künstler wankte, aber schon traf ihn von hinten ein Schlag ins Genick.

»Brüderchen...«, flehte er angstvoll. Aber seine Brüderchen hatten gesehen, daß die beiden Aufseher weitab waren. Ganz dicht umringten sie Sasubrina, und so schlugen sie auf ihren Liebling ein. Ein paar Hiebe streckten ihn nieder. Von fern konnte man meinen, dort stehe eine dichtgeschlossene Gruppe, die sich lebhaft unterhält. Von seinen Kameraden umringt und verdeckt, lag Sasubrina am Boden. Ab und zu gab es einen dumpfen Laut: dann stießen sie ihn mit den Füßen in die Rippen. Sie taten es ohne Hast, und sie warteten dabei, bis der wie eine Schlange sich windende Mensch ihren Fußtritten eine besonders günstige Gelegenheit bot.

Drei Minuten vergingen so. Da plötzlich schrie der Aufseher:

»He, ihr Teufel! Auseinander da!« – Doch die Gefangenen hörten nicht sofort auf, Sasubrina zu peinigen. Einer nach dem andern ging langsam fort, aber jeder verabschiedete sich im Weggehen mit einem

Fußtritt von seinem Opfer. – Als sie auseinandergegangen waren, blieb Sasubrina auf der Erde liegen, die Brust nach unten. Seine Schultern bebten – wahrscheinlich weinte er –, er hustete und spie. Dann versuchte er vorsichtig, als habe er Angst zu zerbrechen, sich von der Erde aufzurichten; mit der Linken stützte er sich auf, zog ein Bein an und setzte sich so auf den Boden. Dabei winselte er wie ein kranker Hund.

»Laß dir ja nichts anmerken!« rief der Rothaarige drohend.

Sasubrina drehte sich herum und stand schnell auf.

Wankend ging er auf die Gefängnismauer zu, eine Hand an die Brust gepreßt, die andere nach vorn gestreckt. So lehnte er sich an die Wand, senkte den Kopf, hustete…

Ich sah, wie dunkle Tropfen auf die Erde fielen; ich erkannte deutlich, wie sie vor dem grauen Hintergrund der Mauer erschienen und wieder verschwanden.

Und um das Staatsgebäude nicht mit seinem Blut zu besudeln, gab sich Sasubrina alle Mühe, daß kein Tropfen an die Wand kam.

Er wurde ausgelacht…

Das Kätzchen war seit jener Zeit verschwunden. Und Sasubrina brauchte sich mit niemandem mehr in der Gunst der Gefängnisinsassen zu teilen.

*Deutsch von Bodo von Lossberg*

## Johann Wolfgang Goethe
### *Die betende Katze*

Was für eine Freude bringt es, zu einem Gipsgießer hineinzutreten, wo man die herrlichen Glieder der Statuen einzeln aus der Form hervorgehen sieht und dadurch ganz neue Ansichten der Gestalten gewinnt. Alsdann erblickt man nebeneinander, was sich in Rom zerstreut befindet, welches zur Vergleichung unschätzbar dienlich ist. Ich habe mich nicht enthalten können, den kolossalen Kopf eines Jupiters anzuschaffen. Er steht meinem Bette gegenüber, wohl beleuchtet, damit ich sogleich meine Morgenandacht an ihn richten kann, und der uns bei aller seiner Großheit und Würde das lustigste Geschichtchen veranlaßt hat.

Unserer alten Wirtin schleicht gewöhnlich, wenn sie das Bett zu machen hereinkommt, ihre vertraute Katze nach. Ich saß im großen Saale und hörte die Frau drinnen ihr Geschäft treiben. Auf einmal, sehr eilig und heftig gegen ihre Gewohnheit, öffnet sie die Türe und ruft mich, eilig zu kommen und ein Wunder zu sehen. Auf meine Frage, was es sei, erwiderte sie, die Katze bete Gott-Vater an. Sie habe diesem Tiere wohl längst angemerkt, daß es Verstand habe wie ein Christ, dieses aber sei doch ein großes Wunder. Ich eilte, mit eigenen Augen zu sehen, und es war wirklich wunderbar genug. Die Büste steht auf einem hohen Fuße, und der Körper ist weit unter der Brust abgeschnitten, so daß also der Kopf in die Höhe ragt. Nun war die Katze auf den Tisch gesprungen, hatte ihre Pfoten dem Gott auf die Brust gelegt, und reichte mit ihrer Schnauze, indem sie die Glieder möglichst ausdehnte, gerade bis an den heiligen Bart, den sie mit der größten Zierlichkeit beleckte und sich weder durch die Interjektion der Wirtin noch durch meine Dazwischenkunft im mindesten stören ließ. Der guten Frau ließ ich ihre Verwundrung, erklärte mir aber diese seltsame Katzenandacht dadurch, daß dieses scharf riechende Tier wohl das Fett möchte gespürt haben, das sich aus der Form in die Vertiefungen des Bartes gesenkt und dort verhalten hatte.

## Brüder Grimm
## *Der gestiefelte Kater*

Ein Müller hatte drei Söhne, seine Mühle, einen Esel und einen Kater; die Söhne mußten mahlen, der Esel Getreide holen und Mehl forttragen und die Katz die Mäuse wegfangen. Als der Müller starb, teilten sich die drei Söhne in die Erbschaft: der älteste bekam die Mühle, der zweite den Esel, der dritte den Kater, weiter blieb nichts für ihn übrig. Darüber ward er traurig und sprach zu sich selbst: »Ich hab es doch am allerschlimmsten kriegt; mein ältester Bruder kann mahlen, mein zweiter kann auf seinem Esel reiten, was kann ich mit dem Kater anfangen? Laß ich mir ein paar Pelzhandschuhe aus seinem Fell machen, so ist's vorbei.« – »Hör«, fing der Kater an, der alles verstanden hatte, was er gesagt, »du brauchst mich nicht zu töten, um ein paar schlechte Handschuh aus meinem Pelz zu kriegen. Laß mir nur ein Paar Stiefel machen, daß ich ausgehen kann und mich unter den Leuten sehen lassen, dann soll dir bald geholfen sein.« – »Was? Ein Paar ordentliche Stiefel willst du wie andere Leute auch?« – »Das sollt ich meinen«, sprach der Kater. Der Müllerssohn verwunderte sich, daß der Kater so sprach; weil aber eben der Schuster vorbeiging, rief er ihn herein und ließ ihm ein Paar Stiefel anmessen. Als sie fertig waren, zog sie der Kater an, nahm einen Sack, machte den Boden desselben voll Korn, oben aber eine Schnur daran, womit man ihn zuziehen konnte, dann warf er ihn über den Rücken und ging auf zwei Beinen wie ein Mensch zur Tür, klinkte sie auf und mir nichts, dir nichts durch die Gassen zum Tor hinaus.

Dazumal regierte ein König in dem Land, der aß die Rebhühner so gern; es war aber eine Not, daß keine zu kriegen waren. Der ganze Wald war voll, aber sie waren so scheu, daß kein Jäger sie erreichen konnte. Das wußte der Kater und gedacht seine Sache besser zu machen; als er in den Wald kam, tat er den Sack auf, breitete das Korn auseinander, die Schnur aber legte er ins Gras und leitete sie hinter eine Hecke. Da versteckte er sich selber, schlich auf und ab, schaute und lauerte. Die Rebhühner kamen bald gelaufen, fanden das Korn, und eins nach dem andern hüpfte in den Sack hinein. Der Kater fing an zu spinnen vor Vergnügen, daß alles so wohl ging; doch hielt er sich, bis eine gute Anzahl darin war; da zog er den Strick zu, lief heran und drehte ihnen den Hals um; dann warf er den Sack auf den Rücken, war guter Dinge und ging geradeswegs nach des Königs Schloß. Die Wache rief: »Halt! Wohin?« – »Zu dem König«, antwortete der Kater kurzweg. »Bist du toll? Ein Kater zum König?« – »Laß ihn nur gehen«, sagte ein anderer, »der König hat doch oft lange Weil; vielleicht macht ihm der Kater mit seinem Brummen und Spinnen Vergnügen.« Der Kater zog den Schwanz auf den Rücken und trat ein. Als er vor den König kam, machte er eine Reverenz und sagte: »Mein Herr, der Graf (dabei nannte er einen langen und vornehmen Namen) läßt sich dem Herrn König empfehlen und schickt ihm hier Rebhühner, die er eben in Schlingen gefangen hat.« – »Daß dich«, sagte der König erstaunt, als er die schönen Rebhühner sah, blies daran und fühlte, ob sie auch recht fett wären, wußte sich vor Freude nicht zu fassen und befahl, dem Kater soviel Gold aus der Schatzkammer in den Sack zu tun, als er tragen könne: »Das bring deinem Herrn und dank ihm noch vielmal für sein Geschenk!«

Der arme Müllerssohn aber saß zu Hause am Fenster, stützte den Kopf auf die Hand und dachte, daß er nun sein Letztes für die Stiefel des Katers weggegeben, und was werde ihm der Großes dafür bringen können. Da trat der Kater herein, warf den Sack vom Rücken, schnürte ihn auf und schüttete das Gold vor den Müller hin: »Da hast du etwas für die Stiefel; der König läßt dich auch grüßen und dir viel Dank sagen.« Der Müller war froh über den Reichtum, ohne daß er noch recht begreifen konnte, wie es zugegangen war. Der Kater aber, während er seine Stiefel auszog, erzählte ihm alles; dann sagte er: »Du hast zwar jetzt Geld genug, aber dabei soll es nicht bleiben. Morgen zieh ich meine Stiefel wieder an und geh aus; du sollst noch reicher werden. Dem König hab ich auch gesagt, daß du ein Graf bist.«

Am andern Tag ging der Kater, wie er gesagt hatte, wohl gestiefelt wieder auf die Jagd und brachte dem König einen reichen Fang. So ging es alle Tage, und der Kater brachte alle Tage Gold heim und ward so beliebt wie einer bei dem König, daß er aus- und eingehen durfte und im Schloß herumstreichen, wo er wollte.

Einmal stand der Kater in der Küche des Königs beim Herd und wärmte sich, da kam der Kutscher und fluchte: »Ich wünsch, der König mit der Prinzessin wär beim Henker. Die plagt wieder die Langeweile. Ich wollt ins Wirtshaus gehen und einmal trinken und Karte spielen, da soll ich sie spazierenfahren an den See.«

Wie der Kater das hörte, schlich er nach Haus und sagte zu seinem Herrn: »Wenn du willst ein Graf und reich werden, so komm mit mir hinaus an den See und bad dich darin!« Der Müller wußte nicht, was er dazu sagen sollte, doch folgte er dem Kater, ging mit ihm, zog sich splitternackend aus und sprang ins Wasser. Der Kater aber nahm seine Kleider, trug sie fort und versteckte sie. Kaum war er damit fertig, da kam der König dahergefahren. Der Kater fing sogleich an erbärmlich zu lamentieren: »Ach allergnädigster König, mein Herr, der hat sich hier im See gebadet, da ist ein Dieb gekommen und hat ihm die Kleider gestohlen, die am Ufer lagen. Nun ist der Herr Graf im Wasser und kann nicht heraus, und wenn er länger darin bleibt, wird er sich erkälten und sterben.« Wie der König das hörte, ließ er haltmachen, und einer von seinen Leuten mußte zurückjagen und von des Königs Kleidern holen. Der Herr Graf zog die prächtigsten Kleider an, und weil ihm ohnehin der König wegen der Rebhühner die er meinte von ihm empfangen zu haben, gewogen war, so mußte er sich zu ihm in die Kutsche setzen. Die Prinzessin war auch nicht bös darüber; denn der Graf war jung und schön, und er gefiel ihr recht gut.

Der Kater aber war vorausgegangen und zu einer großen Wiese gekommen, wo über hundert Leute waren und Heu machten. »Wem ist die Wiese, ihr Leute?« fragte der Kater. – »Dem großen Zauberer.«

Gustave Doré
*Der gestiefelte Kater*

– »Hört, jetzt wird der König bald vorbeifahren. Wenn der fragt, wem die Wiese gehört, so antwortet: Dem Grafen! Und wenn ihr das nicht tut, so werdet ihr alle totgeschlagen.« – Darauf ging der Kater weiter und kam an ein Kornfeld so groß, daß es niemand übersehen konnte; da standen mehr als zweihundert Leute und schnitten das Korn. »Wem ist das Korn, ihr Leute?« – »Dem Zauberer.« – »Hört, jetzt wird der König vorbeifahren. Wenn der fragt, wem das Korn gehöre, so antwortet: Dem Grafen! Und wenn ihr das nicht tut, so werdet ihr alle totgeschlagen.« – Endlich kam der Kater an einen prächtigen Wald, da standen mehr als dreihundert Leute, fällten die großen Eichen und machten Holz. – »Wem ist der Wald, ihr Leute?« – »Dem Zauberer.« – »Hört, jetzt wird der König vorbeifahren. Wenn er fragt, wem der Wald gehört, so antwortet: Dem Grafen. Und wenn ihr das nicht tut, so werdet ihr alle umgebracht.« Der Kater ging noch weiter, die Leute sahen ihm alle nach, und weil er so wunderlich aussah und wie ein Mensch in Stiefeln daherging, fürchteten sie sich vor ihm.

Er kam bald an des Zauberers Schloß, trat kecklich hinein und vor ihn hin. Der Zauberer sah in verächtlich an und fragte ihn, was er wolle. Der Kater machte eine Reverenz und sagte: »Ich habe gehört, daß du in jedes Tier nach deinem Gefallen dich verwandeln könntest. Was einen Hund, Fuchs oder auch Wolf betrifft, da will ich es wohl glauben, aber von einem Elefant, das scheint mir ganz unmöglich; und deshalb bin ich gekommen, um mich selbst zu überzeugen.« Der Zauberer sagte stolz: »Das ist mir eine Kleinigkeit«, und in dem Augenblick verwandelte er sich in einen Elefant. »Das ist viel; aber auch in einen Löwen?« – »Das ist auch nichts«, sagte der Zauberer und stand als ein Löwe vor dem Kater. Der Kater stellte sich erschrocken, kroch in eine Ecke und rief: »Das ist unglaublich und unerhört, dergleichen hätt ich mir nicht im Traume in die Gedanken kommen lassen. Aber noch mehr als alles andere wär es, wenn du dich auch in ein so kleines Tier, wie eine Maus ist, verwandeln könntest. Du bist gewiß geschickter als irgendein Zauberer auf der Welt, aber das wird dir doch zu hoch sein.« Der Zauberer ward ganz freundlich von den süßen Worten und sagte: »O ja, liebes Kätzchen, das kann ich auch« und sprang als eine Maus im Zimmer herum. Der Kater war hinter ihm her, fing die Maus mit einem Sprung und fraß sie auf.

Der König aber war mit dem Grafen und der Prinzessin weiter spazierengefahren und kam zu der großen Wiese. »Wem gehört das Heu?« fragte der König. – »Dem Herrn Grafen«, riefen alle, wie der Kater ihnen befohlen hatte. – »Ihr habt da ein schön Stück Land, Herr Graf«, sagte er. Danach kamen sie an das große Kornfeld. »Wem gehört das Korn, ihr Leute?« – »Dem Herrn Grafen.« – »Ei, Herr Graf, große, schöne Ländereien.« – Darauf zu dem Wald. »Wem gehört das Holz, ihr Leute?« – »Dem Herrn Grafen.« – Der König verwunderte sich noch mehr und sagte: »Ihr müßt ein reicher Mann sein, Herr Graf, ich glaube nicht, daß ich einen so prächtigen Wald in meinem ganzen Reiche habe.«

Endlich kamen sie an das Schloß. Der Kater stand oben an der Treppe, und als der Wagen unten hielt, sprang er herab, machte die Türe auf und sagte: »Herr König, Ihr gelangt hier in das Schloß meines Herrn, des Grafen, den diese Ehre für sein Lebtag glücklich machen wird.« Der König stieg aus und verwunderte sich über das prächtige Gebäude, das fast größer und schöner war als sein Schloß. Der Graf aber führte die Prinzessin die Treppe hinauf in den Saal, der ganz von Gold und Edelsteinen flimmerte.

Da ward die Prinzessin mit dem Grafen versprochen; und als der König starb, ward er König, der gestiefelte Kater aber Erster Minister.

## Gustav Schwab

### *Wie durch eine Katze ganz Schilda abbrannte*

In Schilda hatte es von alters her nie eine Katze gegeben, so daß es kein Wunder war, daß die Mäuse immer mehr zunahmen und selbst im Brotkorb nichts mehr vor ihnen sicher war. Was die Schildbürger nur neben sich stellten, wurde von den Tieren zernagt, und die Angst vor ihnen war groß. Da begab es sich, daß ein fremder Wandersmann durch Schilda kam. Er trug eine Katze auf dem Arm und kehrte beim Wirt ein. Der Wirt fragte ihn, was dies für ein Tier sei, und der Fremde sagte, es sei ein Maushund. Nun waren die Mäuse in Schilda so zahm, daß sie vor den Leuten gar nicht mehr flohen und am hellen Tage ohne Scheu hin und her liefen. Darum ließ der Wandersmann die Katze laufen, und sie erlegte vor den Augen des Wirts nicht wenige der Mäuse. Als der Gemeinde dies durch den Wirt gemeldet wurde, fragten die Schildbürger den Mann, ob ihm der Maushund wohl feil wäre, sie wollten ihn gut bezahlen. Er antwortete, der Maushund sei ihm zwar eigentlich nicht feil, weil er ihn zu gut gebrauchen könne, aber ihnen wolle er ihn doch für einen billigen Preis ablassen. Und so forderte er hundert Gulden dafür. Die Bauern waren froh, daß sie ihm die Hälfte sofort bezahlten, die andere Hälfte sollte er sich in einem halben Jahr holen kommen. Der Kauf wurde eingeschlagen, und der Fremde trug den Schildbürgern den Maushund in das Vorratshaus, in dem sie ihr Getreide liegen hatten, denn dort waren die meisten Mäuse. Der Wanderer aber zog eilig mit dem Geld davon, denn er befürchtete, der Kauf möchte sie reuen und sie möchten ihm das Geld wieder abnehmen. Nun hatten aber die Bauern vergessen, zu fragen, was der Maushund esse. Darum schickten sie dem Wanderer eiligst einen nach, der ihn danach fragen sollte. Als nun der mit dem Gelde sah, daß ihm jemand nachlaufe, eilte er nur um so mehr. Der Bauer aber rief ihm von ferne zu: »Was isset er? Was isset er?« Der Fremde antwortete: »Wie man's beut! Wie man's beut!« Der Bauer aber verstand: »Vieh und Leut! Vieh und Leut!« Er kehrte sehr bestürzt um und brachte dem Rat die furchtbare Nachricht. Die Ratsherren waren noch viel mehr erschrocken und sprachen: »Wenn er keine Mäuse mehr hat, dann wird er unser Vieh fressen und endlich uns selbst, obgleich wir ihn mit unserem guten Gelde für uns gekauft haben!« Sie hielten deswegen einen Rat über die Katze und wollten sie töten. Es hatte aber keiner das Herz, sie anzugreifen. Endlich beschlossen sie einmütig, das Haus, in dem die Katze sich befand, mit zu vertilgen. Denn ein geringer Schaden wäre besser, als daß sie alle um Leib und Leben kämen. Und somit zündeten sie ihr Vorratshaus an.

Als aber die Katze das Feuer roch, sprang sie zum Fenster hinaus und rettete sich in ein anderes Haus, während das verlassene bis auf den Erdboden niederbrannte. Niemand war in größerer Angst als die Schildbürger, da sie des Maushundes nicht Herr werden konnten. Sie hielten aufs neue Rat, kauften das Haus, in dem die Katze jetzt war, und zündeten es auch an. Aber die Katze sprang auf ein Dach, saß da eine Weile und putzte sich nach ihrer Gewohnheit mit der Pfote den Kopf. Die Schildbürger aber meinten, der Maushund hebe die Hand auf und schwöre, daß er solches nicht ungerächt lassen wolle. Da nahm einer einen langen Spieß, um nach der Katze zu stechen. Diese aber ergriff den Spieß und fing an, daran hinabzulaufen. Darüber entsetzten sich die Bürger und die ganze Gemeinde, liefen davon und ließen das Feuer brennen. Dieses verzehrte den ganzen Marktflecken bis auf das letzte Haus, die Katze aber kam gleichwohl davon.

Die Schildbürger aber, die so ihre Heimat verloren hatten und sich auch vor der Rache des Maushundes fürchteten, zogen auseinander, der eine hierhin, der andere dorthin. Und seitdem gibt es Schildbürger in der ganzen Welt.

# Bram Stoker

## *Die Squaw*

Zu jener Zeit war Nürnberg noch nicht so von Touristen überlaufen, wie es heute ist. Irving war noch nicht als *Faust* aufgetreten, und sogar der Name der alten Stadt war der großen Masse der Reisenden kaum bekannt. Da meine Frau und ich bereits die zweite Woche auf der Hochzeitsreise waren, lag uns daran, daß eine dritte Person sich uns anschloß. Als dann jener aufgeräumte Fremde namens Elias P. Hutcheson aus Isthmian City, Bleeding Gulch, Maple Tree District (im Staate Nebraska), am Bahnhof in Frankfurt auftauchte und so nebenbei bemerkte, er sei unterwegs, den garantiert urältesten Methusalem eines Städtchens in Yurrup aufzusuchen, glaube aber, das lange Alleinreisen könnte einen intelligenten, unternehmungslustigen Bürger womöglich noch in die Abteilung für Depressive in einem Irrenhaus treiben, da honorierten wir diesen Wink mit dem Zaunpfahl und schlugen ihm vor, sich uns doch anzuschließen. Etwas später hatten meine Frau und ich Gelegenheit, uns über diesen Entschluß etwas deutlicher auszusprechen – und da fanden wir heraus, daß wir eigentlich etwas kritischer und zögernder hatten antworten wollen, um uns nicht den Anschein zu geben, allzu großes Interesse für den Vorschlag des Fremden zu bekunden. Warf es doch auf unser noch so junges eheliches Leben ein nicht allzu günstiges Licht! Diese Absicht aber war uns gründlich vereitelt worden, da wir beide zur selben Zeit zu reden begonnen hatten; dann schwiegen wir beide zugleich – und sprachen im nächsten Augenblick beide weiter. Gleichviel, es war nun einmal geschehen: Elias P. Hutcheson leistete uns von da an Gesellschaft. Und sogleich enthüllte sich für Amelia und mich ein angenehmer Vorteil: anstatt uns zu zanken, wie wir das vorher getan, fanden wir den hemmenden Einfluß eines Dritten so groß, daß wir von da an eine jede Gelegenheit wahrnahmen, in allen möglichen Ecken miteinander zu kosen. Amelia erklärt, sie rate seither – gestützt auf diese Erfahrung – all ihren Freundinnen, einen Freund auf die Hochzeitsreise mitzunehmen. Nun, wir ›erledigten‹ Nürnberg zusammen und genossen behaglich die kühnen Bemerkungen unseres Freundes aus Übersee, der seiner seltsamen Sprechweise und den wunderbaren Abenteuergeschichten nach, die er ständig von sich gab, geradewegs einem Roman hätte entsprungen sein können. Als letzte Sehenswürdigkeit der Stadt hatten wir uns die Burg aufgehoben. Und so spazierten wir denn an dem dafür vorgesehenen Tag der östlichen Außenseite der Stadtmauer entlang.

Die Burg thront auf einem die Stadt überragenden Felsen, und ein unerhört tiefer Graben schirmt sie auf der Nordseite. Nürnberg hat das große Glück gehabt, daß es nie geplündert und gebrandschatzt wurde; denn sonst wäre diese Stadt heute nicht so blitzsauber und perfekt. Der Graben hat seit Jahrhunderten seine eigentliche Aufgabe nicht mehr erfüllen müssen, so daß sich jetzt hier Gartenlokale und Obstkulturen breitmachen, und ein paar der Bäume haben eine bemerkenswerte Höhe erreicht. Als wir so der Mauer entlang bummelten, die in der heißen Julisonne dalag, mußten wir immer wieder stehenbleiben und die prachtvolle Aussicht bewundern – die herrliche weite Ebene, wie besät mit Städten und Dörfern bis zum Horizont, der von einer blauen Hügelkette abgeschlossen wurde –; man wurde an ein Bild von Claude Lorrain erinnert. Und dann drehten wir uns mit noch größerem Entzücken dem Blick auf die Stadt zu, mit ihren Tausenden von malerischen alten Dachgiebeln und dem Meer von roten Ziegeldächern, aus dem sich in ganzen Reihen die Fensterluken abhoben. Rechts von uns stiegen die Türme der Burg in den Himmel, uns am nächsten drohte der Folterturm, wohl schon immer die interessanteste Sehenswürdigkeit der ganzen Stadt. Seit Jahrhunderten hat die Eiserne Jungfrau von Nürnberg als Beispiel des Schreckens und der Grausamkeit gegolten, deren der Mensch fähig ist; lange schon hatten wir uns danach gesehnt, diese Eiserne Jungfrau zu sehen. Da also befand sie sich.

Während einer Rastpause lehnten wir uns über die Mauer und

blickten hinunter. Der Garten befand sich gut und gern zwanzig Meter unter uns, und die Sonne brannte mit einer regelrechten Ofenhitze darauf. Und darüber erhob sich die furchteinflößende graue Mauer von scheinbar nicht enden wollender Höhe, die sich nach rechts und links in den Winkeln von Bastion und Böschung des Festungsgrabens verlor. Bäume und Sträucher krönten den Wall, und darüber wiederum stiegen die kühnen Bauten der Burg in den Himmel, deren massive Schönheit durch ihr Alter noch unterstrichen wird. Direkt unter uns sahen wir etwas Niedliches: eine riesige schwarze Katze lag ausgestreckt in der Mittagssonne da, und um sie herum tollte graziös ein winziges junges, ebenso schwarzes Kätzchen. Die Mutter bewegte ständig ihren Schwanz hin und her, damit das Junge etwas zum Spielen habe; dann wieder stieß sie das Kätzchen mit ihren Pfoten von sich, um es zu weiterem Spiel zu ermuntern. Sie befanden sich beide direkt am Fuße der Mauer, und Elias P. Hutcheson wollte zu diesem Spiel beitragen, indem er einen Kieselstein mittlerer Größe vom Spazierweg aufhob.

»Sehen Sie mal her«, sagte er, »ich lasse den Stein nun neben das Kätzchen fallen, und die beiden werden sich fragen, wo er herkam.«

»Ach, passen Sie aber doch ja auf«, mischte sich meine Frau ein, »Sie könnten das Kleine treffen!«

»Ach wo, gnädige Frau«, gab Elias P. zurück. »Na, ich bin so empfindlich wie ein Kirschbäumchen aus Maine. Aber nein doch! Ich würde dem kleinen Tierchen so wenig etwas zuleide tun, als ich ein hilfloses Menschenkind skalpieren würde! Und darauf können Sie Ihre farbigen Strümpfe wetten! Sehen Sie nur, ich werfe den Stein möglichst weit außer Reichweite der beiden, damit nichts passiert!« Und während er das sagte, lehnte er sich über die Brüstung, hielt seinen Arm so weit hinaus wie nur möglich und ließ den Stein fallen. Nun ist es möglich, daß eine gewisse Anziehungskraft besteht, die kleinere Dinge zu den größeren hinzieht; es ist auch möglich, daß die Wand nicht genau senkrecht war, sondern an der Basis etwas breiter – was wir von oben jedoch nicht sehen konnten. Jedenfalls fiel der Stein mit einem ekelerregenden Geräusch – wir konnten das deutlich vernehmen – direkt auf den Kopf des Kätzchens und verspritzte dessen Gehirn nach allen Richtungen. Die schwarze Katze warf einen blitzschnellen Blick zu uns herauf und faßte Elias P. Hutcheson genau ins Auge, wobei ihre Augen wie in grünem Feuer leuchteten. Dann aber wandte sie ihre Aufmerksamkeit ihrem Jungen zu, das mit noch zuckenden Gliedern dalag, während sein Blut in einem dünnen roten Faden aus der klaffenden Wunde floß. Mit einem unterdrückten kleinen Schrei, als sei sie ein menschliches Wesen, beugte sich die Katzenmutter über ihr Junges und leckte seine Wunde, wobei sie jammernde Laute von sich gab. Plötzlich schien ihr bewußt zu werden, daß ihr Junges tot war. Und da schaute sie noch einmal zu uns herauf. Nie werde ich diesen Blick vergessen können: er verkörperte absoluten tödlichen Haß. Ihre grünen Augen blitzten in düsterem Feuer, und ihre weißen, scharfen Zähne blitzten durch das Blut, mit dem sie ihr Maul und ihren Schnurrbart besudelt hatte. Sie knirschte mit den Zähnen, und die Krallen an allen vier Pfoten waren in ihrer ganzen Länge deutlich zu erkennen. Und dann rannte sie wild an der Mauer hoch, als wollte sie an uns herankommen, doch als der Anlauf verebbte, fiel sie zurück, was ihr Aussehen noch entsetzlicher gestaltete, denn sie fiel genau auf das Kätzchen, so daß ihr schwarzes Fell von dem Blut und dem Hirn des toten Jungen beschmiert wurde. Amelia fiel in eine tiefe Ohnmacht, so daß ich sie von der Mauer herabheben mußte. Gleich bei uns stand ein Stuhl im Schatten einer Platane. Dort setzte ich sie hin, und sie kam wieder zu sich. Dann begab ich mich zu Hutcheson zurück, der bewegungslos dastand und auf die wütende Katze hinabschaute.

Als ich zu ihm trat, sagte er:

»Well, das ist so ziemlich das wildeste Biest, das ich je gesehen habe – mit Ausnahme jener indianischen Squaw vom Stamm der Apachen. Die hatte es auf ein Halbblut abgesehen, das man ›Schächter‹ nannte – wegen der Art und Weise, in der es ihr Kind zugerichtet hatte, das es bei einem Überfall auf das Indianerdorf gestohlen hatte. Und das tat es, um seine Mutter zu rächen, die von den Indianern mit Feuerbränden gefoltert und umgebracht worden war. Diese Apachen-

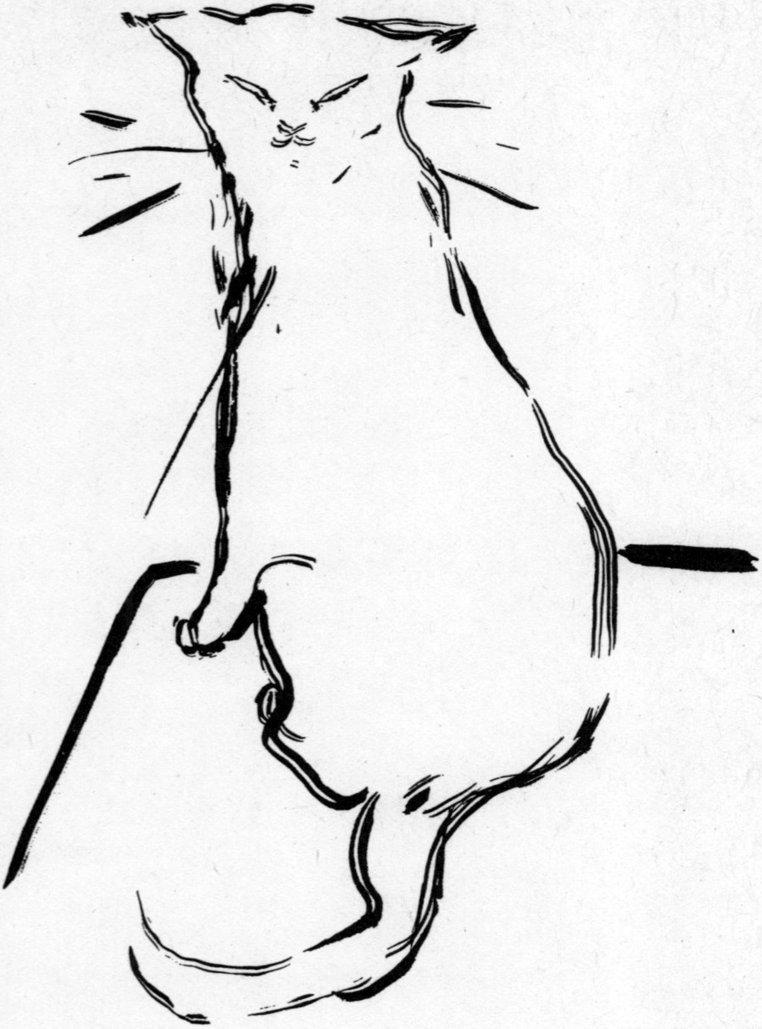

Pierre Bonnard
*Die Katze*

Squaw schaute genauso drein, und zwar ständig. Sie spürte Schächter über drei Jahre lang nach, bis ihn schließlich die Bravados erwischten und ihr auslieferten. Und jene Kerle haben behauptet, sie hätten nie einen Mann – sei er Weißer oder Indianer gewesen – so langsam und so qualvoll sterben gesehen. Die Apachen hätten ihn auf furchtbare Weise zu Tode gemartert. Das einzige Mal, daß ich jene Squaw lächeln sah, war damals, als ich sie erledigte. Kam gerade zurecht, den Schächter in jenem Lager den Geist aufgeben zu sehen, und wie gern der starb! Er war ein harter Bursche, und obgleich ich es seit jener Geschichte mit dem Indianerkind nie mehr über mich gebracht hatte, ihm die Hand zu geben – es war ja auch eine bitterböse Gemeinheit, was er damals tat, obschon er aussah wie ein Weißer und sich auch entsprechend hätte benehmen sollen –, mußte ich zugeben: er war mit gleicher Münze bezahlt worden. Verdammt noch mal, ich nahm mir ein großes Stück von seiner Haut, die an einem Schindpfahl hing, und hab' mir dann daraus eine Geldtasche anfertigen lassen! Da hab ich sie bei mir!« Und mit diesen Worten schlug er sich mit der Hand auf die Brusttasche seiner Jacke.

Die ganze Zeit, während er erzählt hatte, versuchte die Katze an der Mauer herauf an ihn heranzukommen. Sie nahm dabei jedesmal einen Anlauf und gelangte auch wirklich ein großes Stück die Mauer herauf. Und es schien ihr nichts auszumachen, daß sie nach jedem Versuch einen schweren Fall tat, denn sie versuchte es mit erneuter Wut immer wieder. Und nach jedem Fall sah sie schrecklicher aus. Hutcheson war ein gutartiger Mann – meine Frau und ich hatten wiederholt beobachten können, wie nett er zu Tieren und Menschen sein konnte –, und der Zustand ohnmächtiger Wut, in den die Katze sich hineingesteigert hatte, schien ihm ernstlich zu denken zu geben.

»Nununu! Ich muß schon sagen, das arme Tier scheint wirklich verzweifelt zu sein! Beruhige dich doch, du armes Ding! Es war doch nur ein Unfall – zwar bringt dir das dein Kleines nicht wieder zum Leben. Sieh! Ich würde so etwas doch nie absichtlich tun! Das zeigt wieder mal, was für ein linkischer Tropf ein Mann sein kann, wenn er spielen möchte! Scheint, als sei ich nicht mal imstand, mit einer

Katz zu spielen, wenn mir die Hand derart ausrutscht! Sie, Herr Oberst!« – er hatte eine gewinnende Art, den Leuten freigebig Titel zu verleihen – »Ich hoffe doch, Ihre Frau ist mir nicht bös wegen dieses unangenehmen Zwischenfalls? Ich gäbe alles darum, wenn ich ihn ungeschehen machen könnt!«

Dann kam er zu meiner Frau herüber und entschuldigte sich überschwenglich, und sie in der ihr üblichen Herzensgüte beeilte sich, ihm zu versichern, sie verstehe das alles durchaus und daß es sicherlich ein unglücklicher Zufall gewesen sei. Und dann traten wir alle wieder zur Mauer und schauten hinunter.

Da es der Katze nicht gelungen war, Hutcheson ins Gesicht zu springen, war sie auf die andere Seite des Grabens gegangen, wo sie sich sprungbereit hingesetzt hatte; und wirklich: in demselben Augenblick, als sie Hutchesons wieder ansichtig wurde, sprang sie tatsächlich, und das mit einer blinden, unvernünftigen Wut, die lächerlich gewirkt hätte, wäre sie nicht so schrecklich echt gewesen. Sie versuchte diesmal nicht, die Mauer hochzukommen, sondern sprang durch die Luft auf Hutcheson zu, als könnten der Haß und die Wut ihr Flügel verleihen, mit denen sie die große Distanz zwischen ihnen zu überbrücken vermöchte. Amelia, wieder einmal ganz fraulich, wurde sehr ernst und sagte zu Elias P. mit warnender Stimme:

»Oh, Sie müssen aber sehr, sehr vorsichtig sein! Dieses Tier würde ohne weiteres versuchen, Sie zu töten, wenn es an Sie herankönnte! In seinen Augen steht Mord!«

Er aber lachte gutmütig dazu: »'tschuldigen, Madame, aber nun muß ich wirklich lächeln. Ich, der Mann, der gegen Grislybären und Indianer gekämpft hat, soll mich davor in acht nehmen, daß ich nicht von einer Katz ermordet werde!«

Als die Katze ihn lachen hörte, änderte sich ihr Benehmen schlagartig. Sie versuchte überhaupt nicht mehr, die Mauer hochzuspringen oder zu laufen, sondern sie schlich still zu ihrem toten Jungen hinüber, setzte sich zu ihm und leckte und säuberte es, als wäre es noch am Leben.

»Da siehst du's wieder einmal!« sagte ich. »Das ist die Wirkung eines wirklich willensstarken Menschen. Sogar dieses Tier in seiner aufgepeitschten Wut erkennt die Stimme seines Meisters und beugt sich vor ihm!«

»Wie 'ne Squaw!« war alles, was Elias P. dazu zu sagen hatte, als wir nun auf unserem Spaziergang dem Stadtwall entlang weitergingen. Immer wieder schauten wir dabei über die Mauer hinunter – und konnten jedesmal bemerken, daß die Katze uns im Graben unten verfolgte. Anfangs war sie ständig zu ihrem toten Jungen zurückgelaufen; dann jedoch, als ihr die Entfernung zu groß wurde, hatte sie ihr totes Junges mit dem Maul gepackt und schleppte es mit sich. Nach einiger Zeit aber mußte sie es doch fallen gelassen haben, denn nun folgte sie uns allein; offenbar hatte sie die kleine Leiche irgendwo versteckt. Amelias Angst wurde immer größer, je länger sie sich von der Hartnäckigkeit der Katze überzeugen konnte, und sie gab dieser Angst durch wiederholte Warnungen Ausdruck. Der Amerikaner aber lachte belustigt darüber. Schließlich, als er sah, daß sie sich ernstlich Sorgen zu machen schien, tröstete er sie mit den Worten:

»Also hören Sie, gnädige Frau, Sie müssen sich wegen dieser Katz wirklich keine Sorgen machen! Ich bin nämlich bewaffnet, verstehen Sie!« Und mit diesen Worten tätschelte er auf seine Pistolentasche an der Hüfte. »Also wirklich! Ehe Sie sich meinetwegen Sorgen machen müssen, hab ich das Biest schon erschossen, wenn's sein muß jetzt und hier, auf die Gefahr hin, daß die Polizei sich in die Angelegenheiten eines amerikanischen Staatsbürgers einmischt und ihn wegen Waffenbesitz, was ja gegen die Vorschrift ist, bestraft!« Noch während er sprach, blickte er über die Mauer hinunter, und im Moment, als die Katze ihn erblickte, verzog sie sich knurrend in ein Blumenbeet, um sich seinem Blick zu entziehen. Elias P. fuhr weiter:

»Ich will gesegnet sein, wenn das Biest dort nicht mehr Sinn und Verstand dafür hat, was gut für es ist, als ein Christ! Ich rechne, wir haben sie zum letztenmal gesehen. Wetten, jetzt geht sie zum kaputten Jungen zurück und beerdigt es ganz allein für sich!«

Amelia wollte nicht mehr darüber reden, aus Angst, er könnte seine Drohung doch noch wahr machen und die Katze erschießen. So gingen wir denn unseres Weges weiter und schritten über die kleine hölzerne Fallbrücke, von der aus ein steiler, gepflasterter Weg von der Burg zum fünfeckigen Folterturm führte. Beim Überqueren der Brücke sahen wir plötzlich die Katze wieder unter uns. Kaum hatte sie uns erblickt, schien sich ihre Wut zu erneuern, und sie machte gewaltige Anstrengungen, über die steile Mauer an uns heranzukommen. Hutcheson sah lachend hinunter und sagte:

»Ade, alte Dame. Tut mir leid, daß ich deine Gefühle verletzt habe, aber du wirst schon wieder darüber hinwegkommen! Auf Nimmerwiedersehn!« Und dann schritten wir auch schon durch den langen, düsteren Bogengang, nach welchem wir das Burgtor erreichten.

Als wir nach der Besichtigung dieses herrlichen alten Gebäudes – das nicht einmal die gutgemeinten Anstrengungen der Gotik-Restaurateure vor vierzig Jahren zu beschädigen vermochten, obgleich das Gebäude nach seiner Restauration in grellem Weiß dastand – wieder ins Freie kamen, hatten wir die unangenehme Episode vom Vormittag längst vergessen. Der alte Lindenbaum mit seinem von neun Jahrhunderten gezeichneten Stamm, der tiefe Ziehbrunnen, der einst von den Gefangenen dieser Burg aus dem harten Fels herausgehauen worden war, sowie die herrliche Aussicht von der Stadtmauer, auf welcher wir, fast eine Viertelstunde lang, die unzähligen Glocken der Stadt bimmeln hörten, all das hatte mitgeholfen, den Zwischenfall mit dem erschlagenen Kätzchen aus unserem Gedächtnis zu verwischen.

Wir waren an jenem Morgen die einzigen Besucher des Folterturmes – wenigstens behauptete das der alte Wächter –, und da wir also das ganze Gebäude sozusagen für uns allein hatten, vermochten wir einen genaueren und befriedigenderen Überblick zu gewinnen, als das sonst der Fall gewesen wäre. Der Wächter, der in uns seine einzige Einnahmequelle des Tages sehen mußte, war darum bereit, uns in jeder Weise entgegenzukommen. Dieser Folterturm ist in der Tat ein finsteres Gebäude, auch heute noch, wo die vielen Tausenden von Besuchern einen Strom von Leben und die Lebensfreude, die dazu gehört, an diesen Ort gebracht haben. Doch gerade zu jener Zeit, von der hier die Rede ist, sah der Turm besonders finster und grausig aus. Der Staub der Jahrhunderte schien sich überall niedergelassen zu haben, und die Dunkelheit und das Entsetzen beim Gedanken an das, was hier einst geschah, wurden so spürbar, daß auch die pantheistische Seele von Spinoza oder Philo damit zufrieden gewesen wäre. Das untere Verlies, in das wir als erstes eintraten, schien in seinem normalen Zustand in konstantes Dunkel getaucht; sogar das durch die Türe hereinströmende Sonnenlicht wurde sozusagen von den dicken Mauern verschluckt. Man konnte gerade noch knapp die Maurerarbeit erkennen, als wäre eben erst das Gerüst entfernt worden. Und alles war mit grauem Staub bedeckt, und da und dort zeigten sich dunkle Flecken, die – könnten Mauern sprechen – entsetzliche Erinnerungen an Furcht und Schmerzen hätten von sich geben können. Wir gingen ganz gern die staubige Holztreppe zum nächsten Stockwerk hinauf, wobei der Wächter die Eingangstüre offenließ, damit wir doch wenigstens den Weg zu finden vermöchten; denn unsere Augen hatten an der einen blakenden Kerze, die als Wandleuchte einen übelriechenden Schein von sich gab, wenig Hilfe. Als wir nun durch die offene Falltüre in der einen Ecke des Verlieses heraufkamen, klammerte sich Amelia so eng an mich, daß ich ihren Herzschlag zu spüren vermochte. Wenn ich ehrlich sein soll, muß ich gestehen, daß mich ihre Angst nicht in Erstaunen versetzte, denn dieser obere Raum war noch grausiger als der darunterliegende. Gewiß, hier war es etwas heller, aber doch bloß um so viel, daß wir die schrecklichen Einzelheiten dieses Ortes genauer erkennen konnten. Die Erbauer des Turms hatten offensichtlich beabsichtigt, daß nur die Menschen zuoberst das Tageslicht genießen sollten. Dort oben gab es – wie wir von außen hatten feststellen können – ganze Reihen von Fenstern, von mittelalterlicher Enge zwar. Doch überall sonst an diesem Turm gab es bloß schmale Schießscharten, wie sie im Mittelalter zur Verteidigung üblich waren. Und hier nun gaben einige wenige davon spärliches Licht, und dazu befanden sie sich so hoch oben an den Wänden, daß man von keiner Stelle des Raumes aus das Tageslicht oder den Himmel sehen konnte, weil die Mauern so dick waren. In Gestellen oder auch einfach unordentlich an den Wänden lehnend, fanden sich Richtschwerter, große Zweihänder mit breiter Klinge und scharfen Schneiden. Dicht daneben gab es verschiedene Holzblöcke zu sehen, auf welche die Verurteilten ihren Kopf hatten legen müssen. In den Holzblöcken ließen sich tiefe Kerben feststellen, dort, wo das Schwert hineingesaust war, nachdem es den Kopf abgetrennt hatte. Im ganzen Raum herum verstreut sahen wir allerlei Folterinstrumente, bei deren Anblick das Herz sich verkrampfte – Stühle mit scharfen Nägeln darin, die augenblicklich die schrecklichsten Schmerzen verursachen mußten; Liegebetten und Stühle mit stumpfen Höckern, die auf den ersten Blick weniger qualbereitend aussahen, die jedoch mit der Zeit bestimmt nicht weniger schmerzhaft wirkten; Streckmechanismen, Eisengürtel, Stiefel, Handschuhe, Kragen, alle zum Einschnüren konstruiert; Körbe aus Stahl, in denen der Kopf des Gefolterten langsam zermalmt werden konnte, bis nur noch eine breiige Masse übrigblieb; sogenannte Wächterhaken mit langem Griff und scharfer Klinge, die durch jeden Widerstand zu schneiden vermochte – es ist dies eine alte Nürnberger Spezialität der Polizeitruppe; schließlich eine Unzahl von andern Folterinstrumenten, mit denen der Mensch den Menschen quälen konnte. Amelia war leichenblaß geworden beim Gedanken an all das Entsetzen, fiel aber, Gott sei Dank, nicht in Ohnmacht. Sie setzte sich in einen Folterstuhl, sprang aber mit einem Schrei des Entsetzens wieder auf. Nun hatte sie keine Lust mehr, in Ohnmacht zu fallen. Wir beide gaben vor, zu glauben, sie habe wegen der Beschädigung ihres Kleides durch den Staub und den Rost auf dem Stuhl so geschrien. Mr. Hutcheson quittierte diese meine Erklärung mit einem gutmütigen Lachen.

Doch das wichtigste Stück in dieser Kammer des Schreckens war bestimmt jener Apparat, der als Eiserne Jungfrau bekanntgeworden ist. Sie stand fast genau in der Mitte der Kammer und stellte auf ordinäre Art eine Frauengestalt dar, eine Frauengestalt in Glockenform – oder, wenn wir einen genaueren Vergleich anstellen wollen, sie sah aus wie die Gestalt der Frau Noah in jenem Kinderbuch über die Arche, doch ohne jene schlanke Taille und die vollkommene Rundung der Hüften, wie sie für den ästhetischen Typ der Noah-Familie so charakteristisch ist. – Eigentlich hätte man das Ding gar nicht als menschliche Figur erkannt, wenn nicht der Erbauer in groben Zügen das Gesicht einer Frau daran angebracht hätte. Auf der Außenseite war der Apparat fast völlig mit Rost und Staub überzogen; auf der Vorderseite der Figur war ein Ring angebracht, der mit einem Seil verbunden war, ungefähr dort, wo die Taille hätte sein müssen. Das Seil lief über eine Rolle an einer hölzernen Säule, die die Decke zu stützen hatte. Der Wächter zog am Seil und zeigte uns so, daß ein Teil der Vorderseite der Eisernen Jungfrau sich wie eine Türe an zwei Angeln öffnen ließ. Und dann erkannten wir, daß der Apparat eine beträchtliche Dicke aufwies, so daß ein Mann ganz knapp darin Platz fand. Die Türe war ebenfalls sehr dick und von erstaunlichem Gewicht. Der Wächter mußte beim Öffnen seine ganze ihm zu Gebote stehende Kraft anwenden, obgleich die Rolle ihm diese Arbeit etwas erleichterte. Die Schwere der Türe hatte offensichtlich einen bestimmten Zweck zu erfüllen: sie sollte sich von selber nach unten schließen, sobald man das Seil losließ. Die Innenseite war dick mit Rost bedeckt – und mit noch etwas anderem, denn Rost allein hätte sich kaum so tief in die eisernen Wände eingefressen. Und erst, als wir uns die Innenseite der Türe genauer besahen, erfaßten wir die diabolische Absicht des Erbauers. Es befanden sich an der Türe eine Anzahl langer spitzer Nägel, an ihrer Basis vierkantig, breit und massiv. Sie waren so angebracht, daß sie – sobald die Türe losgelassen wurde – die Augen des Opfers durchbohren mußten, die unteren Nägel hingegen das Herz und den Unterleib. Diesmal war es wirklich zuviel für Amelia: als sie die teuflische Einrichtung voll erfaßte, fiel sie in tiefe Ohnmacht, und ich mußte sie die Treppe hinuntertragen und draußen im Freien auf eine Bank legen. Wie sehr sie damals bis ins Innerste entsetzt sein mußte, zeigte sich später deutlich: mein ältester Sohn hat auf seiner Brust ein häßliches Muttermal davongetragen, das die ganze Familie einstimmig als ein Bild der Eisernen Jungfrau von Nürnberg erkannt hat…

Als wir dann in die Folterkammer zurückkamen, stand Hutcheson immer noch vor der Jungfrau; offenbar hatte er darüber philosophische Betrachtungen angestellt, denn er ließ uns sogleich an seinen Gedanken teilhaben:

»Well, schätze, ich habe hier was gelernt, während Madame ihre Ohnmacht überstanden hat. Scheint mir doch, wir sind auf unserer Seite des großen Schluck Wassers noch ziemlich hinter dem Mond zu Hause. Wir in den weiten Ebenen des Westens waren bisher immer der Meinung, der Indianer könne uns beibringen, wie man einem Menschen das Leben verdammt unangenehm machen kann; aber nun vermute ich, eure mittelalterlichen Gesetzeshüter hätten unserem Indianer noch viel beibringen können. Jener ›Schächter‹ verstand es zwar recht gut, der Squaw zu imponieren, aber diese hier, die junge Dame, hat ihm gegenüber sämtliche Trümpfe in der Hand. Die Spitzen dieser Nägel sind immer noch recht scharf, obschon sogar ihre Kanten von dem zerfressen sind, was an ihnen hängengeblieben sein muß. Das täte unseren Rothäuten ganz gut, wenn sie ein paar Exemplare dieses Spielzeugs im Lande herumschicken würden, damit sie endlich sehen, daß ihre harten Männer – und die harten Weiber – von der alten Zivilisation noch einiges lernen können. Schätze, ich werde nun doch noch einen Moment in diese Kiste steigen, nur um so 'n bißchen zu sehen, wie das ist!«

»O nein! Nein!« schrie Amelia auf. »Das ist doch zu entsetzlich!«

»Schätze, Madame, nichts ist zu entsetzlich für einen wahren Forscher. Ich bin in meinem langen Leben in etlichen seltsamen Lagen gewesen. Hab 'ne Nacht in einem toten Pferd verbracht, als ein Waldbrand über mich wegfegte – das war in Montana –, und ein andermal übernachtete ich in einem toten Büffel, als die Komantschen auf dem Kriegspfad waren und es mir nicht paßte, ihnen meine Visitenkarte unter die Nase zu halten. Einmal bin ich zwei Tage lang in dem verschütteten Gang einer Goldmine von New Mexico eingeschlossen gewesen, dann wieder war ich einer von jenen vier Männern, die Dreiviertel eines Tages in einer umgestürzten Zementkiste verbringen mußten, als wir die Fundamente für die Buffalo-Brücke gossen. Noch nie bin ich einem unangenehmen Erlebnis aus dem Weg gegangen, wenn es sich mir bot. Warum sollte ich jetzt?«

Wir sahen ein, daß er sich nicht von seinem Plan abbringen ließ, darum sagte ich rasch:

»Nun gut, beeilen Sie sich damit, alter Herr, und bringen Sie die Geschichte hinter sich!«

»Zu Befehl, Herr General«, gab er zurück, »aber ich glaube, wir sind noch nicht ganz soweit. Die Herren, die vor mir in dieser Blechbüchse standen, haben sich nicht freiwillig dafür gemeldet – wohl kaum! Und ich vermute, sie wurden recht ornamental zusammengeschnürt, ehe der entscheidende Schlag gegen sie geführt wurde. Ich will dieses Experiment nach allen Regeln der Kunst durchgeführt sehen, darum muß ich auch entsprechend dafür vorbereitet werden. Ich will doch hoffen, der alte Bursche hier wird imstand sein, etwas Schnur zu beschaffen und mich damit zu fesseln, genau nach Muster?«

Das sagte er in fragendem Ton zum Wächter, doch dieser, der zwar den allgemeinen Sinn der Rede zu erfassen schien – obschon er vielleicht die dialektischen Feinheiten nicht ganz mitbekam –, schüttelte den Kopf. Sein Protest war jedoch bloß formaler Art und leicht zu überwinden. Der Amerikaner drückte ihm ein Goldstück in die Hand und bemerkte dazu: »Nimm's nur, Kumpel! Es gehört dir. Und hab bloß keine Angst. Das hier ist keine Hängepartie, der du beiwohnen mußt!« Der Wächter brachte eine etwas dünne, zerschlissene Schnur zum Vorschein, die ausreichte, unseren Begleiter für den beabsichtigten Zweck genügend fest zu binden. Als der obere Teil seines Körpers gefesselt war, sagte Hutcheson:

»Jetzt wart mal 'ne Sekunde, Richter. Schätze, ich bin zu schwer für dich, als daß du mich in die Blechkiste hineinheben kannst. Laß mich mal selber 'reinsteigen, und dann kannst du mit meinen Beinen fertigmachen.«

Während er sprach, hatte er sich rückwärts durch die enge Öffnung gedrängt, die gerade groß genug war, ihn aufzunehmen. Es war eine äußerst knappe Sache. Amelia schaute mit angsterfüllten Augen zu, mochte sich aber offenbar nicht dazu äußern. Dann vollendete der

Wächter seinen Auftrag und band die Füße des Amerikaners fest zusammen, so daß dieser nun völlig hilflos in seinem freiwillig aufgesuchten Käfig stak. Er schien die Situation regelrecht auszukosten, denn das immerwährende Grinsen auf seinem Gesicht erblühte zu einem richtigen Lächeln, als er nun sagte:

»Schätze, die Eva da wurde aus der Rippe eines Zwergs geformt! Läßt einem ausgewachsenen Bürger der Vereinigten Staaten nicht viel Platz zum Umsichschlagen. In Idaho sind ja die Särge geräumiger als das da. So, Richter, jetzt laß mal langsam die Türe da herab, aber wirklich langsam! Ich will denselben Genuß empfinden wie jene anderen Vögel, die vor mir hier drin staken, als diese Nägel sich auf ihre Augen zuzubewegen begannen!«

»Oh, nein! Nein! Nein!« fing nun Amelia hysterisch zu schreien an. »Das ist einfach zu entsetzlich! Ich ertrage es nicht, so etwas zu sehen – ich ertrage es nicht!« Doch der Amerikaner zeigte sich halsstarrig. »Sagen Sie mal, Oberst: wie wär's, wenn Sie Madame auf einen kleinen Spaziergang führten? Ich möcht um alles in der Welt ihre Gefühle nicht verletzen; wenn ich aber schon hier bin, nachdem ich achttausend Meilen dafür hergereist bin, wär's doch wirklich eine harte Sache, das Experiment, nach welchem ich mich so gesehnt hab', einfach aufzugeben. Es ist doch selten, daß ein Mann sich vorkommen darf wie Eingemachtes! Ich und der Richter da werden die ganze Geschichte im Nu hinter uns haben, und dann kommt ihr beide zurück, und wir lachen uns eins!«

Und wieder einmal gewann der aus Neugier geborene Entschluß die Oberhand, und Amelia klammerte sich fest und zitternd an meinen Arm, während der Wächter die eiserne Türe durch Nachgeben des Seiles Zentimeter um Zentimeter herabzulassen begann. Hutchesons Gesicht strahlte direkt, als er sah, wie sich die Nägel zu bewegen begannen.

»Well«, sagte er, »schätze, ich hab seit Nuyork nicht so viel Genuß gehabt. Ausgenommen ein Streit mit einem französischen Matrosen in Wapping – und das war dann etwa auch kein Picknick für mich –, hat's für mich in diesem verdammt faulen Kontinent nicht den Schein eines wirklichen Vergnügens gegeben, denn hier gibt's ja keine Bären und keine Indianer, und selten triffst du 'nen Mann, der bewaffnet 'rumläuft. – Langsam jetzt, Richter! Mach ja nicht zu schnell bei diesem Geschäft! Für mein Geld will ich eine regelrechte Schau aus diesem Spiel gemacht sehen – worauf du dich verlassen kannst!«

Der Wächter mußte wohl etwas vom Blut seiner Vorfahren, die in diesem Turm gehaust hatten, in seinen Adern haben, denn er betätigte den Apparat mit berechnender und quälender Langsamkeit, was Amelia nach fünf Minuten – während welcher die Türe sich kaum um die Hälfte an Zentimetern bewegt hatte – den Rest gab. Ich sah, wie ihre Lippen schneeweiß wurden, fühlte, wie ihr Druck an meinem Arm nachließ. Einen Augenblick lang sah ich mich nach einem Ort um, an dem ich sie hinlegen könnte, und als ich mich ihr wieder zuwandte, bemerkte ich, daß ihre Augen starr auf einen Punkt neben der Eisernen Jungfrau gerichtet waren. Ich folgte ihrem Blick – und da sah ich die schwarze Katze, die sich insgeheim hereingeschlichen hatte, zusammengekauert dahocken. Ihre grünen Augen leuchteten wie Warnungslampen aus dem dunklen Winkel hervor, und das Grün hob sich besonders deutlich gegen das rote Blut ab, das immer noch ihren ganzen Pelz besudelte, ihr Maul verschmierte. Ich schrie auf:

»Die Katze! Nehmt euch vor der Katze in acht!« Denn in demselben Moment sprang sie aus ihrem Versteck auf den Apparat zu. Sie sah dabei aus wie ein triumphierender Dämon. Ihre Augen sprühten vor Wildheit, ihre Haare standen vom Körper ab, so daß sie doppelt so dick schien, als sie in Wirklichkeit war, und ihr Schwanz peitschte durch die Luft wie der eines Tigers vor seiner Beute. Elias P. Hutcheson mußte lächeln, als er ihrer ansichtig wurde, und auch seine Augen funkelten, aber vor Vergnügen, während er ausrief:

»Will verdammt sein, wenn die Squaw nicht in Kriegsbemalung aufgetreten ist! Schlagt sie einfach weg, falls sie einen ihrer Tricks an mir versuchen will! Ich bin nämlich so für ewige Zeiten zusammengeschnürt vom ›Chef‹ hier, daß ich – bei meiner verdammten Haut – nicht mal meine Augen vor ihr zu schützen vermag, falls sie sie haben will! Sorgfältig jetzt, Richter! Laß mir das Seil nicht fahren, sonst bin ich geliefert!«

In diesem Augenblick fiel Amelia wieder in Ohnmacht, und ich mußte sie um die Taille festhalten, sonst wäre sie zu Boden gesunken. Während ich mich noch um sie kümmerte, sah ich, wie die schwarze Katze zum Sprung ansetzte; ich sprang auf die Füße, um das Tier hinauszuwerfen.

Doch im gleichen Moment schleuderte sich die Katze mit einem höllischen Schrei nicht – wie wir erwartet hatten – auf Hutcheson, sondern dem Wächter mitten ins Gesicht. Ihre Krallen rissen wild an seinem Gesicht, wie das der chinesische Drache auf Zeichnungen zu tun pflegt, und ich konnte genau sehen, wie die eine ihrer krallenbewehrten Pfoten dem armen Mann ins Auge fuhr, es durchriß und dann die ganze Wange hinunter eine breite Blutspur hinterließ. Das Blut schien aus jeder der betroffenen Adern zu spritzen.

Mit einem fürchterlichen Entsetzensschrei, der rascher gekommen sein mußte als das Schmerzgefühl, sprang der Mann rückwärts – und dabei ließ er das Seil fahren, das die Tür zur Eisernen Jungfrau festgehalten hatte. Ich machte einen Sprung darauf zu, aber ich kam zu spät: das Seil lief wie der Blitz über die Rolle – und die schwere Eisenmasse fiel durch ihr Eigengewicht vorwärts.

Noch als die Türe sich schloß, konnte ich einen Blick auf das Gesicht unseres unglücklichen Begleiters werfen. Er schien vor Schreck erstarrt. Seine Augen stierten in betäubter Angst, und von seinen Lippen kam kein Laut.

Und dann taten die Nägel ihr Werk. Glücklicherweise kam das Ende schnell, denn als ich die Tür zurückriß, sah ich, daß die Nägel ihn so tief durchbohrt hatten, daß sie sich in den Schädelknochen festgefahren hatten und ihn nun buchstäblich aus seinem eisernen Gefängnis herausrissen. Und gebunden wie sie war, fiel die Leiche mit einem Übelkeit erregenden glucksenden Ton zu Boden, so daß sie mit dem Gesicht nach oben zu liegen kam.

Ich rannte auf meine Frau zu, hob sie auf und trug sie hinaus, denn ich fürchtete um ihren Verstand, falls sie plötzlich aus ihrer Ohnmacht erwachen sollte und das grausige Bild sehen würde. Ich legte sie draußen auf die Bank und rannte in den Folterraum zurück. Der

Wächter lehnte an der Holzsäule und stöhnte vor Schmerzen. Er hielt sein Taschentuch, das sich rasch mit Blut tränkte, vor seine Augen. Und auf dem Kopf des armen Amerikaners saß die Katze und schnurrte laut, während sie das Blut leckte, das aus den Augenhöhlen des Mannes sickerte.

Ich glaube, daß keiner mich für grausam halten wird, weil ich nun eines der alten Richtschwerter in beide Hände nahm und die Katze in zwei Teile spaltete, während sie so dasaß.

*Deutsch von Erich Fivian*

# Mark Twain

## *Dick Baker und sein Kater*

Einer meiner Kameraden dort – auch ein Opfer von achtzehn Jahren unbelohnter Plackerei und vernichteter Hoffnungen – war eines der sanftesten Gemüter, die je in öder Verbannung geduldig ihr Kreuz getragen haben: der gesetzte und schlichte Dick Baker, Nestergräber von Dead-House Gulch. Sechsundvierzig Jahre alt, grau wie ein Ratz, ernst, beschaulich, mit dürftiger Bildung, schlampig gekleidet und lehmbeschmiert, sein Herz aber aus edlerem Metall als alles Gold, das seine Schippe zutage förderte – ja als alles, was jemals gegraben oder geprägt worden ist.

Immer wenn er eine Pechsträhne hatte und ein bißchen niedergeschlagen war, fing er an, um den Verlust einer wunderbaren Katze zu trauern, die er einmal besessen hatte (denn wo keine Frauen und Kinder da sind, halten sich gutherzig veranlagte Männer Schoßtiere, weil sie irgend etwas liebhaben müssen). Und immer sprach er von der merkwürdigen Klugheit dieser Katze, und er tat dies mit der Miene eines Mannes, der im geheimsten Innern glaubte, daß sie etwas Menschliches – vielleicht sogar Übernatürliches – an sich gehabt hätte.

Ich hörte ihn einmal von diesem Tier erzählen. Er sagte: »Wissen Sie, ich hab hier mal 'ne Katze gehabt, die hieß Tom Quarz, die hätte Sie vielleicht interessiert, ich meine – hätte fast jeden interessiert. Hab sie hier acht Jahre gehabt – die phantastischste Katze, die *ich* jedenfalls gesehn hab. War 'n großer grauer Kater, mein Tom Quarz, mit mehr Menschenverstand wie jeder hier im Camp – und *würdig* – hätte sich nicht mal von unserm hohen Gouverneur vertraulich kommen lassen. Sein ganzes Leben lang hat er keine Ratte gefangen – war ihm nicht fein genug. Ihn hat nichts weiter reizen können wie 's Goldgraben. Da wußt er mehr drüber, dieser Kater, wie alle Leute, die ich überhaupt kenne. Übers Seifengraben konnte ihm keiner mehr was vormachen – und für Nester, Mann, dafür war er richtiggehend geboren. Hat hinter mir und Jim hergebuddelt, wenn wir über die Hügel schürfen waren, und ist ganze fünf Meilen hinter uns hergetrottet, wenn wir so weit gegangen sind. Und hat den allerbesten Riecher gehabt für Boden mit was drin – so was haben Sie einfach noch nicht gesehn. Haben wir dann mit der Arbeit angefangen, hat er rumgeäugt, und wenn er von den Anzeichen nicht viel gehalten hat, hat er geguckt, wie wenn er sagen wollte: ›*Mich* müßt ihr schon entschuldigen‹, und hat dann ohne jedes weitre Wort die Nase hochgenommen und ist abgeschoben und nach Hause. Hat ihm der Boden aber gefallen, hat er abgewartet und keinen Mucks gesagt, bis die erste Pfanne ausgeseift war, und dann ist er anscharwenzelt gekommen und hat sich's angeguckt, und hatten wir so Stücker sechs bis sieben Goldkörner drin, war er zufrieden – 'ne bessere Schürfe wollte er gar nicht –, und dann hat er sich auf unsre Jacketts hingehaun und wie 'n Dampfschiff geschnarcht, bis wir aufs Nest gestoßen sind, und ist dann aufgestanden und hat Aufsicht geführt. Im Obersteigern war er schon beinah ganz große Klasse.

Na ja, und dann kam das Getue mit dem Quarzbau. Sind alle rein versessen drauf gewesen, haben sich alle mit der Picke und Sprengpulver rangemacht, statt auf 'm Hang zu schippen – haben alle ihrn Schacht gebohrt, statt über Tage zu kratzen. Jim ließ keine Ruhe mehr, wir sollten's auch mal mit Adern probiern, und das haben wir denn. Haben uns an einen Schacht gemacht, und Tom Quarz, der hat sich vielleicht gewundert, was in drei Teufels Namen das nu alles bedeuten sollte. So 'ne Art Bergbau hatte er doch noch nie gesehn, und er war reineweg durcheinander, es ging ihm irgendwie nicht ein, war ihm einfach zu hoch. Hat ihm gestunken, kann ich Ihnen sagen, hat ihm mächtig gestunken – hat's wohl für den reinsten Blödsinn gehalten. Aber dieser Kater war schon von früher her gegen alle neumodschen Einrichtungen – die konnt er irgendwie nicht ausstehn. Sie wissen ja, wie das mit alten Gewohnheiten so ist. Langsam hat sich Tom Quarz dann aber doch 'n bißchen damit ausgesöhnt, bloß hat er nie völlig verstanden, warum nu immerzu Schacht gebohrt und gar nichts mehr ausgeseift wurde. Zuletzt ist er auch selber runter in den Schacht gekommen, um sich die Sache zu beschnuppern. Und wenn er mal miesepetrig war und niedergeschlagen und verärgert und sauer – denn er wußte doch, daß wir immer tiefer in die Kreide gerieten und keinen einzigen Cent machten –, da hat er sich in der Ecke auf einem Jutesack zusammengerollt und sich ausgeschlafen. Wie nu eines Tages der Schacht seine zirka acht Fuß tief war, wurde das Gestein so knochenhart, daß wir sprengen mußten – das erstemal in Tom Quarz' Leben. Und da haben wir also die Lunte angezündet und sind raus und fünfzig Schritt weit weg – und haben Tom Quarz vergessen und auf dem Sack weiterschlafen lassen. Nach ungefähr einer Minute sehn wir aus dem Loch 'ne Rauchwolke rauspuffen, und dann ist alles mit furchtbarem Krach losgegangen, und zirka vier Millionen Tonnen Felsen und Erde und Rauch und Splitter sind anderthalb Meilen hoch in die Luft geflogen, und, weiß der Kuckuck, genau mittendrin der alte Tom Quarz! Und schießt wie wahnsinnig Kobolz und schnaubt und niest, und haut um sich und will sich wo festkrallen. Half bloß nicht, wissen Sie, half überhaupt nicht. Und dann haben wir zweieinhalb Minuten lang nichts mehr von ihm gesehn, und auf einmal hat's Steinbrocken und Dreck geregnet, und dann plumps! ist er runtergekommen, ungefähr zehn Fuß weit ab von da, wo wir standen. Na, der sah aus wie das gemeinste Viech, was Ihnen je übern Weg gelaufen ist. Das eine Ohr hinten am Genick und den Schwanz verbogen und die Wimpern versengt und ganz schwarz von Pulver und Rauch und mit Dreck beschmiert und von oben bis unten mistig. Also, ich sag Ihnen, sich entschuldigen wollen, war sinnlos – kein Wort brachten wir raus. Er hat erst sich selber und denn uns angeguckt, ganz empört, so als ob er sagen wollte: ›Ihr kommt euch wohl sehr schlau vor, was, 'ne Katze so reinzulegen, die mit Quarz noch keine Erfahrung hat, aber ich denk da anders drüber!‹, und dann machte er kehrt und zog ab nach Hause, ohne noch weiter was zu sagen.

Das war genau seine Art. Und Sie werden's vielleicht nicht glauben, aber was der hinterher für 'n Vorurteil gegen Quarzbau hatte, das war bei 'ner Katze einfach einmalig. Und wie er dann nach und nach doch wieder runter in den Schacht gegangen ist, da hätten Sie gestaunt, wie schlau er da war. Den Moment, wo wir 'ne Sprengung loslassen wollen und die Lunte anfängt zu knistern, guckt er als wie: ›*Mich* müßt ihr schon entschuldigen‹, und nichts wie raus aus 'm Loch und rauf auf'n Baum. Klugheit? Gar kein Ausdruck. Schon mehr höhere Eingebung!«

Ich sagte: »Diese Voreingenommenheit gegen den Quarzbau ist wirklich erstaunlich, Mr. Baker, wenn man bedenkt, wie er sie sich geholt hat. Konnten Sie ihn denn nie davon heilen?«

»Ihn *heilen?* Ach herrje! Wenn Tom Quarz erst einmal gegen was war, dann war er *immer* dagegen – und da hätten Sie ihn dreimillionenmal in die Luft sprengen können, sein verdammtes Vorurteil gegen Quarzbau hätten Sie nicht aus ihm rausgekriegt, nein, aus ihm nicht.«

Die Liebe und der Stolz, die Bakers Gesicht erhellten, wenn er der Standhaftigkeit seines einstigen ergebenen Freundes Tribut zollte, wird mir immer lebendig in Erinnerung bleiben.

*Deutsch von Otto Wilck*

# Colette
## *Saha*

An einem Juliabend, als sie beide die Rückkehr Alains erwarteten, ruhten Camille und die Katze auf dem gleichen Geländer, die Katze hockend, Camille auf ihre verschränkten Arme gestützt. Camille liebte diese Balkonterrasse nicht, die der Katze reserviert war, von zwei Scheidewänden begrenzt, die sie vor dem Wind und vor aller Verbindung mit der Terrasse der Vorderseite schützten.

Sie wechselten einen forschenden Blick. Camille sprach Saha nicht an. Auf die Ellbogen gestützt, neigte sie sich vor, als wollte sie die Stockwerke der orangefarbenen Jalousien zählen, die von oben nach unten an der schwindelnden Fassade hinunterschossen, und streifte an die Katze an, die sich erhob, um ihr Platz zu machen, und sich etwas weiter weg wieder hinsetzte.

Sobald Camille allein war, ähnelte sie stark dem kleinen Mädchen, das nicht guten Tag sagen wollte; ihr Gesicht wurde wieder kindlich durch den Ausdruck unmenschlicher Naivität und Härte, der Kindergesichter veredelt. Sie ließ ihren Blick über Paris schweifen, über den Himmel, von dem sich das Licht täglich früher zurückzog; es war ein unparteiisch strenger Blick, der nichts tadelte, nichts lobte. Sie gähnte nervös, richtete sich auf und machte einige zerstreute Schritte, beugte sich wieder vor und zwang die Katze, herunterzuspringen. Saha entfernte sich mit Würde und wollte lieber ins Zimmer zurückgehen. Aber die Tür der Langseite war geschlossen. Saha setzte sich geduldig hin. Einen Augenblick später mußte sie Camille den Weg freigeben, die begann, von einer Wand zur anderen zu gehen, mit heftigen, langen Schritten. Die Katze sprang wieder auf das Geländer. Wie im Spiel vertrieb Camille sie, als sie sich wieder aufstützte. Saha rettete sich wieder zur geschlossenen Tür.

Den Blick in die Ferne gerichtet, unbeweglich, wandte Camille ihr den Rücken zu. Die Katze schaute Camilles Rücken an, und ihr Atem ging schneller. Sie erhob sich, drehte sich zwei- oder dreimal um sich selbst, schaute fragend die geschlossene Tür an. Camille hatte sich nicht gerührt. Saha blähte die Nüstern, zeigte eine Angst, die einem würgenden Ekel nahe kam; ein untröstliches, verzweifeltes Miauen, die verzweifelte Antwort auf einen drohenden und stummen Plan, entschlüpfte ihr, und Camille drehte sich um.

Sie war ein bißchen blaß, das heißt, ihre Schminke zeichnete sich in zwei ovalen Monden auf den Wangen ab. Sie mimte einen zerstreuten Ausdruck, wie sie es unter einem menschlichen Blick getan hätte. Sie begann sogar mit geschlossenen Lippen zu summen und nahm ihren Spaziergang von einer Wand zur andern wieder auf, im Rhythmus ihres Liedes, aber die Stimme versagte ihr. Sie zwang die Katze, die ihr Fuß getreten hätte, mit einem Sprung auf ihren engen Beobachtungsposten zurück, dann wieder, sich gegen die Tür zu pressen.

Saha hatte sich gefaßt und wäre eher gestorben, als einen zweiten Schrei zu tun. Die Katze hetzend, ohne sie anscheinend überhaupt zu sehen, ging und kam Camille in völliger Stille. Saha sprang auf die Brüstung nur, wenn die Schritte Camilles auf sie zukamen, und sie sprang auf den Boden des Balkons nur, um den ausgestreckten Arm zu vermeiden, der sie vom neunten Stockwerk hinuntergeworfen hätte.

Sie floh mit Methode, sprang sorgfältig, hielt ihre Augen auf die Gegnerin geheftet und ließ sich weder zu Wut noch zu Flehen herbei. Die äußerste Erregung, die Todesfurcht, netzte die feinfühlige Sohle der Pfote mit Schweiß, der auf dem Stuckbalkon blumenartige Spuren zurückließ.

Camille schien als erste zu erlahmen und ihre Kraft zum Verbrechen zu verlieren. Sie beging den Fehler zu bemerken, daß die Sonne erlosch, blickte auf ihre Armbanduhr, wandte das Ohr nach einem Klirren von Kristall in der Wohnung. Einige Augenblicke noch, und ihr Entschluß würde sie verlassen, wie der Schlaf den Schlafwandler verläßt, würde sie unschuldig und erschöpft zurücklassen... Saha fühlte die Festigkeit ihrer Feindin wanken, zögerte auf der Brüstung, und Camille stieß sie mit beiden Armen ins Leere.

Sie hörte noch das Kratzen der Krallen auf dem Anwurf der Mauer, sah noch den blauen Körper Sahas S-förmig verdreht sich an die Luft anklammern, die sie gierig wegriß, mit der Kraft einer Forelle, die stromaufwärts schnellt; dann taumelte Camille zurück und lehnte sich an die Wand.

Es kam sie nicht die Versuchung an, in den kleinen, von neuen Bruchsteinen eingefaßten Gemüsegarten hinunterzuschauen. Als sie im Zimmer zurück war, legte sie die Hände über die Ohren, zog sie zurück, schüttelte den Kopf, als hörte sie das Sirren einer Mücke, setzte sich und wäre fast eingeschlafen; aber weil die Nacht hereinbrach, setzte sie sich auf und verjagte die Dämmerung, indem sie Glaskacheln anzündete, leuchtende Streifen, blendende Pilze und auch das lange Chromlid, das einen opalisierenden Blick über das Bett warf.

Sie bewegte sich beschwingt, behandelte die Dinge mit leichten, geschickten, verträumten Händen.

»Ich bin wie gewichtslos...«, sagte sie laut.

Sie zog sich um und kleidete sich in Weiß.

»Meine Fliege in der Milch«, sagte sie, die Stimme Alains nachäffend. Die Farbe kehrte bei der vorüberhuschenden sinnlichen Erinnerung in ihre Wangen zurück, die sie in die Wirklichkeit zurückbrachte; und sie erwartete die Ankunft Alains.

Sie neigte den Kopf gegen den brummenden Lift, erzitterte bei allen Geräuschen, dem dumpfen Pochen, dem metallischen Klatschen und Kreischen, der gurgelnden vieltönigen Musik, die das disharmonische Leben in einem neuen Haus hervorbringt. Aber sie war nicht erstaunt, daß das hohe Schellen der Türklingel im Vorzimmer statt des Tastens eines Schlüssels im Schloß erklang. Sie lief und machte selbst auf.

»Schließ die Tür hinter mir«, befahl Alain, »damit ich vor allem sehe, ob sie nicht verletzt ist. Komm, du wirst mir leuchten.«

Er trug die lebende Saha in seinen Armen. Er ging geradewegs ins

Zimmer, stieß die Sachen auf dem ›unsichtbaren‹ Toilettentisch zur Seite, legte die Katze sanft auf das Glasbrett. Sie hielt sich aufrecht und sicher auf den Pfoten, aber ließ den Blick ihrer Augen tief gehetzt um sich irren, wie sie es in einem fremden Raum getan hätte. – »Saha!« rief Alain halblaut. »Wenn sie sich nichts getan hat, ist es ein Wunder. Saha!«

Sie hob den Kopf, wie um ihren Freund zu beruhigen, und schmiegte ihre Wange an seine Hand.

»Geh ein bißchen, Saha... Sie geht! Oh – sechs Stockwerk tief fallen... Die Jalousie von dem Kerl im zweiten Stock hat sie aufgefangen... Von dort sprang sie auf den kleinen Rasen des Hausmeisters. Er hat sie durch die Luft vorbeifliegen gesehen. Er sagte mir: ›Ich habe geglaubt, es ist ein Schirm, der herunterfiel...‹ Was hat sie da am Ohr... Nein, es ist nur weiß von der Mauer. Wart einmal, ich horche ihr das Herz ab...«

Er legte die Katze auf die Seite und befragte die fliegenden Flanken, das winzige, wirre Räderwerk.

Als er mit geschlossenen Augen horchte und die blonden Haare auseinanderfielen, schien er auf der Flanke Sahas zu schlafen, mit einem Seufzer zu erwachen und nun erst Camille zu sehen, die aufrecht und schweigend die beiden betrachtete.

»Stell dir vor!... Sie hat nichts – wenigstens kann ich nichts an ihr entdecken als ein schrecklich erregtes Herz, doch das Herz einer Katze ist auch normalerweise bewegt. Aber wie hat das nur geschehen können? Ich frage dich, als könntest du es wissen, meine arme Kleine. Sie ist von dieser Seite aus hinuntergefallen –«, sagte er und sah die offene Fenstertür an... »Spring auf die Erde, Saha, wenn du kannst.«

Sie sprang nach einem kleinen Zögern, legte sich jedoch sofort auf den Teppich hin. Sie atmete schnell und fuhr fort, das Zimmer mit einem unsicheren Blick zu betrachten.

»Ich möchte am liebsten Chéron anrufen... Aber schau, sie wäscht sich ja! Sie würde sich nicht waschen, wenn sie eine innere Verletzung hätte! Ach, lieber Gott!«

Er streckte sich, warf seine Weste aufs Bett, kam zu Camille.

»Welch ein Schrecken!... Du siehst hübsch aus, so ganz in Weiß... Küß mich, meine Fliege in der Milch!«

Sie überließ sich den Armen, die sich endlich ihrer erinnerten, und konnte ein trockenes Schluchzen nicht unterdrücken.

»Aber nein! Du weinst?!«

Nun überkam ihn das Bangen, und er verbarg seine Stirn in den weichen schwarzen Haaren.

»Ich – ich wußte nicht, daß du so gut bist, stell dir vor...«

Sie brachte den Mut auf, sich bei diesen Worten nicht abzuwenden. Alain kehrte überdies schnell zu Saha zurück, die er wegen der Hitze auf die Terrasse führen wollte. Aber die Katze sträubte sich, gab sich zufrieden, neben der Schwelle zu liegen, dem Abend zugewandt, der blau war wie sie. Von Zeit zu Zeit erzitterte sie kurz und überblickte wachsam die Tiefe des dreieckigen Zimmers hinter sich.

»Es ist die Erregung«, erklärte Alain. »Ich wollte sie draußen unterbringen...«

»Laß sie da«, sagte Camille schwach. »Wenn sie doch nicht will!«

»Ihre Launen sind Befehle. Noch dazu heute! Was gibt es wohl so spät noch Eßbares? Halb zehn!«

Mère Buque rollte den Tisch auf die Terrasse. Beim Essen hatten sie das östliche Paris vor sich, aus dem die meisten Lichter strahlten. Alain sprach viel, trank Rotwein mit Wasser verdünnt, zieh Saha der Ungeschicklichkeit, der Unvorsichtigkeit, der ›Katzenirrtümer‹.

»Katzenirrtümer, das sind so eine Art Sportfehler, Schwächen der Zivilisierung und Domestizierung... Sie haben nichts gemein mit Ungeschicklichkeiten und den fast gewollten Heftigkeiten.«

Aber Camille fragte ihn nicht mehr: »Wieso weißt du das?«

Nach dem Essen trug er Saha in das Wohnzimmer, wo sie sich herabließ, die Milch zu trinken, die sie abgelehnt hatte. Während sie trank, zitterte sie am ganzen Körper, wie Katzen, denen man zu kalte Getränke vorsetzt.

»Die Erregung«, wiederholte Alain. »Ich werde Chéron auf alle Fälle bitten, morgen früh vorbeizukommen und sie zu untersuchen.

Ernst Ludwig Kirchner
*Schlafende Katze*

Oh, ich vergesse alles!« rief er fröhlich. »Telefonier doch dem Hausmeister. Ich habe die Rolle in der Portierloge gelassen, die Massart, unser verflixter Innenarchitekt, hinterlegt hat.«

Camille gehorchte, während Alain müde, entspannt in einen der herumstehenden Fauteuils sank und die Augen schloß.

»Hallo!« telefonierte Camille. »Ja... Sie muß dort sein... eine große Rolle... Danke schön.«

Mit geschlossenen Augen lachte er.

Sie war zu ihm zurückgekommen und sah ihn lachen.

»Dieses feine Stimmchen, das du machen kannst! Was bedeutet dieses neue Stimmchen? ›Eine große Rolle... danke schön‹«, sagte er geziert. »Reservierst du ein so zartes Stimmchen für die Hausmeisterin? Komm, zu zweit werden wir die letzten Schöpfungen Massarts gerade noch ertragen können.«

Er entrollte auf dem Ebenholztisch ein großes Zeichenblatt. Sofort sprang Saha, verliebt in alles Papierene, auf die Tuschzeichnung. »Wie reizend sie ist!« rief Alain aus. »Sie will mir zeigen, daß ihr nichts weh tut. O meine Wiedergewonnene! Hat sie denn da nicht eine Beule am Kopf? Camille, taste einmal ihren Kopf ab... Nein, sie hat keine Beule. Taste sie trotzdem ab, Camille...«

Eine arme, kleine, gehorsame Mörderin versuchte der Verbannung zu entkommen, die sie sich selbst auferlegt hatte, streckte die Hand aus und berührte sanft, in demütigem Haß, den Schädel der Katze...

Ein grelles Fauchen, ein Schrei, ein hektischer Sprung antwortete der Geste. Camille schrie leise auf, als hätte sie sich verbrannt. Die Katze stand starr auf der ausgebreiteten Zeichnung, eine einzige flammende Anklage gegen die junge Frau, sträubte das Fell, entblößte die Zähne und das trockene Rot ihres Rachens...

Alain war aufgesprungen, um die eine gegen die andere zu schützen, Saha und Camille.

»Vorsicht! Sie ist... sie ist vielleicht toll... Saha...«

Sie blickte ihn heftig, aber so klar an, daß jeder Zweifel an ihrer Vernunft ausgeschlossen war.

»Was war los? Wo hast du sie berührt?«

»Ich habe sie nicht berührt...«

Sie sprachen leise, bewegten nur die Lippen.

»Also so etwas...«, sagte Alain. »Ich verstehe das nicht. Streck die Hand noch einmal aus.«

»Nein! Ich will nicht!« protestierte Camille. »Sie hat vielleicht die Tollwut...«, fügte sie hinzu.

Alain riskierte es, Saha zu streicheln, die ihr gesträubtes Fell glättete, sich an die vertraute Hand schmiegte, aber das Licht ihrer Augen auf Camille zurückwandte.

»Also so etwas...«, wiederholte Alain langsam. »Halt, da hat sie ja einen Kratzer an der Nase, ich habe das vorher nicht gesehen. Es ist trockenes Blut. Saha, brav...«, sagte er, als er die Wut in den gelben Augen wieder anwachsen sah.

Mit geblähten Wangen, in erstarrter Kampfstellung, die gesträubten Barthaare nach vorn gerichtet, schien die wütende Katze zu lachen. Die Kampfeslust verzog die gelblichen Winkel des Mauls und spannte die Muskeln des Kinns; das ganze Katzengesicht schien um eine Universalsprache zu ringen, um ein Wort, das die Menschen vergessen haben...

»Was ist denn das hier?« sagte Alain brüsk.

»Was denn?«

Unter dem Blick der Katze gewann Camille wieder Mut und den Instinkt der Verteidigung zurück. Über die Zeichnung gebeugt, versuchte Alain feuchte Abdrücke zu deuten, vier kleine Flecken um einen unregelmäßigen zentralen Fleck gruppiert.

»Ihre Pfoten – naß?« murmelte Alain.

»Sie wird ins Wasser getreten sein«, sagte Camille. »Du machst um nichts ein Theater!«

Alain hob den Kopf gegen die trockene blaue Nacht. »In Wasser, in was für Wasser...?«

Er wandte sich seiner Frau zu; er war plötzlich eigentümlich häßlich, als er sie aus großen runden Augen anstarrte.

»Du weißt nicht, was diese Spuren da bedeuten?« sagte er rauh. »Nein, du weißt nichts. Es ist die Angst. Verstehst du? Angst!

Angstschweiß. Der einzige Schweiß der Katzen. Sie hat also Angst gehabt...«

Sehr zart hob er eine Vorderpfote Sahas auf und wischte mit dem Finger über die fleischige Sohle. Dann schob er die weiße lebendige Hülle zurück, in der die beweglichen Nägel gebettet sind:

»Sie hat alle Krallen gebrochen...«, sagte er mehr zu sich. »Sie hat sich angehalten... angeklammert... sie hat den Stein zerkratzt, als sie sich anhielt... Sie...«

Er unterbrach sich, nahm ohne ein weiteres Wort die Katze unter den Arm und trug sie in das Badezimmer.

Allein, unbeweglich, horchte Camille. Sie hielt ihre Hände unverschlungen und frei und schien doch mit Fesseln beladen.

»Mère Buque«, sagte Alains Stimme, »haben Sie Milch?«

»Ja, gnädiger Herr, im Eiskasten.«

»Da ist sie also eiskalt?«

»Aber ich kann sie ja auf der Kochplatte wärmen... Das ist so schnell getan wie gesagt, schauen Sie... Für die Katze? Sie ist doch nicht krank?«

»Nein, sie ist...«

Alains Stimme hielt inne und änderte sich:

»...sie ist ein bißchen angewidert vom Fleisch bei dieser Hitze... Danke, Mère Buque... Ja, Sie können gehen. Auf Wiedersehen morgen früh.«

Camille hörte ihren Gatten gehen und kommen, einen Hahn öffnen, wußte, daß er die Katze mit frischem Wasser versorgte.

Ein wandernder Schatten der Metalljalousie huschte über ihr Gesicht, in dem sich nur ihre großen Pupillen langsam bewegten.

Alain kam zurück, zog nachlässig seinen Ledergürtel fester und setzte sich an den Ebenholztisch. Aber er rief Camille nicht neben sich, und sie mußte als erste sprechen.

»Du hast Mère Buque weggeschickt?«

»Ja. Hätte ich nicht sollen?«

Er zündete eine Zigarette an und schielte auf die Flamme des Feuerzeugs.

»Ich wollte, daß sie morgen früh... Oh, es ist nicht wichtig, entschuldige dich nicht...«

»Aber ich entschuldige mich ja nicht. Eigentlich hätte ich es sollen.«

Er ging bis zum offenen Türrahmen, von der Bläue der Nacht angezogen. Er empfand einen Schauer in sich, der nicht von der eben erlebten Erregung kam, einen Schauer, der vielmehr dem Tremolo eines Orchesters glich, dumpf, voll Ankündigung. Von der Folie-Saint-Jammes stieg eine Rakete auf, zerbarst in leuchtende Blätter, die im Fallen nacheinander verblichen, und wieder war das nächtliche Blau Frieden, bestäubte Tiefe. Im Park der Folie leuchteten weißglühend eine Muschelgrotte, eine Säulenreihe, ein Wasserfall auf, und Camille trat zu ihm.

»Geben sie ein Fest? Warten wir auf das Feuerwerk... Hörst du die Gitarren?«

Er antwortete nicht, ganz mit dem seltsamen Schauer beschäftigt. Die Gelenke und die Hände kribbelten, die Lenden waren müde, von tausend Stichen gequält. Sein Zustand erinnerte ihn an die äußerste Ermattung, die Ermüdung ehemaliger Wettkämpfe in der Sporthalle – Laufen, Rudern –, von denen er feindselig, mit Herzklopfen und todmüde zurückkam. Nur eine einzige Stelle in ihm war friedlich, jene, wo er sich nicht mehr um Saha sorgte. Seit langem, oder auch seit kurzem – seit der Entdeckung von Sahas gebrochenen Krallen, seit der wütenden Angst Sahas, hatte er die Zeit nicht mehr genau gemessen.

»Das ist kein Feuerwerk«, sagte er. »Eher Tanz...«

An der Bewegung, die Camille neben ihm im Dunkel machte, verstand er, daß sie keine Antwort mehr erwartet hatte. Aber sie ermannte sich und näherte sich wieder. Er fühlte sie ohne Bedrückung kommen, sah den Schimmer des weißen Kleides, einen nackten Arm, ein halbes Gesicht im Gelb der Lampen im Zimmer, ein halbes Gesicht, blau, von der klaren Nacht verschluckt, zwei Hälften eines Gesichtes, von der kleinen regelmäßigen Nase geteilt, jede mit einem großen Auge versehen, das nur selten blinzelte.

»Ja, Tanz«, stimmte sie zu. »Es sind Mandolinen, nicht Gi-

tarren... Horch... *Les donneurs... de sérénades, et les belles écouteu –...*«
Auf dem höchsten Ton stolperte ihre Stimme, und sie hüstelte, um ihr Versagen zu kaschieren.

Was für ein dünnes Stimmchen..., staunte Alain. Was hat sie bloß mit ihrer Stimme gemacht, die so schallend ist wie ihre Augen groß und aufgerissen? Sie singt mit der Stimme eines kleinen Mädchens und wird heiser...

Die Mandolinen schwiegen, der Lufthauch trug schwache menschliche Geräusche von Unterhaltung und Beifall herbei. Kurz danach stieg eine Rakete hoch, zersprang in einen Schirm von gelblichen Strahlen, an denen Tränen aus lebhaftem Rot hingen.

»Oh!« rief Camille.

Sie waren beide wie zwei Statuen aus dem Schatten aufgetaucht, Camille aus lila Marmor, Alain weißer, die Haare grünlich und die Augensterne fahl. Als die Rakete erlosch, seufzte Camille.

»Es ist immer zu kurz«, sagte sie weinerlich.

Die Musik in der Ferne begann wieder. Aber eine Laune des Windes wandelte den Klang der Instrumente in spitze Resonanzen, und die starken Schläge einer Paukenbegleitung auf zwei Tönen stiegen schwerfällig bis zu ihnen herauf.

»Schade«, sagte Camille. »Sie haben zweifellos den besten Jazz. Sie spielen *Love in the night*...«

Sie summte die Melodie mit einer unbegreiflich zitternden und hohen Stimme, wie sie dem Weinen folgt. Diese neue fürchterliche Stimme verdoppelte das Unbehagen Alains, entzündete in ihm ein Bedürfnis nach Enthüllung, die Lust, endlich zu zerbrechen, was – seit langer Zeit oder sehr kurzer Zeit? – sich zwischen Camille und ihm erhoben hatte, was noch keinen Namen besaß, aber schnell wuchs, was ihn hinderte, Camille beim Hals zu packen wie einen Knaben, etwas, das ihn unbeweglich an die Wand gedrückt hielt, die noch lau von der Hitze des Tages war, etwas, was ihn wach und aufmerksam hielt... Er wurde ungeduldig und sagte:

»Sing weiter...«

Ein langdauernder dreifarbiger Regen, der wie das Geäst der

Trauerweiden niedersank, malte Streifen auf den Himmel über dem Park und zeigte Alain eine erstaunte, leicht mißtrauische Camille:

»Was denn singen?«

»*Love in the night* oder irgend etwas...«

Sie zögerte, lehnte ab:

»Laß, damit man den Jazz hören kann... sogar hier heroben hört man, daß er weich klingt...«

Er bestand nicht darauf, zügelte seine Ungeduld, bezähmte den Schauer, der durch seinen ganzen Körper rann.

Ein Schwarm fröhlicher kleiner Sonnen, die leicht durch die Nacht kreisten, nahm Form an. Alain verglich sie heimlich mit den Sternbildern seiner Lieblingsträume. Die hier kann man sich merken... ich werde versuchen, sie mit hinüberzunehmen, nahm er sich ernst vor. Ich habe meine Träume zu sehr vernachlässigt... Zum Schluß ging in dem Himmel über der Folie eine Art vagabundierender Morgenröte auf, blähte sich, wurde gelb und rosa, zerplatzte in Emailmedaillen, in knallende Farnkräuter, in Bänder aus blendendem Metall...

Kindergeschrei auf den unteren Terrassen grüßte das Lichtwunder, in dem Alain Camille zerstreut, beschäftigt, von einem anderen Leuchten in sich gerufen, betrachtete...

Er zögerte nicht mehr, als sich die Nacht wieder um sie geschlossen hatte, und ließ seinen nackten Arm unter den Arm Camilles gleiten. Als er sie berührte, schien er zugleich den Arm zu sehen, von einem Weiß, das vom Sommer kaum getönt war, eingehüllt in einen Flaum feiner Härchen, die auf der Haut lagen, goldkäferfarben auf dem Vorderarm, blässer zur Schulter hinauf...

»Dir ist kalt«, murmelte er. »Bist du krank?«

Sie weinte ganz leise, so prompt, daß Alain sie im Verdacht hatte, ihre Tränen bereitgehalten zu haben.

»Nein. Du bist schuld... Du... du liebst mich nicht.«

Er lehnte sich mit dem Rücken an die Mauer, drückte Camille an seine Hüfte. Er spürte, daß sie zitterte und kalt war von der Schulter bis zu den Knien, die nackt über den niedergerollten Strümpfen waren. Sie schmiegte sich eng an ihn und hielt ihr Gewicht nicht zurück. »So, so. Ich liebe dich nicht. Gut. Wieder eine Eifersuchtsszene wegen Saha?«

Er spürte, wie eine Welle durch alle Muskeln des Körpers, den er stützte, lief, eine Wiederaufnahme der Verteidigung und Energie; begünstigt durch die Stunde und Gelegenheit, fuhr er hartnäckig fort:

»Anstatt dieses charmante Tier anzunehmen wie ich... Sind wir denn das einzige junge Paar, das eine Katze, einen Hund aufzieht? Willst du einen Papagei, einen Seidenaffen, ein Paar Tauben, einen Hund, damit ich meinerseits recht eifersüchtig werde?«

Sie schüttelte die Schultern und protestierte mit geschlossenen Lippen und einem bekümmerten Laut. Mit hocherhobenem Kopf überwachte Alain seine eigene Stimme und feuerte sich an: Vorwärts, vorwärts... noch zwei oder drei Kindereien, etwas Füllwerk, und wir werden zu etwas kommen... Sie ist wie ein Krug, den ich umkehren muß, um sie ganz zu leeren... Weiter, weiter...

»Willst du einen kleinen Löwen, ein Krokodilbaby, nicht ganz fünfzig Jahre alt? Nein?... Dann mußt du also lieber doch Saha adoptieren... Wenn du dir etwas Mühe gibst, wirst du sehen, daß...«

Camille riß sich so derb aus seinen Armen, daß er schwankte. »Nein!« schrie sie. »Das niemals! Hörst du? Niemals!«

Sie seufzte wütend auf und wiederholte leiser: »O nein! Niemals!«

Jetzt sind wir soweit, sagte sich Alain genußvoll.

Er drängte Camille ins Zimmer, ließ den äußeren Vorhang fallen, zündete das Viereck im Plafond an und schloß das Fenster. Mit einer tierhaften Bewegung näherte sich Camille dem Ausgang, den Alain wieder öffnete: »Unter der Bedingung, daß du nicht schreist«, sagte er.

Er rollte Camille den einzigen Lehnsessel hin, setzte sich rittlings auf den einzigen Stuhl am Fußende des frischüberzogenen Bettes. Im Widerschein der Chintzvorhänge, die schon für die Nacht zugezogen waren, erschien die Blässe Camilles und ihr weißes, verdrücktes Kleid grün.

»Also?« begann Alain. »Nicht einzurenken? Gräßliche Sache – entweder sie oder du?«

Sie nickte kurz. Alain sah, daß er den tändelnden Ton fallenlassen mußte.

»Was soll ich dir also sagen?« fing er nach einer Stille wieder an. »Das einzige, was ich dir nicht sagen will? Du weißt sehr gut, daß ich auf diese Katze nicht verzichten werde. Ich würde mich schämen. Schämen vor mir und vor ihr...«

»Ich weiß«, sagte Camille.

»...und vor dir«, beendete Alain.

»Oh, ich...!« sagte Camille und hob die Hand.

»Du zählst auch«, sagte Alain hart. »Im ganzen genommen bist du auf mich allein bös. Du hast Saha nichts vorzuwerfen als die Liebe, die sie für mich empfindet.«

Sie antwortete nur mit einem bekümmerten und zögernden Blick, und er war gereizt, daß er noch weiter in sie dringen mußte. Er hatte gedacht, daß eine heftige und kurze Szene alle Themen forcieren würde, und hatte sich auf diese Leichtigkeit verlassen. Aber nach dem ersten Schrei hatte sich Camille wieder gesammelt und lieferte keinerlei Scheite für die Glut. Er wandte Geduld an:

»Sag mir, Kleines – was denn? Darf ich dich nicht ›mein Kleines‹ nennen? – sag mir, wenn es sich um eine andere Katze als Saha handelte, wärst du weniger intolerant?«

»Natürlich ja«, antwortete sie sehr schnell. »Du würdest sie nicht so lieben wie diese.«

»Das stimmt«, sagte Alain mit berechnender Loyalität.

»Selbst eine Frau«, ereiferte sich Camille, »selbst eine Frau würdest du zweifellos nicht so sehr lieben.«

»Auch das stimmt«, sagte Alain.

»Du bist nicht wie die Leute, die Tiere lieben, du nicht... Patrick liebt auch Tiere. Er nimmt die großen Hunde um den Hals, er balgt sich mit ihnen, er ahmt die Katzen nach, um zu sehen, wie sie dabei dreinschauen, er pfeift den Vögeln...«

»Ja. Schließlich ist er kein schwieriger Fall«, sagte Alain.

»Aber du – das ist etwas anderes; du liebst Saha...«

»Das habe ich dir niemals verborgen, aber ich habe dich auch nicht angelogen, als ich dir sagte: Saha ist nicht deine Rivalin...« Er unterbrach sich und schlug die Lider über seinem Geheimnis nieder, das ein Geheimnis der Reinheit war.

»Es gibt Rivalinnen und Rivalinnen«, sagte Camille sarkastisch. Sie wurde plötzlich rot, entzündete sich an einer plötzlichen Berauschung, ging auf Alain zu.

»Ich habe euch gesehen!« schrie sie. »Am Morgen, wenn du die Nacht auf deinem kleinen Diwan verbringst... Bevor der Tag anbricht, habe ich euch gesehen, euch beide...«

Sie streckte einen zitternden Arm gegen die Terrasse.

»Dort habe ich euch sitzen sehen, alle beide... ihr habt mich nicht einmal gehört! Ihr seid Wange an Wange dagesessen...«

Sie ging bis zum Fenster, holte Atem und kam wieder auf Alain zu.

»Es liegt an dir, aufrichtig zu sagen, wenn ich unrecht habe, diese Katze nicht zu mögen, wenn ich unrecht habe, darunter zu leiden.«

Er wahrte die Stille so lange, daß sie von neuem gereizt wurde.

»Also sprich doch schon! Sag etwas! An dem Punkt, an dem wir angelangt sind... Worauf wartest du?«

»Auf die Fortsetzung«, sagte Alain. »Den Rest.«

Er erhob sich sachte, beugte sich über seine Frau und senkte die Stimme, während er auf die Fenstertür wies:

»Das warst du, nicht wahr? Du hast sie hinuntergeworfen...?«

Mit einer prompten Bewegung brachte sie das Bett zwischen sich und ihn, aber leugnete nicht. Er lächelte etwas, als er sie flüchten sah:

»Du hast sie hinuntergeworfen«, sagte er versonnen. »Ich habe wohl gefühlt, daß du alles zwischen uns verändert hast... Sie hat sich die Krallen gebrochen, als sie sich an die Mauer anzuklammern versuchte...«

Er senkte den Kopf, stellte sich das Attentat vor.

»Aber wie hast du sie hinuntergeworfen? Hast du sie bei der Nackenhaut gehalten? Hast du ihren Schlaf auf der Brüstung dazu ausgenützt? Hast du deinen Anschlag lange vorbereitet? Habt ihr nicht miteinander gekämpft – vorher?«

Er hob die Stirn, betrachtete die Hände und Arme Camilles.

»Nein, du hast keine Spuren. Sie hat dich gut angeklagt, nicht wahr, als ich dich gezwungen habe, sie zu berühren... Sie ist großartig...«

Sein Blick glitt von Camille ab und umfaßte die Nacht, den Sternenstaub, die Wipfel der drei Pappeln, die im Licht des Zimmers schimmerten.

»Also«, sagte er einfach, »ich gehe.«

»Oh! Höre... hör...«, flehte Camille wild, ganz leise.

Dennoch ließ sie ihn aus dem Zimmer gehen. Er öffnete die Wandschränke, sprach mit der Katze im Badezimmer. Das Geräusch seiner Schritte sagte Camille, daß er Straßenschuhe angezogen hatte, und mechanisch schaute sie auf die Uhr. Er kam zurück und trug Saha in einem bauchigen Korb, den Mère Buque benützte, wenn sie auf den Markt ging. Hastig angezogen, die Haare schlecht frisiert, sein Seidentuch lose um den Hals geschlungen, sah er aus wie in der Unordnung der Liebe, und die Lider Camilles schwollen. Aber sie hörte Saha sich im Korb rühren und preßte die Lippen zusammen.

»Also, ich gehe«, wiederholte Alain.

Er senkte die Augen, hob den Korb etwas und korrigierte mit berechnender Grausamkeit: »Wir gehen.«

Er befestigte den Deckel des Weidenkorbes und erklärte:

»Ich habe nur das hier in der Küche gefunden.«

»Du gehst nach Haus?« fragte Camille, indem sie sich zwang, die Ruhe Alains nachzuahmen.

»Aber natürlich.«

»Wirst du denn... kann ich rechnen, dich dieser Tage einmal zu sehen?«

»Aber gewiß.«

Vor Überraschung wurde sie noch einmal weich und hätte fast gebeten, geweint, sich angestrengt verteidigt.

»Und du«, sagte Alain, »bleibst du heute nacht allein hier? Fürchtest du dich nicht? Wenn du darauf bestehst, würde ich bleiben, aber...«

Er drehte den Kopf zur Terrasse.

»Aber, offen gesagt, liegt mir nichts daran... Was gedenkst du denn bei dir zu Hause zu sagen?«

Verletzt, daß er sie ausdrücklich den Ihren zurückschickte, richtete sich Camille auf.

»Ich habe ihnen nichts zu sagen. Das sind Dinge, die nur mich allein angehen, glaube ich... Ich habe durchaus keine Lust auf Familienrat.«

»Ich gebe dir vollkommen recht – vorderhand.«

»Außerdem können wir ja von morgen an entscheiden...«

Er hob seine freie Hand, um diese Bedrohung der Zukunft abzuwehren. »Nein, nicht morgen. Das Heute hat kein Morgen.«

Auf der Schwelle des Zimmers wandte er sich um.

»Im Badezimmer habe ich meinen Schlüssel gelassen und das Geld, das wir hier haben...«

Sie unterbrach ihn ironisch:

»Warum nicht eine Kiste Konserven und einen Kompaß?«

Sie spielte die Tapfere und maß ihn mit den Augen, eine Hand in der Hüfte, den Kopf aufrecht auf ihrem schönen Hals. Sie genießt meinen Abgang, dachte Alain. Er wollte mit einem analogen Theater der letzten Stunde antworten, seine Haare in die Stirn werfen, den zwischen Wimpern schmachtenden Blick einschalten und Verächtlichkeit posieren; aber er verzichtete auf eine Mimik, die sich mit dem Einkaufskorb schlecht vertrug, und begnügte sich mit einem vagen Gruß in die Richtung Camilles.

Sie wahrte ihre Haltung, ihre theatralische Pose.

Bevor er hinausging, sah er aus der Entfernung die Ringe um ihre Augen deutlicher und die Nässe, die ihre Schläfen und ihren faltenlosen Hals bedeckte.

# Ernest Hemingway
## *Katze im Regen*

Im Hotel wohnten nur zwei Amerikaner. Von all den Leuten, die ihnen auf ihrem Weg in ihr Zimmer auf der Treppe begegneten, kannten sie niemanden. Ihr Zimmer war in der zweiten Etage mit dem Blick aufs Meer und auch auf die öffentlichen Anlagen und das Kriegerdenkmal. In den öffentlichen Anlagen gab es große Palmen und grüne Bänke. Bei gutem Wetter war da immer auch ein Maler mit seiner Staffelei. Maler mochten die Art, wie die Palmen wuchsen, und die leuchtenden Farben der Hotels, die den Gärten und dem Meer gegenüberlagen. Italiener kamen von weit her, um an dem Kriegerdenkmal emporzusehen. Es war aus Bronze und glänzte im Regen. Es regnete. Der Regen tropfte von den Palmen. Wasser stand in Pfützen auf den Kieswegen. Das Meer durchbrach in einer langen Linie den Regen, glitt über den Strand zurück und kam herauf, um sich wieder in einer langen Linie im Regen zu brechen. Die Autos waren von dem Platz beim Kriegerdenkmal verschwunden. Auf der Schwelle eines gegenüberliegenden Cafés stand ein Kellner und blickte über den leeren Platz.

Die junge Amerikanerin stand am Fenster und sah hinaus. Grad unter ihrem Fenster hockte eine Katze unter einem der von Regen triefenden Tische. Die Katze suchte sich so zusammenzuballen, daß es nicht auf sie tropfen konnte.

»Ich geh runter und hole das Kätzchen«, sagte die junge Amerikanerin.

»Ich werd's machen«, erbot sich ihr Mann vom Bett her.

»Nein, ich hol's. Das arme Kätzchen da draußen; was es sich anstrengt, um unter dem Tisch trocken zu bleiben.«

Ihr Mann las weiter; er lag am Fußende des Bettes auf die zwei Kopfkissen gestützt.

»Werd nicht naß«, sagte er.

Seine Frau ging hinunter, und der Hotelbesitzer stand auf und verbeugte sich, als sie am Büro vorbeikam. Sein Pult stand ganz hinten im Büro. Er war ein alter und sehr großer Mann.

»*Il piove*«, sagte die Frau. Sie mochte den Hotelbesitzer.

»*Si, si, Signora, brutto tempo*. Es ist sehr schlechtes Wetter.«

Er stand hinter seinem Pult in der Tiefe des dämmrigen Zimmers. Die Frau mochte ihn. Sie mochte die todernste Art, mit der er alle Beschwerden entgegennahm. Sie mochte seine Würde. Sie mochte die Art, wie er ihr gegenüber immer dienstbereit war. Sie mochte, wie er sich als Hotelbesitzer fühlte. Sie mochte sein altes, schweres Gesicht und seine großen Hände.

Sie mochte ihn, machte die Tür auf und sah hinaus. Es regnete stärker. Ein Mann in einem Gummicape überquerte den leeren Platz zum Café. Rechts um die Ecke mußte die Katze sein. Vielleicht konnte sie unter der Dachtraufe trocken bis hin gelangen. Während sie auf der Schwelle stand, öffnete sich hinter ihr ein Regenschirm. Es war das Mädchen, das ihr Zimmer aufräumte.

»Sie sollen nicht naß werden«, sagte sie lächelnd auf italienisch. Natürlich hatte sie der Hotelbesitzer geschickt.

Das Mädchen hielt den Schirm über sie, während sie auf dem Kiesweg unter ihr Fenster ging. Der Tisch stand da, vom Regen hellgrün gewaschen, aber die Katze war fort. Sie war plötzlich enttäuscht. Das Mädchen sah fragend zu ihr auf.

»*Ha perduto qualque cosa, Signora?*«

»Da war eine Katze«, sagte die junge Amerikanerin.

»Eine Katze?«

»*Si, il gatto.*«

»Eine Katze?« lachte das Mädchen. »Eine Katze im Regen?«

»Ja«, sagte sie, »unterm Tisch«, und dann: »Ach, ich wollte sie so gern haben. Ich wollte so gern ein Kätzchen haben.«

Als sie englisch sprach, nahm das Gesicht des Zimmermädchens einen verschlossenen Ausdruck an.

»Kommen Sie, Signora«, sagte sie, »wir müssen wieder hinein, Sie werden sonst naß.«

»Vermutlich«, sagte die junge Amerikanerin.

Sie gingen den Kiesweg zurück und überschritten die Schwelle. Das Mädchen blieb draußen, um den Schirm zuzumachen. Als die junge Amerikanerin an dem Büro vorbeiging, verbeugte sich der Padrone hinter seinem Pult. Sie fühlte sich innerlich irgendwie sehr klein und wie zugeschnürt. Beim Anblick des Padrone fühlte sie sich sehr klein und gleichzeitig wirklich wichtig. Einen Augenblick hatte sie ein Gefühl von höchster Wichtigkeit. Sie ging weiter, die Treppe hinauf. Sie öffnete die Zimmertür. George lag lesend auf dem Bett.

»Hast du die Katze?« fragte er und legte das Buch hin.

»Sie war weg.«

»Wo sie wohl hin sein mag?« sagte er, während er seine Augen vom Lesen ausruhte.

Sie setzte sich aufs Bett.

»Ich wollte sie so furchtbar gern haben«, sagte sie. »Ich weiß eigentlich gar nicht, warum ich sie so gern haben wollte. Ich wollte das arme Kätzchen haben. Es ist kein Spaß, ein armes Kätzchen draußen im Regen zu sein.«

George las wieder.

Sie ging hinüber, setzte sich vor den Spiegel ihres Toilettentisches und besah sich in ihrem Handspiegel. Sie besah sich prüfend ihr Profil, erst eine Seite, dann die andere. Dann betrachtete sie ihren Hinterkopf und ihren Nacken.

»Was meinst du, wäre es nicht eine gute Idee, wenn ich meine Haare wachsen ließe?« fragte sie und besah sich nochmals ihr Profil.

George blickte auf und sah ihren Nacken, der wie bei einem Jungen ausrasiert war.

»Ich mag es so, wie es ist.«

»Ach, ich hab's so über«, sagte sie. »Ich hab's so über, wie ein Junge auszusehen.«

George veränderte seine Lage auf dem Bett. Er hatte, seitdem sie redete, nicht von ihr weggesehen.

Hans Fischer (fis)
*Metamorphose einer Katze in eine Frau*

»Du siehst ganz verteufelt hübsch aus«, sagte er.

Sie legte den Spiegel auf den Toilettentisch, ging zum Fenster hinüber und sah hinaus. Es wurde dunkel.

»Ich möchte meine Haare ganz straff und glatt nach hinten ziehen und hinten einen schweren Knoten machen, den ich wirklich fühlen kann«, sagte sie. »Und ich möchte ein Kätzchen haben, das auf meinem Schoß sitzt und schnurrt, wenn ich es streichle.«

»Wahrhaftig?« sagte George vom Bett her.

»Und ich will an meinem eigenen Tisch mit meinem eigenen Besteck essen, und ich will Kerzen. Und ich will, daß es Frühling ist, und ich will mein Haar vor dem Spiegel richtig bürsten können, und ich will ein Kätzchen haben, und ich will ein paar neue Kleider haben.«

»Nun hör schon auf, und nimm dir was zu lesen«, sagte George. Er las wieder.

Seine Frau sah aus dem Fenster. Draußen war es jetzt ganz dunkel, und es regnete immer noch in den Palmen.

»Auf jeden Fall will ich eine Katze haben«, sagte sie. »Ich will eine Katze haben. Ich will sofort eine Katze haben. Wenn ich keine langen Haare oder sonst ein bißchen Spaß haben kann, eine Katze kann ich haben.«

George hörte nicht zu. Er las sein Buch. Seine Frau sah aus dem Fenster auf den Platz, wo die Laternen jetzt angezündet waren.

Jemand klopfte an die Tür.

»*Avanti*«, sagte George. Er sah von seinem Buch auf.

In der Tür stand das Zimmermädchen. Sie hielt eine große, schildpattfarbene Katze eng an sich gepreßt, die an ihrem Körper herunterhing.

»Verzeihung«, sagte sie. »Der Padrone sagte, ich soll dies der Signora bringen.«

*Deutsch von Annemarie Horschitz-Horst*

# M. Mackenzie Scott

## *Das Geburtstagsgeschenk*

Es war Miezes dreizehnter Geburtstag. Da Mieze kein glückliches kleines Mädchen war, sondern eine abgelebte, ziemlich schäbige, ingwerfarbene Katze, ahnte sie nicht, was ein Geburtstag zu bedeuten hatte; denn ihre eigene instinktive Zählmethode kannte keine Ziffern. Aber die Worte ›dreizehnter Geburtstag‹ wurden ihr schon zu früher Morgenstunde wiederholt ins Ohr gerufen, als ihre Herrin, die Pförtnerin eines alten Hauses in Buda, sie aus ihrem Korb nahm und in einer für Mieze sehr unangenehmen Verrenkung an die Brust preßte. Mieze war jedoch so unangenehme Stellungen und so temperamentvolle Liebesbezeugungen gewohnt.

»O mein Liebling! Mutters einziges Kätzchen! Heut ist ja dein dreizehnter Geburtstag, und Mutter hat ein wunderschönes Geschenk für dich!« Mieze wurde gedrückt, geschüttelt und viele Male unter Freudenrufen durch die Luft geschwenkt, bevor sie endlich wieder in ihrem Körbchen landete. »Dreizehn Jahre lang warst du Mutters Trost!« pries die Pförtnersfrau, während sie umherschlurfte und mit viel Lärm das Schlafzimmer aufräumte. »Heute vor dreizehn Jahren wurdest du geboren, genau um vier Uhr nachmittags. Und ich hielt der armen Cilli das Pfötchen, bis alles vorüber war.« Die Frau beugte sich abermals über den Korb, und die alte Katze wurde wiederum ihres Gleichgewichts beraubt und zappelte hilflos wie ein herumgedrehter Käfer auf dem Rücken, die Beine in der Luft. Sie mußte alles über sich ergehen lassen, denn ihre Behendigkeit hatte sie längst eingebüßt.

Ihre Herrin hing über dem Korb und streichelte sie unaufhörlich. Ihr gealtertes Gesicht war mit Rouge und Puder hübschgemacht, ihre Zähne waren mit viel Gold gefüllt. Perlen, so groß wie kleine Monde, waren an ihren Ohrläppchen befestigt, und ein rotes Baumwolltuch bedeckte ihren Kopf. »Meine arme Mieze ist Witwe«, fuhr die Frau fort, »aber du hast deinen Max nicht vergessen, der von einem bösen Hund totgebissen wurde... He, Teri! Die Milch brennt an!« Die Tür hinter sich zuschlagend, stürzte sie in ihre kleine Küche.

Erlöst von der lauten Stimme und den allzu liebevollen Händen, kam Mieze allmählich wieder zu sich. Nachdem sie sich im Zimmer umgesehen und einen Augenblick noch den Stimmen in der Küche gelauscht hatte, begann sie ihre Morgentoilette. Die erste Bewegung war ein oberflächliches Lecken über das weiße Fell ihrer Vorderpfoten und ihrer Brust. Damit hatte sie sich sozusagen zu dieser Arbeit entschlossen, und sie reinigte ihre rechte Pfote jetzt gründlich von beiden Seiten, außen und innen, die Krallen herausstreckend und emsig die staubigen Büschel dazwischen mit ihren alten, stumpfen Zähnen herausbeißend. Nachdem sie ihre Pfoten für sauber hielt, feuchtete sie die rechte mit der Zunge an und legte sie an die rechte Schläfe, um sich etwas Störendes aus dem Auge zu wischen, das sie zuweilen plagte. Nun begriff sie in diesen Reinigungsprozeß noch ihre Nase ein, die trotz ihren fortgeschrittenen Jahren derselbe niedliche weiße Knopf geblieben war wie in ihrer Kindheit. Ziemlich schnell ging ihre Pfote über das rechte Ohr weg, denn das war unwichtig, weil ein Teil davon in ihrer Jugend von einem Hund abgebissen worden war. Aber das Ohrinnere wurde säuberlich und mit viel Sorgfalt gebürstet, gerieben und poliert.

Endlich machte Mieze eine Pause. Sie blieb tief aufatmend sitzen und starrte mit ihren blanken goldenen Augen das Tischbein an. Nachdem sie auch noch Rücken und Bauch gesäubert hatte, stieg sie bedächtig aus ihrem Korb und ging ans offene Fenster. Sie sprang auf einen Stuhl und sah durch das Drahtgitter hinaus, das die Öffnung verschloß. Sie mochte den Draht nicht, denn er hielt ihre Krallen fest, wenn sie die Pfoten durchzustecken versuchte, und wenn sie ihre Nase in eines der Löcher steckte, wurden ihre Schnurrhaare beschädigt. In ihrem Gedächtnis spukte noch immer eine schwache Erinnerung daran, wie sie früher frei in der Sonne auf dem Fensterbrett sitzen konnte neben dem alten Kater Max, der lange Jahre ihr Kamerad gewesen war. Aber sie wußte nicht, wie lange das zurücklag, noch brachte sie den Maschendraht mit dem Verschwinden von Max in Zusammenhang.

Mieze fühlte sich ziemlich schläfrig nach ihren Anstrengungen; aber ihre Herrin fegte gerade den Hof mit einem langen Besen aus Weidenzweigen, und ihre schnellen, lebhaften Bewegungen fesselten Miezes Aufmerksamkeit.

»He, Teri! Mach endlich den Vogelkäfig sauber!« rief sie ihrer Schwester zu, während sie den Staub aus den Winkeln tanzen ließ.

»Ja, ja«, piepste eine Stimme aus der Küche, und Teri erschien im Hof. Sie war eine schwächliche kleine Person mit einem ziemlich langen Rock und einem blauen Tuch um den Kopf. Ihre Augen spiegelten die Geduld und die Ängstlichkeit derer, denen Sprechen und Hören schwerfällt.

»Das ist der letzte Tag, an dem ich die Arbeit für die Baronin mache«, knurrte die Pförtnerin, während Teri das Näpfchen des Kanarienvogels ausschüttete. »Kein Mensch würde sich ihr Keifen und ihren Geiz gefallen lassen, aber ich wollte doch durchaus meiner lieben kleinen Mieze das schöne Geschenk machen.« Die hinter dem Drahtgitter hockende Katze öffnete die Augen beim Klang ihres Namens. »Zwanzig Pengö monatlich ist sehr wenig für Geschirrabwaschen und Dielenputzen jeden Nachmittag! Aber als der Mann mir sagte, das Geschenk würde zwanzig Pengö kosten, habe ich zugesagt und mir das Geld auf diese Weise verdient.«

Jetzt erschien der Schuster, der im Hof wohnte, im Rahmen seiner Tür. Er war ein dicker ältlicher Mann mit rotem Gesicht und rotem Haar, das zu ergrauen begann. »Na, wie steht es nun mit dem Geburtstagsgeschenk?« erkundigte er sich heiter.

»Der Mann wird es um halb sechs herbringen«, antwortete die Pförtnersfrau aus ihren Staubwolken heraus. Dann warf sie den Besen auf ein leeres Blumenbeet an der Mauer und verzog sich in ihre Küche. Teri folgte ihr bald darauf. Jetzt war nichts mehr im Hof, das Miezes Schläfchen stören konnte, außer der Stimme des Kanarienvogels, der im Sonnenschein trillerte; aber das war schon lange zur Gewohnheit geworden.

Gegen Mittag erwachte sie von einem Geräusch, das sie beunruhigte. Zuerst wußte sie nicht, wo sie war, als sie die Augen öffnete. Die Pförtnerin rannte herein und hinaus und setzte Näpfe auf den Boden vor den Korb. An den Ausrufen und den verschiedenen Gerüchen merkte Mieze, daß ihr heutiges Mittagsmahl etwas Besonderes war. Aber als sie ihr Körbchen verließ, um es in Augenschein zu nehmen, bückte sich die Pförtnerin und hob sie auf den Schoß. »Meine Mieze muß hübsch sein an ihrem dreizehnten Geburtstag!« rief sie und begann ihr ein blaues Seidenband um den Hals zu binden. »Bist doch meine brave Mieze! Keine unerlaubten Wege! Kein Entwischen in der Nacht! Es ist deine Ehrbarkeit, Mieze, die dich jung erhalten hat. So, jetzt bist du hübsch und bereit für deinen Geburtstagsschmaus!« Die Pförtnerin sprang auf, und die steife alte Katze plumpste auf den Boden neben die Reihe der für sie bestimmten Schüsselchen. Erst mußte sie einen Augenblick stehenbleiben, bis sie ihr körperliches und geistiges Gleichgewicht wiedererlangt hatte; dann machte sie sich daran, den delikatesten Geruch herauszufinden.

Nachdem die Nachmittagsstille über das Haus gekommen und die Pförtnerin weggegangen war, um die Hausarbeit bei der Baronin zu verrichten, öffnete Teri die Tür zum Schlafzimmer. Mieze wartete an der Seite, damit beschäftigt, den Nachgeschmack ihrer Mahlzeit von Lippen und Kinn zu lecken; dann schlüpfte sie schnell hinter Teri her, um in die Sonne hinauszukommen. In der Mitte des Hofes setzte sie sich nieder und ließ die Schwanzspitze unternehmungslustig zucken, als wollte sie ihre wiedergewonnene Unabhängigkeit dartun. Ihre Hast war unnötig gewesen; denn Teri war ein armes, behindertes Geschöpf, das sie nicht zurückholen konnte. Mieze fühlte sich irgendwie belästigt durch das blaue Band, das unter ihrem Kinn hing, und versuchte, es mit ihrer Pfote abzustreifen; aber ihre Anstrengungen waren vergeblich. Sie streckte nun ein Hinterbein ganz weit aus, um es dann umständlich wieder einzuziehen und sich mit der Pfote hinterm Ohr zu kratzen. Nachdem sie sich diese kleine Erleichterung verschafft hatte, blinzelte sie gemächlich in die Runde, als erwartete sie den guten Einfall, der entscheiden würde, was sie jetzt beginnen sollte.

Über ihr trillerte verlassen der Kanarienvogel; drüben saß der Schuster in seiner offnen Tür und klopfte hölzerne Stifte in eine Schuhsohle. Mieze glitt lautlos in die Nähe seiner Tür.

»He, Mieze«, rief der Schuster weiterpochend, »du ahnst gar nicht, was dir bevorsteht, du alte Schraube! Hahaha! Du wirst ein Geschenk bekommen, worüber dir die Haare auf deinem alten Kopf zu Berge stehen werden!«

Mieze wendete ihren also bedrohten Kopf vorsichtig von der Tür weg. Obwohl sie nicht wußte, was der Schuster ihr da prophezeite, fühlte sie, daß sie von ihm reichlich genug hatte. Sie glitt an der Mauer entlang und bog in den Torweg ein, der zur Straße führte. Er war eng, zwei Türen lagen in der Mitte einander gegenüber. Eine davon war halb offen. Mieze näherte ihre Schnurrhaare dem Spalt.

»Mach, daß du wegkommst, du schmutziges Vieh!« rief eine helle Frauenstimme, »untersteh dich, in meine Küche zu kommen! Geh weg.« Ein Besen kam so plötzlich durch den Spalt geflogen, daß er Mieze an der Brust traf und sie mit ungewöhnlicher Gelenkigkeit zur Seite springen ließ. Jetzt öffnete sich die Tür auf der andern Seite, und eine fette Frau mit einem Tuch um den Kopf sah heraus. Es war die Zeitungshändlerin, die das einzige Zimmer an dieser Seite bewohnte.

»Arme Mieze, arme alte Katze!« rief sie in tröstendem Singsang. »Können sie dich dort nicht leiden? Beschimpfen sie dich?! Na, laß gut sein!«

Die junge Frau mit dem Besen stieß ihre Tür auf. Sie war groß und hatte ein blasses, mürrisches Gesicht. Seit wenigen Wochen war sie verheiratet; aber ihre Augenlider waren ständig vom Weinen gerötet. »Ich will dieses schmutzige alte Vieh nicht in meiner Küche haben«, sagte sie herausfordernd. »Man muß sehen, daß man es loswird, es ist ungesund, es in der Nähe zu haben.« Vor Nervosität kamen ihr Tränen in die Augen, während sie sprach, und die dicke Frau betrachtete sie mit mitleidigen, mütterlichen Augen.

»Komm doch in mein Zimmer, meine Liebe«, sagte sie freundlich, »ich will das Radio anstellen; es wird dir guttun, ein bißchen Musik zu hören.«

Mieze kehrte um und stahl sich durch den Torweg zu den krummen Stufen, die zu der einzigen Wohnung im ersten Stock führten. Den inneren Teil der Wohnung vermied sie, weil sie aus Erfahrung wußte, daß dort Fremde – oft sehr unliebenswürdige Fremde – logierten. So durchschritt sie die Küche und ging auf die kleine Veranda, die gleichzeitig das Dach der Pförtnerswohnung bildete. Die Veranda war ein schmutziger Platz mit halbwelken Blumen, die in schmalen Kästen im Winkel standen. Verblaßte Photographien in Muschelrahmen schmückten die Wände. Ein verrottetes Brett, bedeckt mit kleinen Portionen von gekochtem Vogelfutter, lag nahe dem eisernen Geländer, durch das man in den Hof hinabsehen konnte. An der Seite der Veranda stand eine große hölzerne Truhe mit Dünger, der dafür bestimmt war, die Erde in den Blumenkisten zu verbessern. Auf dieser Truhe hielt der Besitzer der Wohnung gewöhnlich sein Nachmittagsschläfchen. Mieze war der Anblick seines kahlen Kopfes, der am Ende der Truhe auf einer Matte ruhte, ebenso vertraut wie die Bewegungen seines grauen Schnurrbarts, die dem Rhythmus seines Schnarchens entsprachen. Als sie auf die Truhe sprang, bemerkte sie einige Fliegen, die um des Mannes heraufgezogene Knie herumsummten. Sie stand ein paar Sekunden bewegungslos, bis eine von ihnen sich auf der grauen Hose niederließ; da hob sie die Pfote und schlug danach.

»He!« schrie der alte Mann, unsanft geweckt von dem Tatzenhieb. »Geh weg, Mieze! Scher dich weg, alter Störenfried!« Er setzte sich auf, trampelte laut auf den Fußboden und klopfte mit seiner langen Pfeife gegen die Truhe.

Mieze sprang auf den Boden und verbarg sich hastig; aber nachdem er sich wieder ausgestreckt hatte, um weiterzuschlafen, kehrte sie zurück, saß da und beobachtete die Fliegen, die ihn umschwirrten. Eine Fliege ging spazieren von dem kahlen roten Schädel bis zu den Augenbrauen, danach vom Genick zum Hals und erhob sich dann, anscheinend frohlockend und befriedigt, um gleich darauf ihre Reise von neuem zu beginnen. Der Anblick der winzig kleinen, beweglichen Körper erweckte in Miezes Brust eine seltsame Erregung. Die Spitze ihres Schwanzes zuckte, und zuletzt konnte sie es nicht länger ertragen, hob die Pfote und schlug auf den kahlen roten Kopf.

»Oh, mein Gott!« schrie der Auffahrende, »kann denn ein alter Mann nicht einmal auf seiner eigenen Veranda Ruhe haben? Diese verdammte Katze will mich nicht schlafen lassen!« Brummend und seinen Hinterkopf reibend, schlurfte er in die Küche.

Aus Widersprüchen zusammengesetzt, wie die Katze nun einmal von der Natur geschaffen ist, verlor Mieze jetzt plötzlich das Interesse an den Fliegen. Sie drehte sich um und sprang, ihre Kräfte zusammennehmend, auf den einzigen Stuhl, der auf der Veranda stand. Es war ein altes Strohding, vom Wetter geschwärzt und abgenutzt. In der Mitte des Sitzes war ein Loch, aber Mieze war es gewohnt, auf der Kante zu balancieren. Sie nahm ihre Lieblingsstellung ein, die Beine unter dem Körper.

Ermutigt von der Stille auf der Veranda, hüpften ein paar Sperlinge vom Dach herab und begannen an dem Futter auf dem Brett zu picken. Mieze beobachtete sie bewegungslos mit unergründlichen Augen, während sie nahe dem Geländer herumhüpften, zwitscherten und sich zankten. Jeder versuchte die andern von den Blumentöpfen zu verscheuchen. Mieze war viel zu alt, um ihnen gefährlich zu werden.

Als sie jetzt zum Himmel hinaufblickte, sah sie die Schwalben, die sich für ihren großen Herbstflug in den Süden übten. Eine Amsel saß auf dem Rand des Schornsteins, mit dem Schwanz wippend und in den dunklen Rauchfang hinabschauend. Vor langer Zeit war Mieze gern über die Dachziegel geglitten, die Schwalben beobachtend, wie sie hin und her schossen, gelegentlich auch einmal einen unachtsamen Sperling fangend, dort oder drüben an der Regenrinne. Sie war auf dem Dachfirst entlanggekrochen und oft genug sehr dicht herangekommen an die frechen Amseln, die auf dem Schornsteinsims saßen. Während sie jetzt hinaufstarrte, waren diese Erinne-

katz buckeln

Falsifi katz ion

Provo katz ion

Katz enjammer

Tee miez itrone

"Miez ommernachtstraum"

Siné
*Variationen*

rungen weniger als Bilder in ihrem Kopf vorhanden, sondern als ein Bewußtsein in ihren steifen alten Muskeln. Ihre Augen schlossen sich ein- oder zweimal, als sie den Schwalben nachsah, und zuletzt sank ihr Kopf mit einer beinahe feierlichen Bewegung hinunter. Sie zog die Beine näher an den Körper. Nacheinander hüpften die Sperlinge nun auf den Rand der Veranda. Miezes Kopf begann hin und her zu schwanken wie der Kopf einer sehr alten Frau. Sie konnte nicht mehr nach den Sperlingen springen oder aufs Dach hinauf klettern; aber sie konnte in ihren Nerven noch immer das Hochgefühl von geschmeidigem Aufwärtsfliegen und mühelosem Absprung nachempfinden.

Als die Sonne im Sinken war, wurde Mieze von Schritten auf der Veranda geweckt. Eine Frau kam aus der Küchentür. Mieze wußte sofort, daß es eine Fremde war, noch während sie einige Schritte von ihr entfernt war, weil ihr Kleid lieblich und neu roch. Die Kleider der Leute im Hof rochen nach ranzigem Fett und Tomatensuppe oder nach Tabak; manchmal rochen sie ebenso wie die rostigen Gitter auf dem Pflaster vor dem Hause. Als die Fremde nahe an sie herankam, sah Mieze zu ihrem Gesicht auf, und die Fremde blickte zu ihr herunter und murmelte ein Wort vor sich hin. Mieze wußte zwar nicht, was das Wort bedeutete; trotzdem erfüllte es sie mit einem plötzlichen, unerklärlichen Entzücken. Da sie wußte, daß sie ihren Kopf nicht an dem Kleid der Fremden reiben durfte – sie hatte das aus sehr schlechten Erfahrungen mit Frauen, deren Kleider neu rochen, gelernt –, zupfte sie mit zitternden Pfoten das Stroh vom Sitz des Stuhles, während sie laut, mit hocherhobener Nase, schnurrte. Ihre Sinne waren wie hochempfindliche Antennen. Sie verrieten ihr, daß die Fremde gütig war, freundlich eingestellt ihr gegenüber und fähig, ihr wunderbare und unbegrenzte Wohltaten zu erweisen. Als ihr Schnurren erwartungsvoll anschwoll und ihre Krallen den Stuhlsitz immer aufgeregter bearbeiteten, hörte sie die Tür der Wohnung aufklinken und ihrer Herrin Schritte hereinkommen.

»Mieze! Mieze!« rief die Pförtnerin, als sie die Veranda erreichte.

Mieze sprang von ihrem Stuhl und rannte zu der Fremden. Ihr

Instinkt sagte ihr, daß sie sicher und wohlbehütet sein würde, wenn sie sich an die Fremde hielte, und daß dann ihr tägliches Unglück aus ihrem Leben verschwinden würde. Und als sie sich hinter der Fremden versteckte, konnte sie nicht widerstehen, schnell einmal den Schwanz um eines ihrer Beine zu winden.

»Ist das Ihre Katze?« fragte die Fremde die Pförtnerin, indem sie auf die Katze niederschaute.

»Ja, seit dreizehn Jahren habe ich sie. Und heute ist gerade ihr Geburtstag!« lachte die Pförtnersfrau. »Eine anständigere Katze hat noch nie gelebt, glauben Sie mir! Sie hat nur einmal in ihrem Leben ein Junges gehabt, und sie schien ganz erschrocken über das arme kleine Ding ... Komm jetzt, Mieze, komm mit herunter zu Mutter!«

Vergeblich versuchte Mieze dem Eingefangenwerden zu entgehen, indem sie sich um die Beine der Fremden herum zurückzog; das Schicksal, das für sie immer irgendein menschliches Wesen bedeutete, war unerbittlich. Die Fremde lachte und trat zur Seite, die Pförtnerin schoß auf Mieze herab, und dann wurde sie, obwohl sie mit den Beinen strampelte und den Schwanz aufrührerisch schlug, nach unten getragen.

Im Hof sprach die dicke Zeitungsfrau gerade mit Teri. Sie hatte bereits ihre hellgrüne Wolljacke angezogen, weil sie in einer halben Stunde die Abendzeitung austragen mußte. »Ich habe eben Teri von dem armen jungen Ding erzählt«, berichtete sie, der Pförtnerin ins Haus folgend. »Sie ist Waise, und sie besaß nichts außer ihren Kleidern, als sie ihn heiratete. Er kaufte die Möbel, und jetzt macht er ihr nun das Leben zur Hölle.«

»Was Sie nicht sagen!« antwortete die Pförtnerin geistesabwesend, während sie Mieze in ihren Korb setzte. »Oh, da ist er ja!« rief sie, zum Fenster hinausschauend und in die Hände klatschend. »Endlich bringt er ihn!«

Mieze setzte sich auf und leckte die Haare an ihrer Brust zurecht; dann zerkratzte sie das blaue Band, das sie um den Hals trug. Ihre Stimmung verdüsterte sich. Ihrem Empfinden nach hatte der Tag gerade genug unerwartete Dinge gebracht. Da war nach ihrem Geschmack viel zuviel Kommen und Gehen. Sie starrte den fremden Mann im Türrahmen mit schmal gekniffenen Augen voller Abneigung an.

»Guten Tag, liebe Frau! Ich bringe die Arbeit wie versprochen. Sieht sehr hübsch aus, muß ich sagen.« Der Mann begann das große Paket, das er trug, zu öffnen; aber die Pförtnerin verwies es ihm: »Ich möchte nicht, daß sie ihn nach und nach zu sehen bekommt«, sagte sie aufgeregt. »Sie muß ihn gleich im ganzen sehen, nachdem er ausgewickelt ist. Ich werde ihn hinter dem Bett auspacken.«

Der Mann zog ein zerknittertes Blatt Papier aus der Tasche. »Zwanzig Pengö, wie wir ausgemacht haben«, sagte er und reichte es ihr.

Die Pförtnerin öffnete eine Schublade und nahm ein abgenutztes Portemonnaie heraus. Sie seufzte, als sie das Geld in des Mannes schmutzige Handfläche zählte. Zwei große Silberstücke und zehn kleinere Münzen. Es war alles, was die Börse enthielt.

»Danke, liebe Frau, es stimmt«, sagte der Mann und steckte das Geld in die Tasche. »Wenn Sie es später einmal wieder wünschen«, fügte er hinzu, mit seinem kurzen Zeigefinger auf Mieze weisend, »dann rechne ich Ihnen nur fünfzehn Pengö.«

Die dicke Zeitungsfrau begann zu kichern, als der Mann das Zimmer verließ, und die Pförtnerin ließ sich auf die Knie nieder, um das Paket hinter dem Bett auszupacken. »Miezes Geburtstagsgeschenk ist da!« rief sie durch das Fenster dem Schuster auf der gegenüberliegenden Seite des Hofes zu. »Kommen Sie es doch ansehen!«

Aufrecht in ihrem Korb sitzend, wurde Mieze zusehends kleiner. Ihre goldenen Augen glitten von einem Gegenstand zum andern. Ihre scharfen, beinahe übernatürlichen Sinne hatten ihr gesagt, daß etwas Seltsames bevorstand. Was es war, wußte sie nicht, auch nicht, wo es war. Die Ahnung von etwas Unangenehmem machte alle Geräusche und alles, was sie sah, fremd – so das Papiergeraschel am Ende des Bettes, das Kichern der Zeitungsfrau, das Tischbein neben ihrem Korb und die leere Kohlenkiste an der Tür. Mieze warf einen trüben Blick auf den Schuster, der soeben eintrat; aber ihre Furcht stand in keinem Zusammenhang mit ihm, auch mit Teri nicht, die hinter ihm kam. Sie hatte nie zuvor so viele Menschen in dem kleinen Zimmer gesehen, noch so viel Gelächter gehört, und ihre Nerven vibrierten.

»Hier ist dein Geburtstagsgeschenk!« rief die Pförtnerin, indem sie sich auf den Boden neben Miezes Korb setzte. »Hier ist dein geliebter Max! Zurückgekommen zu seiner Mieze! Sieh ihn dir an, Mieze! Er sieht genau so aus, als ob er lebte!«

Mieze starrte auf das Ding auf dem Fußboden vor ihr, und jedes Haar an ihrem Körper sträubte sich. Das Ding sah Max ähnlich; aber es roch nicht wie Max! Es glotzte sie an mit glänzenden Augen, deren Unbeweglichkeit eine Drohung enthielt, der sie nicht gewachsen war. Und der Geruch war todesähnlicher, abstoßender als alles andere, was Mieze bisher gekannt hatte. Einen Augenblick blieb sie unentschieden und bewegungslos; dann brach ihre Seelenangst in einem gellenden Schrei aus. Spuckend und fauchend wich sie rückwärts über den Rand ihres Korbes aus und versuchte, auf das Bett zu springen. Aber sie verrechnete sich in der Entfernung und glitt auf den Fußboden zurück, die Bettdecke mit ihren Krallen herunterziehend.

»O guter Gott, Mieze!« jammerte die Pförtnerin. »Sie ist erschrocken vor Max!«

Sie wollte die Katze von der Bettdecke lösen; aber Mieze wehrte sich und schlug ihr die Zähne in die Hand. Die Pförtnerin riß sich mit einem Schrei von ihr los, und Mieze sprang erneut auf das Bett, flog über die Kissen und landete, ihre schwachen Kräfte zusammenreißend, schreiend auf dem Kleiderschrank. Das da unter ihr schien ihr ein Höllenspuk.

»Was geht denn hier vor?« fragte der Kohlenträger durch das offene Fenster. Er hatte wie allwöchentlich seine Last Holz nach oben getragen und im Hof den Lärm gehört.

»Oh, du mein Himmel, Mieze ist verrückt! Mieze ist verrückt!« piepste Teri mit zitternden Händen. Sie sah aus wie ein verängstigter Gnom mit ihrem Kopftuch und ihrem schleppenden Rock.

»Mein armer Liebling!« jammerte die Pförtnerin. »Es ist doch ihr dreizehnter Geburtstag, und ich wollte ihr etwas Gutes antun!«

»Ich werde sie einfangen«, sagte der Schuster, indem er einen Stuhl heranzog.

Mieze fauchte oben auf dem Kleiderschrank; ihre Augen glühten rot. Niemand kam es in diesem Augenblick in den Sinn, zu sagen, daß das eine Stuhlbein zerbrochen gewesen und nur notdürftig angeleimt war. Der Schuster stieg hinauf, das Bein gab nach, und bei dem Bemühen, sein Gleichgewicht zu bewahren, trat er mit dem Fuß so heftig auf den dünnen Holzsitz, daß er ebenfalls zerbrach. Die Schreckensschreie der Frauen begleiteten seinen Sturz.

»Jesus Maria!« Der Kohlenträger schrie laut auf, während er sein rundes, verschwommenes Gesicht an das Drahtgitter preßte.

»Ich werde sie schon herunterkriegen«, sagte der Schuster in unheilvollem Ton. Mit gerötetem, ärgerlichem Gesicht stieß er die Frauen zur Seite und verließ die Stube, sich die Sitzfläche reibend. Kurz darauf kehrte er mit einem Eimer voll Wasser und einem langstieligen Besen zurück.

»Einen Besen nehmen für meine Mieze!« wehklagte die Pförtnerin und rang die Hände.

»Besser wäre es, ihr würdet die ausgestopfte Katze verstecken«, riet der Kohlenträger, indem er eine bequemere Stellung vor dem Fenster einnahm.

Teri hob Max vom Fußboden auf und verbarg ihn in einer Kommode.

»Jetzt müßt ihr zurücktreten«, sagte der Schuster, den Eimer neben dem Schrank niedersetzend. Er packte den Besen in der Mitte mit einer Hand und hob ihn wie einen Speer über den Kopf. Als die Borsten über den Rand von Miezes Versteck kamen, begann sie zu spucken und dagegen zu kämpfen. Der Schuster bewegte den Besen von einer Seite zur andern; denn er wollte nicht, daß ihm Mieze auf den Kopf sprang. Als sie unversehens auf die andere Seite schoß, flog der Besenstiel zurück, schlug gegen die Hängelampe und zerbrach das dünne Glas.

»Die ist dahin!« rief der Kohlenträger draußen vor dem Fenster.

»Halt den Mund, du Landstreicher!« brüllte der Schuster mitten in der Arbeit. »Sonst will ich dir eins versetzen, damit du Grund hast, ihn aufzumachen!«

»Steigen Sie hier drauf«, sagte die Zeitungsfrau, indem sie ihm einen Küchenschemel reichte. »Er ist fest«, keuchte sie und wischte sich mit dem Handrücken die Lachtränen aus den Augen.

Der Schuster stieg auf den Schemel. Er konnte Mieze nicht sehen; denn es dämmerte stark, und sie war bis zur Wand zurückgewichen. Er fühlte jetzt, daß der Besen etwas Festes berührte, das Widerstand bot. Mit einem frohlockenden Siegesruf stieß er zu, und eine alte Küchenuhr, die dort seit Jahren vergessen gelegen hatte, polterte herab. Sie landete ausgerechnet in dem Wassereimer. Der kleine Hof widerhallte von dem Freudengeschrei des Kohlenträgers. Die Pförtnerin begann zu weinen; Teri machte sich mit erschrockenem Gesicht daran, das übergeschwappte Wasser aufzuwischen. Der Schuster gönnte der Uhr einen einzigen Blick, dann schlug er mit dem Besen wütend auf die Decke des Schrankes ein, bis der Besen Mieze traf. Mit zornigem Schwung warf er sie auf das Bett. Schlapp fiel sie auf den Rücken. Er ergriff sie beim Nackenfell, tauchte sie zweimal ins Wasser und warf sie mit der abschließenden Bemerkung »So, das wäre getan!« auf den Boden.

Tränen strömten über das Gesicht der Pförtnerin, als sie Mieze aufnahm und mit einem Handtuch trockenrieb. Die alte Katze lag in ihren Armen und rührte sich nicht, nur krampfhafte Zuckungen zitterten zuweilen über ihren Körper.

»Vielleicht kommt sie wieder in Ordnung, wenn sie trocken ist«, sagte die Zeitungsfrau zweifelnd und beugte sich nieder, um Augen und Zähne der Katze zu untersuchen. »Sie ist nicht verrückt, sie hat sich nur furchtbar erschrocken.« Mißbilligend schüttelte sie den Kopf. »Den Lohn für einen Monat Arbeit für das Ding dranzugeben – das war kein glücklicher Einfall«, fügte sie hinzu. Dann drehte sie sich um und hastete aus dem Zimmer, denn es wurde jetzt höchste Zeit für sie, den abendlichen Rundgang anzutreten.

Teri trug den Eimer auf den Hof hinaus und kam zurück, um ein warmes Tuch um die Schultern zu nehmen; denn auch sie mußte jetzt zu ihrer abendlichen Arbeit weggehen. Draußen im Hof tauschten der Schuster und der Kohlenträger einige grobe Worte, bevor sie sich trennten.

Nachdem alles ruhig war, legte die Pförtnerin Mieze in ihren Korb und stopfte ein Stück Flanell um sie herum, um sie warm zu halten. Dann stellte sie den Korb draußen auf die Türschwelle und setzte sich daneben in dem milden Herbstabend. Des Schusters Lampe schien von der gegenüberliegenden Seite in den Hof heraus, und wieder klopfte sein Hammer. Über dem alten Schornstein erschien ein Stern, und plötzlich war die Farbe am Himmel ausgelöscht. Die Pförtnerin schluchzte in ihre Schürze. »Arme Mieze, arme, arme Mieze!« sagte sie erstickt mitten in ihren Tränen. Endlich hob sie ihr tränennasses Gesicht und lehnte den Kopf an den Türrahmen. »Oh, lieber Gott«, flüsterte sie in die Dunkelheit hinein, »dafür zwanzig Pengö! Und ich hätte so nötig neue Schuhe gebraucht!«

In dem Korb neben ihr lag die alte Katze ohne jede Bewegung, denn die Zuckungen quälten ihre steifen Glieder nicht mehr.

*Deutsch von Marga Ruperti*

# Robert Walser
## *Katze und Schlange*

Ich schreibe beim Licht der Lampe. Wie mich dies jünglinghaft anmutet! Beinahe erbleiche ich in meiner Seele über mein heutiges Eingeständnis. Will ich hier irgend etwas gestehen? Man hat mir mit Recht oder ungerechtfertigterweise Geziertheit des Schreibens vorgeworfen. Eine schöne Frau schrieb mir einen Brief, über den ich dachte, er töne zu ernsthaft. »Was will sie von mir? Will sie sich an mir rächen?« sprach ich zu mir. Vielleicht war dieser Gedanke total unbegründet. »Ein Schwert wird dich durchfahren«, prophezeite mir einmal eine arme Semmelausträgerin. »Zwei, die sich lieben«: lautet nicht so der Titel eines Buches, dessen Umschlagzeichnung mir kürzlich in die Augen fiel? Jetzt ist mir aparterweise zumut, als stehe hinter meinem Rücken eine mich beaufsichtigende, teils sorgenvolle, teils vergnügt lächelnde Ratgeberin. Bei dieser Gelegenheit gebe ich gern bekannt, daß eine Entschlossenheit in mir lebt, nunmehr eine Schlange in Betracht zu ziehen. Mit Freuden gebe ich zu, daß ich mich für einen ungewöhnlich trockenen Schriftsteller und Menschen halte; aber steht nicht die Tatsache zu eben Gesagtem in einem Widerspruch, daß mir ein Wohlwollender neulich schrieb, Stellen in meinen Schriften, die ja übrigens bis heute noch nicht gesammelt herausgegeben worden sind, hätten ihn sozusagen tief gerührt? Lakonisch antwortete ich ihm: »Dies war einmal. Mich freut es, wenn ich in Ihrem Herzen Bewegung hervorrief, aber Sie werden begreifen, daß ich mit jeder Faser der Gegenwart gehöre und mich durch Lobeserhebungen nicht in meiner Alltagsfestigkeit beeinträchtigen lassen darf.« Sogleich wird ein Kätzchen auftreten.

Halt, da fällt mir ein, daß eine nicht unimportante Persönlichkeit meiner Unwichtigkeit gegenüber die bedenkenerweckende Bemerkung fallenließ, ich könne nicht Deutsch. Der Nachthimmel ist mit blümchenhaft glitzernden Sternen geziert, indem ich mich anschicke, vom Kätzchen verlauten zu lassen, es habe mich scheinbar sehr geliebt, aber aus irgendwelchen Gründen sei mir eingefallen zu glauben, es habe sich in meiner Umgebung unmöglich gemacht, derart, daß ich es abschaffen zu sollen meinte. Ich weiß mit Bestimmtheit, daß sich das Kätzchen unentbehrlich zu sein einbildete. Bis dahin duldete ich sein Beisein mit Vergnügen; plötzlich jedoch war ich seinethalb unduldsam geworden, und da mich gleichzeitig eine gewisse Sehnsucht erfüllte, der Schlange eine Gefälligkeit zu erweisen, gewann der Gedanke nach und nach in mir Ausdehnung, das Unbeliebte, das sich nach wie vor geschätzt glaubte, worin es sich irrte, zur Ersehnten zu tragen, die sich bei mir beliebt zu machen verstanden hatte. Schön und einsam, in glühendkalter prächtiger Zusammengerolltheit verbrachte das Wunder an Eleganz ihre Tage in gezwungen-träger Gleichförmigkeit. Mit dem Kätzchen hatte ich immerhin Mitleid, aber mit der Schlange nicht minder. Dazu kam, daß ich die Beute einer Bewunderung gegenüber letzterer geworden zu sein nicht abzuleugnen vermochte, und dann wird mich wohl auch der Umstand beeinflußt haben, daß so ziemlich alle sowohl dem Kätzchen zugetan waren wie die Schlange abschätzig beurteilten, deren Vortrefflichkeit keinesfalls nach jedermanns Geschmack ist. Die Gefürchtete, Gehaßte liebte ich. Die Einziggeartetheit ihrer Körperform, speziell die Geöffnetheit ihres Rachens, die mir etwas Entsetzliches und Köstliches zugleich zu sein schien, bewog mich zum an sich womöglich bedauerlichen Schritt, und nun macht man sich sicher kaum einen Begriff, wie es kläglich aussah, als es zu ahnen, fühlen anfing, was ihm ungefähr bevorstehe.

Mit einmal kannte es nämlich sein Los mit geradezu possierlicher Unwiderleglichkeit. Seine Krällelein klammerten sich in meinen Anzug, als wolle es sich für immer aufs unzertrennlichste mit mir vereinigen, eins mit mir werden. »Zu spät, Unvorsichtiges!« sprach ich zu ihm. »Warum warst du stets sorglos? Nun tritt die Vergeltung an deine Unbekümmertheit heran, die einen Anspruch bedeutete, der mir immer unaussprechlich lächerlich vorkam. Bereite dich auf eine ernste Erfahrung vor! Sei gefaßt, ersuche ich dich eindringlich.«

Mit solchen Worten ging ich mit dem Schätzchen zum Ungeheuer, für dessen fremdartiges Dasein ich Verständnis besaß.

Das Kätzchen betrachtete sich nunmehr zitternd nur noch als Schlangenfutter.

# Albert Ehrenstein

## *Der Selbstmord eines Katers*

O Mensch, sei lieb
Nicht nur zu dir!
Was stieß und trieb
Das arme Tier,
Den kleinen, schwarzen Kater fort?
Im Leben hilft nur selige Tat,
Zu spät wird Reue Wort.

Seine Eltern hab ich nicht gekannt. Auf unserm Hof ist er nicht aufgewachsen. Es muß ihm aber jedenfalls hundeschlecht gegangen sein, denn gewöhnlich verlassen Katzen das Haus ihrer Jugend absolut nicht. Der arme, schwarze Teufel kam zu mir, rieb sich an meinen Füßen und bat mich inständig um meine Protektion. Daß er zu mir kam, ist ein Wunder. Fremde Kater sind sonst sehr scheu. Er war total verhungert und räudig. Da nahm ich ihn auf. Denn auch ich war räudig. Ich hatte bei der Matura nicht geahnt, daß man zur Füllung von Thermometern außer Weingeist und Quecksilber auch Toluol verwenden kann. Und ich wußte noch eine Menge derartiger Toluole nicht. Nachprüfung. Ich bin allein und zähl die Blätter, die von den Bäumen fallen. Ich laß das Fenster offen: es wär mir ein Erlebnis, wenn mich eine Gelse stechen wollte.

Wie gesagt, brachte er ein schwarzes Fell über sich. Beim Gesinde hieß er deswegen Zigeuner: Zsigan. Ich nannte ihn Kerouen. Thomas Kerouen. Die zwei Namen dürfen nicht befremden. Meine Kater haben immer Vor- und Zunamen. Ich füll sogar einen Meldezettel für sie aus. Die Polizei wünscht es.

Er war noch jung, etwa ein Jahr alt. Oft spielte er mit einem kleinen, braunen Hund namens Libor.

Tagsüber war er im Bureau – auf den Fruchtböden gab es Legionen von Mäusen, die ihn nicht zu Atem kommen ließen. Er blieb bei ausgezeichneter Verköstigung so schlank, so mager wie zuvor. Man wird fragen, viele Leute wird es interessieren, was Kerouen gegessen hat? Nun so opulent wie bei hanseatischen Mahlzeiten ging es nicht her. Es galt für ihn die gewöhnliche, auf Milch, Milchbrei, einfache Mehlspeisen, Suppen, Grünzeug, Fleischabfälle, Hühnerknochen beschränkte Katzendiät. Aber wenn er nach erfolgreicher Jagd durchs offene Fenster zu mir aufs Sofa sprang, zu spinnen begann und die dürren, staubbedeckten Flanken an mir zu reiben versuchte, dann konnt ich ihn unmöglich mit dieser ordinären Hausmannskost abspeisen.

Ich hätt nicht so gut zu ihm sein sollen. Das wär für uns beide besser gewesen. Bei Licht schien er ein alltäglicher Gesell, in der Nacht wirkte er leicht unheimlich. Ich mußt ihn einige Zeit durch bei mir im Kabinett übernachten lassen. Er fing die Mäus weg, gut – doch wenn ich aus schweren Alpträumen erwachte, saß der schwarze Dämon mit grün glitzernden Augen auf meiner Brust und schnurrte irgendeinen Siegeshymnus. Ich ließ ihn nicht mehr ins Kabinett. Aber damit er nicht glaube, ich gönn ihm etwa die darin befindlichen Mäus nicht, stellt ich Fallen auf. Fing sich ein Tierchen, ging ich mit der Falle zum Brunnen, ersäufte die Maus und wartete mit ihr dem Kater auf. Kerouen hatte sonderbarerweise keine Abneigung gegen Mausfallen, es fiel ihm nicht ein, die Konkurrenz zu zertrümmern, er lebte offenbar in der Idee, das seien in seinen Diensten stehende Vorrichtungen, tributäre Instrumente, die ihm aus irgendwelchen Gründen Nahrung zu liefern hätten. Andererseits brachte er sie mit mir in Beziehung, er ließ sich nichts schenken, revanchierte sich regelmäßig: ab und zu, wenn er eine besonders fette Maus erwischt hatte, schleppte er sie zu mir, legte sie vor meinen Füßen nieder und sah mich an. Um ihn nicht zu beleidigen, mußt ich die Maus annehmen.

Wenn es besonders heiß war, pflegt ich nach Tisch im Schatten der Mauern auf einer Wiese zu schlafen, die hart am Hinterhaus lag. Hie und da besuchte mich Kerouen. Er staunte über die Flugsprünge der

Heuschrecken, hüpfte in drolligen Schwüngen hinter ihnen her, und manchmal gelang es ihm sogar, eine zu haschen. Die grätenartigen Beine biß er weg, das übrige behagte ihm. Seine Besuche waren also nicht ganz uneigennützig. Ich fühlte mich dadurch nicht gekränkt, sondern ging noch einen Schritt weiter: ich machte ihn auf die Frösche aufmerksam. Aber er verschmähte selbst die jüngsten, zartesten, behendesten, ließ sie unbehelligt ihren Weg ziehen zu den seligen Sümpfen. Ich bin überzeugt: manche Katzen haben dieselbe Abneigung gegen Froschschenkel, wie wir sie gegen Hundefleisch besitzen.

Ich hab eine aufregende Bekanntschaft gemacht. Sie heißt Miaulina, trägt ein blaues Seidenschleiferl um den Hals und beschäftigt drei Kater. Kerouen ist einer von ihnen. Miaulina und Kerouen geben sich hie und da auf der Wiese ein Rendezvous. Es ist ihm also gar nicht eingefallen, meinetwegen die Wiese zu besuchen! So ein Schlankel!

Auch wir haben eine neue Wirtschafterin bekommen. So sehr ich mich gegen aufdringliche Parallelismen sträube: Kerouen und ich scheinen Schicksalsgenossen zu sein. Sie heißt gräßlicherweise Sabine, trägt einen Rosenkranz um den Hals und beschäftigt, soviel ich sehen kann, nur zwei Kater. Ich hätt also das Recht, zu Kerouen ›Etsch!‹ zu sagen. Wenn ich's unterlaß, liegt das daran, daß der eine Kater für zwei ausgibt. Es erhöht die Freude des Wettbewerbs, so der Konkurrent ein Cousin ist. Kompliziert und gefährlich wird die Sache erst dann, wenn der Betreffende nicht nur Cousin, sondern auch Hauslehrer ist. Ich hab mich ja der neuen Wirtschafterin noch nicht entschieden genähert, es wär mir aber sehr peinlich, falls mich Robert einmal bei ihr träfe und sagte: »Albrecht! Wo sind wir stehngeblieben? Geh lieber Physik lernen.« Als ob das nicht die wahre Physik wäre.

Ich sah Zeichnungen von Rops durch, als Sabine in mein Kabinett trat. Schnell klappt ich die Mappe zu, damit sie mich frage, warum ich die Mappe so schnell zugeklappt hab. Natürlich fiel sie hinein. Ich verweigerte die Auskunft. Sie sagte: »Sie werden mir's schon zeigen, Herr Wodianer!« Ich zweifelte nicht daran.

Robert hat einen größeren Schnurrbart. Er ist auch drei Jahre älter und bald Kadettoffizierstellvertreter. Zwischen seinem und meinem Kabinett liegt Sabines Schlafzimmer. Sie schläft nicht allein, zu ihren Füßen: auf einem Strohsack schnarcht das Küchenmädchen. In der Nacht begann der Trampel zu schreien: Ich eilte ins Schlafzimmer, da hörte die Neidische auf zu brüllen: sie wies auf Sabines Bett – es war leer. »Der Herr Robert hat sie zu sich ins Kabinett getragen!« heulte die Magd.

Auch Kerouen ging es nicht gut. Seinen Geschmack billigte ich nicht. Miaulina war eine Allerweltskatze und zog ihm einen mächtigen, graugestreiften Angorilla und einen einäugigen Kater vor, der einen lichtbraunen, grobkarierten Anzug trug. Sie lief ihnen schnurrend und spinnend entgegen, warf sich auf dem Rücken hin und her, als wär ihr Rückgrat gebrochen, bot ihnen werbend den Bauch, wälzte sich wollüstig und schrie abscheulich. Der schmächtige Kerouen siegte nicht immer in den Kämpfen, und dann geschah es oft, daß sich ein fremder Kater im Hinterhof breitmachte und die ganze Nacht hindurch in der Brunst wie ein Schwein grunzte, wie ein Hund murrte, wie ein Kind klagte. Kerouen hatte das Seinige getan, der faulen Miaulina oft eine Riesenmaus gebracht, aber Mäuse sind in der Liebe nicht das einzig Ausschlaggebende. Und nach so einer Nacht, die von dem frechen Miauen, von dem unverschämten Gewinsel des graugestreiften Katers erfüllt gewesen, war der besiegte und verschmähte Kerouen immer sehr melancholisch gestimmt: er kam wieder zu mir. Ich wußte, daß unglückliche Liebe vernichtet, und trachtete, ihm nach Kräften zu helfen.

Kaum Nacht über die Erde gefallen war, ob nun Regenschauer uns anprusteten oder aus blauhinhallendem Himmel der Mond uns sein kalkweißes Licht ins Gesicht schlug, Kerouen und ich zogen zu Felde, gingen nach dem Hinterhof. Er lief murrend einige Schritte voraus, ließ mich nicht nahkommen; ich schlich bewaffnet hinterdrein. Irgendwo im Dunkel ruhte gewöhnlich Miaulina und eilte Kerouen entgegen. Sie hatte für jeden Liebhaber dieselben Formalitäten, das Weitere allerdings mußten die Kater untereinander ausmachen. Im Hinterhalt lagen handliche Jauche- oder Wasserkübel, aber weder meine intelligenten Güsse noch Steinwürfe, durch welche die armen Kerle mit unbarmherziger Sicherheit von ihren Dächern weggefegt wurden, konnten die fremden Konkurrenten auf die Dauer verscheuchen. Miaulina besaß irgendwelche, für mich nicht sichtbare Reize: für jeden Kater, der, aus seiner Höhe gestürzt, mit gebrochenen Rippen ausschied, fanden sich schnellstens zwei Surrogate ein. Und gelang es einmal meiner strategischen Umsicht, die ganze Katerherde zu eliminieren, dann war regelmäßig auch Miaulina verschollen. Ihr in Feindes Land zu folgen, iniquo loco mit den Nebenbuhlern zu kämpfen, wagte Kerouen nicht recht, er war ja noch klein, erst ein Jahr alt, und bei einer derartigen Gelegenheit hatte einst ein Gourmand, ein alter, weiser Kater, untersucht, wie ein Ohr Kerouens schmecke. Die Leiden des jungen Kerouen konnte ich also auf diese Art nicht lindern. »Käterchen«, sagte ich, »siehst du, mir geht es auch nicht besser. In vierzehn Tagen aber wird Robert zur Waffenübung einrücken, dann werd ich wohl Sabine Rops zeigen können. Übrigens besitz ich große Konnexionen. Jetzt soll die zweijährige Dienstzeit eingeführt werden. Vielleicht läßt es sich unter Einem durchführen, daß auch die ältern Kater zur militärischen Dienstleistung einberufen werden. Ich will dem Kriegsminister einen diesbezüglichen Vorschlag unterbreiten.«

Man glaube nicht, ich hätte mich etwa aus Selbstlosigkeit Kerouen angeschlossen. Ich lud ihn ein, wieder bei mir im Kabinett zu schlafen, damit ich mir nicht ganz einsam und verlassen vorkomme. Er nahm an, und Punkt zehn Uhr gingen wir täglich zur Ruh. Wenn ich die Tür öffnete, gestattete ich ihm immer den Vortritt, denn er war mein Gast. Mäuse ließ ich ihn nicht mehr fangen, dies wäre mir wie Eigennutz und Entwürdigung der Freundschaft erschienen. Übrigens war ja nicht mehr die alte Wirtschafterin da, die streng darauf achtete, daß die Katzen ihr Futter verdienten. Die Alte hatte sich sehr vor den Mäusen gefürchtet. Als ob so eine arme Maus sich nichts Besseres wüßte, als ihr zwischen die Beine zu geraten.

Wie gesagt: es paßte mir nicht, daß mein Freund arbeiten sollte wie ein gewöhnlicher Mausfänger. Da er aber doch Sachverständiger war, ernannte ich ihn zum Inspektor. Um ihn aufzuheitern, schaffte ich neuartige Fallensysteme an und demonstrierte sie ihm. Er sah sehr intelligent zu und schlug en passant die Krallen ins Drahtgeflecht, wie um dessen Stärke zu prüfen. In der Folge brachte er weder mir noch Miaulina Mäuse: er wa ja Industrieller.

Im übrigen benahm er sich jedoch keineswegs wie ein Parvenü. Es fiel ihm längst nicht mehr ein, nachts auf meiner Brust zu hocken, sondern er saß bescheiden und manierlich zu meinen Füßen auf der Decke. Er wurde zutraulich und lief mir den ganzen Tag nach. In der Wohnung. Denn mir auf die Gasse zu folgen – das vermochte ich bei ihm nicht durchzusetzen. Wenn ich ihn gewaltsam hinaustrug, begann er zu kratzen. Ebensowenig wollte er mir im Hof Gesellschaft leisten. Sein Grundsatz schien: im Haus dien ich, außer Haus bin ich mein eigener Herr. Nicht etwa, daß er mich ignoriert hätte; es waren Reste von Wildheit, jener unbändigen Freiheitsliebe der katzenartigen Raubtiere, die in seinem Benehmen zutage traten. Die spitzfindigsten Versuche, ihn durch Delikatessen außer Haus an mich zu ziehn, nützten nichts; er verzehrte das Gebotene und war dann nicht mehr für mich zu sprechen, verschwand. In mir aber lag der Wunsch und Trieb, alles zu knechten. Ich wollt ihn nicht brechen, aber ins Unendliche biegen, seine Seele aus ihrem Reich jagen, sie über all ihre Grenzen hinaus an mich bringen.

Ich hab meinen besten Freund verraten. Es war nicht der erste Verrat, den ich beging, und ich verriet auch nicht das Gute um des Bessern willen. Feigheit und Eigensucht, die schamvolle Furcht, vom Freund besiegt zu werden an Größe der Ergebenheit, mit einem Wort: mein niedriges Trachten trieb mich zum Mord. Geschah mir was, vergriff sich jemand an mir, wurde mir irgendein geringfügiges Leid getan, schrie ich Zeter und Mordio, erzählte Fremden, Gleichgültigen und Übelwollern meine Qualen. War aber ich der Herr und hatte die dominierende Position, drängte sich da ein liebesdurstiges Herz an mich, sich an mir zu wärmen, und war es selbst ein Herz, um das ich inbrünstig geworben hatte – ich vergaß nie, ich konnte es

Roland Topor
*Metamorphose eines Katers in einen Mann*

nicht verzeihn, daß ich so lang ohnmächtig unten hatte werben, dienen müssen, und beförderte das Herz, das Freundesherz, mein eigenes Herz mit einem Fußtritt auf den Düngerhaufen.

Durchs Dorf zum nahen Steinbruch zieht täglich ein Mordskerl, ein berüchtigter Raufbold, mit seinem wilden Riesenroß. Der Brandfuchs heißt ›Teufel‹. Der grausame Knecht reizt ihn unaufhörlich, dann wird das Pferd ungebärdig, schlägt aus, beißt, läßt niemanden nahekommen. Wenn das rote Ungetüm besonders stark tobt, schwingt der Lümmel seine Nagelpeitsche, reißt an dem Stachelzaum, bis der gebändigte Hengst das Bäumen aufgibt, mit blutig aufgerissenem Rücken, blutendem Maul stillsteht. Dann brüllt, lacht, grinst, höhnt der Bauernkerl triumphierend: »Halloh! der Oberteufel bin i!«

Mir stand kein höllisches Pferd, nur ein armer, kleiner, magerer Kater zur Verfügung, nichtsdestoweniger könnt ich mit größerer Berechtigung in die Welt schreien: »Halloh! der Oberteufel bin i!« Ich hab mich nicht geschämt, das kleine Tier zuschanden zu reiten.

Sonnenuntergang. Im Nachbarhaus ließ ein junger Slowak seine Schwermut in eine Harmonika strömen. Zu tun gab es nichts. Ich stand mitten im Hof und lauschte. Erst in drei Tagen sollte Robert einrücken. Mittlerweile war nichts zu machen. Ich dachte daran, auf achtundvierzig Stunden wegzufahren, nach Bruckenthal oder nach Sarmingstein, mir belanglose Dinge anzusehen, den Zusammenfluß zweier Ströme etwa, den Flug der Kiebitze über die Sümpfe hin, vielleicht auch waren einige Wildenten zu schießen. Sogar ein Ausflug auf unsere aussichtsvollsten Berge (den Großwolkner und den Hochnebel – nebst regenfreudiger Einkehr beim Wetterpechbauern) war projektiert. Da kam Sabine auf mich zu. Und gleich darauf, von einer anderen Seite her, hier einer provokanten Gluckhenne, dort mit großem Satz einer Kotlache ausweichend: Kerouen. Es war das erste Mal, das er mich im Hof aufsuchte. Mir galt es, nicht der Miaulina, nicht den Heuschrecken, jetzt galt es mir. Aber es war nicht Liebe. Es war Eifersucht. Etwas Weiches schmiegte sich werbend an meine Füße. Ah, auf einmal schien es ihm pressant, zu mir zu kommen!

Aber ich stellte nicht vor, ich sagte nicht: »Dies ist Kerouen. Thomas Kerouen. Der Kater meiner Seele, der einzige Kater, der existiert.« Ich schämte mich meines Freundes, wollte die kindliche Gefühlsweichheit meiner Seele verstecken wie eine geflickte Stelle im Gewand. Ich tat hart und tyrannisch. Und er war zu mir gekommen!

Ein Fußtritt – etwas Schwarzes überschlug sich in der Luft, wirbelte einen Augenblick zappelnd über dem Düngerhaufen und fiel dann auf einen psychisch minderwertigen weißen Hahn nieder, der empört »Kotkotkodutot« schrie.

»Halloh! der Oberteufel bin i!«

Der Arbeiter Janku auf dem Fruchtboden droben sah zu und grinste meiner Roheit Beifall. Der Kater, vergeltungsweise auch einmal von Jauche über und über bedeckt, lag zunächst ganz still, schrie nicht wie jener Pariahahn und war auf einmal verschwunden. Sabine besaß die übertriebene Freundlichkeit, mir mitzuteilen, Robert habe einen längeren Aufschub seiner Waffenübung erwirkt.

Ich verneigte mich und ging – ging in der Richtung, die Kerouen eingeschlagen hatte. Aber er war nicht mehr zu erblicken, hatte sich mit seinem Leid verkrochen. Mein Opfer war vergeblich gewesen, und nun wollte auch er mich nicht sehn. Und ich hätt ihm doch so gern die ganze Sache erklärt! Diese meine Untat war nicht die erste. Die Kindheit und Jugend von Verbrechern muß Dinge enthalten, die den spätern Befriedigungen irgendwie analog sind. Und sie enthält sie auch. Ich habe schon früher Katzen umgebracht. Als Kind hab ich uralte oder ganz junge Katzen, mit denen ich einige Zeit gut Freund gewesen, plötzlich gepackt und aus der Höhe von Stiegen und Böden in die Tiefe geschleudert – um zu kontrollieren, ob sie auch richtig auf die Füße fallen. Man nenne das nicht kindlich-grausame Experimentiersucht, die früh der Gottheit: dem Lesebuch den Glauben kündigt. Bei Katzen, die im kräftigsten Alter standen, unterließ ich derartige Proben: ich ahnte, sie könnten sie bestehn.

Es wär übrigens ein Irrtum, anzunehmen, ich hätte Kerouen durch jenen Fußtritt getötet. Er erfreute sich auch fernerhin der besten Gesundheit. Ich hab ausdrücklich hervorgehoben, daß Kerouen sich nicht über schlechte oder wenig reichhaltige Kost zu beklagen hatte. Als Knabe liebte ich einst ein schwarzes Hähnchen, es starb – und dies war teilweise meine Schuld – jung und ohne Leibeserben zu hinterlassen. Nichtsdestoweniger dürfte mich jeder verstehn, wenn ich sage, ich hätte Kerouen gewissermaßen mit den Knochen und Überresten dieses Hähnchens gemästet, indem ich ihn oft mit Hühnerbraten traktierte. Jede junge Freundschaft wird von den Resten der alten, in Feindschaft verwandelten ernährt. Zumal, wenn sie bereits wieder brüchig zu werden droht. Also lebte Thomas – ich war taktlos genug, jetzt intimer zu werden und Kerouen beim Vornamen zu rufen – er lebte wie ein Grandseigneur, es ging ihm nichts ab. Kein Kater der Welt dürfte so viel Mausfallen besessen haben wie er. Und gar an dem Tag, wo er zum Kommerzialrat ernannt wurde, ging es hoch her. Aber er wollte nicht mehr, er war meiner und dieser Welt müde.

Denn sonst hätt er nie tun können, was er mir tat. Kerouen hatte es doch wahrlich nicht nötig, und auch das Verbotene konnte ihn nicht reizen, dazu stand er ethisch zu hoch: er war überfüttert. Ich hatte mich endlich doch entschlossen, hatte gepackt und war weggefahren, nach Bruckenthal oder nach Sarmingstein, mir endlich belanglose Dinge anzusehn, den Wetterpechbauern oder einen Flug der Kiebitze über die Sümpfe hin – aber bevor ich noch daran gehn konnte, kam die Nachricht: »Kerouen schwer erkrankt!«

Es griffen die Keren nach Kerouen.

Was war ihm Wurst und Speck! Es ist nicht denkbar, daß er nach derlei Dingen gegiert hätte. Gut: er hatte dem Arbeiter Janku täglich aus dem abgelegten Rock Frühstückswurst und Mittagsspeck gestibitzt. Aber doch nicht, um diese unsäglich gemeinen Sachen zu verzehren. Vulgär war sein Geschmack nie. Nicht einmal aus Freude am Metier, an diesem männlichen Metier, brach er ein, nein! er stahl, um dafür halbtot, totgeprügelt zu werden. Er hatte mir noch immer nicht den Fußtritt vergeben. Der Freund hatte ihn verlassen, da verließ er den Freund. Er machte sich meine Abwesenheit zunutz, sich zu entfernen.

Es sah wie ein Zufall aus, der Arbeiter Janku spielte dabei die lächerliche Rolle eines Werkzeugs. Kerouen hatte bemerkt, wie Janku den Fußtritt beifällig begrinst hatte. Früher hätte Janku sich nicht unterstanden, über Kerouen auch nur despektierlich zu denken. Aber er hatte zugesehn, als ich den Kater mißhandelte – und Kerouen seinerseits hatte ihn dabei gesehn, lief zu dem Arbeiter und stahl ihm die Wurst. Zu andern Zeiten hätte Janku Schadenersatz verlangt und nicht selbst den Richter gespielt. Nun aber besaß er ein neues Erlebnis, faßte meinen längst zurückgenommenen Fußtritt als Aufforderung und Erlaubnis auf, dem Kater den Rest zu geben. Den komplizierten Windungen unseres Benehmens nachzuirren, war er nicht geschaffen, er gehorchte einem Weltgesetz: Wen der Herr tritt, erschlägt der Knecht. Nein, Janku trug nicht Schuld, und dann war er schon dreißig Jahr im Haus, ihn konnte man nicht entlassen. Sicherlich hatte er geglaubt, mir einen Dienst zu leisten. Warum auch, sagte er, war der faule Zsigan nicht lieber nach den Mäusen der Welt gelaufen, statt ihm den Speck zu stehlen?

Das Bild des toten Katers weicht nicht aus meinem Kopf. Ein Steinwurf hatte dem armen Kerouen den Schädel zerschmettert, den Leichnam auf ein Stoppelfeld geschleudert. Er lag unweit einer Mauer – wie die Kater, die ich seinetwegen von den Dächern herabgeholt hatte. An seinem dünnen ›Es ist erreicht‹-Schnurrbart klebten spärliche Tropfen geronnenen Blutes. Das Rot seines Blutes war ein anderes als das des Ziegels, von dem er sich töten ließ. Er war nicht aus der Welt geschlichen – aufrecht, überlegen war er aus der Welt gegangen, mich ließ er höhnisch zurück in der Mausfalle des Lebens. Die Pfoten hatte er ein für alle Mal dezidiert von sich gestreckt, ein Rabe aber bekannte sich zu ihm, flog vom Weingebirg heran auf seinen Leichenschwingen, stieg hernieder, krächzte ruhmredig und verkündete die Annexion. Kerouen sollte also noch jemandem zugute kommen. Möge er, dachte ich, möge ihn der Rabe zu sich nehmen, vielleicht kann er damit wieder einen Propheten in der Wüste ausspeisen.

Aber für den Zweck stank mein Frevel wohl schon allzusehr zum

Himmel, der Rabe erhob sich Rache krächzend und überließ mich wieder meinem Opfer. In der Selbstmörderecke des Bauernfriedhofs, wo die Wanderer und Zigeuner ruhn, wollte ich Zsigan nicht beerdigen lassen. Wo sein Grab liegt, darf nur ich wissen. Er hinterließ – wie gewöhnlich – nur wenig, und hatte es vorher schon anstandshalber zugescharrt. (Wenn er stark gejaust hatte, eilte er zu einem Sandhaufen, begann zu scharren, machte mit gequälter Miene einen Buckel, seine Vorderfüße kamen fast zwischen die Hinterbeine zu stehen, und das Resultat verscharrte der Schatzgräber sorgfältig.) Soweit ich die Menschheit kenne, wird sie sich um diesen Nachlaß nicht kümmern.

Der Nachbar hat mich auf Schadenersatz verklagt. Ich habe Miaulina mit einem Flobertgewehr erschossen. Sie soll nicht triumphierend des Lebens genießen, während Kerouen verwesen muß. Der Sabine habe ich gekündigt, nicht ohne ihr vorher Rops gezeigt zu haben. Dies alles war Rache für Thomas Kerouen. Doch was konnten die armen Katzen dafür? Sie ahnten nicht, was sie verbrachen. Sie konnten nicht anders. Aber ich, ich! Wie kann ich mich züchtigen?

Er hat es eilig gehabt, er hat sich auf und davon gemacht, ohne sich auch nur Zeit zu nehmen, seinen Schnurrbart zu putzen: vom Blut zu reinigen. Aber ich will mich vom Blut reinigen, ich will meine Tat sühnen. Eine Zeitlang hockte wohl nachts auf meiner Decke ein schwarzes Gespenst, verwaiste Mausfallen begannen zu rasseln – Kerouen drohte mich zu ersticken, mir die Kehle durchzubeißen.

Ich fahr auf, aber dann ist ja alles wieder verschwunden, und der Schlaf kehrt zurück. Klein, außer allem Verhältnis zur Schuld ist die Strafe, und groß sind die Gewissensbisse. Wenn ich den Kater wenigstens eigenhändig umgebracht hätte! Doch er hat mich umgebracht, und ich habe mich unsterblich blamiert. Und kann mich nicht rächen: ein armseliges Tier übertraf mich an Seelengröße, vollzog geschickt das Harakiri, und mir ließ es das Leben!

Im Keltischen heißen Burgruinen: Kerouen. Aber nicht er war in Trümmer gefallen. Ich blieb als Ruine zurück. Kerouen, Kerouen!

Ich hab mich dem Kommissariat gestellt. »An meinen Händen

klebt Blut«, sagte ich, »ich hab meinen Kater erschlagen.« »Sie waren doch der Herr«, behauptete der Polizist, »Sie durften machen, was Sie wollten.« Dann fiel es ihn an, ich sei nicht recht bei Trost, und er rief den Beamten. Ich blieb bei meiner Anzeige. »Derart feine Rechtsbegriffe machen Ihnen alle Ehre, Herr Wodianer, aber wohin käm man da!« »Das wär auf dieser Erde nur logisch«, erlaubt ich mir einzuwerfen. Da geriet der Beamte in Rage. »Sie sind reif fürs Irrenhaus!« Ich brauch also die Nachprüfung nicht zu machen. (Hier ging es ohne Toluol.)

Mir bleibt nichts übrig, als vor Leuten zu warnen, die ein Tagebuch führen. Wenn ihnen ein Freund erschlagen wird, wissen sie, daß das Rot seines Bluts ein anderes ist als das des Ziegelsteins, der ihn entfernte. Ich war niederträchtig genug, diese Geschichte zu schreiben, die Leute werden sie ausgezeichnet finden, man wird nicht den Verkehr mit mir abbrechen, man wird weder mir noch sich ins Gesicht spucken. Alle Menschen sind wie ich. Ich stelle die Menschheit dem Kommissariat.

## La Fontaine

### *Die Katze, das Wiesel und der kleine Hase*

Es raubte eines Hasen Bau
vor Zeiten eine Wieselfrau,
die kannte Ränk und Listen viel.
Der Herr war grad nicht dort, drum hatt' sie leichtes Spiel.
All seine Laren sie zu sich hinüberbrachte,
als er Auroren seine Aufwartung einst machte,
da Tau den Thymian befiel.
Nachdem er hoppelnd dort geweidet, ein und aus,
kehrt unser Hase heim ins unterirdische Haus.
Das Wiesel schaute grad heraus zu einem Fenster.
»Allmächt'ge Götter! Nein! Was seh' ich für Gespenster!«
sprach das aus seinem Vaterhaus vertriebne Tier.
»Heda! Frau Wiesel, mit Verlaub,
macht rasch Euch schweigend aus dem Staub,
sonst ruf' zu Hilf ich alle Ratten im Revier!«
Die Spitznas' gab zur Antwort, es gehör' die Erde
dem, der zuerst sie eingenommen.
Dies Loch sei wert nicht der Beschwerde,
dieweil er selber kriechend nur hineingekommen.
»Und wär' es auch ein Reich des Bunds,
so wüßt' ich gern«, sprach sie, »welch Recht Euch zugestand
als ewiges Eigentum dies Land,
Euch, Hans, dem Neffen oder Sohn von Hinz und Kunz,
vor mir, die herrenlos es fand.«
Der Hase schützte wacker Brauch und Sitte vor.
»Sie sind es«, sprach er, »die zum Herrn und Meister hier
des Hauses mich gemacht, die es in alten Tagen
vom Vater auf den Sohn vererbten und dann mir.

Hat der ein größres Recht, der sich's zuerst erkor?«
»Nun denn, so hören wir zuvor«,
sprach sie, »was Raminagrobis dazu wird sagen.«
Das war ein Kater, der als frommer Eremit
scheinheilig lebte im Gebiet,
ein heiliger Kater, gut genährt und fett und dick,
Schiedsrichter, schlau und voll Geschick.
Hans anerkennt als Richter ihn.
Und unsre beiden Kläger ziehn
zu diesem feisten Paladin.
»Kommt«, spricht der Kater, »tretet näher zu mir hin,
kommt, meine Kinder, ich bin taub und sehr betagt.«
Die beiden nähern arglos sich und unverzagt.
Sobald die Kläger aber nicht mehr allzu weit,
schlägt der Apostel sogleich dreist
die Krallen in sie beide und zu gleicher Zeit,
versöhnend sie, indem die beiden er verspeist.

Dies ist vergleichbar den Verhandlungen, die liefen,
wenn kleine Fürsten auf den König sich beriefen.

*Deutsch von Hannelise Hinderberger*

# Johannes V. Jensen
## *Katzenkinder*

Auf der Schwelle zur Pantry saß eine schwarze Katze mit gelben Augen und betrachtete jeden, der vorbeikam, aufmerksam und nicht ohne Furcht. Man schaute hinein zum Obersteward und fand hinter der Tür eine Kiste mit Lappen drin und zwei kleinen schwarzen, schlafenden, noch hilflosen Katzenkindern. Die Mutter kuschelte sich zu ihnen und sah auf mit diesen gelben Augen, voller Muttersorgen. Es war im Hamburger Hafen, mit Frost und Eisgang draußen, die Spille auf Deck dauernd in Bewegung, und pausenloses Getrampel, raus und rein, von ungeduldigen Leuten, wie immer, bevor ein Schiff losmacht. Aber hier in der Ecke war ein warmes kleines Nest, wo das Leben im kleinen entstand, was sich auch sonst immer draußen abspielen mochte.

Ja, jetzt bleibt sie hier drinnen, sagte der Obersteward, nun hat sie ja Junge. Das ist der vierte Wurf hier an Bord. Wenn sie groß sind und verschenkt werden, geht sie an Land und verlobt sich wieder, und dann bekommen wir sie wieder hier in die Kiste.

Ungefähr eine Woche später, als wir in der Spanischen See liegen, hört man am Morgen laute Ausgelassenheit von der Pantry her, rauhe Stimmen, Schiffsjungen und rohe Gesellen, die beim Steward aus und ein gehen. Und beim genaueren Hinsehen stellt sich heraus, daß der Steward einen Korken mit einer Schnur an die Türklinke gebunden hatte. Noch ein wenig unsicher auf den Beinen, steht eins der Jungen aufrecht an der Tür und gibt dem Korken kleine Ohrfeigen mit den Pfötchen, zur allgemeinen Heiterkeit dieser rauhen Brüder, die sich vor Lachen schütteln und schuldbewußt dreinschauen, als sie entdeckt werden. Dick in der Nase, murmelt der Steward etwas wie: Sie wollen ja gern spielen, womit er die Jungen meint. So groß sind sie also schon in der kurzen Zeit geworden.

In den folgenden Tagen, als die Luft milder geworden ist, sieht man sie sich über die Schwelle hinaus auf den Gang wagen und manchmal sogar ganz hinaus aufs Deck, in die große weite Welt. Doch von hier schleppt die Mutter sie zurück, sooft sie auch hinauskrabbeln, und legt sie wieder in die Kiste. Mannschaft und Offiziere, die vorbeikommen, bemerken nach und nach die kleine Familie, und so wird sie populär.

Wiederum eine Woche später, im Mittelmeer, wird die Kiste hinaus aufs Deck gestellt, und die Jungen begeben sich auf Entdeckungsreisen in die vielen Löcher und Rinnen unter den Spillen, zum größten Kummer der Mutter, die sie einfach nicht mehr zusammenhalten kann. Sie sind nun vollkommen selbständig und können sogar schon aus einer Untertasse schlappen. An der Matte legen sie sich ganz flach auf die Lauer und überfallen sich gegenseitig, tanzen mit krummen Rücken in der Luft und spielen mit irgendeinem Ding, das sich bewegt, ganz nach Katzenkinderweise. Nur selten hat die Mutter sie noch bei sich in der Kiste, dann werden sie geleckt, und mit den gelben, seltsam mütterlichen Augen schaut sie dann auf.

Eines Morgens sind die Jungen fort. Die Kiste ist leer, und auf die Nachfrage beim Steward erfährt man, daß sie nun groß genug seien, um von der Mutter genommen zu werden. Das eine sei oben beim Koch und das andere bei einem gewissen Andersen. Die Mutter schleicht umher in den Schlupflöchern unter den Spillen und miaut jämmerlich, betrachtet jeden, der kommt, und man kann nicht übersehen, daß sie fragt, sie schaut und fragt: Wo sind meine Kinder? – Aber natürlich, sie müssen sich ja doch einmal trennen.

Als wir beim Frühstück sitzen, hören wir das klägliche Miauen vom Gang.

Was ist das für ein Miauen? brüllt der Kapitän barsch in Richtung Pantry. Und sich wieder seinem Teller zuwendend fügt er aufgebracht hinzu: Ich kann dieses Katzenmiauen einfach nicht aushalten.

Der Steward kommt heraus, wegen des Seegangs unmöglich schräg, mit feierlichen Augen, dick in der Nase. Und da er gefragt wird, muß er die Sache ja erklären. Ja, der Obersteward wollte die

Jungen jetzt nicht mehr hier haben, wo es so warm wird. Sie stinken, sagt er, und darum sind sie nun zum Koch und zu Andersen gekommen.

Das ist doch, zum Kuckuck, zu früh, sagt der Erste Meister und kann nicht seine Anteilnahme verbergen – obgleich es natürlich nur eine Bagatelle ist. Das ist eine Woche zu früh. Sie können ja überhaupt noch nicht für sich selber sorgen.

Jawohl, sagt der Steward höflich, mit seinen weitauseinanderliegenden Augen undurchschaubar. Schließlich steht er ja hier zwischen zwei Feuern, dem Obersteward und den Offizieren. Er soll die Wahrheit sagen und gleichzeitig seine eigene Meinung zurückhalten.

Ja, und wenn sie auch schon ein wenig allein trinken können, ließ sich der Meister wieder ärgerlich vernehmen, so könnte man ihnen doch, zum Kuckuck noch mal, einen Kasten mit Sand hinstellen, wenn es das ist, was stinkt. Das bißchen, was solche kleinen Dinger machen. Es ist doch ihre Natur, aus eigenem Antrieb gehen sie in den Kasten und verscharren es hinter sich – wie Katzen es tun. Das ist doch bloß Überempfindlichkeit von dem Obersteward.

Mir ist es Wurscht, wo die Katzen hinkommen, bullert der Kapitän, aber ich will das Miauen nicht haben.

Bedrückte Pause; der Steward steht schräg, stumm, gehorsam wie ein Schaf, und Haarsträhnen fallen ihm ins Gesicht.

Sie verstehen eben keine Katzen, bemerkt der Meister mit irritiertleidendem Ton obenhin. Es ist viel zu früh, ihr die Jungen wegzunehmen. Wenn sie größer werden, geht's ganz von selber, aber jetzt sind sie noch zu klein. Ich kenne sie nämlich, sie ist praktisch meine Katze. Wir bekamen sie in Australien, und ich brachte sie selber mit an Bord, nicht größer, als daß sie hier in meiner Jackentasche liegen konnte. Vier Jahre ist sie nun hier an Bord. Und obgleich sie an Land geht, weiß sie doch genau, wo sie hingehört. Ich habe die Katze in Antwerpen sogar auf dem Kathedralsplatz getroffen, und dieser ist ein ordentliches Stück vom Schiff entfernt. Aber als wir am nächsten Morgen losmachten, war sie an Bord. Nicht so, als ob sie überall an Land ginge. Achtet mal drauf, wenn wir nach Java kommen, da setzt sie keinen Fuß an Land, nein, sie bedankt sich. In Australien oder Kopenhagen – da geht sie an Land und macht Bekanntschaften in Lagerhäusern und auf Dächern – das ist der zärtlich-wehmütige Gesang, den wir so gut kennen. Aber wenn wir fahren, ist sie immer zur Stelle. Doch nun haben wir einen neuen Obersteward, schließt der Meister bitter, und der neue hat kein Verständnis.

Da muß ich doch mit dem Obersteward halten, daß er die Katzen nicht im Proviantraum haben will, wirft der Kapitän ein, da haben sie nichts zu suchen. Im übrigen ist es mir egal.

Der Erste Steuermann, ein großer blonder Jütländer, sieht mit frommen, gutmütigen Augen von einem zum andern. Das Gespräch kommt auf Katzen und Tiere an Bord im allgemeinen. Der Meister hat viel erlebt, und er kann so gut erzählen. Er erinnert sie an Sidse, ein Schwein, das sie als lebenden Proviant mit hatten. Sidse war zwei Jahre auf dem Schiff und stand jedesmal an der Salontür, wenn sie aßen; sie grunzte und bettelte, aber niemals ging sie über die Schwelle, denn sie wußte, daß sie das nicht durfte. Damals im Roten Meer verlor sie ihren Verstand. Sie sprang über Bord, die Hitze war ihr in den Kopf gestiegen. Erst galoppierte sie dreimal um die Luke herum und dann hinein in den Bach. Aber dann schwamm sie buchstäblich um ihr Leben. Ein Hai war nämlich in ihrem Kielwasser, und sie schrie fürchterlich. Lieber Gott, wie sie schrie. Ein Rettungsboot wurde ins Wasser gelassen, das Schiff lief volle Kraft rückwärts, und von der Brücke schoß der Kapitän auf den Hai. Sidse kam wieder an Bord, für diesmal von ihren Selbstmordgedanken kuriert. Später mußte sie geschlachtet werden, als wir nach England kamen, dort war nämlich für Tiere Quarantäne. Aber keiner wollte sie abstechen. Schließlich hat der Steuermann sie mit seinem Armeerevolver erschossen. Und das soll auch gesagt werden, daß die Mannschaft mit feuchten Augen später am Tisch saß und lustlos die Blutwurst auf den Tellern anstarrte. Das war Sidse. – Ein anderes Mal hatten wir vier Schweine an Bord, von denen eines plötzlich anfing, Junge zu kriegen. Niemand hatte geahnt, daß es trächtig war. Man hatte sich wohl gewundert, daß es so dick wurde, und hatte mehr aus Spaß ab und zu seine

Alexandre Théophile Steinlen
*Katzenmutter*

Seite befühlt. Aber eines Tages, als der Meister gerade neben ihm beim Waschen war, begannen die Jungen auf einmal zu kommen. Wie er selbst sagte, verlor er vollständig die Fassung und stürmte zum Kapitän um Hilfe. Aber niemand wußte Bescheid. Schließlich stöberte man einen alten, verheirateten Matrosen auf. Dieser machte einen Knoten in die Nabelschnur eines jeden Ferkels, sobald es zum Vorschein kam, und schnitt die Schnur dann durch. Man sollte gesehen haben, wie sich das Baby sofort dann auf alle viere stellte und davonstiefelte, den Knoten hinter sich herschleppend.

Aber nun Katzen... Und hier verlor sich der Meister wieder in unendliche Beispiele für die Klugheit der schwarzen Katze und dafür, wie falsch man ihren Charakter verstand. Das weckte nun die Streitlust des Kapitäns, und obgleich man wohl den Eindruck hatte, daß er Katzenhasser war, hielt er eine Lobrede auf eine Katze namens Sophus, die sie einmal an Bord gehabt hatten. Pünktlich auf die Minute erschien sie jeden Morgen, den Schwanz senkrecht in der Luft, wenn sie wußte, daß der Kapitän frühstückte, weil sie dann immer einen Leckerbissen bekam. Nun sollen Sie mal sehen, sagte der Obersteward dann oft, wenn die Katze ganz hinten im Schiff war, und gab dem Messer ein paar Striche auf dem Schleifstein. Augenblicklich war Sophus zur Stelle und legte beide Pfoten auf die Tischkante, denn er wußte, daß der Obersteward dann Wurst schneiden würde. Aber es wirkte gar nicht, wenn ein anderer das Messer wetzte, er kannte genau den Rhythmus, so und so, wie es eben der Obersteward machte. Sophus war etwas Besonderes. Und er war so tüchtig zum Mäuse- und Rattenfangen. Katzen müssen auch was arbeiten, sonst sind sie nicht mehr wert als einen Sandsack und dann über Bord.

Ha – jetzt sollte man eine Katze wohl nur danach beurteilen, welchen Nutzen sie bringt, fiel der Meister ein, mit Spott und Protest in der Stimme, doch nicht ohne Humor. Ob der Kapitän sich erinnere, wie sie einmal zahme Mäuse im Salon gehabt hätten, zwei, die der Steuermann gezähmt hatte, die zu den Mahlzeiten kamen und Krümel bekamen? Da war der Kapitän wohl Mäusehasser gewesen? Sollte man übrigens Pussi danach beurteilen, so gibt's wohl keine bessere Mäusekatze auf der Welt als sie. Und da und da, wo sie gelöscht hatten, fing sie an einem Vormittag vierundfünfzig Mäuse und legte sie alle auf einen Haufen. Sie nahm drei auf einmal, eine mit dem Maul und eine mit jeder Vorderpfote, in einem Satz. Oder als sie einmal im Sturm eine Ratte jagte, die auf Deck gekommen war, die sie durch eine grüne See hindurch verfolgte – Katzen, die sonst so wasserscheu sind. Ja, die Ratte schwamm durch fußhohes Wasser, das über Deck gespült wurde, und die Katze hinterher, mit verbissenen Schwimmbewegungen, bis sowohl See als auch Ratte über Bord gingen – und Pussi blieb mit allen vier Pfoten in den Wanten hängen. Katzen fallen immer auf die Füße. Wenn es auf Nützlichkeit ankommt – gibt's dann wirklich Gründe, ihr die paar kümmerlichen Schwarten, die zu ihrem Unterhalt gingen, zu mißgönnen, ha? – Das war jedenfalls die Meinung des Meisters. Die Katze ließ sich wieder draußen auf dem Gang hören, ein herzzerreißendes Miauen, als ob etwas in ihrer Brust in Stücke gegangen wäre.

Ich kann dieses Jaulen nicht aushalten, sagte der Kapitän wieder vor sich hin. Dieser Andersen, ist das der Kannibale mit den schwarzen Haaren? Was soll der mit dem Jungen?

Nach dem Frühstück ging der Kapitän kurzentschlossen hin, holte die Jungen und legte sie eigenhändig wieder zurück in die Kiste. Die Mutter schmiegte sich glücklich an sie und brachte jene eigentümlichen Laute hervor, mit denen Katzen ihre Freude ausdrücken; so war also die Familie wieder vollständig, offenbar auch zur großen Erleichterung des Stewards, der auch auf der Seite der Katzen gewesen war, aber nichts zu sagen gewagt hatte. Im übrigen war es den Jungen keineswegs schlecht ergangen, solange sie fort gewesen sind, ganz im Gegenteil. Das eine kehrte mit einem gelben Zigarrenkistenbändchen zurück, das zu einer zierlichen Schleife um seinen Hals gebunden war. Es war der Kannibale Andersen, der das Junge auf diese besondere Weise ausgezeichnet hatte.

Am nächsten und übernächsten Tag wurde bei den Mahlzeiten viel über Katzen geredet, ausführliche Erzählungen. Der Kapitän ergänzte seine Legende über den einzigartigen Sophus mit einem Bericht darüber, wie Sophus, der ja ein Kater gewesen war, in jedem Hafen an Land ging und oft zurückkam mit Beulen, einmal mit einem aufgeplatzten Augenlid – ganz wie Seeleute, wenn sie an Land gewesen waren und Schlägereien gehabt hatten. Die Matrosen hatten viel Sympathie für ihn, und aus Spaß banden sie ihm einen Groschen um den Hals, daß er sich auch was leisten könnte, wenn das Schiff im Hafen lag. Und Sophus hatte es so eilig, an Land zu kommen, daß sie ihn festhalten mußten, bis die Landungsbrücke heruntergelassen war. Und dann, wenn sie ihn losließen, stürmte Sophus wie aus der Pistole geschossen davon. Und immer kam er schleichend zurück, nicht mitten über die Treppen, nein, ganz an die eine Seite gedrückt, um nicht gesehen zu werden. Ja, Sophus war ein Mensch.

Als ob die Ausgaben, die man mit dem Kater gehabt hatte, schon der Rede wert gewesen wären, prahlte der Meister. Pussi kommt jedesmal, wenn sie zum ›Trippeln‹ war, mit einem Taler nach Hause. (Allgemeine Heiterkeit, Beifall, besonders von seiten des Ersten Steuermanns, der Steward reserviert, ernst wie ein Grab.)

Als wir am Abend beim Bridge sitzen, miaut die Katze wieder draußen auf dem Gang. Warum jault sie denn nun schon wieder, sie hat doch ihre Jungen wiederbekommen? donnerte der Kapitän.

Sie sagt gute Nacht, sagt der Maschinenmeister sanft, können Sie das nicht hören? Sie haben auch überhaupt kein Verständnis. Aber er geht trotzdem hinaus, um nachzusehen. Und richtig, Pussi ist ausgesperrt, der Obersteward ist schon zu Bett. Da packt der Meister einfach die Katze, geht mit ihr außen herum und steckt sie zum Bullauge hinein, abwartend, bis er von drinnen das zufriedene Schnurren hören kann.

In den folgenden Tagen beginnen die Seeleute, nur leicht bekleidet auf den Luken zu sitzen, die Mützen tief in die Augen gezogen, mit nackten tätowierten Armen. Es ist Sonnenwende; nun weiß man, wie es daheim ist, dunkel den ganzen Tag, Licht in den Geschäften und Weihnachtsdekorationen auf ›Strøget‹, schwarze Ströme von Menschen und wahrscheinlich auch schwarzer, zertretener Schnee in den Straßen. Nun feiern sie Weihnachten. An Bord sprechen sie oft darüber, obgleich sie Weihnachten nicht zu Hause feiern können. Runde Plätzchen mit Zucker und Zimt gibt es zum Tee – der Obersteward hat gebacken. Natürlich sollen sie auch an Bord Weihnachten haben, und ein Weihnachtsbaum ist eigens dafür mitgenommen worden. Aber die Berechnungen ergeben, daß man am Heiligen Abend gerade in Port Said liegt und löschen muß. Es wird daher beschlossen, den Heiligen Abend um vierundzwanzig Stunden zu verschieben und ihn im Kanal oder im Roten Meer zu feiern. Einige von den Offizieren haben noch kein Weihnachten zusammen mit ihren Familien erlebt. Sie sprechen davon wie von einem hohen, heiligen Sakrament, an dem sie vielleicht einmal durch die eine oder andere gute Fügung teilhaben werden.

Seeleute sind ja praktisch niemals zu Hause; nach einer halbjährigen Reise vielleicht zwei, drei Tage, manchmal nur Stunden, am Morgen im Hafen, am Abend wieder in See, wieder auf einer Halbjahresreise. Und es kommt auch vor, daß sie überhaupt nicht nach Hause kommen. Man erhält die Order draußen und muß dann ein weiteres halbes Jahr unterwegs bleiben, bevor man Fracht in die Heimat hat. Es gibt verheiratete Leute, die ihre Kinder nur ein paarmal gesehen haben, und die Kinder erkennen sie überhaupt nicht, wenn sie heimkommen. Die Mutter dressiert sie darauf, daß sie dem Vater entgegenlaufen und sagen sollen: Guten Tag, Vater. Doch auf dem Weg können sie dann plötzlich nicht mehr, und der Vater kann es auch nicht.

So leben und sterben sie schließlich auf dem Schiff. In ihren kleinen Kammern hängen Fotografien von der Geliebten, zusammen mit anderen Schönheiten, von denen sie träumen, Filmstars – wie auf See zu erwarten, von rot-weiß gemalten Rettungsringen eingerahmt. Angenagelte Postkarten mit kleinen Bildern vom Land, eine sommerliche Landstraße, ein Pferd mit einem Fohlen berichten ihnen von einer Welt, von der der Seemann vollkommen ausgeschlossen ist.

Als Ausgleich sollte wohl das Leben auf See eine Romantik bewahrt haben. Aber nein. Sie sehen nicht einmal mehr die Welt. In den Häfen, wo sie anlegen, bleibt ihnen keine Zeit, um an Land zu gehen.

Löschen und andere schwere Arbeit, und dann wieder weiter, um keine Zeit zu verlieren. Wie die Wölfe fahren sie in die Maschinen, wenn sie stilliegen, um zu reparieren und nachzusehen; Maschinenmeister und Assistenten kommen Tag und Nacht nicht einmal an Deck, solange die Maschine nicht läuft, geschweige denn an Land. Und die übrige Zeit laufen und laufen die Maschinen Monate und Monate in einem fort.

Es ist ja schließlich ein Motorschiff. Neue Zeit – neue Methoden. Einen Kessel braucht man nicht mehr, und der Heizer ist in die Geschichte eingegangen; er lebe wohl. Keine Kohlen, keinen Bunker, man nimmt flüssigen Brennstoff mit einem Schlauch an Bord, und – von den Kohlestationen unabhängig – läuft man viel weitere Strecken. Der Dieselmotor setzt den Brennstoff direkt um, der Zylinder ist Kessel und Antrieb zugleich. Die Erfahrungen mit Benzinmotoren ziehen auch hier ein und verdrängen den Dampf. Die zwei großen Acht-Zylinder-Motoren – jeder Zylinder so groß, daß ein Mann darin stehen kann – arbeiten genau wie ein Automobil, achtern beim Mast kann man vom Auspuff den bekannten heiseren Takt hören, wie das Hecheln eines Jagdhundes in der Hitze. Das ist der Puls der Zeit, nun auch auf See. Doch sendet man den alten, schönen Dampfmaschinen einen wehmütigen Gedanken, den tanzenden, öltriefenden Pleuelstangen und dem Dampfgeruch im Maschinenraum. Dieselmotoren riechen wie eine Großstadtstraße nach Auspuffgas, und der Maschinenraum ist voller Rauch, als ob eine Lampe geblaffert hätte. Die Zeit wird schneller, explosiver und verbrennt mehr. Das kann man auch den Maschinenleuten ansehen, sie haben einen ungesunden, wachsartigen Teint. Warum bleiben sie eigentlich nicht auf Land? Dort warten mindestens zwanzig auf jeden einzelnen Platz draußen auf See; aber nein – sie bleiben, wo sie sind.

Und dann läuft das Schiff aus mit seinen gut dreißig Mann Besatzung an Bord, nicht eine Frau an Bord, bis zu den Luken beladen mit Waren aus aller Welt. Oben von der Bottnischen Bucht und von Oslo, von Hamburg, mit schwerem Maschinengut auf Deck, Teile für Zementfabriken, die auf Sumatra aufgebaut werden sollen, Waren für Java, Australien. Täglicher Verkehr – aber riesige Dimensionen – auch Stoff für die Phantasie. Der moderne Austausch bringt schwere Güter von arktischen Regionen hinunter in die Tropen, andere Waren wieder zurück, damit die einfachsten täglichen Bedürfnisse überall erfüllt werden können. Aber der Seemann ist, was das Heim betrifft, betrogen. Alle Achtung seiner Treue und Resignation. Solch ein Schiff faßt 10000 Tonnen Last, zusammen mit der Last ist es viele Millionen wert. Daß es von Kontinent zu Kontinent fährt, bedeutet Arbeit und Brot für viel mehr Menschen als nur die direkt damit beschäftigten, viele wissen überhaupt nichts davon. Respekt vor den großen Dimensionen und den Köpfen, die so umfassende Riesenunternehmen in Gang halten.

Eine Reise mit einem Dampfer, obendrein in nahem Fahrwasser wie von Hamburg nach Port Said, bietet nichts Neues. Wie gesagt, es fehlt jede Seeromantik. Man ist nicht einmal isoliert, jedes Schiff hat Radio, wir bekommen Zeitungen mit dem gewohnten Geschrei – alle Seereisen sind fast gleich, wie auch das moderne Leben immer gleich ist. Ganz geisttötend ist die Reise aber auch nicht, es ist kein Passagierschiff wie die riesgien schwimmenden Hotels, die die Meere durchfahren. Es fehlen zwar hier die Damen an Bord; das ist ein Mangel; man entbehrt sie. Aber die See bewahrt doch ihre alte Anziehungskraft, das alte Element hat seine Melancholie und die Sehnsucht behalten, macht den Blick weit, trotz seiner Grenzen – jetzt wie immer schon. Gleichbleibend und ewig ist die See. Bilder kommen und Bilder vergehen. Ein ursprünglicher Instinkt muß die Ursache sein, daß dieser kleine Kreis von Menschen seinerzeit die See wählte, und nun läßt sie sie nicht mehr los, wie sie selber sagen.

Ein sehr tief begrabenes Gefühl und die Sehnsucht nach Häuslichkeit kommen nun in der Aufmerksamkeit zum Vorschein, die der kleinen Katzenfamilie zuteil wird. Menschen im Lande machen sich überhaupt keine Vorstellung davon, wie stark dieses Sehnen ist. Die Leute sitzen auf der Luke und nähen, mit wehmütiger Erinnerung an die abwesenden Frauensleute, halten einen langen Faden in der Nadel den Katzenkindern hin, daß sie danach springen, machen allerlei Spaß mit ihnen und lachen wie große, plumpe Kinder über die Bocksprünge der Jungen. Manchmal wird es direkt heftig und wild, lautes Brüllen, wenn der eine meint, daß ein anderer zu rauh mit den kleinen Geschöpfen umgeht – das soll er noch einmal wagen. Im Wesen der Seeleute sind große Gegensätze vereinigt. Der Kapitän droht dem Steward mit dem Leben, weil er die Pantrytür hinter sich offen und im Seegang hin und her schlagen läßt. Ärgerlich wendet er sich dem Tisch wieder zu und brummt vor sich hin: Wenn eins von den Jungen auf die Schwelle springt und die Tür im selben Moment zuschlägt, ist es hin.

Dort auf der Luke ist ein wirkliches kleines Paradies. Die zwei Jungen spielen in der Sonne, ein wenig tolpatschig noch, doch schon mit der eleganten Grazie der Katzen. Sie kugeln umher, wenn sie nach etwas schlagen, und will man sie streicheln, bekommt man von der klitzekleinen Pfote einen Schlag wie von einer Daune. Und die Mutter schaut mit diesen schwefelgelben Augen zu, in denen die Pupillen senkrechte Spalten sind, Krokodilsaugen, in denen die stumme Machtlosigkeit steht. Es sieht aber so aus, als ob Welt und Menschen sie und ihre Kinder schonen wollten. Sich selbst läßt Miss aber nicht streicheln, sie weicht leicht aus, wie ein Schatten. Sie ist Australierin und wünscht nicht, berührt zu werden.

Das Raubtier ist auch bei den kleinen Biestern zur Stelle. Der Steuermann kommt vorbei und legt geschabtes Fleisch für die Abgötter auf die Luke. Und die Jungen, so klein sie noch sind, bemerken sofort den Blutgeruch. Sie hauen ihre spitzen Zähne ins Fleisch und ziehen sich knurrend mit ihrem Raub zurück. Und als der Steuermann – der Spender der Gaben – dieses Geschöpf Gottes streicheln will, haut es ihm fünf nadelfeine Krallen in den Zeigefinger, so daß er es erst hoch in die Luft halten muß, bevor es seinen Finger freigibt. Jubel auf der Luke – und auch der Steuermann ist ganz entzückt und begeistert über die Tüchtigkeit des kleinen Tigers. Die letzten paar Tagereisen vor Port Said ist das Mittelmeer endlich blau geworden, stahlblau, wie der Bottich mit Waschblau, in dem die Wäsche gespült wird. Bis kurz vor Tunis war das Wetter noch rauh, doch nun erstrahlt der Himmel in klarem Licht. Feuerstrahlen blitzen von der See auf, die wie in einem weiten blauen Ring daliegt, eine endlose See, nicht ein einziges Schiff ist zu sehen. Das ist nun etwas anderes als das Packeis und der dunkle Nebel in dem eisbedeckten Hamburger Hafen. Am Abend leuchtet die Venus in königlicher Pracht wie ein großer Diamant am Himmel, so hell, daß sie einen Lichtschimmer aufs Meer wirft. Die Mondsichel sieht mittlerweile ganz türkisch aus, und im Norden ist der Große Bär zum Horizont hinuntergeglitten.

Zu diesem Abend hätte Musik gehört, dankbar hätte man den bekannten, traurigen Harmonikaklängen aus den Mannschaftsräumen gelauscht, die eigentlich nicht von einem Schiff zu trennen sind. Die Harmonika, das Instrument des Seemanns, ausdehnbar wie die Seele des Matrosen, zeitweise auch leck, mit einer Menge Luft darin, wie Wind und Wetter; und zeitweise bedrückt wie die Brust des Seemanns, sehnsuchtsvoll, eine Stimme der Einsamkeit auf einem Ozean von Heimweh – doch auf diesem Schiff erklingt keine Harmonika, es ist arm auch in bezug auf Musik. Es gibt zwar ein Grammophon, doch das ist vernagelt.

Diese kleine Gruppe von Menschen lebt hier auf ihrer Insel gesittet und ordentlich, ohne sich jemals Luft machen zu können, nicht einmal mit einer Harmonika. Und es wird sie doch drücken, jetzt, wo es auf Weihnachten zugeht. In der Mannschaftsmesse mit den rohen Bänken und den nackten Wänden sitzt noch spätabends ein Kerl mit einer wollenen, ölverschmierten Unterjacke, Ruß in den Haaren, kaut am Federhalter und versucht zu schreiben. Den hat's wohl schlimm gepackt.

*Deutsch von Gisela Fjelrad*

## Patricia Highsmith
## *Leer ist das Vogelhaus*

Als Edith es zum erstenmal sah, mußte sie lachen. Einen Augenblick glaubte sie, sich geirrt zu haben; aber als sie zur Seite trat und noch einmal hinsah, war es immer noch da, nur etwas weniger deutlich. Ein Gesicht wie das eines Eichhörnchens, mit dämonisch-intensiven Augen, starrte sie aus dem runden Loch des Vogelhäuschens an. Es konnte natürlich nur eine Täuschung sein – wahrscheinlich lag es an den Schatten, oder an einem Astknoten in der hölzernen Rückwand des Häuschens. Die Sonne schien hell auf den kleinen Kasten, der in der Ecke zwischen Geräteschuppen und Hauswand aufgehängt und etwa zwanzig mal fünfundzwanzig Zentimeter groß war. Edith trat näher heran und stand jetzt etwa drei Meter entfernt. Das Gesicht verschwand.

Komisch, dachte sie, als sie ins Haus ging. Das muss ich heute abend Charles erzählen.

Aber sie vergaß es und sagte Charles nichts davon, und drei Tage später war das Gesicht wieder da. Diesmal sah sie es, als sie eben zwei leere Milchflaschen an die Hintertür gestellt hatte und sich wieder aufrichtete. Zwei schwarze Knopfaugen blickten sie gerade und unverwandt aus dem Vogelhäuschen an, und rundherum saß etwas wie bräunliches Fell. Edith fuhr leicht zusammen und blieb reglos stehen. Sie meinte, zwei rundliche Ohren zu sehen und einen Mund – es war weder eine Schnauze noch ein Schnabel, aber er sah böse und grausam aus.

Dabei wußte sie doch, daß das Vogelhaus leer war. Vor Wochen schon war die kleine Blaumeisenfamilie ausgeflogen – gerade noch rechtzeitig, denn Jonathan, der Kater der Nachbarn, hatte ein Auge auf die Jungen geworfen. Vom Schuppendach aus konnte er mit der Pfote bis in das runde Loch des Kästchens reichen; Charles hatte es damals ein wenig zu groß gemacht für Blaumeisen. Edith und Charles hatten Jonathan mit einiger Mühe ferngehalten, bis die Vögel ihr Häuschen verlassen hatten. Ein paar Tage später hatte dann Charles das Vogelhaus abgenommen – es war wie ein Bild mit einer Drahtöse an der Wand befestigt – und gründlich geschüttelt, damit sich kein Schmutz darin festsetzte. Blaumeisen nisteten zuweilen ein zweites Mal, meinte er. Bis jetzt waren sie jedoch nicht wiedergekommen, das wußte Edith; sie hatte darauf geachtet.

Und Eichhörnchen wohnten niemals in Vogelhäusern. Oder vielleicht doch –? Aber hier gab es ja gar keine. Ratten? Die würden sich doch nicht in einem Vogelhaus niederlassen. Außerdem, wie sollten sie da hinaufkommen, sie konnten doch nicht fliegen.

Das alles ging Edith durch den Kopf, während sie das starre braune Gesicht anblickte und die scharfen Augen sie ebenso intensiv beobachteten.

›Ich geh einfach mal hin und seh es mir an‹, dachte sie und trat auf den kleinen Pfad, der zum Schuppen führte. Doch sie ging nur drei Schritt weit, dann blieb sie stehen. Sie hatte keine große Lust, das Vogelhaus anzufassen und womöglich von irgendeinem unsauberen Nagetier gebissen zu werden. Heute abend wollte sie es Charles erzählen. Sie stand jetzt nahe vor dem Vogelhaus, und das Ding saß immer noch darin, deutlicher als zuvor. Von einer optischen Täuschung konnte nicht die Rede sein.

Charles Beaufort, Ediths Mann, war Ingenieur für Datenverarbeitung und in einem Betrieb angestellt, der acht Meilen von ihrem Wohnort entfernt lag. Als ihm Edith abends berichtete, was sie gesehen hatte, zog er lächelnd die Augenbrauen in die Höhe. »Tatsächlich?« fragte er.

»Ich *kann* mich irren, natürlich. Bitte nimm doch das Ding noch einmal herunter und schüttle es, damit wir sehen, ob irgendwas drin ist.« Auch Edith lächelte jetzt, nur ihr Ton war ernst.

»Schön, das werde ich tun«, versprach ihr Charles bereitwillig und ging dann zu einem anderen Thema über. Sie waren noch beim Dinner.

Edith mußte ihn an sein Versprechen erinnern, als sie das Geschirr in die Spülmaschine stellten. Sie wollte gern, daß er nachsah, bevor es dunkel wurde. Charles ging hinaus, und Edith blieb an der Tür stehen und schaute ihm zu. Charles klopfte an das Vogelhaus und horchte. Dann nahm er es vom Haken, schüttelte es und drehte es langsam um, so daß das Loch unten lag. Wieder schüttelte er es.

»Nicht das mindeste drin!« rief er Edith zu. »Nicht mal ein Strohhalm.« Er lächelte nachsichtig und hängte das Kästchen wieder an die Mauer. »Was du da wohl gesehen hast? Du hast doch nicht vorher einen Whisky getrunken?«

»Aber nein, Charles. Ich hab's dir doch beschrieben.« Edith kam sich auf einmal ganz leer vor, als sei ihr etwas weggenommen worden. »Der Kopf war ein bißchen größer als bei einem Eichhörnchen, die Augen waren blank und schwarz wie Knöpfe, und der Mund sah – irgendwie streng aus.«

»Der Mund sah streng aus!« Charles warf den Kopf zurück und lachte, als er jetzt ins Haus kam.

»Ja – angespannt. Richtig böse«, beharrte Edith.

Mehr sagte sie nicht. Sie saßen im Wohnzimmer, Charles blätterte in der Zeitung und griff dann zu einem Ordner mit Geschäftsberichten. Edith hatte einen Katalog vor sich, aus dem sie Kacheln für die Küche aussuchen wollte. Was sollte sie nehmen – blau-weiß oder blau-weiß-rosa? Sie war nicht in der Stimmung, das zu entscheiden, und Charles war bei so etwas auch keine große Hilfe, er sagte immer nur freundlich: »Mir ist alles recht, was dir gefällt.«

Edith war vierunddreißig und seit sieben Jahren mit Charles verheiratet. Im zweiten Jahr ihrer Ehe hatte sie eine Fehlgeburt gehabt, an der sie im Grunde selbst schuld war, weil sie so panische Angst vor der Geburt gehabt hatte. Als sie dann die Treppe hinunterfiel, war das beinahe mit Absicht geschehen, das mußte sie – war sie ganz ehrlich – zugeben, wenn auch die Fehlgeburt dann einem Unfall zugeschrieben wurde. Zu einem zweiten Kind hatte sie nicht mehr den Mut gehabt; sie und Charles hatten darüber niemals auch nur mit einem Wort gesprochen.

Sie fand, daß sie eine glückliche Ehe führten. Charles hatte einen sehr guten Posten bei der Firma Pan Com Gerätebau, und sie hatten mehr Geld und Freiheit als ihre Bekannten, die durch zwei oder drei Kinder eingeengt waren. Sie hatten oft und gern Gäste bei sich, Edith vor allem im Haus und Charles auf dem Zehnmeter-Motorboot, wo sie zu viert schlafen konnten. Bei gutem Wetter waren sie an den meisten Wochenenden auf dem Fluß und den inländischen Kanälen unterwegs. Edith war eine hervorragende Köchin, an Bord wie zu Hause, und Charles sorgte für Getränke, Angelgerät und Plattenspieler. Auf Wunsch tanzte er auch ein Solo zur Flöte.

An diesem Wochenende blieben sie daheim, weil Charles einiges zu arbeiten hatte. Edith warf immer wieder einen Blick auf das Vogelhaus, war aber ganz beruhigt, denn nun wußte sie ja, daß es leer war. Wenn die Sonne darauf schien, sah sie nichts als ein blasses Braun in dem runden Loch, das war die Rückwand des Kästchens; und wenn es im Schatten lag, war das Loch ganz schwarz.

Montag mittag stand sie im Schlafzimmer und bezog die Betten mit frischen Laken, denn um drei kam der Wäschemann. Als sie eine Decke vom Boden aufhob, huschte etwas darunter hervor, lief über den Fußboden und zur Tür hinaus – etwas Braunes, größer als ein Eichhörnchen. Edith schrak zurück und ließ die Decke fallen. Auf den Fußspitzen ging sie zur Tür und blickte auf die Treppe hinunter, von der sie die ersten fünf Stufen übersehen konnte.

Was war das für ein Tier, das überhaupt kein Geräusch machte, selbst nicht auf nacktem Holzfußboden? Hatte sie sich auch nicht getäuscht? War da wirklich etwas gewesen? Doch sie war ganz sicher, es war kein Irrtum. Sogar die kleinen schwarzen Augen hatte sie erkannt. Es war das Tier aus dem Vogelhaus.

Es half nichts – sie mußte es finden. Der Hammer fiel ihr ein – das wäre eine gute Waffe, falls sie eine brauchte, nur war der Hammer leider unten. Sie nahm statt dessen ein schweres Buch und ging vorsichtig die Treppe hinunter. Aufmerksam sah sie sich überall um, als sich am Fuß der Treppe das Blickfeld weitete.

Im Wohnzimmer war nichts zu sehen. Aber es konnte ja unter das Sofa oder unter den Sessel geschlüpft sein. Sie ging in die Küche und nahm den Hammer aus der Schublade, kehrte dann ins Wohnzimmer zurück und schob eilig den Sessel etwas beiseite. Nichts. Jetzt hatte sie doch tatsächlich Angst davor, unter dem Sofa nachzusehen – die Decke hing fast bis auf den Fußboden. Sie schob das Sofa eine Handbreit von der Stelle und horchte. Nichts war zu hören.

Es war ja immerhin *denkbar*, daß ihre Augen ihr einen Streich gespielt hatten. So was kam vor – ein Stäubchen, das einem vor den Augen verschwamm, wenn man sich gebückt hatte. Sie beschloß, Charles nichts davon zu sagen. Und doch – was sie im Schlafzimmer gesehen hatte, war realer, konkreter gewesen als das Ding draußen im Vogelhaus.

Ein Yuma, dachte sie eine Stunde später, als sie in der Küche Mehl über den Braten stäubte. Ein junges Yuma. Wo hatte sie das auf einmal her? Gab es so ein Tier überhaupt? Hatte sie vielleicht in einer Illustrierten ein Foto gesehen oder das Wort irgendwo gelesen?

Edith zwang sich dazu, zunächst alles in der Küche zu erledigen, was sie sich vorgenommen hatte; dann ging sie ins Wohnzimmer, wo das große Lexikon stand, und suchte das Wort Yuma. Es stand nicht drin. Diesmal war es offenbar die Phantasie, die mit ihr durchgegangen war – so wie vorher die Augen, die ihr das braune Tier vorgegaukelt hatten. Aber es war merkwürdig, wie beides zusammentraf: als sei dies genau der richtige Name für das seltsame Tier.

Zwei Tage später, als sie und Charles ihre Kaffeetassen in die Küche trugen, sah Edith es unter dem Kühlschrank – oder vielleicht hinter dem Kühlschrank? – hervorwetzen, quer über die Schwelle huschen und im Eßzimmer verschwinden. Um ein Haar hätte sie ihre Tasse fallen lassen, die laut gegen die Untertasse klirrte.

»Was ist los?« fragte Charles.

»Da war es wieder!« sagte Edith blaß. »Das Tier –«

»Was für ein Tier?«

»Das – ich hab's dir nicht gesagt –« die Kehle wurde auf einmal so trocken, als sei sie im Begriff, ein peinliches Geständnis zu machen.

»Das Ding – das Ding aus dem Vogelhaus, das habe ich wiedergesehen, am Montag, oben im Schlafzimmer. Und ich glaube, jetzt eben auch. Gerade eben.«

»Aber Liebling, im Vogelhaus war doch gar nichts.«

»Ja – als du nachgesehen hast, da nicht. Aber das Tier rennt ganz schnell – beinahe als ob es flöge.«

Charles' Gesicht nahm einen besorgten Ausdruck an. Er sah hinüber auf die Schwelle, auf der auch Ediths Blick lag. »Und jetzt eben hast du es auch gesehen? Ich werde mal nachschauen.« Er trat ins Eßzimmer. Suchend sah er sich auf dem Fußboden um, warf einen Blick auf seine Frau, bückte sich dann nachlässig und schaute unter den Tisch und zwischen die Stuhlbeine. »Also wirklich, Edith –«

»Schau doch nochmal ins Wohnzimmer«, sagte sie.

Charles suchte im Wohnzimmer, etwa fünfzehn Sekunden lang, dann kam er zurück und lächelte. »Tut mir leid, Kindchen, aber ich glaube, du bildest dir das ein. Außer wenn es eine Maus war, natürlich. Vielleicht haben wir Mäuse –? Ich will's ja nicht hoffen.«

»Ach, es ist viel größer und außerdem braun. Mäuse sind grau.«

»Ja«, sagte Charles obenhin. »Aber nun laß nur, mein Herz – du brauchst keine Angst zu haben, es wird dir nichts tun. Es läuft ja weg.« Und mit einer Stimme, die nicht sehr überzeugend klang, fügte er hinzu: »Wenn nötig, rufen wir den Kammerjäger.«

»O ja«, stimmte sie sofort zu.

»Wie groß war es denn?«

Sie hielt die Hände etwa sechs Zentimeter auseinander. »So groß.«

»Könnte ein Wiesel sein«, meinte er.

»Es ist noch flinker als ein Wiesel. Und es hat schwarze Augen. Eben – da blieb es einen Augenblick stehen und sah mir direkt ins Gesicht. Ganz bestimmt, Charles.« Ihre Stimme kippte fast über. Sie zeigte auf die Stelle neben dem Kühlschrank. »Genau da blieb es eine Viertelsekunde stehen und –«

»Komm, komm, Edith.« Er drückte ihr den Arm.

»Es sieht so böse aus, so – ich kann's gar nicht sagen.«

Charles sagte nichts, er sah sie nur an.

»Gibt es ein Tier, das Yuma heißt?« fragte sie.

»Yuma? Nie gehört. Warum?«

»Weil mir das heute auf einmal einfiel. Nur so. Ich dachte – weil mir das Tier immer im Kopf ’rumging, und weil ich noch nie so eins gesehen habe, wäre es möglich, daß ich den Namen irgendwo gelesen habe.«

»Yuma? Y-u-m-a?«

Sie nickte.

Charles lächelte. Die Sache schien sich zu einem lustigen Spiel zu wandeln. Er trat an das Bücherregal mit dem Lexikon und suchte das Wort, wie Edith es getan hatte. Er schlug den Band zu und nahm die Encyclopaedia Britannica im untersten Fach heraus. Nach einer Minute sagte er: »Weder im Lexikon noch in der Britannica. Ich glaube, das Wort hast du dir ausgedacht.« Er lachte. »Oder vielleicht ist es ein Wort aus Alice im Wunderland.«

Nein, es ist ein richtiges Wort, dachte Edith, aber sie hatte nicht mehr den Mut, es zu sagen. Charles würde ihr doch nicht glauben.

Edith war erschöpft und ging gegen zehn Uhr mit einem Buch zu Bett. Sie las noch, als Charles kurz vor elf ebenfalls hereinkam. In diesem Augenblick sahen sie es beide: es flitzte vom Fußende des Bettes, deutlich sichtbar, quer über den Teppich, verschwand unter der Kommode und dann, wie Edith meinte, zur Tür hinaus. Auch Charles mußte das geglaubt haben, denn er wandte sich schnell um und blickte ins Treppenhaus.

»Du hast es gesehen!« stellte sie fest.

Mit ausdruckslosem Gesicht machte Charles Licht auf dem Treppenflur, sah sich suchend um und ging dann hinunter. Er blieb etwa drei Minuten unten, und Edith hörte, wie er mehrere Möbel wegrückte. Dann kam er zurück.

»Ja, ich hab’s auch gesehen.« Er sah auf einmal blaß und müde aus. Edith seufzte und lächelte kaum merklich, sie war erleichtert, daß er ihr endlich glaubte.

»Siehst du, jetzt weißt du, was ich meinte. Ich hab’s mir nicht eingebildet.«

»Nein«, stimmte er zu.

Edith saß aufrecht im Bett. »Das Schreckliche ist, es sieht so – so unfangbar aus, weißt du.«

Charles begann sein Hemd aufzuknöpfen. »Unfangbar – was für ein Wort, Kindchen. Nichts ist unfangbar. Vielleicht ist es doch ein Wiesel. Oder ein Eichhorn.«

»Konntest du es denn nicht erkennen? Es ist doch genau an dir vorbeigelaufen.«

»Na ja, aber –« Er lachte. »Es rannte ja ziemlich schnell. Du hast es doch schon zwei- oder dreimal gesehen und auch nicht erkannt.«

»Hatte es einen Schwanz? Ich konnte nicht sehen, ob es einen Schwanz hatte oder ob der Körper allein so lang ist.«

Charles schwieg. Er griff nach seinem Morgenmantel und zog ihn langsam an. »Ich glaube, es ist kleiner, als es aussieht«, sagte er dann. »Es rennt sehr schnell, deshalb sieht es so lang aus. Vielleicht doch ein Eichhörnchen.«

»Aber die Augen sitzen vorne am Kopf. Beim Eichhörnchen sitzen sie doch mehr an der Seite.«

Charles bückte sich und blickte suchend unter das Bett. Er fuhr mit der Hand über die am Fußende eingesteckte Decke und ebenso darunter, dann stand er auf und sagte: »Paß mal auf. Wenn wir es nochmal sehen – *wenn* wir es überhaupt gesehen haben –«

»Was heißt das, *wenn?* Du hast es doch gesehen, das hast du selbst gesagt.«

»Na schön, ich glaub's ja auch.« Er lachte. »Aber wie kann ich wissen, ob mir nicht meine Augen oder Sinne etwas vormachen? Du hattest es ja sehr lebendig beschrieben.« Die letzten Worte klangen fast gereizt.

»Also – wenn was?«

»Ja – wenn wir es noch einmal sehen, besorgen wir uns eine Katze. Die findet es bestimmt. Wir leihen uns eine aus.«

»Aber nicht den Kater von Masons. Die möchte ich keinesfalls darum bitten.«

Frans Masereel

*Die Katze tritt die Treppe ...*

Sie hatten den Kater der Nachbarn nur mit kleinen Steinchen vom Vogelhaus fernhalten können, als die Blaumeisen flügge wurden. Das hatten die Nachbarn nicht gern gesehen. Sie standen immer noch auf gutem Fuß mit ihnen, aber weder Edith noch Charles wäre es eingefallen, sie um den Kater Jonathan zu bitten.

»Wir können doch den Kammerjäger bestellen«, sagte Edith.

»Ha – und was wollen wir ihm sagen? Wonach soll er suchen?«

»Nach dem, was wir gesehen haben«, sagte Edith leicht verärgert. Vor wenigen Stunden noch hatte Charles selber den Kammerjäger vorgeschlagen. Das Gespräch mit ihm spannte sie auf die Folter, und gleichzeitig deprimierte es sie. Es war alles so vage und hoffnungslos; sie wollte am liebsten schlafen und die ganze Sache vergessen.

»Wir versuchen es mal mit 'ner Katze«, meinte Charles. »Farrow hat eine, die hat er von den Nachbarn übernommen. Du weißt doch – Farrow ist der Buchprüfer, er wohnt in der Shanley Road. Er hat die Katze ins Haus genommen, als die Leute nebenan umzogen. Seine Frau mag aber keine Katzen, sagt er. Sie hat –«

»Ich bin auch nicht gerade wild darauf«, sagte Edith. »Wir wollen keine Katze ins Haus nehmen.«

»Nein, das nicht. Aber diese könnten wir bestimmt mal leihweise kriegen. Sie fiel mir gerade ein, weil Farrow sagt, sie wäre so ein fabelhafter Jäger. Es ist übrigens 'ne Katze, kein Kater. Neun Jahre alt, sagt er.«

Am nächsten Abend brachte Charles die Katze mit. Er kam eine halbe Stunde später als sonst, weil er mit Farrow nach Haus gefahren war, um die Katze zu holen. Er und Edith schlossen Türen und Fenster und ließen dann im Wohnzimmer die Katze aus dem Korb. Sie war weiß mit grauscheckigen Streifen und schwarzem Schwanz. Sie blieb steif mitten im Zimmer stehen und blickte ablehnend und mit leicht verdrossener Miene um sich.

»Komm, Pussy, komm – na komm doch her.« Charles bückte sich, berührte sie aber nicht. »Du bist ja nur für einen oder zwei Tage hier. Haben wir Milch im Hause, Edith? Oder Sahne, das wäre noch besser.«

Sie machten für die Katze ein Lager in einem Pappkarton, legten ein altes Handtuch hinein und stellten den Karton in eine Ecke des Wohnzimmers. Aber die Katze legte sich lieber ans Fußende des Sofas. Sie hatte das Haus oberflächlich inspiziert und keinerlei Interesse an Winkeln und Schränken gezeigt, worüber Edith und Charles enttäuscht waren. Edith meinte, die Katze sei sicher viel zu alt, um irgend etwas zu fangen.

Am nächsten Morgen rief Mrs. Farrow an und sagte, sie könnten die Katze behalten, wenn sie wollten. »Es ist ein gesundes Tier, und sehr sauber. Bei mir ist es einfach so, daß ich Katzen nicht gern habe. Wenn Sie sie also mögen – oder wenn die Katze Sie mag –«

Edith wand sich mit überreichlichen Dankesworten und Erklärungen heraus; sie berichtete, warum sie die Katze brauchten, und versprach, Mrs. Farrow übermorgen wieder anzurufen. Sie sagte, sie und Charles hätten den Verdacht, es seien Mäuse im Haus; sie wollten aber gern sicher sein, bevor sie den Kammerjäger bestellten. Sie war einigermaßen erschöpft nach ihrem Wortschwall.

Die Katze verschlief den größten Teil des Tages, entweder auf dem Sofa oder am Fußende des Bettes oben im Schlafzimmer, was Edith nicht gern sah; aber sie wollte sie nicht reizen und tat deshalb nichts. Sie redete ihr sogar freundlich zu und trug sie auf dem Arm an die offenen Schranktüren, wo sich Pussy jedoch jedesmal steif abwandte, nicht etwa aus Furcht, sondern aus Langeweile. Den Thunfisch, den Mrs. Farrow angeraten hatte, fraß sie jedoch gern.

Freitag nachmittag saß Edith am Küchentisch und putzte Silber, als sie das Ding neben sich über den Fußboden flitzen sah – es kam von hinten und schoß wie eine braune Rakete durch die Küchentür ins Eßzimmer. Sie sah, wie es sich nach rechts wandte und ins Wohnzimmer huschte, wo die Katze lag und schlief.

Edith stand schnell auf und trat an die Wohnzimmertür. Nichts war mehr zu sehen, und auf dem Sofa lag die Katze mit geschlossenen Augen, den Kopf auf die Pfoten gebettet. Ediths Herz klopfte laut. In die Angst mischte sich nervöse Ungeduld, einen Augenblick lang hatte sie das Gefühl von Chaos und völliger Verwirrung. Das

Tier war hier im Zimmer, und die Katze rührte sich nicht! Und um sieben kam das Ehepaar Wilson zum Essen; sie hatte kaum Zeit, Charles die Sache zu erzählen, weil er sich vorher noch waschen und umziehen wollte, und in Gegenwart der Gäste konnte und wollte sie nichts davon sagen, obgleich die Wilsons alte Bekannte waren. Das Gefühl des Chaos wurde zu ohnmächtiger Empörung; Tränen brannten in ihren Augen. Sie stellte sich vor, wie der Abend verlaufen würde, wie nervös und ungeschickt sie sich gewiß benahm, alle möglichen Sachen würde sie fallen lassen und doch nicht sagen können, was eigentlich mit ihr los war.

»Das Yuma – das verdammte Yuma«, sagte sie erbost mit halblauter Stimme, als sie in die Küche zurückging und trotzig das Silber fertig putzte, bevor sie sich ans Tischdecken machte.

Das Dinner verlief dann jedoch sehr gut, ohne zerbrochenes Geschirr und verbrannte Speisen. Christopher und Frances Wilson wohnten am anderen Ende des Dorfes; sie hatten zwei Söhne von sieben und fünf. Christopher war Syndikus bei Pan Com.

»Du siehst ziemlich müde aus, Charles«, meinte Christopher. »Habt ihr nicht Lust, am Sonntag mit uns ’rauszufahren?« Er blickte seine Frau an. »Wir wollten nach Hadden zum Schwimmen und dann ein Picknick machen – nur wir und die Kinder. Schön viel frische Luft.«

»Ach –« Charles wartete auf eine Ablehnung von Edith, aber sie schwieg. »Vielen Dank, bloß – wir wollten eigentlich mit dem Boot ’raus, weißt du, aber nun haben wir uns eine Katze ausgeliehen, und wir können sie wohl nicht gut den ganzen Tag allein lassen.«

»Eine Katze ausgeliehen?« fragte Frances Wilson.

»Ja – wir dachten, wir hätten vielleicht Mäuse im Haus, das wollten wir gern feststellen«, meinte Edith lächelnd.

Frances sagte noch ein paar Worte über die Katze, dann war das Thema erledigt. Pussy war jetzt sicher oben, dachte Edith. Sie verschwand immer nach oben, wenn Fremde ins Haus kamen.

Später, als die Gäste fort waren, erzählte Edith ihrem Mann von dem Tier, das sie wieder in der Küche gesehen hatte, und von

der Katze, die so gleichgültig auf dem Sofa liegengeblieben war
»Ja, das ist ja das Dumme: es macht keinerlei Geräusch«, meinte Charles und runzelte die Stirn. »Bist du auch ganz sicher, daß du es gesehen hast?«

»So sicher, wie daß ich es überhaupt jemals gesehen habe«, erwiderte Edith.

»Laß uns noch ein paar Tage abwarten mit der Katze«, schlug Charles vor.

Am nächsten Morgen – Samstag – kam Edith gegen neun von oben, um Frühstück zu machen, und blieb erstarrt stehen, als ihr Blick auf den Fußboden im Wohnzimmer fiel. Da lag das Yuma, tot – zerfleischt am Kopf und Bauch und Schwanz. Vom Schwanz war nur noch ein zernagter Stumpf von etwa fünf Zentimeter Länge zu sehen, vom Kopf gar nichts – es war keiner da. Das Fell war braun, an den noch blutig-feuchten Stellen fast schwarz.

Edith drehte sich um und lief die Treppe hinauf.

»Charles!«

Er war wach, aber noch verschlafen. »Ja – was ist?«

»Die Katze hat es gefangen. Es liegt unten auf dem Fußboden, mitten im Zimmer. Bitte komm doch 'runter, ja? Ich kann nicht – wirklich –«

»Aber natürlich, Liebes.« Charles warf die Decke zurück und war schon aus dem Bett. Sekunden später war er unten. Edith folgte ihm.

»Hm – ganz schön groß«, sagte er.

»Was ist es?«

»Das weiß ich nicht. Laß – ich hole die Schaufel.« Er ging in die Küche. Edith sah ihm in einiger Entfernung zu, wie er alles mit Hilfe einer zusammengerollten Zeitung auf die Kehrichtschaufel schob. Er betrachtete das blutige Häufchen, die zerbissene Luftröhre, die Knochen. Die Füße hatten kleine Krallen.

»Was ist es? Ein Wiesel?« fragte Edith.

»Keine Ahnung. Wirklich, ich weiß es nicht.« Charles wickelte die Reste eilig in Zeitungspapier. »Ich werd's in den Mülleimer tun. Montag ist doch Müllabfuhr, nicht wahr?«

Edith antwortete nicht.

Er ging durch die Küche, und sie hörte den Deckel des Mülleimers klappern, der draußen vor der Küchentür stand.

»Wo ist die Katze?« fragte sie, als er wieder hereinkam.

Charles wusch sich die Hände am Spülstein. »Keine Ahnung.« Er nahm den Mop, ging damit ins Wohnzimmer und scheuerte die Stelle, wo das Tier gelegen hatte. »Stark geblutet kann es nicht haben – ich sehe hier überhaupt kein Blut.«

Während sie noch beim Frühstück saßen, kam die Katze durch die vordere Haustür. Edith hatte sie geöffnet, um das Wohnzimmer zu lüften, obgleich sie keinerlei Geruch festgestellt hatte. Die Katze hob kaum den Kopf, blickte sie müde an und gab ein langes »Miauu« von sich – den ersten Ton, seit sie im Hause war.

»Brave Pussy!« sagte Charles laut. »Eine ganz brave Pussy bist du.«

Aber die Katze wich der Hand aus, die sie streicheln wollte, und schlich langsam in die Küche, wo der Napf mit dem Thunfisch stand.

Charles lächelte Edith zu, und sie bemühte sich, das Lächeln zu erwidern. Ihr Ei hatte sie aufgegessen, aber von dem Toast brachte sie keinen Bissen mehr hinunter.

Nach dem Frühstück holte sie den Wagen aus der Garage und machte ihre Einkäufe, aber es geschah wie in einem Nebel. Sie ging umher und grüßte wie üblich die Bekannten, die sie unterwegs traf, nur spürte sie keinerlei Kontakt zwischen sich und den anderen. Als sie nach Hause kam, lag Charles angezogen auf dem Bett, die Hände hinter dem Kopf verschränkt.

»Ich wußte gar nicht, wo du warst«, sagte Edith.

»Oh – entschuldige. Ich war ein bißchen müde.« Er setzte sich auf.

»Nichts zu entschuldigen. Schlaf doch ruhig, wenn du müde bist.«

»Ich wollte die Spinnweben aus der Garage 'rausmachen und mal gründlich durchfegen.« Er stand auf. »Bist du nicht froh, Kindchen, daß das – das Ding nun weg ist?« fragte er und zwang sich zu einem Lachen.

»Doch, natürlich. Weiß Gott, ja.« Aber ihr war immer noch deprimiert zumute, und sie merkte, daß es Charles ebenso ging. Zögernd blieb sie in der Tür stehen. »Was es wohl für ein Tier war? Das würde ich doch gern wissen.« Wenn wir bloß den Kopf gefunden hätten, dachte sie; aussprechen konnte sie es nicht. Der Kopf mußte doch noch irgendwo auftauchen, im Haus drinnen oder im Garten. Den Schädel konnte die Katze nicht gefressen haben.

»Sowas Ähnliches wie ein Wiesel, meine ich«, sagte Charles. »Wir können die Katze jetzt zurückbringen, wenn du willst.«

Sie beschlossen, noch bis morgen zu warten und dann die Farrows anzurufen.

Pussy schien jetzt zu lächeln, wenn Edith sie ansah. Es war ein müdes Lächeln, oder saß die Müdigkeit nur in den Augen? Sie war immerhin neun Jahre alt. Edith blickte immer wieder zu ihr hinüber, als sie an diesem Wochenende ihrer Arbeit nachging. Die Katze hatte jetzt ein anderes Gesicht: sie sah aus, als habe sie ihre Aufgabe pflichtgemäß erfüllt und wisse das auch, sei aber nicht besonders stolz darauf.

Es war komisch, aber Edith hatte das Gefühl, als bestehe da ein Bündnis zwischen der Katze und dem Yuma oder was immer es für ein Tier gewesen war. Als seien die beiden so etwas wie Bundesgenossen, oder seien es gewesen. Beide waren Tiere und hatten einander verstanden, das eine – das stärkere – war der Feind, das andere die Beute. Und die Katze hatte das Tier gesehen, vielleicht auch gehört, und hatte ihre Krallen in seinen Leib geschlagen. Vor allem hatte die Katze keine Angst gehabt, wie sie und sogar Charles Angst gehabt hatten. Und während ihr das alles durch den Kopf ging, wurde es Edith klar, daß sie die Katze nicht mochte. Sie sah so mürrisch aus, so voller Mißtrauen. Und bestimmt mochte die Katze sie und Charles auch nicht leiden.

Edith hatte sich vorgenommen, am Sonntag nachmittag gegen drei mit Mrs. Farrow zu telefonieren, aber Charles ging nach Tisch selbst an den Apparat und sagte, er werde anrufen. Sie hatte etwas wie Angst davor, auch nur Charles' Teil des Gesprächs mit anzuhören, doch sie blieb mit der Zeitung auf dem Sofa sitzen und hörte zu.

Charles bedankte sich zunächst überschwenglich und berichtete, die Katze habe ein Tier gefangen, das wie ein großes Eichhörnchen oder ein Wiesel aussehe. Das sei sehr erfreulich, aber behalten wollten sie Pussy nun doch nicht, so nett sie auch sei; konnten sie sie heute zurückbringen, so gegen sechs? »Ja, aber – die Sache ist ja nun erledigt, wissen Sie, und wir sind Ihnen schrecklich dankbar, aber ... Ja, ganz bestimmt, ich werde mich im Betrieb mal umhören, ob dort jemand eine Katze gebrauchen kann.«

Er legte den Hörer aufatmend hin und öffnete seinen Kragen. »Uff – das war ein Stück Arbeit! Ich komme mir richtig schäbig vor. Aber es hat doch keinen Zweck zu behaupten, daß wir die Katze behalten möchten, wenn wir sie doch los sein wollen, findest du nicht?«

»Ganz bestimmt. Aber wir müßten ihnen irgendwas mitbringen, eine Flasche Wein oder sowas.«

»Ja, das ist eine gute Idee. Haben wir noch Wein?«

Nein, Wein war nicht mehr da. An ungeöffneten Flaschen fand sich nichts als eine Flasche Whisky, die Edith befriedigt zum Mitnehmen vorschlug. »Sie haben uns ja wirklich einen großen Gefallen getan«, meinte sie.

»Ja, das stimmt«, sagte Charles lächelnd. Er wickelte die Flasche in eines der grünen Seidenpapiere ein, die der Weinhändler immer zum Verpacken benutzte, setzte die Katze in ihren Korb und machte sich auf den Weg. Edith hatte keine Lust mitzukommen, aber er sollte ja nicht vergessen, auch in ihrem Namen herzlich zu danken.

Sie setzte sich mit der Zeitung aufs Sofa und versuchte zu lesen, doch ihre Gedanken waren nicht bei der Sache. Die Augen schweiften durch das leere Zimmer, über die unteren Treppenstufen und durch die Wohnzimmertür. Es war ganz still im Haus.

Nun war es tot, das kleine Yumababy. Warum sie es sich immer als Baby vorstellte, wußte sie nicht. Was für ein Baby überhaupt? Aber für jung hatte sie es immer gehalten, wenn auch gleichzeitig für grausam. Und es hatte die ganze Bosheit und Tücke der Welt gekannt, der menschlichen und der tierischen Welt. Das Genick war ihm durchgebissen worden, von der Katze. Sie hatten den Kopf nicht gefunden.

Edith saß noch auf dem Sofa, als Charles zurückkam. Langsam trat er ins Zimmer und ließ sich in den Sessel fallen.

»Du – sie wollten sie eigentlich gar nicht wiederhaben.«

»Wieso – was meinst du?«

»Ja – es ist nicht ihre eigene Katze, weißt du. Sie haben sie nur aus Freundlichkeit übernommen, als die Leute von nebenan wegzogen. Die sind nach Australien ausgewandert und konnten die Katze nicht mitnehmen. Nun treibt sie sich so ein bißchen in beiden Häusern herum, aber ihr Futter bekommt sie bei den Farrows. Eigentlich traurig.«

Unwillkürlich schüttelte Edith den Kopf. »Ich mochte sie nicht, Charles. Und für eine neue Familie ist sie auch schon zu alt, meinst du nicht?«

»Kann sein, ja. Na, verhungern wird sie jedenfalls nicht bei den Farrows. Würdest du uns wohl einen Tee machen, Kindchen? Das wäre mir lieber als was Alkoholisches.«

Abends rieb sich Charles die rechte Schulter mit Rubriment ein und ging dann früh ins Bett. Edith wußte, er fürchtete einen Rückfall des alten Rheumaleidens.

»Ich werde alt, du«, sagte er. »Jedenfalls komme ich mir heute abend richtig alt vor.«

Edith ging es ebenso. Melancholie hing über ihr. Sie stand vor dem Spiegel im Bad und besah sich die kleinen Falten unter den Augen, die ihr heute stärker auffielen als sonst. Der Sonntag war anstrengend gewesen. Aber das Grauen war nun aus dem Haus, das war eine große Erleichterung. Fast zwei Wochen hatte sie in Angst gelebt.

Das Yuma war tot, und jetzt wußte sie auch, was das alles zu bedeuten hatte, oder konnte es jedenfalls zugeben. Das Yuma hatte die Vergangenheit zurückgebracht, eine dunkle böse Schlucht. Es hatte die Zeit zurückgebracht, da sie ihr Kind verloren hatte – absichtlich. Charles' bitterer Kummer war wieder lebendig geworden und seine zur Schau getragene Ungerührtheit. Ihre alte Schuld war aufgestanden. Und Charles – war es ihm vielleicht ebenso ergangen? Kein Mensch, kein Erwachsener auf der ganzen Welt hatte eine völlig einwandfreie Vergangenheit, eine Vergangenheit ohne Schuld und Fehl …

Ein paar Tage später war Charles eines Abends dabei, mit dem Gartenschlauch die Rosen zu wässern, als er plötzlich in dem runden

Loch des Vogelhäuschens ein Tiergesicht erblickte. Es war genau das gleiche Gesicht wie das andere, von Edith beschriebene, das er nie aus dieser Nähe gesehen hatte: starre schwarze Augen, ein rabiater kleiner Mund und die argwöhnische Bosheit, von der Edith so beeindruckt gewesen war. Charles vergaß den Schlauch, das Wasser spritzte hoch gegen die Mauer. Er ließ den Schlauch fallen und wandte sich zum Haus, um den Wasserhahn abzustellen; dann wollte er sofort das Vogelhaus abnehmen und nachsehen, was darin war. Gleichzeitig fiel ihm ein, daß das Kästchen ja gar nicht groß genug war für ein Tier, wie es die Katze gefangen hatte. Das konnte es also nicht sein.

Er lief auf das Haus zu und hatte es fast erreicht, als er Edith sah. Sie stand in der Tür und blickte auf das Vogelhaus.

»Da ist es schon wieder!«

»Ja.« Er drehte den Wasserhahn zu. »Jetzt werd ich mir mal ansehen, was das ist.«

Eilig ging er auf das Vogelhaus zu, doch auf halbem Wege blieb er stehen und starrte auf die Gartenpforte.

Durch die offene Tür kam Pussy, zerzaust und erschöpft, fast beschämt sah sie aus. Sie kam mit normalen Schritten und trottete dann etwas mühsam und mit gesenktem Kopf auf Charles zu.

»Sie ist wieder da«, sagte er.

Edith fühlte den Schleier aus dunkler würgender Angst, der auf sie zukam. Es war alles so vorausbestimmt, so fürchterlich unabwendbar. Mehr Yumas würden kommen, immer mehr. Wenn Charles jetzt gleich das Vogelhaus ausschüttelte, dann war natürlich nichts darin. Dann würde das Yuma wieder im Hause auftauchen, und Pussy würde es wieder fangen. Sie und Charles waren ihm ausgeliefert, sie konnten ihm nicht mehr entrinnen.

»Stell dir vor, die hat den ganzen Weg allein zu uns zurückgefunden – zwei Meilen!« Charles nickte seiner Frau überrascht lächelnd zu. Aber Edith mußte die Zähne zusammenbeißen, um nicht laut aufzuschreien.

*Deutsch von Anne Uhde*

# P. G. Wodehouse
## *Katzen wollen Katzen sein*

In der Gaststube von ›Anglers Ruh‹ herrschte gerade einmal das erholsame Schweigen, das die abendlichen Feste des Geistes und den Redestrom der Seelen an diesem behaglichen Ort von Zeit zu Zeit unterbrach. ›Whisky gespritzt‹ beendete es.

»Ich habe«, sagte er und wandte sich an Mr. Mullimer, »intensiv über Ihren Kater da, diesen Webster, nachgedacht.«

»Hat sich Mr. Mullimer einen Kater namens Webster angeschafft?« erkundigte sich ›Kleines Helles‹, der ein paar Tage verreist gewesen war und heute zum erstenmal wieder an unserer Stammtischrunde teilnahm.

Mullimer, der Philosoph der Gaststube, schüttelte lächelnd sein Haupt. »Webster«, sagte er, »gehört mir nicht. Er war das Eigentum des Dechanten von Bolsover, der das Tier seinem Neffen, meines Vetters Edward Sohn Lancelot, dem Maler, in Pflege gegeben hatte. Der Dechant war nämlich zum Bischof von West-Afrika ernannt worden und mußte dorthin fahren, um seine neuen Pflichten in Bongo-Bongo, dem Bischofssitz, zu übernehmen. Solange er abwesend war, sollte Lancelot den Kater pflegen. Ich habe den Herren hier neulich erzählt, wie Webster eine Zeitlang das Leben Lancelots vollständig in Unordnung brachte. Seine Erziehung in der Umgebung des geistlichen Herrn hatte ihn streng und tadelsüchtig gemacht, und er offenbarte dem Sohn meines Vetters die ganze Macht einer kraftvollen Persönlichkeit.«

»Er stierte Lancelot ununterbrochen an und machte ihn dadurch ganz nervös«, erklärte ›Gläschen Bitterbier‹.

»Lancelot mußte sich jeden Tag rasieren und das Rauchen aufgeben«, fügte ›Zitronenlimonade‹ hinzu.

»Er fand Lancelots Verlobte, Gladys Bingley, zu sinnlich veranlagt«, sagte ›Milch mit Rum‹, »und versuchte ihn mit Brenda Carberry-Pirbright zusammenzubringen.«

»Eines Tages jedoch«, fügte Mr. Mullimer hinzu, »entdeckte Lancelot, daß das Tier, trotz aller seiner zur Schau getragenen strengen Grundsätze, selber Schmutz an den Pfoten hatte und nicht besser war als er. Als der Kater einmal zufällig an eine Flasche mit einem alkoholischen Getränk geriet, tat er einen tiefen Schluck, und in betrunkenem Zustand führte er sich sehr betrüblich auf, was zur Folge hatte, daß seine Macht augenblicklich gebrochen war. – Welcher Gesichtspunkt«, fragte er ›Whisky gespritzt‹, »hat denn Ihre Gedanken beschäftigt?«

»Der psychologische Aspekt«, antwortete dieser. »Wie ich die Sache ansehe, kann man von einem großen Seelenkampf in dieser Katze sprechen. Ich nehme an, daß ihr gutes und ihr schlechtes Selbst von da an im Kampf lagen! Sie hatte den ersten verkehrten Schritt getan. Wie ging die Sache nun weiter?«

»Wenn Sie wissen wollen, was mit Webster geschah, so kann ich Ihnen das erzählen. Jedenfalls gab es nichts, was man einen Kampf zwischen seinem guten und schlechten Selbst nennen könnte – das schlechte Selbst gewann ohne weiteres die Oberhand! Von dem Augenblick an, in dem er zum erstenmal seinen majestätischen Schlachtruf erschallen ließ, wurde der einstmals so würdevolle Kater der Bohemien der Bohemiens. Schon am Ende der zweiten Woche war Websters linkes Ohr nur noch zur Hälfte vorhanden, infolge unaufhörlicher Kämpfe mit andern Katzen, und sein Kriegsgeschrei war den Bewohnern der Bott-Street in Chelsea, wo Lancelot wohnte, so zur Gewohnheit geworden wie das allmorgendliche Erscheinen des Milchmanns.«

»Und wie verhielt sich Lancelot dem gegenüber?« fragte ›Milch mit Rum‹.

»Lancelot«, sagte Mr. Mullimer, »war nachsichtig gegen die Exzesse des Tieres. Zu Gladys Bingley, die eines Abends Websters rechtes blutendes Auge mit Borwasser kühlte, sagte er, Katzen wollen eben Katzen sein. Tatsächlich würde er keinen Gedanken an die Angelegenheit verschwendet haben, wäre nicht eines Morgens ein auf der Fahrt durchs Mittelmeer abgeschicktes Telegramm von seinem Onkel gekommen mit der Ankündigung, daß er aus Gesundheitsrücksichten auf seinen Bischofssitz verzichtet hätte und daher in Kürze wieder in England sein würde. Die Nachricht schloß mit den Worten: ›Meine besten Grüße an Webster‹. Wenn ich Ihnen den Stand der Dinge zwischen Lancelot und dem Bischof von Bongo-Bongo schildere, werden Sie sogleich verstehen, wie schwer diese unerwartete Neuigkeit den jungen Mann traf. Das Telegramm wirkte wie ein Bombentreffer! Lancelot verdiente mit seinem Pinsel zwar genug für sich selbst, hatte aber die Absicht gehabt, seinen Onkel um das Geld zu bitten, das er brauchte, Gladys Bingley zu heiraten und sich ein eigenes Heim zu schaffen. Da gerade er von den vielen Verwandten des Bischofs auserwählt worden war, Webster aufzunehmen, hatte er die Erfüllung dieses Wunsches für sicher gehalten. Ganz bestimmt, sagte er sich, würde die selbstverständliche Dankespflicht dem Betreuer Websters gegenüber genügen, seinen Onkel zu veranlassen, das Scheckheft zu zücken und sich freigebig zu zeigen. Aber was nun, nachdem Webster sich so verändert hatte?«

»Du hast das Telegramm ja gelesen«, sagte Lancelot, die Sache aufgeregt mit Gladys besprechend. »Onkel Theodors erste Handlung nach der Landung in England wird unzweifelhaft sein, hierher zu kommen, um Webster zu holen. Und was wird er vorfinden? Einen Wüterich! Einen Gangster!! Einen Casanova!!!«

»Was«, fügte Lancelot sichtbar zitternd hinzu, »wird Onkel Theodor sagen, wenn er diesen Ausbund aller Katzenlaster erblickt? Er wird die ganze Schuld mir geben! Und damit wird meine Chance, ihm die paar Kröten aus der Tasche zu ziehen, verspielt sein.«

»Wann erwartest du deinen Onkel denn?« fragte Gladys.

»Jede Stunde! Das Schiff muß bereits angekommen sein!«

In diesem Augenblick hörten sie einen Brief in den Kasten fallen, der vorn an der Tür angebracht war. Lancelot ging arglos hinaus.

Wenige Augenblicke später hörte Gladys einen Freudenschrei, und er kam eiligst wieder hereingerannt.

»Hör dir das an!« sagte er. »Von Onkel Theodor! Er ist unten in Hampshire an einem Ort, der ›Widdrington Manor‹ heißt. Aber die Hauptsache ist: Er wünscht Webster vorerst gar nicht zu sehen! Ich will dir vorlesen, was er schreibt. «Und Lancelot las:

»Mein lieber Lancelot,
ohne Zweifel wirst Du erstaunt sein, daß ich mich nicht beeilt habe, Dich ungesäumt zu begrüßen, nachdem ich wieder im Lande bin. Die Erklärung ist, daß ich die Gastfreundschaft von Lady Widdrington genieße, der Witwe des letzten Sir George Widdrington, C.B.E., sowie ihrer Mutter, Frau Pulteney-Banks. Die Bekanntschaft der beiden Damen machte ich an Bord des Schiffes, das ich zu meiner Heimreise benutzte. Ich genieße eine vergnügliche und erholsame Ruhepause. Beide, Lady Widdrington wie auch ihre Mutter, sind die Liebenswürdigkeit in Person, hauptsächlich die erstgenannte, die meine ständige Begleiterin auf meinen Spaziergängen ist. Sie liebt die Katzen wie ich, und das ist ein starkes Bindeglied. Dies, mein lieber Junge, bringt mich auf Webster! Wie Du Dir gewiß vorstellen kannst, hege ich den lebhaften Wunsch, ihn wiederzusehen; aber ich möchte nicht, daß Du ihn mir hierher schickst. Es ist nämlich so, daß Lady Widdrington, obwohl sie eine reizende Frau ist, im Hinblick auf Katzen kein Urteilsvermögen zu haben scheint. Sie besitzt und vergöttert ein ganz unmögliches orangefarbenes Vieh mit Namen Percy, dessen Gesellschaft sich für Webster mit seinen strengen Grundsätzen nur unheilvoll auswirken könnte. Wenn ich Dir berichte, daß dieser Percy gerade in der letzten Nacht einen wütenden Kampf mit einem großen schildpattfarbenen Kater direkt unter meinem Fenster ausgetragen hat, dann wirst Du verstehen, was ich meine.

Behalte daher Webster bei Dir, mein lieber Lancelot, bis ich selber ihn holen komme.

Mit herzlichen Grüßen
Dein Dich liebender Onkel Theodor«

Gladys Bingley stieß einen Seufzer der Erleichterung aus. »Nun, das gibt uns wenigstens noch eine kleine Frist!«

»Ja«, setzte Lancelot hinzu, »Zeit, zu versuchen, ob wir in diesem Vieh nicht wenigstens ein schwaches Echo seiner früheren Selbstachtung wecken können! Ich werde ihn dem Tierarzt übergeben; vielleicht kann der ihn auf irgendeine Weise zwingen, ein anständiges Leben zu führen.«

So herrschte für annähernd zwei Wochen ziemlich Ruhe in Bott-Street, Chelsea. Der Tierarzt gab ermutigende Berichte. Er behauptete, eine sichtbare Besserung in Websters Charakter konstatieren zu können, obgleich er hinzufügte, daß er es noch nicht wagen würde, ihm nachts in einer einsamen Gasse zu begegnen.

Und dann kam eines Abends ein Telegramm von Onkel Theodor, das Lancelot veranlaßte, verwirrt die Brauen zu runzeln. Es lautete:

»nach empfang dieses komme unverzüglich widdrington manor punkt bereite dich auf zeitlich unbegrenzten besuch vor punkt umstände komma die ich hier nicht erläutern kann komma zwingen zu harmloser täuschung semikolon gib deshalb bei deiner ankunft vor komma du wärst mein juristischer berater und gekommen komma um wichtige familienumstände zu besprechen punkt laß mich nicht aufsitzen ausrufungszeichen werde alles erklären komma wenn du hier bist punkt grüße für webster punkt«

Lancelot sah Gladys, die ihn gerade besuchte, mit hochgezogenen Augenbrauen an. »Der alte Knabe soll wahrscheinlich verkuppelt werden!« mutmaßte er.

Gladys zögerte. »Mir scheint eher, daß er nicht mehr ganz bei Trost ist! Warum will er denn, daß du dich als Rechtsanwalt ausgibst? Und wie sollst du das anstellen? Wenn du wirklich hinfährst, wird es notwendig sein, daß du dich vorher ein wenig präparierst!«

»Ach was, das wird schon in Ordnung gehen!« sagte Lancelot. »Es wird mir möglich sein, Onkel ins Ohr zu beißen, bevor er Webster zu Gesicht bekommt! Sag mal, wieviel würden wir denn brauchen, um bequem heiraten zu können?«

»Mindestens fünfhundert Pfund!«

Schaefer-Ast
*Begräbnis erster Klasse*

»Gut, das werde ich mir merken«, versprach Lancelot.

Er hatte gehofft, Onkel Theodor würde die erste Person sein, der er in Widdrington Manor bei seiner Ankunft begegnete, schon, damit er voll ins Bild gesetzt werden könnte. Aber als der Butler ihn ins Wohnzimmer führte, waren nur Lady Widdrington, ihre Mutter, Mrs. Pulteney-Banks, und ihr Kater Percy anwesend. Lady Widdrington reichte ihm die Hand. Mrs. Pulteney-Banks verneigte sich von ihrem Lehnstuhl aus, in dem sie in Schals gewickelt saß. Aber als Lancelot dann vortrat in der freundlichen Absicht, den Kater Percy unter dem rechten Ohr zu kitzeln, warf er dem jungen Mann einen bitterbösen Blick aus dem Augenwinkel zu und riß ihm mit einem wohlgezielten, kräftigen Hieb seiner stahlkrallenbewehrten Pfote einen Fetzen Fleisch aus der Hand.

Lady Widdrington erstarrte. »Ich bin schockiert, daß Percy Sie nicht mag!« rief sie.

»Er weiß, er weiß ...!« fügte Mrs. Pulteney-Banks nornenhaft hinzu.

Lancelot sank in einen Stuhl und betrachtete die Gesellschaft mit kritischen Augen. Es schienen ihm hübsch harte Brocken zu sein! Von Mrs. Pulteney-Banks konnte er nur wenig sehen, sie war in Schals gehüllt wie eine Schmetterlingspuppe in ihren Kokon; Lady Widdrington dagegen saß genügend im Hellen. Lancelot liebte diese Art diktatorisch veranlagter Frauen nicht. Percy war zweifellos pures Gift, Körper orangefarben und Seele tintenschwarz! Er lag ausgestreckt auf dem Teppich, Anmaßung und Haß ausströmend.

Lancelot war froh, als der Gong erklang und er in sein Zimmer flüchten konnte, um sich rasch zum Abendessen umzuziehen.

Er war gerade dabei, den Knoten seiner Krawatte zu knüpfen, als der Bischof von Bongo-Bongo eintrat.

»Lancelot, mein Junge!« sagte er.

»Lieber Onkel!« rief Lancelot.

Sie schüttelten sich die Hände. Mehr als vier Jahre waren vergangen, seit sie sich zuletzt gesehen hatten, und Lancelot war erschrocken über das Aussehen seines Verwandten. Als er England verlassen hatte, war der Onkel ein heiterer, blühender Mann gewesen. Jetzt schien er zusammengeschrumpft; er sah hager und gehetzt aus.

»Macht dir irgend etwas Verdruß, Onkel Theodor?« fragte Lancelot.

»Ich habe großen Kummer«, antwortete der Bischof, dann schwieg er einen Augenblick. »Bist du Lady Widdrington schon begegnet?«

»Jawohl.«

»Nun, dann wirst du meine Unruhe verstehen, wenn ich dir sage, daß ich unaufhörlich auf der Hut sein muß, weil sie zweifellos auf einen Heiratsantrag von mir aus ist...«

Lancelot schnappte nach Luft. »Aber warum willst du dich denn in eine so törichte Sache einlassen?«

»Ich *will* es durchaus nicht, mein Junge«, erklärte der Bischof, »der springende Punkt ist, daß Lady Widdrington und ihre Mutter mich dazu bestimmen wollen! Und du wirst ja gesehen haben, daß sie willensstarke, despotische Frauen sind...«

Lancelot sah ihn mitleidig an: »Wie hat denn das angefangen?«

»An Bord des Schiffes!« berichtete der Bischof. »Während einer solchen Reise, besonders abends, läßt man sich verleiten, mit besonderer Wärme und Herzlichkeit zu sprechen, obwohl man sich gleich selber sagt, daß das töricht ist. Ich fürchte, mein Junge, daß ich mich da gegenüber Lady Widdrington zu sehr habe gehenlassen.«

Lancelot begann zu verstehen. »Dann hättest du aber wenigstens nicht in ihr Haus gehen sollen!«

»Als ich die Einladung annahm, stand ich noch unter dem Einfluß der Reise! Erst später, nachdem ich acht oder zehn Tage hier war, wurde ich mir der Gefahr bewußt, in der ich mich befand. Aber nun wollten sie mir um keinen Preis erlauben, abzureisen. Ich bin in Wirklichkeit ein Gefangener in diesem Haus, Lancelot! Neulich sagte ich, daß ich dringende geschäftliche Angelegenheiten mit meinem Anwalt zu besprechen hätte und infolgedessen unbedingt sofort nach London fahren müsse.«

»Das dürfte gewirkt haben!« meinte Lancelot.

»Keineswegs! Sie bestanden darauf, daß ich meinen Anwalt einladen sollte, hierher zu kommen! Sag mir doch, Lancelot, um einen Augenblick auf ein erfreulicheres Thema zu kommen, wie geht's denn meinem lieben Webster? Und was für Dispositionen hast du für ihn während meiner Abwesenheit getroffen?«

»Die allerbesten!« gab Lancelot Auskunft. »Ich habe ihn für diese Zeit beim fähigsten Tierarzt in London untergebracht – Dr. J. G. Robinson, Bott-Street, Chelsea.«

»Ich weiß, ich kann dir vertrauen, daß du alles zum Besten für ihn angeordnet hast«, sagte der Bischof gerührt. »Sonst hätte ich es lieber unterlassen, dich um deinen Besuch hier zu bitten.«

»Bloß – kann ich dir hier denn von Nutzen sein?« zweifelte Lancelot.

»Gewiß! Und wie!« versicherte ihm der Bischof. »Du mußt Lady Widdrington und mich aufs schärfste beobachten; sobald du uns zusammen weggehen siehst, mußt du schleunigst kommen und mich holen unter dem Vorwand, Rechtsfragen mit mir besprechen zu müssen.«

»Ich verstehe vollkommen«, lachte Lancelot. »Ein famoser Plan! Vertraue auf mich!«

»Von jetzt an, mein Junge, mußt du mein nicht abzuschüttelnder standhafter Schatten sein! Und wenn, was ich sicher glaube, unsere Anstrengungen belohnt werden, wirst du mich nicht undankbar finden! Wenn da irgendeine Angelegenheit sein sollte, für die du etwas Geld brauchen könntest ...«

»Ich bin sehr froh«, sagte Lancelot, »daß du auf dieses Thema kommst, Onkel Theodor! Es könnte sein, daß ich sehr bald fünfhundert Pfund benötige, eventuell sogar tausend ...«

Der Bischof ergriff seine Hand. »Hilf mir aus dieser Patsche, mein lieber Junge, und du sollst das Geld haben!«

Glücklicherweise blieb Lancelot in den folgenden Tagen durch die Aussicht auf die tausend Pfund in bester Stimmung. Sonst wäre er wohl kleinmütig und schwach geworden.

Einem feinfühligen Menschen sind wenige Dinge peinlicher als die Vorstellung, daß er ein unwillkommener Gast ist. Als die Tage dahingingen und der junge Mann Tag für Tag mit großer Gewandtheit jedes geplante Tête-à-tête unterbrach, wurde die Atmosphäre immer kühler. Lady Widdrington rühmte mit deutlicher Bezugnahme auf Lancelot die ausgezeichnete Zugsverbindung zwischen Bottleby-in-the-Vale und London, Mrs. Pulteney-Banks murmelte aus ihren Tüchern heraus etwas von Dummköpfen, die ihre Zeit faul auf dem Lande verbringen, statt ihre eigentlichen Pflichten und Interessen in der Hauptstadt wahrzunehmen.

Am schlimmsten aber war für den jungen Mann die Beobachtung, daß seines Auftraggebers Widerstandskraft unentwegt sank. Ungeachtet des bereits sichtbaren Erfolges ihrer Maßnahmen, war es augenscheinlich, daß der Bischof die beständige Spannung als zu schwer empfand.

Eines Abends, als Lancelot gerade sein Licht gelöscht hatte und sich zum Schlafen zurechtlegte, wurde er von lautem Kreischen aufgeschreckt, dem eine ungewöhnliche Unruhe in der Halle folgte. Einen Schlafrock überwerfend, eilte er hinunter.

Ein seltsames Bild bot sich ihm: Die Bewohnerschaft von Widdrington Manor schien sich vollzählig in der Halle versammelt zu haben. Da waren Lady Widdrington, Mrs. Pulteney-Banks, der Butler, zwei Diener, einige Hausmädchen und der Boy, der die Schuhe putzte. Alle starrten mit großem Erstaunen auf den Bischof von Bongo-Bongo, der fix und fertig angezogen nahe der Haustüre stand, in einer Hand einen Regenschirm, in der andern einen schweren Koffer tragend. In einer Ecke saß Percy, der Kater, leise vor sich hin fluchend.

Als Lancelot hinzukam, blinzelte ihm der wie benommen aussehende Bischof zu. »Ich glaube, ich bin im Schlaf gewandelt ...«

»Ist nicht möglich!« sagte Mrs. Pulteney-Banks.

»Es tut mir leid, die Ursache zu sein, daß sämtliche Hausbewohner aus ihrem wohlverdienten Schlummer gerissen worden sind«, stammelte der Bischof nervös. »Wahrscheinlich wird es das beste sein, wenn ich mich jetzt in mein Zimmer zurückziehe.«

»Ganz sicher!« bekräftigte Mrs. Pulteney-Banks.

»Ich will dir hinaufhelfen«, erbot sich Lancelot rasch.

Als er in seinem Schlafzimmer vor den beobachtenden Blicken sicher war, sank der Bischof erschöpft auf sein Bett.

»Was ist denn passiert?« fragte Lancelot.

»Ich habe mir die ganze Geschichte nochmals überlegt«, sagte der Bischof, »und entschieden, daß es am besten sein würde, unter dem Schutze der Nacht stillschweigend zu verschwinden. Aber gerade als ich die Haustür öffnete, trat ich auf den Kater! Es ist eine kleine Genugtuung für mich in meiner Not, daß ich Percys Schwanz beinahe plattgetreten haben muß ... Sein Geschrei hat das ganze Haus alarmiert. Und das«, schloß er mit einem tiefen Seufzer, »ist das Ende. Ich gebe auf. Ich ergebe mich.«

»Oh, sag doch so etwas nicht, Onkel ...«

»Doch, ich sage es«, erwiderte der Bischof. »Ich kapituliere.«

Still preßte Lancelot seine Hand und ging hinaus.

In Mrs. Pulteney-Banks' Zimmer fand unterdessen eine ernste Unterredung statt.

»Paah! So etwas – schlafwandeln!« sagte Mrs. Pulteney-Banks.

Lady Widdrington schien mit dem Tonfall ihrer Mutter nicht einverstanden zu sein. »Warum soll er denn nicht geschlafwandelt haben? Er war ja ganz verängstigt ...!«

»Verängstigt, daß ich nicht lache!« schnaufte Mrs. Pulteney-Banks.

»Jawohl, verängstigt!« wiederholte Lady Widdrington gefühlvoll. »Du verstehst eben Theodor nicht so gut wie ich!«

»Glatt wie ein Aal!« murrte Mrs. Pulteney-Banks. »Er hat versucht, nach London zu verschwinden!«

»Jawohl! Genau das!« sagte Lady Widdrington. »Zu seiner Katze nämlich! Du verstehst nicht, was es für Theodor bedeutet, von Webster getrennt zu sein. Er härmt sich ab nach ihm! Morgen, sogleich nach dem Frühstück, telegrafiere ich an Dr. Robinson, Bott-Street, Chelsea, in dessen Pflege sich Webster gegenwärtig befindet, daß er ihn mit dem ersten Zug hierher schickt.«

»Abwarten!« sagte Mrs. Pulteney-Banks.

Während des folgenden Tages herrschte in Widdrington Manor

eine bedrückende Atmosphäre. Die leicht begreifliche Verlegenheit des Bischofs wurde durch Mrs. Pulteney-Banks' Haltung noch verschlimmert: Sie starrte ihn aus ihrem Gewirr von Schals heraus an und schnüffelte dabei bedeutungsvoll vor sich hin.

Mit Erleichterung nahm er am Spätnachmittag Lancelots Aufforderung an, sich zu einer Besprechung in die Bibliothek zu begeben.

Die Bibliothek befand sich im Erdgeschoß und hatte einen Ausblick auf hübsche Rasenflächen und blühende Sträucher. Es war eine Szenerie, die die betrübteste Seele besänftigt haben würde, aber der Bischof saß da, den Kopf voller Hoffnungslosigkeit in die Hände gestützt.

»Dieses Schnüffeln ...!« sagte er und schüttelte sich.

»Sie wird sich einen Schnupfen zugezogen haben«, behauptete Lancelot.

»Nein, die Ursache liegt tiefer! Das scheußliche alte Weib hat meine Ausrede gestern abend durchschaut. Von jetzt ab wird die Wachsamkeit noch verschärft werden, und das Ende kann nur noch eine Frage der Zeit sein!« Er verfiel in verärgertes Schweigen. »Es ist nicht bloß«, fuhr er fort, »daß mich der Gedanke, Lady Widdrington zu heiraten und ihre Mutter dauernd auf dem Hals zu haben, mit Schrecken und Beunruhigung erfüllt, es sind vielmehr die eigentümlichen Bedingungen meiner Tragödie, die mich der Verzweiflung ausliefern! Denn wenn ich mich tatsächlich mit Lady Widdrington verbinde, so ist es mein Los, Webster niemals wiederzusehen! Ich kann seiner Sittenstrenge ein Leben in Widdrington Manor nicht zumuten, das, mag es sein, wie es will, das dauernde Zusammensein mit dem Biest Percy zur Folge haben würde. Webster würde befleckt werden! Du kennst ja Webster, Lancelot! Du kennst die Erhabenheit seiner Ideale!«

Für einen Augenblick schoß Lancelot ein Bild durch den Sinn – das Bild Websters, wie er ihn vor ganz kurzer Zeit gesehen hatte: auf dem Hofe stehend mit dem Rückgrat eines Herings im Maul, einen Kriegsgesang gegen die Gassenkatze kreischend, der er den guten Happen gestohlen hatte. Aber er antwortete ohne Zögern: »Gewiß!«

»Und seine große Würde!« fuhr der Bischof fort. »Ich verurteile Stolz und Selbstüberschätzung; aber Websters bewundernswürdige Selbstsicherheit hat nichts gemein mit diesen schlechten Eigenschaften. Sie beruht vielmehr auf einem guten Gewissen und dem Bewußtsein, daß er, selbst als junges Kätzchen, seine Füße nie mit Schmutz in Berührung gebracht hat. So hat er nie mit Wollknäueln gespielt; er zog es vor, im Schatten der Kirchenmauer zu sitzen und dem Gesang des Chors zu lauschen, der in die süße Stille des Sommertags hinausströmte. Gerade dann konnte man sehen, daß tiefe Gedanken Websters Geist beschäftigten. Ich erinnere mich noch, einmal ...«

Diese Erinnerung war bestimmt, der Welt verlorenzugehen, denn in diesem Augenblick klopfte es. Der Bischof rief »Herein!«, die Tür öffnete sich, und der Butler trat ein. Er trug einen großen Transportkorb, aus dem die grimmigen Schreie einer wütenden Katze tönten.

»Um Gottes willen!« rief der Bischof erschrocken.

Die ohnmächtige Empfindung, daß jetzt das Schicksal sprechen würde, verdüsterte Lancelots Seele, der sogleich Websters Stimme erkannte. »Halt!« rief er. »Öffne den Korb nicht, Onkel Theodor!«

Aber es war zu spät, denn auch der Bischof hatte Websters Stimme erkannt. Schon durchschnitt er die Schnur und hob den Deckel. »Webster!« rief er mit zitternder Stimme. Und heraus aus dem Korb schoß Webster mit wilden Verwünschungen. Er raste voller Wut im Zimmer herum, offensichtlich den Mann suchend, der ihn in den verwünschten Korb gesperrt hatte. Als er ruhiger geworden war, setzte er sich nieder und begann sich zu putzen, und jetzt hatte der Bischof Gelegenheit, ihn genauer zu betrachten.

Drei Wochen unter der Obhut des Tierarztes hatten Webster gutgetan; aber es war nicht genug gewesen. Jedenfalls stieß der Bischof bei seinem Anblick einen lauten schmerzlichen Schrei aus. »Auf diese Weise, Lancelot Mullimer, hast du also deinen heiligen Schwur erfüllt?!«

»Es ist nicht meine Schuld, Onkel! Er war nicht zu halten! Überdies, was schadet eine gelegentliche gesunde Rauferei mit einem der Nachbarn? Katzen wollen nun einmal Katzen sein!«

»Ein klägliches Argument!« sagte der Bischof schwer atmend.

»Ich selbst«, fuhr Lancelot fort, jedoch ohne Überzeugungskraft, weil ihm klar wurde, wie hoffnungslos seine Lage war, »wäre stolz auf ihn, wenn Webster mir gehören würde! Bedenke seinen Rekord: Er kommt in die Bott-Street, ohne vorher jemals auch nur einen Kampf ausgetragen zu haben. Trotz seiner Unerfahrenheit beweist er so viel Schneid und Tatkraft, daß er innerhalb von zwei Wochen alle Kater straßenweise im Umkreis in Respekt versetzt, so sehr, daß sie, wenn sie ihn nur von weitem auftauchen sehen, vor Angst über Mauern und auf Laternenpfähle klettern ...«

Der Bischof hob seine Hand. Sein Gesicht war müde. »Genug!« rief er. »Ich bin unsagbar betrübt! Ich ...« Er hielt inne und fuhr herum. Neben ihm war soeben etwas auf das Fensterbrett gesprungen. Es war Percy, der eine fremde Katzenstimme gehört hatte und nun nachforschen kam. Das Fenster stand offen.

Percy war offensichtlich in böser Laune. Seine schwarze Seele sprach aus seinen nahe beieinanderstehenden Augen. Er schlug mit dem Schwanz hin und her und stand einen Augenblick, Webster anstarrend, mit herausforderndem Hohnlächeln da. Dann bewegten sich seine Schnurrhaare, und er sagte etwas mit leiser Stimme.

Bis dahin hatte Webster sein Kommen nicht bemerkt. Aber als er Percys Stimme vernahm, fuhr er auf und blickte hoch. Als er jetzt Percy entdeckte, legte er seine Ohren an, und ein kampfeslustiges Funkeln trat in seine Augen. Eine kleine Pause entstand. Beide Katzen starrten einander an. Dann, den Schwanz auf und ab schlagend, wiederholte Percy seine Bemerkung in lauterem Ton.

Webster antwortete mit einem zischenden Laut und sprang auf seinen Gegner zu, in voller Bereitschaft, den Kampf zu beginnen. Einen Augenblick später plumpste ein verschlungener Klumpen, der aussah wie siebzehn ineinander verkrallte Katzen, vom Fensterbrett in das Zimmer.

Ein Katzenkampf besseren Grades ist immer ein sehenswertes Schauspiel, aber so lebhaft und spannend dieses Gefecht auch zu werden versprach, Lancelots Aufmerksamkeit war nicht auf die Kater, sondern auf den Bischof von Bongo-Bongo konzentriert.

In den ersten Augenblicken des Aufeinanderprallens verrieten die Gesichtszüge des alten Mannes keine andere Bewegung als bekümmerten Schrecken und Schmerz. Aber dann, ziemlich plötzlich, erwachte in ihm ein leidenschaftlicher Stolz auf Websters Tapferkeit, im Verein mit dem Sportsgeist, der bei Engländern stets so nahe an der Oberfläche liegt.

Knallrot im Gesicht tanzte der Bischof um die Kämpfer herum, indem er seinen Auserwählten mit Worten und Gesten anfeuerte: »Großartig! Prächtig! Ha, schlag fest zu, Webster!«

»Gib ihm einen linken Haken, Webster!« schrie Lancelot.

»Genau getroffen!« dröhnte der Bischof.

»Tränke es ihm ein, Webster!«

»Nur drauf! Feste drauf!« setzte der Bischof hinzu. »Mit allen Kräften, zahl es ihm heim, Webster!«

Gerade in diesem Augenblick stürzte Lady Widdrington ins Zimmer. Sie kam eben recht, um ihren Percy türmen zu sehen. Mit einem Satz sprang er auf das Fensterbrett, dicht gefolgt von Webster. Percy hatte längst gemerkt, daß er bei der Herausforderung dieses Gegners über seine Klasse hinausgegangen war. Alles, was er jetzt wünschte, war Flucht. Aber Webster dachte nicht daran, ihn entwischen zu lassen, und gleich darauf besagten Schreie von draußen, daß die Schlacht auf dem Rasen noch einmal von vorn angefangen hatte.

Lady Widdrington stand wie angewurzelt. Sie war nun nicht länger die ruhige, überlegte Frau, die sich vorgenommen hatte, den Bischof zum Altar zu führen, und sei es mit Hilfe von Chloroform; sie war eine beleidigte Katzenliebhaberin.

»Was hat das zu bedeuten?« fragte sie.

»Ihr widerwärtiges Vieh forderte Webster heraus, und Webster zahlte es ihm heim!« erwiderte stolz der Bischof.

»Das hat er getan!« bekräftigte Lancelot. »Es gibt keinen Kater in ganz London, der Webster schlagen könnte!«

»In London?« rief der Bischof leidenschaftlich, »in ganz England nicht: Oh, bewunderungswürdiger Webster!«

Lady Widdrington stampfte wütend mit dem Fuß auf. »Ich bestehe darauf, daß Sie dieses hinterlistige Untier töten!«

Webster erschien gerade auf dem Fensterbrett. Er keuchte leicht, und sein Ohr war in schlechterem Zustand als sonst, aber auf seinem Gesicht stand das befriedigte Lächeln des Siegers.

»Ich verlange, daß dieses wilde Tier getötet wird!« wiederholte Lady Widdrington.

Der Bischof begegnete ihrem Blick mit Festigkeit. »Gnädige Frau«, erwiderte er, »ich denke nicht daran, Ihnen diesen Wunsch zu erfüllen.«

»Sie weigern sich?«

»Gewiß, ich weigere mich! Nie habe ich Webster so hoch eingeschätzt wie in diesem Augenblick! Schon Jahre muß jeder rechtlich denkende Mensch den Wunsch gehegt haben, Ihren abscheulichen Percy so zu behandeln, wie Webster ihn eben behandelt hat, und ich habe kein anderes Gefühl für Webster wie Dankbarkeit und Bewunderung! Ich bin ganz versessen darauf, ihm zur Belohnung persönlich und mit meinen eigenen Händen eine große Schüssel mit Fisch vorzusetzen ...«

Lady Widdrington rang schwer nach Atem. »Hier werden Sie das nicht tun!« sagte sie und drückte auf den Klingelknopf. »Fotheringay«, befahl sie mit schneidend kalter Stimme, als der Butler erschien, »der Herr Bischof verläßt uns heute abend. Sein Anwalt auch. Bitte sehen Sie doch zu, daß die beiden Herren noch zum Zuge sechs Uhr einundvierzig zurechtkommen.« Damit fegte sie aus dem Zimmer.

Der Bischof drehte sich mit wohlwollendem Lächeln Lancelot zu. »Ich werde gerade noch Zeit haben«, sagte er, »dir den Scheck auszuschreiben, mein Junge!«

*Deutsch von Marga Ruperti*

# Karel Čapek

## *Die unsterbliche Katze*

Diese Katzengeschichte beginnt sonderbarerweise mit einem Kater, und zwar mit einem geschenkten. Jedes Geschenk hat etwas Übernatürliches an sich; es ist, wenn ich so sagen darf, aus einer anderen Welt. Es dringt in unser Leben ein, unabhängig davon, ob es uns paßt oder nicht. Auch der geschenkte Kater mit dem blauen Schleifchen um den Hals hatte diese Eigenschaften an sich. Nach eben diesen verschiedengearteten Eigenschaften nannten wir ihn Filip, Racker, Gauner oder Räuber. Er war ein Angorakater, aber seinem Äußeren nach einem kessen Jungen nicht unähnlich. Und eines Tages geschah es: Auf einer seiner zahlreichen Entdeckungsreisen – diesmal hatte er sich den Balkon vorgenommen – fiel er, wie konnte so ein waghalsiger Spaziergang auch enden, von der Brüstung und einer Frau direkt auf den Kopf. Sie fühlte sich zum Teil tief beleidigt, zum Teil schrecklich zerkratzt und erstattete gegen meinen Kater eine Anzeige, als handle es sich um ein gefährliches Tier, das den Leuten regelmäßig auf den Kopf springt. Ich konnte zwar die Unschuld dieses Tierchens beweisen, aber nach drei Tagen hauchte der arme Kater sein Leben aus. Arsen und menschliche Bosheit haben ihn vergiftet.

Als er in den letzten Zügen lag und endlich ausgelitten hatte, miaute es plötzlich vor der Tür: Zitternd stand eine schwarzgraue Katze an der Schwelle, dürr wie eine Zaunlatte und verängstigt wie ein verlorengegangenes Kind. Nun, komm schon her, Mieze! Vielleicht ist es ein Fingerzeig des Himmels, ein geheimer Wink, der Wille des Schicksals oder wie man es auch nennen mag; wahrscheinlich hat dich der selige Kater als Ersatz gesandt.

Das also war der Einzug der Katze, die den Namen Pudlenka erhielt. Ihre Vergangenheit war recht undurchsichtig. Aber ich versichere, daß sie sich ihrer geheimen und vielleicht auch übernatürlichen Herkunft niemals gebrüstet hat. Im Gegenteil, sie benahm sich wie jede andere sterbliche Katze: Sie trank Milch und stahl Fleisch, schlief auf meinem Schoß und trieb sich des Nachts umher. Und eines Tages gebar sie fünf Kätzchen: ein Angorakätzchen, ein rothaariges, ein schwarzes, ein dreifarbiges und ein schwarzgraues. Ich begann sämtliche Bekannten anzuhalten: »Hören Sie«, bot ich ihnen großmütig an, »ich habe ein wunderhübsches Kätzchen für Sie.«

Einige redeten sich (wahrscheinlich aus übergroßer Bescheidenheit) heraus, daß sie ja gerne eines nehmen würden, aber leider nicht könnten, und dies und jenes... Andere wieder waren so überrascht, daß ich ihnen, ehe sie noch etwas erwidern konnten, die Hand drückte und versicherte, die Katze so bald als möglich zu schicken; und schon war ich beim nächsten.

Nichts ist schöner als solch ein Katzenmutterglück. Nach sechs Wochen ließ Pudlenka Katzen Katzen sein und verschwand. Der Heldentenor des Katers aus der Nachbarstraße hatte es ihr angetan. Ihn wollte sie sich aus der Nähe anhören. Nach dreiundfünfzig Tagen gebar sie sechs Junge. Binnen Jahresfrist waren es im ganzen siebzehn.

Ich hatte mir immer eingebildet, einen großen Bekanntenkreis zu besitzen; aber, hol's der Teufel, seit Pudlenka sich auf die Produktion von Katzen verlegt hat, mußte ich feststellen, daß ich schrecklich einsam bin auf dieser Welt; daß ich zum Beispiel niemanden mehr hatte, dem ich die sechsundzwanzigste Katze anbieten konnte.

Mußte ich mich jemandem vorstellen, murmelte ich meinen Namen und sagte: »Möchten Sie nicht eine Katze?«

»Was für eine Katze?« fragten die Leute unsicher.

»Das weiß ich noch nicht«, antwortete ich in der Regel, »aber ich denke, daß ich wieder welche bekomme.«

Mit der Zeit bekam ich den Eindruck, daß mir die Leute aus dem Weg gingen. Vielleicht waren sie neidisch, daß ich solch ein Glück mit den Katzen hatte. Nach Brehm bekommen die Katzen zweimal im Jahr Junge. Pudlenka bekam, ohne Rücksicht auf die Jahreszeit, drei- bis viermal im Jahr junge Kätzchen. Sie war eben eine über-

Edward Gorey
*Die Katze auf dem Bett*

natürliche Katze. Offenbar hatte sie die höhere Sendung, den ermordeten Kater zu rächen und sein Leben hundertfach zu ersetzen.

Nach drei Jahren kam Pudlenka plötzlich um; irgend so ein Hausmeister, dem sie eine Gans aus der Vorratskammer gestohlen haben sollte, hatte sie erschlagen. An dem Tag, an dem Pudlenka verschwunden war, kam ihre jüngste Tochter, die ich einem Nachbarn aufgedrängt hatte, zurück. Sie blieb bei uns unter dem Namen Pudlenka II. und entpuppte sich als genaues Ebenbild ihrer entschlafenen Mutter; sie ersetzte sie vollkommen. Sie gebar vier Kätzchen. Eins war schwarz, das andere von der edlen Rasse der rothaarigen Vršovicer Katzen, das dritte sah den Strašnicer Katzen mit ihren langgezogenen Nasen sehr ähnlich, während das vierte gefleckt war wie eine Bohne. Pudlenka II. bekam mit erstaunlicher Regelmäßigkeit dreimal im Jahr Junge. Binnen zweieinhalb Jahren hatte sie die Welt um einundzwanzig Katzen aller Farben und Rassen reicher gemacht, mit Ausnahme der schwanzlosen Katzen, die auf der Insel Man zu Hause sind. Für die einundzwanzigste Katze fand ich wirklich keinen Abnehmer mehr. Gerade hatte ich mich entschlossen, etwas zu unternehmen, um einen neuen Bekanntenkreis zu gewinnen, als Nachbars Pluto Pudlenka II. totbiß. Man brachte sie nach Hause und legte sie aufs Bett.

Nun blieb das Kätzchen, für das wir keinen Abnehmer gefunden hatten, bei uns unter dem Namen Pudlenka III. Nach vier Monaten gebar Pudlenka III. fünf Katzenkinder. Seitdem erfüllt sie ihre Lebensaufgabe bewußt in regelmäßigen Intervallen von fünfzehn Wochen.

Man sieht ihr gar nicht an, daß sie solch eine große Sendung erfüllt. Sie sieht aus wie eine gewöhnliche, dreifarbige Hauskatze, die den ganzen Tag über entweder auf dem Schoß des Hausherrn oder auf dem Bett vor sich hindöst, einen hochentwickelten Sinn für persönliche Bequemlichkeit hat, ein gesundes Mißtrauen gegen Menschen und Tiere hegt und wenn es darauf ankommt, ihre Interessen mit Zähnen und Krallen verteidigt.

In letzter Zeit ist mir aufgefallen, daß vom Norden her, wo sich die Olšaner Friedhöfe befinden, immer ein ungewöhnlich großer schwarzer Kater heranschleicht; vom Süden, wo Vršovice liegt, ein rothaariger und einäugiger Raufbold; vom Westen her ein Angorakater mit einem Schwanz wie eine Straußenfeder, vom Osten ein weißes Tier mit einem geringelten Schwanz.

In ihrer Mitte sitzt die dreifarbige, schlichte Pudlenka III. und lauscht verzaubert und mit glänzenden Augen ihrem Geheule, das, dem Gebrüll betrunkener Seeleute, Saxophonen, dem Lärmen von Trommeln und anderen Instrumenten ähnelnd, sich zu einer großen Katzensymphonie vereinigt.

Nun wird Pudlenka III. sicher in angemessener Frist bald wieder fünf Junge werfen. Ich habe in dieser Hinsicht schon meine Erfahrung; es werden fünf sein. Ich sehe sie schon, diese teuren, süßen, kleinen Tierchen, wie sie wieder durch die Wohnung purzeln, die Lampe vom Tisch reißen und in die Schuhe nässen werden; wie sie mir an den Beinen hoch auf den Schoß klettern (sie haben mir meine Beine bereits so zerkratzt, daß ich aussehe wie der arme Lazarus), wie ich ein Kätzchen im Ärmel finde, wenn ich den Mantel anziehen will, und die Krawatte unter dem Bett liegt, wenn ich sie brauche.

In der Redaktion, wo ich arbeite, ist bereits jeder mit einer Katze versorgt. Gut, ich werde mir also in einer anderen Redaktion Arbeit suchen müssen. Ich bemühe mich auch, an irgendeinen Verein oder an eine Organisation zu schreiben, ob man mir nicht dort wenigstens die einundzwanzigste Katze abnehmen will.

In der Zeit, in der ich mich in der Welt umtue, um einen Platz für die kommenden Generationen zu finden, wird Pudlenka III. oder Pudlenka IV. den unsterblichen Faden des Katzenlebens weiterspinnen. Sie wird von einer Katzenwelt träumen.

Überlege es dir noch einmal, und nimm mir wenigstens solch ein Katzentier ab. Ja? Sei so gut!

# Gottfried Keller

## *Spiegel, das Kätzchen*

### *Ein Märchen*

Wenn ein Seldwyler einen schlechten Handel gemacht hat oder angeführt worden ist, so sagt man zu Seldwyla: Er hat der Katze den Schmer abgekauft! Dies Sprichwort ist zwar auch anderwärts gebräuchlich, aber nirgends hört man es so oft wie dort, was vielleicht daher rühren mag, daß es in dieser Stadt eine alte Sage gibt über den Ursprung und die Bedeutung dieses Sprichwortes.

Vor mehreren hundert Jahren, heißt es, wohnte zu Seldwyla eine ältliche Person allein mit einem schönen, grau und schwarzen Kätzchen, welches in aller Vergnügtheit und Klugheit mit ihr lebte und niemandem, der es ruhig ließ, etwas zu Leide tat. Seine einzige Leidenschaft war die Jagd, welche es jedoch mit Vernunft und Mäßigung befriedigte, ohne sich durch den Umstand, daß diese Leidenschaft zugleich einen nützlichen Zweck hatte und seiner Herrin wohlgefiel, beschönigen zu wollen und allzusehr zur Grausamkeit hinreißen zu lassen. Es fing und tötete daher nur die zudringlichsten und frechsten Mäuse, welche sich in einem gewissen Umkreise des Hauses betreten ließen, aber diese dann mit zuverlässiger Geschicklichkeit; nur selten verfolgte es eine besonders pfiffige Maus, welche seinen Zorn gereizt hatte, über diesen Umkreis hinaus und erbat sich in diesem Falle mit vieler Höflichkeit von den Herren Nachbaren die Erlaubnis, in ihren Häusern ein wenig mausen zu dürfen, was ihm gerne gewährt wurde, da es die Milchtöpfe stehenließ, nicht an die Schinken hinaufsprang, welche etwa an den Wänden hingen, sondern seinem Geschäfte still und aufmerksam oblag und, nachdem es dieses verrichtet, sich mit dem Mäuslein im Maule anständig entfernte. Auch war das Kätzchen gar nicht scheu und unartig, sondern zutraulich gegen jedermann und floh nicht vor vernünftigen Leuten; vielmehr ließ es sich von solchen einen guten Spaß gefallen und selbst ein bißchen an den Ohren zupfen, ohne zu kratzen; dagegen ließ es sich von einer Art dummer Menschen, von welchen es behauptete, daß die Dummheit aus einem unreifen und nichtsnutzigen Herzen käme, nicht das mindeste gefallen und ging ihnen entweder aus dem Wege oder versetzte ihnen einen ausreichenden Hieb über die Hand, wenn sie es mit einer Plumpheit molestierten.

Spiegel, so war der Name des Kätzchens wegen seines glatten und glänzenden Pelzes, lebte so seine Tage heiter, zierlich und beschaulich dahin, in anständiger Wohlhabenheit und ohne Überhebung. Er saß nicht zu oft auf der Schulter seiner freundlichen Gebieterin, um ihr die Bissen von der Gabel wegzufangen, sondern nur, wenn er merkte, daß ihr dieser Spaß angenehm war, auch lag und schlief er den Tag über selten auf seinem warmen Kissen hinter dem Ofen, sondern hielt sich munter und liebte es eher, auf einem schmalen Treppengeländer oder in der Dachrinne zu liegen und sich philosophischen Betrachtungen und der Beobachtung der Welt zu überlassen. Nur jeden Frühling und Herbst einmal wurde dies ruhige Leben eine Woche lang unterbrochen, wenn die Veilchen blühten oder die milde Wärme des Altweibersommers die Veilchenzeit nachäffte. Alsdann ging Spiegel seine eigenen Wege, streifte in verliebter Begeisterung über die fernsten Dächer und sang die allerschönsten Lieder. Als ein rechter Don Juan bestand er bei Tag und Nacht die bedenklichsten Abenteuer, und wenn er sich zur Seltenheit einmal im Hause sehen ließ, so erschien er mit einem so verwegenen, burschikosen, ja liederlichen und zerzausten Aussehen, daß die stille Person, seine Gebieterin, fast unwillig ausrief: »Aber Spiegel? Schämst du dich denn nicht, ein solches Leben zu führen?« Wer sich aber nicht schämte, war Spiegel; als ein Mann von Grundsätzen, der wohl wußte, was er sich zur wohltätigen Abwechslung erlauben durfte, beschäftigte er sich ganz ruhig damit, die Glätte seines Pelzes und die unschuldige Munterkeit seines Aussehens wiederherzustellen, und er fuhr sich so unbefangen mit dem feuchten Pfötchen über die Nase, als ob gar nichts geschehen wäre.

Allein dies gleichmäßige Leben nahm plötzlich ein trauriges Ende.

Als das Kätzchen Spiegel eben in der Blüte seiner Jahre stand, starb die Herrin unversehens an Altersschwäche und ließ das schöne Kätzchen herrenlos und verwaist zurück. Es war das erste Unglück, welches ihm widerfuhr, und mit jenen Klagetönen, welche so schneidend den bangen Zweifel an der wirklichen und rechtmäßigen Ursache eines großen Schmerzes ausdrücken, begleitete es die Leiche bis auf die Straße und strich den ganzen übrigen Tag ratlos im Hause und rings um dasselbe her. Doch seine gute Natur, seine Vernunft und Philosophie geboten ihm bald, sich zu fassen, das Unabänderliche zu tragen und seine dankbare Anhänglichkeit an das Haus seiner toten Gebieterin dadurch zu beweisen, daß er ihren lachenden Erben seine Dienste anbot und sich bereitmachte, denselben mit Rat und Tat beizustehen, die Mäuse ferner im Zaume zu halten und überdies ihnen manche gute Mitteilung zu machen, welche die Törichten nicht verschmäht hätten, wenn sie eben nicht unvernünftige Menschen gewesen wären. Aber diese Leute ließen Spiegel gar nicht zu Worte kommen, sondern warfen ihm die Pantoffeln und das artige Fußschemelchen der Seligen an den Kopf, sooft er sich blicken ließ, zankten sich acht Tage lang untereinander, begannen endlich einen Prozeß und schlossen das Haus bis auf weiteres zu, so daß nun gar niemand darin wohnte.

Da saß nun der arme Spiegel traurig und verlassen auf der steinernen Stufe vor der Haustüre und hatte niemand, der ihn hineinließ. Des Nachts begab er sich wohl auf Umwegen unter das Dach des Hauses, und im Anfang hielt er sich einen großen Teil des Tages dort verborgen und suchte seinen Kummer zu verschlafen; doch der Hunger trieb ihn bald an das Licht und nötigte ihn, an der warmen Sonne und unter den Leuten zu erscheinen, um bei der Hand zu sein und zu gewärtigen, wo sich etwa ein Maulvoll geringer Nahrung zeigen möchte. Je seltener dies geschah, desto aufmerksamer wurde der gute Spiegel, und alle seine moralischen Eigenschaften gingen in dieser Aufmerksamkeit auf, so daß er sehr bald sich selber nicht mehr gleichsah. Er machte zahlreiche Ausflüge von seiner Haustüre aus und stahl sich scheu und flüchtig über die Straße, um manchmal mit einem schlechten unappetitlichen Bissen, dergleichen er früher nie angesehen, manchmal mit gar nichts zurückzukehren. Er wurde von Tag zu Tag magerer und zerzauster, dabei gierig, kriechend und feig; all sein Mut, seine zierliche Katzenwürde, seine Vernunft und Philosophie waren dahin. Wenn die Buben aus der Schule kamen, so kroch er in einen verborgenen Winkel, sobald er sie kommen hörte, und guckte nur hervor, um aufzupassen, welcher von ihnen etwa eine Brotrinde wegwürfe, und merkte sich den Ort, wo sie hinfiel. Wenn der schlechteste Köter von weitem ankam, so sprang er hastig fort, während er früher gelassen der Gefahr ins Auge geschaut und böse Hunde oft tapfer gezüchtigt hatte. Nur wenn ein grober und einfältiger Mensch daherkam, dergleichen er sonst klüglich gemieden, blieb er sitzen, obgleich das arme Kätzchen mit dem Reste seiner Menschenkenntnis den Lümmel recht gut erkannte; allein die Not zwang Spiegelchen, sich zu täuschen und zu hoffen, daß der Schlimme ausnahmsweise einmal es freundlich streicheln und ihm einen Bissen darreichen werde. Und selbst wenn er statt dessen nun doch geschlagen oder in den Schwanz gekneift wurde, so kratzte er nicht, sondern duckte sich lautlos zur Seite und sah dann noch verlangend nach der Hand, die es geschlagen und gekneift und welche nach Wurst oder Hering roch.

Als der edle und kluge Spiegel so heruntergekommen war, saß er eines Tages ganz mager und traurig auf seinem Steine und blinzelte in der Sonne. Da kam der Stadthexenmeister Pineiß des Weges, sah das Kätzchen und stand vor ihm still. Etwas Gutes hoffend, obgleich es den Unheimlichen wohl kannte, saß Spiegelchen demütig auf dem Stein und erwartete, was der Herr Pineiß etwa tun oder sagen würde. Als dieser aber begann und sagte: »Na, Katze! Soll ich dir deinen Schmer abkaufen?«, da verlor es die Hoffnung, denn es glaubte, der Stadthexenmeister wolle es seiner Magerkeit wegen verhöhnen. Doch erwiderte es bescheiden und lächelnd, um es mit niemand zu verderben: »Ach, der Herr Pineiß belieben zu scherzen!« »Mitnichten!« rief Pineiß, »es ist mir voller Ernst! Ich brauche Katzenschmer vorzüglich zur Hexerei; aber er muß mir vertragsmäßig und freiwillig von den werten Herren Katzen abgetreten werden, sonst ist er unwirksam.

Ich denke, wenn je ein wackeres Kätzlein in der Lage war, einen vorteilhaften Handel abzuschließen, so bist es du! Begib dich in meinen Dienst; ich füttere dich herrlich heraus, mache dich fett und kugelrund mit Würstchen und gebratenen Wachteln. Auf dem ungeheuer hohen alten Dache meines Hauses, welches nebenbei gesagt das köstlichste Dach von der Welt ist für eine Katze, voll interessanter Gegenden und Winkel, wächst auf den sonnigsten Höhen treffliches Spitzgras, grün wie Smaragd, schlank und fein in den Lüften schwankend, dich einladend, die zartesten Spitzen abzubeißen und zu genießen, wenn du dir an meinen Leckerbissen eine leichte Unverdaulichkeit zugezogen hast. So wirst du bei trefflicher Gesundheit bleiben und mir dereinst einen kräftigen brauchbaren Schmer liefern!«

Spiegel hatte schon längst die Ohren gespitzt und mit wässerndem Mäulchen gelauscht; doch war seinem geschwächten Verstande die Sache noch nicht klar, und er versetzte daher: »Das ist so weit nicht übel, Herr Pineiß! Wenn ich nur wüßte, wie ich alsdann, wenn ich doch, um Euch meinen Schmer abzutreten, mein Leben lassen muß, des verabredeten Preises habhaft werden und ihn genießen soll, da ich nicht mehr bin?« »Des Preises habhaft werden?« sagte der Hexenmeister verwundert, »den Preis genießest du ja eben in den reichlichen und üppigen Speisen, womit ich dich fett mache, das versteht sich von selber! Doch will ich dich zu dem Handel nicht zwingen!« Und er machte Miene, sich von dannen begeben zu wollen. Aber Spiegel sagte hastig und ängstlich: »Ihr müßt mir wenigstens eine mäßige Frist gewähren über die Zeit meiner höchsten erreichten Rundheit und Fettigkeit hinaus, daß ich nicht so jählings von hinnen gehen muß, wenn jener angenehme und ach! so traurige Zeitpunkt herangekommen und entdeckt ist!«

»Es sei!« sagte Herr Pineiß mit anscheinender Gutmütigkeit, »bis zum nächsten Vollmond sollst du dich alsdann deines angenehmen Zustandes erfreuen dürfen, aber nicht länger! Denn in den abnehmenden Mond hinein darf es nicht gehen, weil dieser einen vermindernden Einfluß auf mein wohlerworbenes Eigentum ausüben würde.«

Das Kätzchen beeilte sich zuzuschlagen und unterzeichnete einen Vertrag, welchen der Hexenmeister im Vorrat bei sich führte, mit seiner scharfen Handschrift, welche sein letztes Besitztum und Zeichen besserer Tage war.

»Du kannst dich nun zum Mittagessen bei mir einfinden, Kater!« sagte der Hexer. »Punkt zwölf Uhr wird gegessen!« »Ich werde so frei sein, wenn Ihr's erlaubt!« sagte Spiegel und fand sich pünktlich um die Mittagsstunde bei Herrn Pineiß ein. Dort begann nun während einiger Monate ein höchst angenehmes Leben für das Kätzchen; denn es hatte auf der Welt weiter nichts zu tun, als die guten Dinge zu verzehren, die man ihm vorsetzte, dem Meister bei der Hexerei zuzuschauen, wenn es mochte, und auf dem Dache spazierenzugehen. Dies Dach glich einem ungeheuren schwarzen Nebelspalter oder Dreiröhrenhut, wie man die großen Hüte der schwäbischen Bauern nennt, und wie ein solcher Hut ein Gehirn voller Nücken und Finten überschattet, so bedeckte dies Dach ein großes, dunkles und winkliges Haus voll Hexenwerk und Tausendsgeschichten. Herr Pineiß war ein Kann-Alles, welcher hundert Ämtchen versah, Leute kurierte, Wanzen vertilgte, Zähne auszog und Geld auf Zinsen lieh; er war der Vormünder aller Waisen und Witwen, schnitt in seinen Mußestunden Federn, das Dutzend für einen Pfennig, und machte schöne schwarze Tinte; er handelte mit Ingwer und Pfeffer, mit Wagenschmiere und Rosoli, mit Heftlein und Schuhnägeln, er renovierte die Turmuhr und machte jährlich den Kalender mit der Witterung, den Bauernregeln und dem Aderlaßmännchen; er verrichtete zehntausend rechtliche Dinge am hellen Tag um mäßigen Lohn und einige unrechtliche nur in der Finsternis und aus Privatleidenschaft, oder hing auch den rechtlichen, ehe er sie aus seiner Hand entließ, schnell noch ein unrechtliches Schwänzchen an, so klein wie die Schwänzchen der jungen Frösche, gleichsam nur der Possierlichkeit wegen. Überdies machte er das Wetter in schwierigen Zeiten, überwachte mit seiner Kunst die Hexen, und wenn sie reif waren, ließ er sie verbrennen; für sich trieb er die Hexerei nur als wissenschaftlichen Versuch und zum Hausgebrauch, so wie er auch die Stadtgesetze, die er redigierte und ins reine schrieb, unter der Hand probierte und verdrehte, um ihre Dauerhaftigkeit zu ergründen. Da die Seldwyler stets einen solchen Bürger brauchten, der alle unlustigen kleinen und großen Dinge für sie tat, so war er zum Stadthexenmeister ernannt worden und bekleidete dies Amt schon seit vielen Jahren mit unermüdlicher Hingebung und Geschicklichkeit, früh und spät. Daher war sein Haus von unten bis oben vollgestopft mit allen erdenklichen Dingen, und Spiegel hatte viel Kurzweil, alles zu besehen und zu beriechen.

Doch im Anfang gewann er keine Aufmerksamkeit für andere Dinge als für das Essen. Er schlang gierig alles hinunter, was Pineiß ihm darreichte, und mochte kaum von einer Zeit zur anderen warten. Dabei überlud er sich den Magen und mußte wirklich auf das Dach gehen, um dort von den grünen Gräsern abzubeißen und sich von allerhand Unwohlsein zu kurieren. Als der Meister diesen Heißhunger bemerkte, freute er sich und dachte, das Kätzchen würde solcherweise recht bald fett werden, und je besser er daran wende, desto klüger verfahre und spare er im ganzen. Er baute daher für Spiegel eine ordentliche Landschaft in seiner Stube, indem er ein Wäldchen von Tannenbäumchen aufstellte, kleine Hügel von Steinen und Moos errichtete und einen kleinen See anlegte. Auf die Bäumchen setzte er duftig gebratene Lerchen, Finken, Meisen und Sperlinge, je nach der Jahreszeit, so daß da Spiegel immer etwas herunterzuholen und zu knabbern vorfand. In die kleinen Berge versteckte er in künstlichen Mauslöchern herrliche Mäuse, welche er sorgfältig mit Weizenmehl gemästet, dann ausgeweidet, mit zarten Speckriemchen gespickt und gebraten hatte. Einige dieser Mäuse konnte Spiegel mit der Hand hervorholen, andere waren zur Erhöhung des Vergnügens tiefer verborgen, aber an einen Faden gebunden, an welchem Spiegel sie behutsam hervorziehen mußte, wenn er diese Lustbarkeit einer nachgeahmten Jagd genießen wollte. Das Becken des Sees aber füllte Pineiß alle Tage mit frischer Milch, damit Spiegel in der süßen seinen Durst lösche, und ließ gebratene Gründlinge darin schwimmen, da er wußte, daß Katzen zuweilen auch die Fischerei lieben. Aber da nun Spiegel ein so herrliches Leben führte, tun und lassen, essen und trinken konnte, was ihm beliebte und wann es ihm einfiel, so gedieh er allerdings zusehends an seinem Leibe; sein Pelz wurde wieder glatt und glänzend und sein Auge munter; aber zugleich nahm er, da sich seine Geisteskräfte in gleichem Maße wieder ansammelten, bessere Sitten an; die wilde Gier legte sich, und weil er jetzt eine traurige Erfahrung hinter sich hatte, so wurde er nun klüger als zuvor. Er mäßigte sich in seinen Gelüsten und fraß nicht mehr, als ihm zuträglich war, indem er zugleich wieder vernünftigen und tiefsinnigen Betrachtungen nachging und die Dinge wieder durchschaute. So holte er eines Tages einen hübschen Krammetsvogel von den Ästen herunter, und als er denselben nachdenklich zerlegte, fand er dessen kleinen Magen ganz kugelrund angefüllt mit frischer unversehrter Speise. Grüne Kräutchen, artig zusammengerollt, schwarze und weiße Samenkörner und eine glänzend rote Beere waren da so niedlich und dicht ineinander gepfropft, als ob ein Mütterchen für ihren Sohn das Ränzchen zur Reise gepackt hätte. Als Spiegel den Vogel langsam verzehrt und das so vergnüglich gefüllte Mäglein an seine Klaue hing und philosophisch betrachtete, rührte ihn das Schicksal des armen Vogels, welcher nach so friedlich verbrachtem Geschäft so schnell sein Leben lassen gemußt, daß er nicht einmal die eingepackten Sachen verdauen konnte. »Was hat er nun davon gehabt, der arme Kerl«, sagte Spiegel, »daß er sich so fleißig und eifrig genährt hat, daß dies kleine Säckchen aussieht wie ein wohl vollbrachtes Tagewerk? Diese rote Beere ist es, die ihn aus dem freien Walde in die Schlinge des Vogelstellers gelockt hat. Aber er dachte doch, seine Sache noch besser zu machen und sein Leben an solchen Beeren zu fristen, während ich, der ich soeben den unglücklichen Vogel gegessen, daran mich nur um einen Schritt näher zum Tode gegessen habe! Kann man einen elendern und feigern Vertrag abschließen, als sein Leben noch ein Weilchen fristen zu lassen, um es dann um diesen Preis doch zu verlieren? Wäre nicht ein freiwilliger und schneller Tod vorzuziehen gewesen für einen entschlossenen Kater? Aber ich habe keine Gedanken gehabt, und nun da ich wieder solche habe, sehe ich nichts vor mir als das Schicksal dieses Krammetsvogels; wenn ich rund genug bin, so muß ich von hinnen, aus keinem andern Grunde, als weil ich rund bin. Ein schöner Grund für einen lebenslustigen und gedankenreichen Katzmann! Ach, könnte ich aus dieser Schlinge kommen!«

Er vertiefte sich nun in vielfältige Grübeleien, wie das gelingen möchte; aber da die Zeit der Gefahr noch nicht da war, so wurde es ihm nicht klar, und er fand keinen Ausweg; aber als kluger Mann ergab er sich bis dahin der Tugend und der Selbstbeherrschung, welches immer die beste Vorschule und Zeitverwendung ist, bis sich etwas entscheiden soll. Er verschmähte das weiche Kissen, welches ihm Pineiß zurechtgelegt hatte, damit er fleißig darauf schlafen und fett werden sollte, und zog es vor, wieder auf schmalen Gesimsen und hohen gefährlichen Stellen zu liegen, wenn er ruhen wollte. Ebenso verschmähte er die gebratenen Vögel und die gespickten Mäuse und fing sich lieber auf den Dächern, da er nun wieder einen rechtmäßigen Jagdgrund hatte, mit List und Gewandtheit einen schlichten lebendigen Sperling oder auf den Speichern eine flinke Maus, und solche Beute schmeckte ihm vortrefflicher als das gebratene Wild in Pineißens künstlichem Gehege, während sie ihn nicht zu fett machte; auch die Bewegung und Tapferkeit sowie der wiedererlangte Gebrauch der Tugend und Philosophie verhinderten ein zu schnelles Fettwerden, so daß Spiegel zwar gesund und glänzend aussah, aber zu Pineißens Verwunderung auf einer gewissen Stufe der Beleibtheit stehen blieb, welche lange nicht das erreichte, was der Hexenmeister mit seiner freundlichen Mästung bezweckte; denn dieser stellte sich darunter ein kugelrundes, schwerfälliges Tier vor, welches sich nicht vom Ruhekissen bewegte und aus eitel Schmer bestand. Aber hierin hatte sich seine Hexerei eben geirrt, und er wußte bei aller Schlauheit nicht, daß, wenn man einen Esel füttert, derselbe ein Esel bleibt, wenn man aber einen Fuchsen speiset, derselbe nichts anders wird als ein Fuchs; denn jede Kreatur wächst sich nach ihrer Weise aus. Als Herr Pineiß entdeckte, wie Spiegel immer auf demselben Punkte einer wohlgenährten, aber geschmeidigen und rüstigen Schlankheit stehen blieb, ohne eine erkleckliche Fettigkeit anzusetzen, stellte er ihn eines Abends plötzlich zur Rede und sagte barsch: »Was ist das, Spiegel? Warum frissest du die guten Speisen nicht, die ich dir mit so viel Sorgfalt und Kunst präpariere und herstelle? Warum fängst du die gebratenen Vögel nicht auf den Bäumen, warum suchst du die leckeren Mäuschen nicht in den Berghöhlen? Warum fischest du nicht mehr in dem See? Warum pflegst du dich nicht? Warum schläfst du nicht auf dem Kissen? Warum strapazierst du dich und wirst mir nicht fett?« »Ei, Herr Pineiß!« sagte Spiegel, »weil es mir wohler ist auf diese Weise! Soll ich meine kurze Frist nicht auf die Art verbringen, die mir am angenehmsten ist?« »Wie!« rief Pineiß, »du sollst so leben, daß du dick und rund wirst, und nicht dich abjagen! Ich merke aber wohl, wo du hinauswillst! Du denkst mich zu äffen und hinzuhalten, daß ich dich in Ewigkeit in diesem Mittelzustande herumlaufen lasse? Mitnichten soll dir das gelingen! Es ist deine Pflicht, zu essen und zu trinken und dich zu pflegen, auf daß du dick werdest und Schmer bekommst! Auf der Stelle entsage daher dieser hinterlistigen und kontraktwidrigen Mäßigkeit, oder ich werde ein Wörtlein mit dir sprechen!«

Spiegel unterbrach sein behagliches Spinnen, das er angefangen, um seine Fassung zu behaupten, und sagte: »Ich weiß kein Sterbenswörtchen davon, daß in dem Kontrakt steht, ich solle der Mäßigkeit und einem gesunden Lebenswandel entsagen! Wenn der Herr Stadthexenmeister darauf gerechnet hat, daß ich ein fauler Schlemmer sei, so ist das nicht meine Schuld! Ihr tut tausend rechtliche Dinge des Tages, so lasset dieses auch noch hinzukommen und uns beide hübsch in der Ordnung bleiben; denn Ihr wißt ja wohl, daß Euch mein Schmer nur nützlich ist, wenn er auf rechtliche Weise erwachsen!« »Ei du Schwätzer!« rief Pineiß erbost, »willst du mich belehren? Zeig her, wie weit bist du denn eigentlich gediehen, du Müßiggänger? Vielleicht kann man dich doch bald abtun!« Er griff dem Kätzchen an den Bauch; allein dieses fühlte sich dadurch unangenehm gekitzelt und hieb dem Hexenmeister einen scharfen Kratz über die Hand. Diesen betrachtete Pineiß aufmerksam, dann sprach er: »Stehen wir so miteinander, du Bestie? Wohlan, so erkläre ich dich hiemit feierlich, kraft des Vertrages, für fett genug! Ich begnüge mich mit dem Ergebnis und werde mich desselben zu versichern wissen! In fünf Tagen ist der Mond voll, und bis dahin magst du dich noch deines Lebens erfreuen, wie es geschrieben steht, und nicht eine Minute länger!« Damit kehrte er ihm den Rücken und überließ ihn seinen Gedanken.

Diese waren jetzt sehr bedenklich und düster. So war denn die Stunde doch nahe, wo der gute Spiegel seine Haut lassen sollte? Und war mit aller Klugheit gar nichts mehr zu machen? Seufzend stieg er auf das hohe Dach, dessen Firste dunkel in den schönen Herbstabendhimmel emporragten. Da ging der Mond über der Stadt auf und warf seinen Schein auf die schwarzen bemoosten Hohlziegel des alten Daches, ein lieblicher Gesang tönte in Spiegels Ohren, und eine schneeweiße Kätzin wandelte glänzend über einen benachbarten First weg. Sogleich vergaß Spiegel die Todesaussichten, in welchen er lebte, und erwiderte mit seinem schönsten Katerliede den Lobgesang der Schönen. Er eilte ihr entgegen und war bald im hitzigen Gefecht mit drei fremden Katern begriffen, die er mutig und wild in die Flucht schlug. Dann machte er der Dame feurig und ergeben den Hof und brachte Tag und Nacht bei ihr zu, ohne an den Pineiß zu denken oder im Hause sich sehen zu lassen. Er sang wie eine Nachtigall die schönen Mondnächte hindurch, jagte hinter der weißen Geliebten her über die Dächer, durch die Gärten, und rollte mehr als einmal im heftigen Minnespiel oder im Kampfe mit den Rivalen über hohe Dächer hinunter und fiel auf die Straße; aber nur um sich aufzuraffen, das Fell zu schütteln und die wilde Jagd seiner Leidenschaften von neuem anzuheben. Stille und laute Stunden, süße Gefühle und zorniger Streit, anmutiges Zwiegespräch, witziger Gedankenaustausch, Ränke und Schwänke der Liebe und Eifersucht, Liebkosungen und Raufereien, die Gewalt des Glückes und die Leiden des Unsterns ließen den verliebten Spiegel nicht zu sich selbst kommen, und als die Scheibe des Mondes voll geworden, war er von allen diesen Aufregungen und Leidenschaften so heruntergekommen, daß er jämmerlicher, magerer und zerzauster aussah als je. Im selben Augenblicke rief ihm Pineiß aus einem Dachtürmchen: »Spiegelchen, Spiegelchen! Wo bist du? Komm doch ein bißchen nach Hause!«

Da schied Spiegel von der weißen Freundin, welche zufrieden und kühl miauend ihrer Wege ging, und wandte sich stolz seinem Henker zu. Dieser stieg in die Küche hinunter, raschelte mit dem Kontrakt und sagte: »Komm Spiegelchen, komm Spiegelchen!«, und Spiegel folgte ihm und setzte sich in der Hexenküche trotzig vor den Meister hin in all seiner Magerkeit und Zerzaustheit. Als Herr Pineiß erblickte, wie er so schmählich um seinen Gewinn gebracht war, sprang er wie besessen in die Höhe und schrie wütend: »Was seh ich? Du Schelm, du gewissenloser Spitzbube! Was hast du mir getan?« Außer sich vor Zorn griff er nach einem Besen und wollte Spiegelein schlagen; aber dieser krümmte den schwarzen Rücken, ließ die Haare emporstarren, daß ein fahler Schein darüber knisterte, legte die Ohren zurück, prustete und funkelte den Alten so grimmig an, daß dieser voll Furcht und Entsetzen drei Schritt zurücksprang. Er begann zu fürchten, daß er einen Hexenmeister vor sich habe, welcher ihn foppe und mehr könne als er selbst. Ungewiß und kleinlaut sagte er: »Ist der ehrsame Herr Spiegel vielleicht vom Handwerk? Sollte ein gelehrter Zaubermeister beliebt haben, sich in dero äußere Gestalt zu verkleiden, da er nach Gefallen über sein Leibliches gebieten und genau so beleibt werden kann als es ihm angenehm dünkt, nicht zu wenig und nicht zu viel, oder unversehens so mager wird wie ein Gerippe, um dem Tode zu entschlüpfen?«

Spiegel beruhigte sich wieder und sprach ehrlich: »Nein, ich bin kein Zauberer! Es ist allein die süße Gewalt der Leidenschaft, welche mich so heruntergebracht und zu meinem Vergnügen Euer Fett dahingenommen hat. Wenn wir übrigens jetzt unser Geschäft von neuem beginnen wollen, so will ich tapfer dabei sein und drein beißen! Setzt mir nur eine recht schöne und große Bratwurst vor, denn ich bin ganz erschöpft und hungrig!« Da packte Pineiß den Spiegel wütend am Kragen, sperrte ihn in den Gänsestall, der immer leer war, und schrie: »Da sieh zu, ob dir deine süße Gewalt der Leidenschaft noch einmal heraushilft und ob sie stärker ist als die Gewalt der Hexerei

Alfred Kubin
*Die Katze vor dem Tor*

und meines rechtlichen Vertrages! Jetzt heißt's: Vogel friß und stirb!« Sogleich briet er eine lange Wurst, die so lecker duftete, daß er sich nicht enthalten konnte, selbst ein bißchen an beiden Zipfeln zu schlecken, ehe er sie durch das Gitter steckte. Spiegel fraß sie von vorn bis hinten auf, und indem er sich behaglich den Schnurrbart putzte und den Pelz leckte, sagte er zu sich selber: »Meiner Seel! es ist doch eine schöne Sache um die Liebe! Die hat mich für diesmal wieder aus der Schlinge gezogen. Jetzt will ich mich ein wenig ausruhen und trachten, daß ich durch Beschaulichkeit und gute Nahrung wieder zu vernünftigen Gedanken komme! Alles hat seine Zeit! Heute ein bißchen Leidenschaft, morgen ein wenig Besonnenheit und Ruhe, ist jedes in seiner Weise gut. Dies Gefängnis ist gar nicht so übel, und es läßt sich gewiß etwas Ersprießliches darin ausdenken!« Pineiß aber nahm sich nun zusammen und bereitete alle Tage mit aller seiner Kunst solche Leckerbissen und in solch reizender Abwechslung und Zuträglichkeit, daß der gefangene Spiegel denselben nicht widerstehen konnte; denn Pineißens Vorrat an freiwilligem und rechtmäßigem Katzenschmer nahm alle Tage mehr ab und drohte nächstens ganz auszugehen, und dann war der Hexer ohne dies Hauptmittel ein geschlagener Mann. Aber der gute Hexenmeister nährte mit dem Leibe Spiegels dessen Geist immer wieder mit, und es war durchaus nicht von dieser unbequemen Zutat loszukommen, weshalb auch seine Hexerei sich hier als lückenhaft erwies.

Als Spiegel in seinem Käfig ihm endlich fett genug dünkte, säumte er nicht länger, sondern stellte vor den Augen des aufmerksamen Katers alle Geschirre zurecht und machte ein helles Feuer auf dem Herd, um den lang ersehnten Gewinn auszukochen. Dann wetzte er ein großes Messer, öffnete den Kerker, zog Spiegelchen hervor, nachdem er die Küchentüre wohl verschlossen, und sagte wohlgemut: »Komm, du Sapperlöter! wir wollen dir den Kopf abschneiden vorderhand und dann das Fell abziehen! Dieses wird eine warme Mütze für mich geben, woran ich Einfältiger noch gar nicht gedacht habe! Oder soll ich dir erst das Fell abziehen und dann den Kopf abschneiden?« »Nein, wenn es Euch gefällig ist«, sagte Spiegel demütig, »lieber zuerst den Kopf abschneiden!« »Hast recht, du armer Kerl!« sagte Herr Pineiß, »wir wollen dich nicht unnütz quälen! Alles was recht ist!« »Dies ist ein wahres Wort!« sagte Spiegel mit einem erbärmlichen Seufzer und legte das Haupt ergebungsvoll auf die Seite. »Oh, hätt ich doch jederzeit getan, was recht ist, und nicht eine so wichtige Sache leichtsinnig unterlassen, so könnte ich jetzt mit besserm Gewissen sterben, denn ich sterbe gern; aber ein Unrecht erschwert mir den sonst so willkommenen Tod; denn was bietet mir das Leben? Nichts als Furcht, Sorge und Armut und zur Abwechslung einen Sturm verzehrender Leidenschaft, die noch schlimmer ist als die stille zitternde Furcht!« »Ei, welches Unrecht, welche wichtige Sache?« fragte Pineiß neugierig. »Ach, was hilft das Reden jetzt noch«, seufzte Spiegel, »geschehen ist geschehen, und jetzt ist Reue zu spät!« »Siehst du, Sappermenter, was für ein Sünder du bist?« sagte Pineiß, »und wie wohl du deinen Tod verdienst? Aber was Tausend hast du denn angestellt? Hast du mir vielleicht etwas entwendet, entfremdet, verdorben? Hast du mir ein himmelschreiendes Unrecht getan, von dem ich noch gar nichts weiß, ahne, vermute, du Satan? Das sind mir schöne Geschichten! Gut, daß ich noch dahinterkomme! Auf der Stelle beichte mir, oder ich schinde und siede dich lebendig aus! Wirst du sprechen oder nicht?« »Ach nein!« sagte Spiegel, »wegen Euch habe ich mir nichts vorzuwerfen. Es betrifft die zehntausend Goldgülden meiner seligen Gebieterin – aber was hilft Reden! – Zwar – wenn ich bedenke und Euch ansehe, so möchte es vielleicht doch nicht ganz zu spät sein – wenn ich Euch betrachte, so sehe ich, daß Ihr ein noch ganz schöner und rüstiger Mann seid, in den besten Jahren – sagt doch, Herr Pineiß! habt Ihr noch nie etwa den Wunsch verspürt, Euch zu verehelichen, ehrbar und vorteilhaft? Aber was schwatze ich! Wie wird ein so kluger und kunstreicher Mann auf dergleichen müßige Gedanken kommen! Wie wird ein so nützlich beschäftigter Meister an törichte Weiber denken! Zwar allerdings hat auch die Schlimmste noch irgend was an sich, was etwa nützlich für einen Mann ist, das ist nicht abzuleugnen! Und wenn sie nur halbwegs was taugt, so ist eine gute Hausfrau etwa weiß am Leibe, sorgfältig im

Sinne, zutulich von Sitten, treu von Herzen, sparsam im Verwalten, aber verschwenderisch in der Pflege ihres Mannes, kurzweilig in Worten und angenehm in ihren Taten, einschmeichelnd in ihren Handlungen! Sie küßt den Mann mit ihrem Munde und streichelt ihm den Bart, sie umschließt ihn mit ihren Armen und kraut ihm hinter den Ohren, wie er es wünscht, kurz, sie tut tausend Dinge, die nicht zu verwerfen sind. Sie hält sich ihm ganz nah zu oder in bescheidener Entfernung, je nach seiner Stimmung, und wenn er seinen Geschäften nachgeht, so stört sie ihn nicht, sondern verbreitet unterdessen sein Lob in und außer dem Hause; denn sie läßt nichts an ihn kommen und rühmt alles, was an ihm ist! Aber das Anmutigste ist die wunderbare Beschaffenheit ihres zarten leiblichen Daseins, welches die Natur so verschieden gemacht hat von unserm Wesen bei anscheinender Menschenähnlichkeit, daß es ein fortwährendes Meerwunder in einer glückhaften Ehe bewirkt und eigentlich die allerdurchtriebenste Hexerei in sich birgt! Doch was schwatze ich da wie ein Tor an der Schwelle des Todes! Wie wird ein weiser Mann auf dergleichen Eitelkeiten sein Augenmerk richten! Verzeiht, Herr Pineiß, und schneidet mir den Kopf ab!«

Pineiß aber rief heftig: »So halt doch endlich inne, du Schwätzer! und sage mir: Wo ist eine solche, und hat sie zehntausend Goldgülden?«

»Zehntausend Goldgülden?« sagte Spiegel.

»Nun ja«, rief Pineiß ungeduldig, »sprachest du nicht eben erst davon?«

»Nein«, antwortete jener, »das ist eine andere Sache! Die liegen vergraben an einem Orte!«

»Und was tun sie da, wem gehören sie?« schrie Pineiß.

»Niemand gehören sie, das ist eben meine Gewissensbürde, denn ich hätte sie unterbringen sollen! Eigentlich gehören sie jenem, der eine solche Person heiratet, wie ich eben beschrieben habe. Aber wie soll man drei solche Dinge zusammenbringen in dieser gottlosen Stadt: zehntausend Goldgülden, eine weiße, feine und gute Hausfrau und einen weisen rechtschaffenen Mann? Daher ist eigentlich meine

Sünde nicht allzugroß, denn der Auftrag war zu schwer für eine arme Katze!«

»Wenn du jetzt«, rief Pineiß, »nicht bei der Sache bleibst und sie verständlich der Ordnung nach dartust, so schneide ich dir vorläufig den Schwanz und beide Ohren ab! Jetzt fang an!«

»Da Ihr es befehlt, so muß ich die Sache wohl erzählen«, sagte Spiegel und setzte sich gelassen auf seine Hinterfüße, »obgleich dieser Aufschub meine Leiden nur vergrößert!«

Pineiß steckte das scharfe Messer zwischen sich und Spiegel in die Diele und setzte sich neugierig auf ein Fäßchen, um zuzuhören, und Spiegel fuhr fort:

»Ihr wisset doch, Herr Pineiß, daß die brave Person, meine selige Meisterin, unverheiratet gestorben ist als eine alte Jungfer, die in aller Stille viel Gutes getan und niemanden zuwider gelebt hat. Aber nicht immer war es um sie her so still und ruhig zugegangen, und obgleich sie niemals von bösem Gemüt gewesen, so hatte sie doch einst viel Leid und Schaden angerichtet; denn in ihrer Jugend war sie das schönste Fräulein weit und breit, und was von jungen Herren und kecken Gesellen in der Gegend war oder des Weges kam, verliebte sich in sie und wollte sie durchaus heiraten. Nun hatte sie wohl große Lust, zu heiraten und einen hübschen, ehrenfesten und klugen Mann zu nehmen, und sie hatte die Auswahl, da sich Einheimische und Fremde um sie stritten und einander mehr als einmal die Degen in den Leib rannten, um den Vorrang zu gewinnen. Es bewarben sich um sie und versammelten sich kühne und verzagte, listige und treuherzige, reiche und arme Freier, solche mit einem guten und anständigen Geschäft und solche, welche als Kavaliere zierlich von ihren Renten lebten; dieser mit diesen, jener mit jenen Vorzügen, beredt oder schweigsam, der eine munter und liebenswürdig, und ein anderer schien es mehr in sich zu haben, wenn er auch etwas einfältig aussah; kurz, das Fräulein hatte eine so vollkommene Auswahl, wie es ein mannbares Frauenzimmer sich nur wünschen kann. Allein sie besaß außer ihrer Schönheit ein schönes Vermögen von vielen tausend Goldgülden, und diese waren die Ursache, daß sie nie dazu kam, eine Wahl treffen und einen Mann nehmen zu können, denn sie verwaltete ihr Gut mit trefflicher Umsicht und Klugheit und legte einen großen Wert auf dasselbe, und da nun der Mensch immer von seinen eigenen Neigungen aus andere beurteilt, so geschah es, daß sie, sobald sich ihr ein achtungswerter Freier genähert und ihr halbwegs gefiel, alsobald sich einbildete, derselbe begehre sie nur um ihres Gutes willen. War einer reich, so glaubte sie, er würde sie doch nicht begehren, wenn sie nicht auch reich wäre, und von den Unbemittelten nahm sie vollends als gewiß an, daß sie nur ihre Goldgülden im Auge hätten und sich daran gedächten gütlich zu tun, und das arme Fräulein, welches doch selbst so große Dinge auf den irdischen Besitz hielt, war nicht imstande, diese Liebe zu Geld und Gut an ihren Freiern von der Liebe zu ihr selbst zu unterscheiden oder, wenn sie wirklich etwa vorhanden war, dieselbe nachzusehen und zu verzeihen. Mehrere Male war sie schon so gut wie verlobt, und ihr Herz klopfte endlich stärker; aber plötzlich glaubte sie aus irgendeinem Zuge zu entnehmen, daß sie verraten sei und man einzig an ihr Vermögen denke, und sie brach unverweilt die Geschichte entzwei und zog sich voll Schmerzen, aber unerbittlich zurück. Sie prüfte alle, welche ihr nicht mißfielen, auf hundert Arten, so daß eine große Gewandtheit dazu gehörte, nicht in die Falle zu gehen, und zuletzt keiner mehr sich mit einiger Hoffnung nähern konnte, als wer ein durchaus geriebener und verstellter Mensch war, so daß schon aus diesen Gründen endlich die Wahl wirklich schwer wurde, weil solche Menschen dann zuletzt doch eine unheimliche Unruhe erwecken und die peinlichste Ungewißheit bei einer Schönen zurücklassen, je geriebener und geschickter sie sind. Das Hauptmittel, ihre Anbeter zu prüfen, war, daß sie ihre Uneigennützigkeit auf die Probe stellte und sie alle Tage zu großen Ausgaben, zu reichen Geschenken und zu wohltätigen Handlungen veranlaßte. Aber sie mochten es machen, wie sie wollten, so trafen sie doch nie das Rechte; denn zeigten sie sich freigebig und aufopfernd, gaben sie glänzende Feste, brachten sie ihr Geschenke dar oder anvertrauten ihr beträchtliche Gelder für die Armen, so sagte sie plötzlich, dies alles geschehe nur, um mit einem

Würmchen den Lachs zu fangen oder mit der Wurst nach der Speckseite zu werfen, wie man zu sagen pflegt. Und sie vergabte die Geschenke sowohl wie das anvertraute Geld an Klöster und milde Stiftungen und speiste die Armen; aber die betrogenen Freier wies sie unbarmherzig ab. Bezeigten sich dieselben aber zurückhaltend oder gar knauserig, so war der Stab sogleich über sie gebrochen, da sie das noch viel übler nahm und daran eine schnöde und nackte Rücksichtslosigkeit und Eigenliebe zu erkennen glaubte. So kam es, daß sie, welche ein reines und nur ihrer Person hingegebenes Herz suchte, zuletzt von lauter verstellten, listigen und eigensüchtigen Freiersleuten umgeben war, aus denen sie nie klug wurde und die ihr das Leben verbitterten. Eines Tages fühlte sie sich so mißmutig und trostlos, daß sie ihren ganzen Hof aus dem Hause wies, dasselbe zuschloß und nach Mailand verreiste, wo sie eine Base hatte. Als sie über den Sankt Gotthard ritt auf einem Eselein, war ihre Gesinnung so schwarz und schaurig wie das wilde Gestein, das sich aus den Abgründen emportürmte, und sie fühlte die heftigste Versuchung, sich von der Teufelsbrücke in die tobenden Gewässer der Reuß hinabzustürzen. Nur mit der größten Mühe gelang es den zwei Mägden, die sie bei sich hatte und die ich selbst noch gekannt habe, welche aber nun schon lange tot sind, und dem Führer, sie zu beruhigen und von der finstern Anwandlung abzubringen. Doch langte sie bleich und traurig in dem schönen Land Italien an, und so blau dort der Himmel war, wollten sich ihre dunklen Gedanken doch nicht aufhellen. Aber als sie einige Tage bei ihrer Base verweilt, sollte unverhofft eine andere Melodie ertönen und ein Frühlingsanfang in ihr aufgehen, von dem sie bis dato noch nicht viel gewußt. Denn es kam ein junger Landsmann in das Haus der Base, der ihr gleich beim ersten Anblick so wohl gefiel, daß man wohl sagen kann, sie verliebte sich jetzt von selbst und zum ersten Mal. Es war ein schöner Jüngling, von guter Erziehung und edlem Benehmen, nicht arm und nicht reich zur Zeit, denn er hatte nichts als zehntausend Goldgülden, welche er von seinen verstorbenen Eltern ererbt und womit er, da er die Kaufmannschaft erlernt hatte, in Mailand einen Handel mit Seide begründen wollte; denn er war unternehmend und klar von Gedanken und hatte eine glückliche Hand, wie es unbefangene und unschuldige Leute oft haben; denn auch dies war der junge Mann; er schien, so wohlgelehrt er war, doch so arglos und unschuldig wie ein Kind. Und obgleich er ein Kaufmann war und ein so unbefangenes Gemüt, was schon zusammen eine köstliche Seltenheit ist, so war er doch fest und ritterlich in seiner Haltung und trug sein Schwert so keck zur Seite, wie nur ein geübter Kriegsmann es tragen kann. Dies alles sowie seine frische Schönheit und Jugend bezwangen das Herz des Fräuleins dermaßen, daß sie kaum an sich halten konnte und ihm mit großer Freundlichkeit begegnete. Sie wurde wieder heiter, und wenn sie dazwischen auch traurig war, so geschah dies in dem Wechsel der Liebesfurcht und Hoffnung, welche immerhin ein edleres und angenehmeres Gefühl war als jene peinliche Verlegenheit in der Wahl, welche sie früher unter den vielen Freiern empfunden. Jetzt kannte sie nur eine Mühe und Besorgnis, diejenige nämlich, dem schönen und guten Jüngling zu gefallen, und je schöner sie selbst war, desto demütiger und unsicherer war sie jetzt, da sie zum ersten Male eine wahre Neigung gefaßt hatte. Aber auch der junge Kaufmann hatte noch nie eine solche Schönheit gesehen oder war wenigstens noch keiner so nahe gewesen und von ihr so freundlich und artig behandelt worden. Da sie nun, wie gesagt, nicht nur schön, sondern auch gut von Herzen und fein von Sitten war, so ist es nicht zu verwundern, daß der offene und frische Jüngling, dessen Herz noch ganz frei und unerfahren war, sich ebenfalls in sie verliebte und das mit aller Kraft und Rückhaltlosigkeit, die in seiner ganzen Natur lag. Aber vielleicht hätte das nie jemand erfahren, wenn er in seiner Einfalt nicht aufgemuntert worden wäre durch des Fräuleins Zutulichkeit, welche er mit heimlichem Zittern und Zagen für eine Erwiderung seiner Liebe zu halten wagte, da er selber keine Verstellung kannte. Doch bezwang er sich einige Wochen und glaubte die Sache zu verheimlichen; aber jeder sah ihm von weitem an, daß er zum Sterben verliebt war, und wenn er irgend in die Nähe des Fräuleins geriet oder sie nur genannt wurde, so sah man auch gleich, in wen er verliebt war. Er war aber nicht lange verliebt, sondern begann wirklich zu lieben mit aller Heftigkeit seiner Jugend, so daß ihm das Fräulein das Höchste und Beste auf der Welt wurde, an welches er ein für allemal das Heil und den ganzen Wert seiner eigenen Person setzte. Dies gefiel ihr über die Maßen wohl; denn es war in allem, was er sagte oder tat, eine andere Art, als sie bislang erfahren, und dies bestärkte und rührte sie so tief, daß sie nun gleichermaßen der stärksten Liebe anheimfiel und nun nicht mehr von einer Wahl für sie die Rede war. Jedermann sah diese Geschichte spielen, und es wurde offen darüber gesprochen und vielfach gescherzt. Dem Fräulein war es höchlich wohl dabei, und indem ihr das Herz vor banger Erwartung zerspringen wollte, half sie den Roman von ihrer Seite doch ein wenig verwickeln und ausspinnen, um ihn recht auszukosten und zu genießen. Denn der junge Mann beging in seiner Verwirrung so köstliche und kindliche Dinge, dergleichen sie niemals erfahren und für sie einmal schmeichelhafter und angenehmer waren als das andere. Er aber in seiner Gradheit und Ehrlichkeit konnte es nicht lange so aushalten; da jeder darauf anspielte und sich einen Scherz erlaubte, so schien es ihm eine Komödie zu werden, als deren Gegenstand ihm seine Geliebte viel zu gut und heilig war, und was ihr ausnehmend behagte, das machte ihn bekümmert, ungewiß und verlegen um sie selber. Auch glaubte er sie zu beleidigen und zu hintergehen, wenn er da lange eine so heftige Leidenschaft zu ihr herumtrüge und unaufhörlich an sie denke, ohne daß sie eine Ahnung davon habe, was doch gar nicht schicklich sei und ihm selber nicht recht! Daher sah man ihm eines Morgens von weitem an, daß er etwas vorhatte, und er bekannte ihr seine Liebe in einigen Worten, um es *ein* Mal und nie zum zweiten Mal zu sagen, wenn er nicht glücklich sein sollte. Denn er war nicht gewohnt zu denken, daß ein solches schönes und wohlbeschaffenes Fräulein etwa nicht ihre wahre Meinung sagen und nicht auch gleich zum ersten Mal ihr unwiderrufliches Ja oder Nein erwidern sollte. Er war ebenso zart gesinnt als heftig verliebt, ebenso spröde als kindlich und ebenso stolz als unbefangen, und bei ihm galt es gleich auf Tod und Leben, auf Ja oder Nein, Schlag um Schlag. In demselben Augenblicke aber, in welchem das Fräulein sein Geständnis anhörte, das sie so sehnlich erwartet, überfiel sie ihr altes Mißtrauen, und es fiel ihr zur unglücklichen Stunde ein, daß ihr Liebhaber ein Kaufmann sei, welcher am Ende nur ihr Vermögen zu erlangen wünsche, um seine Unternehmungen zu erweitern. Wenn er daneben auch ein wenig in ihre Person verliebt sein sollte, so wäre ja das bei ihrer Schönheit kein sonderliches Verdienst und nur um so empörender, wenn sie eine bloße wünschbare Zugabe zu ihrem Golde vorstellen sollte. Anstatt ihm daher ihre Gegenliebe zu gestehen und ihn wohl aufzunehmen, wie sie am liebsten getan hätte, ersann sie auf der Stelle eine neue List, um seine Hingebung zu prüfen, und nahm eine ernste, fast traurige Miene an, indem sie ihm vertraute, wie sie bereits mit einem jungen Mann verlobt sei in ihrer Heimat, welchen sie auf das allerherzlichste liebe. Sie habe ihm das schon mehrmals mitteilen wollen, da sie ihn, den Kaufmann nämlich, als Freund sehr lieb habe, wie er wohl habe sehen können aus ihrem Benehmen, und sie vertraue ihm wie einem Bruder. Aber die ungeschickten Scherze, welche in der Gesellschaft aufgekommen seien, hätten ihr eine vertrauliche Unterhaltung erschwert; da er nun aber selbst sie mit seinem braven und edlen Herzen überrascht und dasselbe vor ihr aufgetan, so könne sie ihm für seine Neigung nicht besser danken, als indem sie ihm ebenso offen sich anvertraue. Ja, fuhr sie fort, nur demjenigen könne sie angehören, welchen sie einmal erwählt habe, und nie würde es ihr möglich sein, ihr Herz einem andern Mannesbilde zuzuwenden, dies stehe mit goldenem Feuer in ihrer Seele geschrieben, und der liebe Mann wisse selbst nicht, wie lieb er ihr sei, so wohl er sie auch kenne! Aber ein trüber Unstern hätte sie betroffen: ihr Bräutigam sei ein Kaufmann, aber so arm wie eine Maus; darum hätten sie den Plan gefaßt, daß er aus den Mitteln der Braut einen Handel begründen solle; der Anfang sei gemacht und alles auf das beste eingeleitet, die Hochzeit sollte in diesen Tagen gefeiert werden, da wollte ein unverhofftes Mißgeschick, daß ihr ganzes Vermögen plötzlich ihr angetastet und abgestritten wurde und vielleicht für immer verloren gehe, während der arme Bräutigam in nächster Zeit seine ersten Zahlungen zu leisten habe an die mailänder und venezianischen Kaufleute, worauf sein ganzer Kredit, sein Gedeihen und seine Ehre beruhe, nicht zu sprechen von ihrer Vereinigung und glücklichen Hochzeit! Sie sei in der Eile nach Mailand gekommen, wo sie begüterte Verwandte habe, um da Mittel und Auswege zu finden; aber zu einer schlimmen Stunde sei sie gekommen; denn nichts wolle sich fügen und schicken, während der Tag immer näher rücke, und wenn sie ihrem Geliebten nicht helfen könne, so müsse sie sterben vor Traurigkeit. Denn es sei der liebste und beste Mensch, den man sich denken könne, und würde sicherlich ein großer Kaufherr werden, wenn ihm geholfen würde, und sie kenne kein anderes Glück mehr auf Erden, als dann dessen Gemahlin zu sein! Als sie diese Erzählung beendet, hatte sich der arme schöne Jüngling schon lange entfärbt und war bleich wie ein weißes Tuch. Aber er ließ keinen Laut der Klage vernehmen und sprach nicht ein Sterbenswörtchen mehr von sich selbst und von seiner Liebe, sondern fragte bloß traurig, auf wieviel sich denn die eingegangenen Verpflichtungen des glücklich unglücklichen Bräutigams beliefen? Auf zehntausend Goldgülden! antwortete sie noch viel trauriger. Der junge traurige Kaufherr stand auf, ermahnte das Fräulein, guten Mutes zu sein, da sich gewiß ein Ausweg zeigen werde, und entfernte sich von ihr, ohne daß er sie anzusehen wagte; so sehr fühlte er sich betroffen und beschämt, daß er sein Auge auf eine Dame geworfen, die so treu und leidenschaftlich einen andern liebte. Denn der Arme glaubte jedes Wort von ihrer Erzählung wie ein Evangelium. Dann begab er sich ohne Säumnis zu seinen Handelsfreunden und brachte sie durch Bitten und Einbüßung einer gewissen Summe dahin, seine Bestellungen und Einkäufe wieder rückgängig zu machen, welche er selbst in diesen Tagen auch grad mit seinen zehntausend Goldgülden bezahlen sollte und worauf er seine ganze Laufbahn baute, und ehe sechs Stunden verflossen waren, erschien er wieder bei dem Fräulein mit seinem ganzen Besitztum und bat sie um Gottes willen, diese Aushilfe von ihm annehmen zu wollen. Ihre Augen funkelten vor freudiger Überraschung, und ihre Brust pochte wie ein Hammerwerk; sie fragte ihn, wo er denn dies

Kapital hergenommen, und er erwiderte, er habe es auf seinen guten Namen geliehen und würde es, da seine Geschäfte sich glücklich wendeten, ohne Unbequemlichkeit zurückerstatten können. Sie sah ihm deutlich an, daß er log und daß es sein einziges Vermögen und ganze Hoffnung war, welche er ihrem Glücke opferte; doch stellte sie sich, als glaubte sie seinen Worten. Sie ließ ihren freudigen Empfindungen freien Lauf und tat grausamerweise, als ob diese dem Glücke gälten, nun doch ihren Erwählten retten und heiraten zu dürfen, und sie konnte nicht Worte finden, ihre Dankbarkeit auszudrücken. Doch plötzlich besann sie sich und erklärte, nur unter *einer* Bedingung die großmütige Tat annehmen zu können, da sonst alles Zureden unnütz wäre. Befragt, worin diese Bedingung bestehe, verlangte sie das heilige Versprechen, daß er an einem bestimmten Tage sich bei ihr einfinden wolle, um ihrer Hochzeit beizuwohnen und der beste Freund und Gönner ihres zukünftigen Ehegemahls zu werden sowie der treuste Freund, Schützer und Berater ihrer selbst. Errötend bat er sie, von diesem Begehren abzustehen; aber umsonst wandte er alle Gründe an, um sie davon abzubringen, umsonst stellte er ihr vor, daß seine Angelegenheiten jetzt nicht erlaubten, nach der Schweiz zurückzureisen und daß er von einem solchen Abstecher einen erheblichen Schaden erleiden würde. Sie beharrte entschieden auf ihrem Verlangen und schob ihm sogar sein Gold wieder zu, da er sich nicht dazu verstehen wollte. Endlich versprach er es, aber er mußte ihr die Hand darauf geben und es ihr bei seiner Ehre und Seligkeit beschwören. Sie bezeichnete ihm genau den Tag und die Stunde, wann er eintreffen solle, und alles dies mußte er bei seinem Christenglauben und bei seiner Seligkeit beschwören. Erst dann nahm sie sein Opfer an und ließ den Schatz vergnügt in ihre Schlafkammer tragen, wo sie ihn eigenhändig in ihrer Reisetruhe verschloß und den Schlüssel in den Busen steckte. Nun hielt sie sich nicht länger in Mailand auf, sondern reiste ebenso fröhlich über den Sankt Gotthard zurück, als schwermütig sie hergekommen war. Auf der Teufelsbrücke, wo sie hatte hinabspringen wollen, lachte sie wie eine Unkluge und warf mit hellem Jauchzen ihrer wohlklingenden Stimme einen Granatblütenstrauß in die Reuß, welchen sie vor der Brust trug, kurz, ihre Lust war nicht zu bändigen, und es war die fröhlichste Reise, die je getan wurde. Heimgekehrt, öffnete und lüftete sie ihr Haus von oben bis unten und schmückte es, als ob sie einen Prinzen erwartete. Aber zu Häupten ihres Bettes legte sie den Sack mit den zehntausend Goldgülden und legte des Nachts den Kopf so glückselig auf den harten Klumpen und schlief darauf, wie wenn es das weichste Flaumkissen gewesen wäre. Kaum konnte sie den verabredeten Tag erwarten, wo sie ihn sicher kommen sah, da sie wußte, daß er nicht das einfachste Versprechen, geschweige denn einen Schwur brechen würde, und wenn es ihm um das Leben ginge. Aber der Tag brach an und der Geliebte erschien nicht, und es vergingen viele Tage und Wochen, ohne daß er von sich hören ließ. Da fing sie an, an allen Gliedern zu zittern, und verfiel in die größte Angst und Bangigkeit; sie schickte Briefe über Briefe nach Mailand, aber niemand wußte ihr zu sagen, wo er geblieben sei. Endlich aber stellte es sich durch einen Zufall heraus, daß der junge Kaufherr aus einem blutroten Stück Seidendamast, welches er von seinem Handelsanfang her im Haus liegen und bereits bezahlt hatte, sich ein Kriegskleid hatte anfertigen lassen und unter die Schweizer gegangen war, welche damals eben im Solde des Königs Franz von Frankreich den Mailändischen Krieg mitstritten. Nach der Schlacht bei Pavia, in welcher so viele Schweizer das Leben verloren, wurde er auf einem Haufen erschlagener Spaniolen liegend gefunden, von vielen tödlichen Wunden zerrissen und sein rotes Seidengewand von unten bis oben zerschlitzt und zerfetzt. Eh er den Geist aufgab, sagte er einem neben ihm liegenden Seldwyler, der minder übel zugerichtet war, folgende Botschaft ins Gedächtnis und bat ihn, dieselbe auszurichten, wenn er mit dem Leben davonkäme: ›Liebstes Fräulein! Obgleich ich Euch bei meiner Ehre, bei meinem Christenglauben und bei meiner Seligkeit geschworen habe, auf Eurer Hochzeit zu erscheinen, so ist es mir dennoch nicht möglich gewesen, Euch nochmals zu sehen und einen andern des höchsten Glückes teilhaftig zu erblicken, das es für mich geben könnte. Dieses habe ich erst in Eurer Abwesenheit verspürt und habe vorher nicht gewußt, welch eine strenge und unheimliche Sache es ist um solche Liebe, wie ich zu Euch habe, sonst würde ich mich zweifelsohne besser davor gehütet haben. Da es aber einmal so ist, so wollte ich lieber meiner weltlichen Ehre und meiner geistlichen Seligkeit verloren und in die ewige Verdammnis eingehen als ein Meineidiger, denn noch einmal in Eurer Nähe erscheinen mit einem Feuer in der Brust, welches stärker und unauslöschlicher ist als das Höllenfeuer und mich dieses kaum wird verspüren lassen. Betet nicht etwa für mich, schönstes Fräulein, denn ich kann und werde nie selig werden ohne Euch, sei es hier oder dort, und somit lebt glücklich und seid gegrüßt!‹ So hatte in dieser Schlacht, nach welcher König Franziskus sagte: ›Alles verloren, außer der Ehre!‹, der unglückliche Liebhaber alles verloren, die Hoffnung, die Ehre, das Leben und die ewige Seligkeit, nur die Liebe nicht, die ihn verzehrte. Der Seldwyler kam glücklich davon, und sobald er sich in etwas erholt und außer Gefahr sah, schrieb er die Worte des Umgekommenen getreu auf seine Schreibtafel, um sie nicht zu vergessen, reiste nach Hause, meldete sich bei dem unglücklichen Fräulein und las ihr die Botschaft so steif und kriegerisch vor, wie er zu tun gewohnt war, wenn er sonst die Mannschaft seines Fähnleins verlas; denn es war ein Feldleutnant. Das Fräulein aber zerraufte sich die Haare, zerriß ihre Kleider und begann so laut zu schreien und zu weinen, daß man es die Straße auf und nieder hörte und die Leute zusammenliefen. Sie schleppte wie wahnsinnig die zehntausend Goldgülden herbei, zerstreute sie auf dem Boden, warf sich der Länge nach darauf hin und küßte die glänzenden Goldstücke. Ganz von Sinnen, suchte sie den umherrollenden Schatz zusammenzuraffen und zu umarmen, als ob der verlorene Geliebte darin zugegen wäre. Sie lag Tag und Nacht auf dem Golde und wollte weder Speise noch Trank zu sich nehmen; unaufhörlich liebkoste und küßte sie das kalte Metall, bis sie mitten in einer Nacht plötzlich aufstand, den Schatz emsig hin und her eilend nach dem Garten trug und dort unter bitteren Tränen in den tiefen Brunnen warf und einen Fluch darüber aussprach, daß er niemals jemand anderm angehören solle.«

Als Spiegel so weit erzählt hatte, sagte Pineiß: »Und liegt das schöne Geld noch in dem Brunnen?« »Ja, wo sollte es sonst liegen?« antwortete Spiegel, »denn nur ich kann es herausbringen und habe es bis zur Stunde noch nicht getan!« »Ei ja so, richtig!« sagte Pineiß, »ich habe es ganz vergessen über deiner Geschichte! Du kannst nicht übel erzählen, du Sapperlöter! und es ist mir ganz gelüstig worden nach einem Weibchen, die so für mich eingenommen wäre; aber sehr schön müßte sie sein! Doch erzähle jetzt schnell noch, wie die Sache eigentlich zusammenhängt!« »Es dauerte manche Jahre«, sagte Spiegel », bis das Fräulein aus bittern Seelenleiden so weit zu sich kam, daß sie anfangen konnte, die stille alte Jungfer zu werden, als welche ich sie kennenlernte. Ich darf mich berühmen, daß ich ihr einziger Trost und ihr vertrautester Freund geworden bin in ihrem einsamen Leben bis an ihr stilles Ende. Als sie aber dieses herannahen sah, vergegenwärtigte sie sich noch einmal die Zeit ihrer fernen Jugend und Schönheit und erlitt noch einmal mit milderen ergebenen Gedanken erst die süßen Erregungen und dann die bittern Leiden jener Zeit, und sie weinte still sieben Tage und Nächte hindurch über die Liebe des Jünglings, deren Genuß sie durch ihr Mißtrauen verloren hatte, so daß ihre alten Augen noch kurz vor dem Tode erblindeten. Dann bereute sie den Fluch, welchen sie über jenen Schatz ausgesprochen, und sagte zu mir, indem sie mich mit dieser wichtigen Sache beauftragte: ›Ich bestimme nun anders, lieber Spiegel! und gebe dir die Vollmacht, daß du meine Verordnung vollziehest. Sieh dich um und suche, bis du eine bildschöne, aber unbemittelte Frauensperson findest, welcher es ihrer Armut wegen an Freiern gebricht! Wenn sich dann ein verständiger, rechtlicher und hübscher Mann finden sollte, der sein gutes Auskommen hat und die Jungfrau ungeachtet ihrer Armut, nur allein von ihrer Schönheit bewegt, zur Frau begehrt, so soll dieser Mann mit den stärksten Eiden sich verpflichten, derselben so treu, aufopfernd und unabänderlich ergeben zu sein, wie es mein unglücklicher Liebster gewesen ist, und dieser Frau sein Leben lang in allen Dingen zu willfahren. Dann gib der Braut die zehntausend Goldgülden, welche im Brunnen liegen, zur Mitgift, daß sie ihren Bräutigam am Hochzeitmorgen damit überrasche!‹ So sprach die Selige, und ich habe meiner widrigen Geschicke wegen versäumt, dieser Sache nachzugehen, und muß nun befürchten, daß die Arme deswegen im Grabe noch beunruhigt sei, was für mich eben auch nicht die angenehmsten Folgen haben kann!«

Pineiß sah den Spiegel mißtrauisch an und sagte: »Wärst du wohl imstande, Bürschchen! mir den Schatz ein wenig nachzuweisen und augenscheinlich zu machen?«

»Zu jeder Stunde!« versetzte Spiegel, »aber Ihr müßt wissen, Herr Stadthexenmeister, daß Ihr das Gold nicht etwa so ohne weiteres herausfischen dürftet. Man würde Euch unfehlbar das Genick umdrehen; denn es ist nicht ganz geheuer in dem Brunnen, ich habe darüber bestimmte Inzichten, welche ich aus Rücksichten nicht näher berühren darf!«

»Hei, wer spricht denn von Herausholen?« sagte Pineiß etwas furchtsam, »führe mich einmal hin und zeige mir den Schatz! Oder vielmehr will ich dich führen an einem guten Schnürlein, damit du mir nicht entwischest!«

»Wie Ihr wollt!« sagte Spiegel, »aber nehmt auch eine andere lange Schnur mit und eine Blendlaterne, welche Ihr daran in den Brunnen hinablassen könnt; denn der ist sehr tief und dunkel!«

Pineiß befolgte diesen Rat und führte das muntere Kätzchen nach dem Garten jener Verstorbenen. Sie überstiegen miteinander die Mauer, und Spiegel zeigte dem Hexer den Weg zu dem alten Brunnen, welcher unter verwildertem Gebüsche verborgen war. Dort ließ Pineiß sein Laternchen hinunter, begierig nachblickend, während er den angebundenen Spiegel nicht von der Hand ließ. Aber richtig sah er in der Tiefe das Gold funkeln unter dem grünlichen Wasser und rief: »Wahrhaftig, ich seh's, es ist wahr! Spiegel, du bist ein Tausendskerl!« Dann guckte er wieder eifrig hinunter und sagte: »Mögen es auch zehntausend sein?« »Ja, das ist nun nicht zu schwören!« sagte Spiegel, »ich bin nie da unten gewesen und hab's nicht gezählt! Ist auch möglich, daß die Dame dazumal einige Stücke auf dem Wege verloren hat, als sie den Schatz hierher trug, da sie in einem sehr aufgeregten Zustand war.« »Nun, seien es auch ein Dutzend oder mehr weniger!« sagte Herr Pineiß, »es soll mir darauf nicht ankommen!« Er setzte sich auf den Rand des Brunnens, Spiegel setzte sich auch nieder und leckte sich das Pfötchen. »Da wäre nun der Schatz!« sagte Pineiß, indem er sich hinter den Ohren kratzte, »und hier wäre auch der Mann dazu; fehlt nur noch das bildschöne Weib!« »Wie?« sagte Spiegel. »Ich meine, es fehlt nur noch diejenige, welche die Zehntausend als Mitgift bekommen soll, um mich damit zu überraschen am Hochzeitmorgen, und welche alle jene angenehmen Tugenden hat, von denen du gesprochen!« »Hm!« versetzte Spiegel, »die Sache verhält sich nicht ganz so, wie Ihr sagt! Der Schatz ist da, wie Ihr richtig einseht; das schöne Weib habe ich, um es aufrichtig zu gestehen, allbereits auch schon ausgespürt; aber mit dem Mann, der sie unter diesen schwierigen Umständen heiraten möchte, da hapert es eben; denn heutzutage muß die Schönheit obenein vergoldet sein wie die Weihnachtsnüsse, und je hohler die Köpfe werden, desto mehr sind sie bestrebt, die Leere mit einigem Weibergut nachzufüllen, damit sie die Zeit besser zu verbringen vermögen; da wird dann mit wichtigem Gesicht ein Pferd besehen und ein Stück Sammet gekauft, mit Laufen und Rennen eine gute Armbrust bestellt, und der Büchsenschmied kommt nicht aus dem Hause; da heißt es: ich muß meinen Wein einheimsen und meine Fässer putzen, meine Bäume putzen lassen und mein Dach decken; ich muß meine Frau ins Bad schicken, sie kränkelt und kostet mich viel Geld, und muß mein Holz fahren lassen und mein Ausstehendes eintreiben; ich habe ein Paar Windspiele gekauft und meine Bracken vertauscht, ich habe einen schönen eichenen Ausziehtisch eingehandelt und meine große Nußbaumlade dran gegeben; ich habe meine Bohnenstangen geschnitten, meinen Gärtner fortgejagt, mein Heu verkauft und meinen Salat gesäet, immer mein und mein vom Morgen bis zum Abend. Manche sagen sogar: ich habe meine Wäsche die nächste Woche, ich muß meine Betten sonnen, ich muß eine Magd dingen und einen neuen Metzger haben, denn den alten will ich abschaffen; ich habe ein allerliebstes Waffeleisen erstanden, durch Zufall, und habe mein silbernes Zimmetbüchschen verkauft, es war mir so nichts nütze. Alles das sind wohlverstanden die Sachen der Frau, und so verbringt ein solcher Kerl die Zeit und stiehlt unserm Herrgott den Tag ab, indem er alle diese Verrichtungen aufzählt, ohne einen Streich zu tun. Wenn es hoch kommt und ein solcher Patron sich etwa ducken muß, so wird er vielleicht sagen: unsere Kühe und unsere Schweine, aber –« Pineiß riß den Spiegel an der Schnur, daß er miau! schrie, und rief: »Genug, du Plappermaul! Sag jetzt unverzüglich: wo ist sie, von der du weißt?« Denn die Aufzählung aller dieser Herrlichkeiten und Verrichtungen, die mit einem Weibergute verbunden sind, hatte dem dürren Hexenmeister den Mund nur noch wässeriger gemacht. Spiegel sagte erstaunt: »Wollt Ihr denn wirklich das Ding unternehmen, Herr Pineiß?«

»Versteht sich, will ich! Wer sonst als ich? Drum heraus damit: wo ist diejenige?«

»Damit Ihr hingehen und sie freien könnt?«

»Ohne Zweifel!«

»So wisset, die Sache geht nur durch meine Hand! Mit mir müßt Ihr sprechen, wenn Ihr Geld und Frau wollt!« sagte Spiegel kaltblütig und gleichgültig und fuhr sich mit den beiden Pfoten eifrig über die Ohren, nachdem er sie jedesmal ein bißchen naß gemacht. Pineiß besann sich sorgfältig, stöhnte ein bißchen und sagte: »Ich merke, du willst unsern Kontrakt aufheben und deinen Kopf salvieren!«

»Schiene Euch das so uneben und unnatürlich?«

»Du betrügst mich am Ende und belügst mich wie ein Schelm!«

»Dies ist auch möglich!« sagte Spiegel.

»Ich sage dir: betrüge mich nicht!« rief Pineiß gebieterisch.

»Gut, so betrüge ich Euch nicht!« sagte Spiegel.

»Wenn du's tust!«

»So tu ich's.«

»Quäle mich nicht, Spiegelchen!« sprach Pineiß beinahe weinerlich, und Spiegel erwiderte jetzt ernsthaft:

»Ihr seid ein wunderbarer Mensch, Herr Pineiß! Da haltet Ihr mich an einer Schnur gefangen und zerrt daran, daß mir der Atem vergeht! Ihr lasset das Schwert des Todes über mir schweben seit länger als zwei Stunden, was sag ich! seit einem halben Jahre! und nun sprecht Ihr: quäle mich nicht, Spiegelchen! Wenn Ihr erlaubt, so sage ich Euch in Kürze: Es kann mir nur lieb sein, jene Liebespflicht gegen die Tote doch noch zu erfüllen und für das bewußte Frauenzimmer einen tauglichen Mann zu finden, und Ihr scheint mir allerdings in aller Hinsicht zu genügen; es ist keine Leichtigkeit, ein Weibstück wohl unterzubringen, so sehr dies auch scheint, und ich sage noch einmal: ich bin froh, daß Ihr Euch hiezu bereit finden lasset! Aber umsonst ist der Tod! Eh ich ein Wort weiter spreche, einen Schritt tue, ja eh ich nur den Mund noch einmal aufmache, will ich erst meine Freiheit wieder haben und mein Leben versichert! Daher nehmt diese Schnur weg und legt den Kontrakt hier auf den Brunnen, hier auf diesen Stein, oder schneidet mir den Kopf ab, eins von beiden!«

»Ei du Tollhäusler und Obenhinaus!« sagte Pineiß, »du Hitzkopf, so streng wird es nicht gemeint sein? Das will ordentlich besprochen sein und muß jedenfalls ein neuer Vertrag geschlossen werden!« Spiegel gab keine Antwort mehr und saß unbeweglich da, ein, zwei und drei Minuten. Da ward dem Meister bänglich, er zog seine Brieftasche hervor, klaubte seufzend den Schein heraus, las ihn noch einmal durch und legte ihn dann zögernd vor Spiegel hin. Kaum lag das Papier dort, so schnappte es Spiegel auf und verschlang es; und obgleich er heftig daran zu würgen hatte, so dünkte es ihn doch die beste und gedeihlichste Speise zu sein, die er je genossen, und er hoffte, daß sie ihm noch auf lange wohl bekommen und ihn rundlich und munter machen würde. Als er mit der angenehmen Mahlzeit fertig war, begrüßte er den Hexenmeister höflich und sagte: »Ihr werdet unfehlbar von mir hören, Herr Pineiß, und Weib und Geld sollen Euch nicht entgehen. Dagegen macht Euch bereit, recht verliebt zu sein, damit Ihr jene Bedingungen einer unverbrüchlichen Hingebung an die Liebkosungen Eurer Frau, die schon so gut wie Euer ist, ja beschwören und erfüllen könnt! Und hiemit bedanke ich mich des vorläufigen für genossene Pflege und Beköstigung und beurlaube mich!«

Somit ging Spiegel seines Weges und freute sich über die Dummheit des Hexenmeisters, welcher glaubte, sich selbst und alle Welt betrügen zu können, indem er ja die gehoffte Braut nicht uneigennützig, aus bloßer Liebe zur Schönheit, ehelichen wollte, sondern den Umstand mit den zehntausend Goldgülden vorher wußte. Indessen hatte er schon eine Person im Auge, welche er dem törichten Hexenmeister aufzuhalsen gedachte für seine gebratenen Krammetsvögel, Mäuse und Würstchen.

Dem Hause des Herrn Pineiß gegenüber war ein anderes Haus, dessen vordere Seite auf das sauberste geweißt war und dessen Fenster immer frisch gewaschen glänzten. Die bescheidenen Fenstervorhänge waren immer schneeweiß und wie soeben geplättet, und ebenso weiß war der Habit und das Kopf- und Halstuch einer alten Beghine, welche in dem Hause wohnte, also daß ihr nonnenartiger Kopfputz, der ihre Brust bekleidete, immer wie aus Schreibpapier gefaltet aussah, so daß man gleich darauf hätte schreiben mögen; das hätte man wenigstens auf der Brust bequem tun können, da sie so eben und so hart war wie ein Brett. So scharf die weißen Kanten und Ecken ihrer Kleidung, so scharf war auch die lange Nase und das Kinn der Beghine, ihre Zunge und der böse Blick ihrer Augen; doch sprach sie nur wenig mit der Zunge und blickte wenig mit den Augen, da sie die Verschwendung nicht liebte und alles nur zur rechten Zeit und mit Bedacht verwendete. Alle Tage ging sie dreimal in die Kirche, und wenn sie in ihrem frischen, weißen und knitternden Zeuge und mit ihrer weißen spitzigen Nase über die Straße ging, liefen die Kinder furchtsam davon, und selbst erwachsene Leute traten gern hinter die Haustüre, wenn es noch Zeit war. Sie stand aber wegen ihrer strengen Frömmigkeit und Eingezogenheit in großem Rufe und besonders bei der Geistlichkeit in hohem Ansehen, aber selbst die Pfaffen verkehrten lieber schriftlich mit ihr als mündlich, und wenn sie beichtete, so schoß der Pfarrer jedesmal so schweißtriefend aus dem Beichtstuhl heraus, als ob er aus einem Backofen käme. So lebte die fromme Beghine, die keinen Spaß verstand, in tiefem Frieden und blieb ungeschoren. Sie machte sich auch mit niemand zu schaffen und ließ die Leute gehen, vorausgesetzt, daß sie ihr aus dem Wege gingen; nur auf ihren Nachbar Pineiß schien sie einen besondern Haß geworfen zu haben; denn sooft er sich an seinem Fenster blicken ließ, warf sie ihm einen bösen Blick hinüber und zog augenblicklich ihre weißen Vorhänge vor, und Pineiß fürchtete sie wie das Feuer und wagte nur zuhinterst in seinem Hause, wenn alles gut verschlossen war, etwa einen Witz über sie zu machen. So weiß und hell aber das Haus der Beghine nach der Straße zu aussah, so schwarz und räucherig, unheimlich und seltsam sah es von hinten aus, wo es jedoch fast gar nicht gesehen werden konnte als von den Vögeln des Himmels und den Katzen auf den Dächern, weil es in eine dunkle Winkelei von himmelhohen Brandmauern ohne Fenster hineingebaut war, wo nirgends ein menschliches Gesicht sich sehen ließ. Unter dem Dache dort hingen alte zerrissene Unterröcke, Körbe und Kräutersäcke, auf dem Dache wuchsen ordentliche Eibenbäumchen und Dornsträucher, und ein großer rußiger Schornstein ragte unheimlich in die Luft. Aus diesem Schornstein aber fuhr in der dunklen Nacht nicht selten eine Hexe auf ihrem Besen in die Höhe, jung und schön und splitternackt, wie Gott die Weiber geschaffen und der Teufel sie gern sieht. Wenn sie aus dem Schornstein fuhr, so schnupperte sie mit dem feinsten Näschen und mit lächelnden Kirschenlippen in der frischen Nachtluft und fuhr in dem weißen Scheine ihres Leibes dahin, indes ihr langes rabenschwarzes Haar wie eine Nachtfahne hinter ihr her flatterte. In einem Loch am Schornstein saß ein alter Eulenvogel, und zu diesem begab sich jetzt der befreite Spiegel, eine fette Maus im Maule, die er unterwegs gefangen.

»Wünsch' guten Abend, liebe Frau Eule! Eifrig auf der Wacht?« sagte er, und die Eule erwiderte: »Muß wohl! Wünsch' gleichfalls guten Abend! Ihr habt Euch lang nicht sehen lassen, Herr Spiegel!«

»Hat seine Gründe gehabt, werde Euch das erzählen. Hier habe ich Euch ein Mäuschen gebracht, schlecht und recht, wie es die Jahreszeit gibt, wenn Ihr's nicht verschmähen wollt! Ist die Meisterin ausgeritten?«

»Noch nicht, sie will erst gegen Morgen auf ein Stündchen hinaus. Habt Dank für die schöne Maus! Seid doch immer der höfliche Spiegel! Habe hier einen schlechten Sperling zur Seite gelegt, der mir heut zu nahe flog; wenn Euch beliebt, so kostet den Vogel! Und wie ist es Euch denn ergangen?«

»Fast wunderlich«, erwiderte Spiegel, »sie wollten mir an den Kragen. Hört, wenn es Euch gefällig ist.« Während sie nun vergnüglich ihr Abendessen einnahmen, erzählte Spiegel der aufmerksamen Eule alles, was ihn betroffen und wie er sich aus den Händen des Herrn Pineiß befreit habe. Die Eule sagte: »Da wünsch ich tausendmal Glück, nun seid Ihr wieder ein gemachter Mann und könnt gehen, wo Ihr wollt, nachdem Ihr mancherlei erfahren!«

»Damit sind wir noch nicht zu Ende«, sagte Spiegel, »der Mann muß seine Frau und seine Goldgülden haben!«

»Seid Ihr von Sinnen, dem Schelm noch wohlzutun, der Euch das Fell abziehen wollte?«

»Ei, er hat es doch rechtlich und vertragsmäßig tun können, und da ich ihn in gleicher Münze wieder bedienen kann, warum sollt ich es unterlassen? Wer sagt denn, daß ich ihm wohltun will? Jene Erzählung war eine reine Erfindung von mir, meine in Gott ruhende Meisterin war eine simple Person, welche in ihrem Leben nie verliebt noch von Anbetern umringt war, und jener Schatz ist ein ungerechtes Gut, das sie einst ererbt und in den Brunnen geworfen hat, damit sie kein Unglück daran erlebe. ›Verflucht sei, wer es da herausnimmt und verbraucht‹, sagte sie. Es macht sich also in betreff des Wohltuns!«

»Dann ist die Sache freilich anders! Aber nun, wo wollt Ihr die entsprechende Frau hernehmen?«

»Hier aus diesem Schornstein! Deshalb bin ich gekommen, um ein vernünftiges Wort mit Euch zu reden! Möchtet Ihr denn nicht einmal wieder frei werden aus den Banden dieser Hexe? Sinnt nach, wie wir sie fangen und mit dem alten Bösewicht verheiraten!«

»Spiegel, Ihr braucht Euch nur zu nähern, so weckt Ihr mir ersprießliche Gedanken.«

»Das wußt ich wohl, daß Ihr klug seid! Ich habe das meinige getan, und es ist besser, daß Ihr auch Euren Senf dazu gebt und neue Kräfte vorspannt, so kann es gewiß nicht fehlen!«

»Da alle Dinge so schön zusammentreffen, so brauche ich nicht lang zu sinnen, mein Plan ist längst gemacht!«

»Wie fangen wir sie?«

»Mit einem neuen Schnepfengarn aus guten starken Hanfschnüren; geflochten muß es sein von einem zwanzigjährigen Jägerssohn, der noch kein Weib angesehen hat, und es muß schon dreimal der Nachttau darauf gefallen sein, ohne daß sich eine Schnepfe gefangen; der Grund aber hievon muß dreimal eine gute Handlung sein. Ein solches Netz ist stark genug, die Hexe zu fangen.«

»Nun bin ich neugierig, wo Ihr ein solches hernehmt«, sagte Spiegel, »denn ich weiß, daß Ihr keine vergeblichen Worte schwatzt!«

»Es ist auch schon gefunden, wie für uns gemacht; in einem Walde nicht weit von hier sitzt ein zwanzigjähriger Jägerssohn, welcher noch kein Weib angesehen hat; denn er ist blind geboren. Deswegen ist er auch zu nichts zu gebrauchen als zum Garnflechten und hat vor einigen Tagen ein neues, sehr schönes Schnepfengarn zustande gebracht. Aber als der alte Jäger es zum ersten Male ausspannen wollte, kam ein Weib daher, welches ihn zur Sünde verlocken wollte; es war aber so häßlich, daß der alte Mann voll Schreckens davonlief und das Garn am Boden liegen ließ. Darum ist ein Tau darauf gefallen, ohne daß sich eine Schnepfe fing, und war also eine gute Handlung daran schuld. Als er des andern Tages hinging, um das Garn abermals auszuspannen, kam eben ein Reiter daher, welcher einen schweren Mantelsack hinter sich hatte; in diesem war ein Loch, aus welchem von Zeit zu Zeit ein Goldstück auf die Erde fiel. Da ließ der Jäger das Garn abermals liegen und lief eifrig hinter dem Reiter her und sammelte die Goldstücke in seinen Hut, bis der Reiter sich umkehrte, es sah und voll Grimm seine Lanze auf ihn richtete. Da bückte der Jäger sich erschrocken, reichte ihm den Hut dar und sagte: ›Erlaubt, gnädiger Herr, Ihr habt hier viel Gold verloren, das ich Euch sorgfältig aufgelesen!‹ Dies war wiederum eine gute Handlung, indem das ehrliche Finden eine der schwierigsten und besten ist; er war aber so weit von dem Schnepfengarn entfernt, daß er es die zweite Nacht im Walde liegen ließ und den nähern Weg nach Hause ging. Am dritten Tag endlich, nämlich gestern, als er eben wieder auf dem Wege war, traf er eine hübsche Gevattersfrau an, die dem Alten um den Bart zu gehen pflegte und der er schon manches Häslein geschenkt hat. Darüber vergaß er die Schnepfen gänzlich und sagte am Morgen: ‹Ich habe den armen Schnepflein das Leben geschenkt; auch gegen Tiere muß man barmherzig sein!› Und um dieser drei guten Handlungen willen fand er, daß er jetzt zu gut sei für diese Welt, und ist heute vormittag beizeiten in ein Kloster gegangen. So liegt das Garn noch ungebraucht im Walde und ich darf es nur holen.« »Holt es geschwind!« sagte Spiegel, »es wird gut sein zu unserm Zweck!« »Ich will es holen«, sagte die Eule, »steht nur so lang Wache für mich in diesem Loch, und wenn etwa die Meisterin den Schornstein hinaufrufen sollte, ob die Luft rein sei? so antwortet, indem Ihr meine Stimme nachahmt: Nein, es stinkt noch nicht in der Fechtschul'!« Spiegel stellte sich in die Nische, und die Eule flog still über die Stadt weg nach dem Wald. Bald kam sie mit dem Schnepfengarn zurück und fragte: »Hat sie schon gerufen?« »Noch nicht!« sagte Spiegel.

Da spannten sie das Garn aus über den Schornstein und setzten sich daneben still und klug; die Luft war dunkel, und es ging ein leichtes Morgenwindchen, in welchem ein paar Sternbilder flackerten. »Ihr sollt sehen«, flüsterte die Eule, »wie geschickt die durch den Schornstein heraufzusäuseln versteht, ohne sich die blanken Schultern schwarz zu machen!« »Ich hab sie noch nie so nah gesehen«, erwiderte Spiegel leise, »wenn sie uns nur nicht zu fassen kriegt!«

Da rief die Hexe von unten: »Ist die Luft rein?« Die Eule rief: »Ganz rein, es stinkt herrlich in der Fechtschul'!«, und alsobald kam die Hexe heraufgefahren und wurde in dem Garne gefangen, welches die Katze und die Eule eiligst zusammenzogen und verbanden. »Halt fest!« sagte Spiegel und »Binde gut!« die Eule. Die Hexe zappelte und tobte mäuschenstill wie ein Fisch im Netz; aber es half ihr nichts, und das Garn bewährte sich auf das beste. Nur der Stiel ihres Besens ragte durch die Maschen. Spiegel wollte ihn sachte herausziehen, erhielt aber einen solchen Nasenstüber, daß er beinahe in Ohnmacht fiel und einsah, wie man auch einer Löwin im Netz nicht zu nahe kommen dürfe. Endlich hielt sich die Hexe still und sagte: »Was wollt ihr denn von mir, ihr wunderlichen Tiere?«

»Ihr sollt mich aus Eurem Dienste entlassen und meine Freiheit zurückgeben!« sagte die Eule. »So viel Geschrei und wenig Wolle!« sagte die Hexe, »du bist frei, mach dies Garn auf!« »Noch nicht!« sagte Spiegel, der immer noch seine Nase rieb, »Ihr müßt Euch verpflichten, den Stadthexenmeister Pineiß, Euren Nachbar, zu heiraten auf die Weise, wie wir Euch sagen werden, und ihn nicht mehr zu verlassen!« Da fing die Hexe wieder an zu zappeln und zu prusten wie der Teufel, und die Eule sagte: »Sie will nicht dran!« Spiegel aber sagte: »Wenn Ihr nicht ruhig seid und alles tut, was wir wünschen, so hängen wir das Garn samt seinem Inhalte da vorn an den Drachenkopf der Dachtraufe, nach der Straße zu, daß man Euch morgen sieht und die Hexe erkennt! Sagt also: Wollt Ihr lieber unter dem Vorsitze des Herrn Pineiß gebraten werden oder ihn braten, indem Ihr ihn heiratet?«

Da sagte die Hexe mit einem Seufzer: »So sprecht, wie meint Ihr die Sache?« Und Spiegel setzte ihr alles zierlich auseinander, wie es gemeint sei und was sie zu tun hätte. »Das ist allenfalls noch auszuhalten, wenn es nicht anders sein kann!« sagte sie und ergab sich unter den stärksten Formeln, die eine Hexe binden können. Da taten die Tiere das Gefängnis auf und ließen sie heraus. Sie bestieg sogleich den Besen, die Eule setzte sich hinter sie auf den Stiel und Spiegel zuhinterst auf das Reisigbündel und hielt sich da fest, und so ritten sie nach dem Brunnen, in welchen die Hexe hinabfuhr, um den Schatz heraufzuholen.

Am Morgen erschien Spiegel bei Herrn Pineiß und meldete ihm, daß er die bewußte Person ansehen und freien könne; sie sei aber

Edouard Manet
*Lauschende Katze*

allbereits so arm geworden, daß sie, gänzlich verlassen und verstoßen, vor dem Tore unter einem Baum sitze und bitterlich weine. Sogleich kleidete sich Herr Pineiß in sein abgeschabtes gelbes Samtwämschen, das er nur bei feierlichen Gelegenheiten trug, setzte die bessere Pudelmütze auf und umgürtete sich mit seinem Degen; in die Hand nahm er einen alten grünen Handschuh, ein Balsamfläschchen, worin einst Balsam gewesen und das noch ein bißchen roch, und eine papierne Nelke, worauf er mit Spiegel vor das Tor ging, um zu freien. Dort traf er ein weinendes Frauenzimmer sitzen unter einem Weidenbaum, von so großer Schönheit, wie er noch nie gesehen; aber ihr Gewand war so dürftig und zerrissen, daß, sie mochte sich auch schamhaft gebärden, wie sie wollte, immer da oder dort der schneeweiße Leib ein bißchen durchschimmerte. Pineiß riß die Augen auf und konnte vor heftigem Entzücken kaum seine Bewerbung vorbringen. Da trocknete die Schöne ihre Tränen, gab ihm mit süßem Lächeln die Hand, dankte ihm mit einer himmlichen Glockenstimme für seine Großmut und schwur, ihm ewig treu zu sein. Aber im selben Augenblicke erfüllte ihn eine solche Eifersucht und Neideswut auf seine Braut, daß er beschloß, sie vor keinem menschlichen Auge jemals sehen zu lassen. Er ließ sich bei einem uralten Einsiedler mit ihr trauen und feierte das Hochzeitsmahl in seinem Hause, ohne andere Gäste als Spiegel und die Eule, welche ersterer mitzubringen sich die Erlaubnis erbeten hatte. Die zehntausend Goldgülden standen in einer Schüssel auf dem Tisch, und Pineiß griff zuweilen hinein und wühlte in dem Golde; dann sah er wieder die schöne Frau an, welche in einem meerblauen Sammetkleide dasaß, das Haar mit einem goldenen Netze umflochten und mit Blumen geschmückt, und den weißen Hals mit Perlen umgeben. Er wollte sie fortwährend küssen, aber sie wußte verschämt und züchtig ihn abzuhalten, mit einem verführerischen Lächeln, und schwur, daß sie dieses vor Zeugen und vor Anbruch der Nacht nicht tun würde. Dies machte ihn nur noch verliebter und glückseliger, und Spiegel würzte das Mahl mit lieblichen Gesprächen, welche die schöne Frau mit den angenehmsten, witzigsten und einschmeichelndsten Worten fortführte, so daß der Hexenmeister nicht wußte, wie ihm geschah vor Zufriedenheit. Als es aber dunkel geworden, beurlaubten sich die Eule und die Katze und entfernten sich bescheiden; Herr Pineiß begleitete sie bis unter die Haustüre mit einem Lichte und dankte dem Spiegel nochmals, indem er ihn einen trefflichen und höflichen Mann nannte, und als er in die Stube zurückkehrte, saß die alte weiße Beghine, seine Nachbarin, am Tisch und sah ihn mit einem bösen Blick an. Entsetzt ließ Pineiß den Leuchter fallen und lehnte sich zitternd an die Wand. Er hing die Zunge heraus, und sein Gesicht war so fahl und spitzig geworden wie das der Beghine. Diese aber stand auf, näherte sich ihm und trieb ihn vor sich her in die Hochzeitskammer, wo sie mit höllischen Künsten ihn auf eine Folter spannte, wie noch kein Sterblicher erlebt. So war er nun mit der Alten unauflöslich verehelicht, und in der Stadt hieß es, als es ruchbar wurde: »Ei seht, wie stille Wasser tief sind! Wer hätte gedacht, daß die fromme Beghine und der Herr Stadthexenmeister sich noch verheiraten würden! Nun, es ist ein ehrbares und rechtliches Paar, wenn auch nicht sehr liebenswürdig!«

Herr Pineiß aber führte von nun an ein erbärmliches Leben; seine Gattin hatte sich sogleich in den Besitz aller seiner Geheimnisse gesetzt und beherrschte ihn vollständig. Es war ihm nicht die geringste Freiheit und Erholung gestattet, er mußte hexen vom Morgen bis zum Abend, was das Zeug halten wollte, und wenn Spiegel vorbeiging und es sah, sagte er freundlich: »Immer fleißig, fleißig, Herr Pineiß?«

Seit dieser Zeit sagt man zu Seldwyla: Er hat der Katze den Schmer abgekauft! besonders wenn einer eine böse und widerwärtige Frau erhandelt hat.

## Robert Walser
## *Das Kätzchen*

Ich kam nur eben vom Berg herab in eine kleine, nette, altertümliche Vorstadt hinein. Ein Haus stand da, das war so zart, als blinzle es mit seinen Augen, will sagen, mit seinen Fenstern. Eine alte Frau stand an der Straße und streckte ihren Kopf in eines der Fenster, sie führte wohl ein gehäkeltes Gespräch mit einer Nachbarin. Aber die Hauptsache ist: ich sah vor dem Haus eine Katze, nein, keine Katze, sondern ein junges Kätzchen, gelb und schneeweiß von Farbe. Durchs Fenster, welches geschlossen war, sah ich eine gute alte Frau an der Nähmaschine sitzen und fleißig nähen. Ganz entzückt von dem lieben kleinen Kätzchen blieb ich stehen, um das Tier sorgfältig zu betrachten, welches da ganz still saß, den Schwanz zwischen die Vorderpfoten geringelt. Die Frau sah, daß da ein fremder Mann so still stand, sie trat ans andere Fenster, das offen war, und schaute zu mir heraus mit freundlichen Augen. »Ach so«, sagte sie, »Sie schauen sich wohl die Katze an.« »Ja«, sagte ich. Das Kätzchen schaute zu der Frau hinauf und ließ ein kleines, feines, süßes Miauen vernehmen, wobei es die Zähnchen zeigte. Ich grüßte die Frau und ging weiter. Noch aber bog ich mich einmal zurück und sah, wie das Kätzchen nach einem dürren Blatt haschte. Wie der Wind wirbelte das liebe muntere Tier herum. Wirklich wehte auch gerade der Seewind. Ich kam durch die Stadt, die nur eine einzige, dafür aber breite Straße besitzt. Nun, und da kugelten zwei Jungen am Boden, zwei drollige Jungen, noch nicht einmal für die Schule reif. Was vermag ich noch beizufügen? Nicht sonderlich viel. Ein großes altersgraues Schloß war da, und daneben floß ein Strom. Ich ging heim, und während ich so heimwärts ging, hatte ich immer noch in Gedanken mit dem gelben und weißen Kätzchen zu tun. Wie man doch nur achten mag auf so kleinliche Dinge.

# *Nachweis*

Geschichten: Guy de Maupassant, *Über Katzen;* aus »Gesamtausgabe der Romane und Erzählungen von Guy de Maupassant«; Abdruck mit freundlicher Genehmigung des Wilhelm Goldmann Verlags, München. Rudyard Kipling, *Die Katze geht ihre eigenen Wege;* aus »Das kommt davon« in »Gesammelte Werke«; Abdruck mit freundlicher Genehmigung des Paul List Verlags, München. Saki, *Tobermory;* aus »Die offene Tür«, Diogenes Verlag, Zürich. Robert Walser, *Das Kätzchen;* aus »Das Alphabet« in »Das Gesamtwerk«, Band VII; Abdruck mit freundlicher Genehmigung des Helmut Kossodo Verlags, Genf. Alfred Andersch, *Grausiges Erlebnis eines venezianischen Ofensetzers;* aus »Gesammelte Erzählungen«, Diogenes Verlag, Zürich. Kurt Tucholsky, *Die Katz;* aus »Gesammelte Werke«, Band I, S. 1185. © Rowohlt Verlag GmbH., Reinbek bei Hamburg, 1960. Edgar Allan Poe, *Die schwarze Katze;* aus »Der Untergang des Hauses Usher«, Diogenes Verlag, Zürich. Herbert Rosendorfer, *Bilanz*; Abdruck mit freundlicher Genehmigung des Autors. James Joyce, *Die Katze und der Teufel;* aus der deutschsprachigen Ausgabe von Richard Ellmann, »James Joyce«; Abdruck mit freundlicher Genehmigung des Suhrkamp Verlags, Frankfurt a. M. P. G. Wodehouse, *Der Katzenhasser;* aus »Der Pennymillionär«, Diogenes Verlag, Zürich. Alfred Polgar, *Idyll;* aus »Bei Lichte betrachtet«, rororo 1326/27, © Rowohlt Taschenbuchverlag GmbH., Reinbek bei Hamburg, 1970. Roy Vickers, *Miss Paisleys Katze;* aus Mary Hottinger, »Mord«, Diogenes Taschenbuch 25/I; Abdruck mit freundlicher Genehmigung von Curtis Brown Ltd., London, und Hans Hermann Hagedorn, Hamburg. Bram Stoker, *Die Squaw;* aus »Draculas Gast«, Diogenes Verlag, Zürich. Mark Twain, *Dick Baker und sein Kater;* aus »Durch Dick und Dünn« in »Gesammelte Werke II«; Abdruck mit freundlicher Genehmigung des Carl Hanser Verlags, München, und des Aufbau Verlags, Berlin. Colette, *Saha*; Abdruck mit freundlicher Genehmigung der Paul Zsolnay Verlags GmbH, Hamburg/Wien. Ernest Hemingway, *Katze im Regen;* aus »Sämtliche Erzählungen«; Abdruck mit freundlicher Genehmigung des Rowohlt Verlags, Reinbek. M. Mackenzie Scott, *Das Geburtstagsgeschenk;* aus »Era Zistel, Liebe zu Katzen«; Abdruck mit freundlicher Genehmigung des Albert Müller Verlags, Rüschlikon. Robert Walser, *Katze und Schlange;* aus »Maskerade« in »Das Gesamtwerk«, Band IX; Abdruck mit freundlicher Genehmigung des Helmut Kossodo Verlags, Genf. Albert Ehrenstein, *Der Selbstmord eines Katers;* aus »Gedichte und Prosa«; Abdruck mit freundlicher Genehmigung des Luchterhand Verlags, Darmstadt. La Fontaine, *Die Katze, das Wiesel und der kleine Hase;* aus »Hundert Fabeln«; Abdruck mit freundlicher Genehmigung des Manesse Verlags, Zürich. Johannes v. Jensen, *Katzenkinder;* Abdruck mit freundlicher Genehmigung von Gyldendal, Kopenhagen. Patricia Highsmith, *Leer ist das Vogelhaus;* aus »Gesammelte Geschichten«, Diogenes Verlag, Zürich. P. G. Wodehouse, *Katzen wollen Katzen sein;* aus »Era Zistel, Liebe zu Katzen«; Abdruck mit freundlicher Genehmigung des Albert Müller Verlags, Rüschlikon. Robert Walser, *Das Kätzchen;* aus »Gesamtwerk«, Band II; Abdruck mit freundlicher Genehmigung des Helmut Kossodo Verlags, Genf.

ILLUSTRATIONEN: Pablo Picasso, *Frau und Katze;* aus »Der Maler und sein Modell«, Diogenes Verlag, Zürich; Abdruck mit freundlicher Genehmigung von SPADEM, Paris, und COSMOPRESS, Genf. Maurice Sendak, *Hintergründige Katze;* aus dem »Sendak Portfolio«, Diogenes Verlag, Zürich; Abdruck mit freundlicher Genehmigung des Sauerländer Verlags, Aarau. Olaf Gulbransson, *Katze und Vogel;* aus Felix Riemkasten, »Ali – der Kater«, Abdruck mit freundlicher Genehmigung des Albert Müller Verlags, Rüschlikon. Felix Valloton, *Mädchen mit einer Katze spielend;* Abdruck mit freundlicher Genehmigung von SPADEM, Paris, und COSMOPRESS, Genf. Paul Klee, *Monolog des Kätzchens;* Abdruck mit freundlicher Genehmigung von COSMOPRESS, Genf. Paul Flora, *Nachmittag einer Katze;* aus »Der Zahn der Zeit«, Diogenes Verlag, Zürich. Tomi Ungerer, *Wohlstandskatze;* aus »Kompromisse«, Diogenes Verlag, Zürich. Karl Schmidt-Rottluff, *Zwei Katzen;* Abdruck mit freundlicher Genehmigung von COSMOPRESS, Genf. Pierre Bonnard, *Die Katze;* Abdruck mit freundlicher Genehmigung von ADAGP und SPADEM, Paris, und COSMOPRESS, Genf. Ernst Ludwig Kirchner, *Schlafende Katze;* Abdruck mit freundlicher Genehmigung des Buchheim Verlags, Feldafing. Hans Fischer (fis), Umschlagszeichnung und *Metamorphose einer Katze in eine Frau;* Abdruck mit freundlicher Genehmigung von Frau Bianca Fischer, Feldmeilen. Siné, *Variationen;* aus »Alles für die Katz«, Diogenes Verlag, Zürich. Roland Topor, *Metamorphose eines Mannes in einen Kater;* aus »Tragödien«, Diogenes Verlag, Zürich. Alexandre Théophile Steinlen, *Katzenmutter;* Abdruck mit freundlicher Genehmigung von SPADEM, Paris, und COSMOPRESS, Genf. Frans Masereel, *Die Katze tritt die Treppe…;* Abdruck mit freundlicher Genehmigung des Limmat Verlags, Zürich. Schaefer-Ast, *Begräbnis erster Klasse;* aus »Lustig und Listig«, Abdruck mit freundlicher Genehmigung des Rowohlt Verlags, Reinbek. Edward Gorey, *Die Katze auf dem Bett;* aus Muriel Spark, »Die sehr gute Uhr«, Diogenes Verlag, Zürich.